［やま かわ うみ叢書］

大林太良

人類史の再構成をめざして

後藤 明 編

第一部 日本人の起源と日本文化の形成――39

第二部 日本と世界の神話――157

第三部　新たな神話研究への構想——宇宙への旅支度—— 267

装丁◉林二朗

日本列島から見る人類史——大林学再評価にむけて

後藤　明
（南山大学教授）

はじめに

大林太良先生は二〇〇一年四月一二日に逝去した（以下、大林）。私は同年四月から京都で新しい職場に移っており、まだ荷も解かない状況で訃報を知った。それは大林とも親しかった神話学者・吉田敦彦氏が朝日新聞に書いた「巨星墜つ」という追悼文であった。大林の逝去を表現するにこれ以上適切な言葉はなかった。

　大林の功績のひとつは、日本文化や日本人の起源に関する、学際的な論集やシリーズの企画や編集あるいは監修に携わったことである。全集ものでは『日本古代文化の探求』（社会思想社）、『日本の古代』（中央公論社）、『日本民俗文化大系』、『海と列島文化』（以上、小学館）、『日本民俗写真大系』（日本図書センター）など、さらに佐々木高明と共編の『日本文化の源流・北からの道・南からの道』（一九九一、小学館）などである。これらは戦後、日本の出版界が元気良かった時代を象徴するシリーズで、多くの古代史や民俗学ファンを魅了したが、日本民俗学の立場からの評価は本書巻頭言で飯島吉晴氏に論じてもらっている。

　これらの企画は民族学、民俗学、古代史学、考古学、そして関連諸科学の研究者が論考を寄せ、日本文化や日本人の起源、その多様性をアイヌ民族、蝦夷、海人や山民、隼人や熊襲、また琉球文化圏なども含めて論じている。さらに大林自身は日本列島を囲む北東アジア、中国、東南アジア、そしてオセアニアの文化領域論あるいは神話について数多くの著作を残し、後進を指導した。

　一般の人にも読みやすい文章を心がけるのは大林の基本姿勢であり、そのため大林ファンは各層各年代に広がっている。一方、逝去後、私も含めて何度か大林全集の話し合いをもったが実現しなかった。だから今回「アンソロジー」という形で大林の全体像を概観する企画がなされたことは意義が大きい。

何人かの研究者は大林論を書いているが（秋道　二〇〇一、高谷　二〇〇三）、大林学を取り上げた論集は『生き物文化史BIOSTORY』一八巻（二〇〇七）の「知の巨人、大林太良の世界：神話の道・生き物たちの宇宙」くらいではないか。この中で、大林の研究をもっともよく継承していたが、二〇二一年一月惜しくも夭折された山田仁史氏による「大林太良主要著作一覧」を付設した「大林太良の仕事」という論考がまず読まれるべきであろう。

さらに二〇二一年には大林が館長を務めていた北海道網走の北方民族博物館が、「大林太良・学問と北方文化研究―大林太良先生没後二〇年記念シンポジウム」が開催され、報告書として出版された。この論集には本書に巻頭言を寄せられた松村一男氏の論考「大林太良先生の神話学」が含まれている。

文化史構成理論

大林の主なる関心は人類史の再構成であるが、その一環で日本文化の起源にも関心を持っていた。しかしその研究はあまりにも広大なために大林は理論を持っていないのでは、という評価を耳にすることもある。大林学の理論的支柱についてこの小文では不足であることをわきまえつつ、一つの側面を示したい。その鍵が考古学である。

私が初めて大林と会ったのは、東京大学文学部で考古学を専攻する三年生のときのことだ。東南アジア考古学という選択必修の講義があって、その講師が大林であった。今ではどの論文か覚えていないが、講義は執筆中の東南アジア考古学に関する論文を大林が読み、学生はひたすらそれをメモするというものであった。後半になると学生それぞれの興味を聞き、フランス語やドイツ語の論文を割り当て、担当する論文を発表させるという形式であった。大林が考古学にも造詣が深かったのには伏線がある。

山田氏が作られた大林の主要著作一覧には含まれていないが、大林は東京大学東洋文化研究所時代に考古学の論考を数本書いている。それは平凡社が出した『世界考古学大系』である。詳しくは拙論を参照されたいが（後藤　二〇二二）、大林の師であった石田英一郎が編集に携わっていたため、他に書ける人がいなかったアメリカやオセアニアの地域を大林が一手引き受けした感がある。執筆がいつ行われたかは不明であるが、フランクフルト大学やウィーン大学に留学中だと思われる。これらの論考は単に諸地域の考古学の紹介だけではなく、大林が学んだ文化史仮説、ハイネ・ゲルデルンやF・グレブナーなどの理論を併せて紹介している。

大林にとっての出発点は独墺系歴史民族学であるが、大林は人類史再構成にあたって文化の全体性を過度に強調すること、すなわち、文化要素を統一している機能的・構造的単一体を想定すべきではないとする。目指すべきは文化要素が統合された全体像ではなく、文化諸部門には不一致があるので、文化内の部分的な複合に注目すべきであるとする。それは特定の時間、空間の枠組みに拘束されずに、繰り返し見られる〈典型的な過程と状況〉という形態構造と過程が構造的連関あるいは意味連関をもったウェバーのいう「理念型」的概念が基底にあるべきであるということである（大林　一九六五）。

先史時代復元の理論的考察を行った論文の中で大林は、考古学資料による先史社会の復原の蓋然性を高めるには、何等かの形における民族学的知識ないし理論の応用が必要であるとする民族考古学的アプローチの重要性を指摘する。ただ安易な民族誌の適応にはアメリカ考古学会でも批判ないし慎重な意見があることも付け加えている（一九七一a）。

そして同年出た論文に言及し（一九七一b）、民族誌資料の選択の基準として、（一）ほぼ同じ文化段階にあり、類似した生活環境に生活している民族、（二）同一系統あるいは影響によって、つまり歴史的な原因によって大なり小なり文化伝統を共有している民族事例を選択する必要があるとする。

そのあと大林は米国人類学者の議論を検討し、基本はJ・スチュワードの『文化変化の理論』で提唱されたように、狩猟採集民においては食料資源の質と量、つまり狩猟対象となる資源の種類の多寡、分布や季節変動とバンド社会の構成との関係を基本的な視座としている（後藤　二〇二二）。

このように米国の人類学者の議論を踏まえた上で社会考古学を唱えたノルウェーの考古学者G・イエッシンクを評価する。彼は集団が分散的になる夏場の住居（露天遺跡）と集合的になる冬場の遺跡（芝土や石で作られた集合した家屋）の対比を、資源の不安定さと双系的な社会構成原理と関係づけた。大林はこの生態学的接近法は獲物の量の振幅から地域集団のメンバーシップの弾力性を想定するなど、動的な要因も考慮する優れた研究であると評価している（大林　一九七一a）。

このような議論は、大林は助手論文『東南アジア大陸の親族組織』（一九五四）の考察部によってすでに行っていた。すなわち経済体制は居住規制の変動に一定の影響を与えるが親族関係には間接的にしか影響を及ぼさず、親族呼称に至っては残存現象なども見られることなどを詳細に分析していた。

欧米の考古学者が唱える文化的な規則性は、通文化的な法則あるいは文化全体を説明し尽くすものではないが、ある状況においては、確かに時空を越えて部分適応できる事例があると大林は考えていた。これは、個々の歴史はたしかにユニークだが、追究すべきはある条件のもと繰り返し見られる文化的プロセスであるという、プロセス考古学（ニューアーケオロジー）の初期論文との類似性が見いだせる（後藤　二〇二二）。

日本考古学と古代史

大林は一九七〇年代に日本の考古学界に衝撃をもたらした二つの作品「縄文時代の社会組織」と中公新書から『邪馬台国』を著したのである。前者の抜粋と後者の要約たる『日本の古代』に寄せた一文を本書では収録した（大林　一九七一b、一九八五b）。これらの著作については、縄文人はカリフォルニア先住民と似ているのか、あるいは邪馬台国はどこにあったのかなどの問題に目が行きがちである。しかし、大林は文化や社会のどの部分に因果関係を考えていたのか（縄文時代に関しては一九八五a「人口減少と選択居住」論文も参照）、さらに縄文人や倭人が東アジアあるいはユーラシア起源の環太平洋集団のどこに位置づけられるのかという人類史的視野で評価されるべきである。

大林は生前、米英のプロセス考古学の論文をよく読んでおり、たびたび私にそのコピーを送ってくれた。たとえば英国の考古学者コリン・レンフリューが唱えた同胞政体交流（ピア・ポリティ・インタラクション）モデルも大林からのコピーで知った。大林はこのモデルを『邪馬台国』で先に提唱した弥生時代後期の祭祀同盟（アムフィクティオニア）や古墳時代前期の政治的側面を示すと考えていた。昨今、日本の考古学者もこのモデルを援用しているが、日本でもっとも早くこの理論に注目したのは大林であろう。

また大林は琉球グスク時代における鉄器の導入に関し、鉄器導入が考古学者が暗黙に想定するように農業生産力や軍事力の向上にすぐにはつながるとは限らず、長期的に見ると鉄器の導入によって上がった生産効率によって生じた暇な時間が権力誇示に費やされた。その結果、政治システム変化が威信を示すためから贅沢品を蓄積するシステムへの変化という解釈を示している（大林　一九九五：257-261）。

また大林の大きな関心のひとつ、国家形成論に関してはプロセス考古学に対して不満をもっていた。大林は文化や社会の長期的変動に関しては新進化主義的な説明の有効性は認めていたが、プロセス考古学がイデオロギーや神話を人口や生業あるいは経済的な側面に従属するとしたことに批判的であった。それに対し国家形成論においてはH・クレッセンらオランダ学派の方法論のように神話や世界観と一体にして分析する方法を評価していた（後藤　二〇二二）。さらにこの学派の唱える国家循環崩壊説を使い古代史学者・水野佑の「三王朝交代説」を叩き直した日本古代史論考も書いている（大林　一九九四)。

大林が国家形成と神話やコスモロジーを統合した議論を行った例が海洋的視点からの日本古代国家論である。本書で収録した論考「古代の海人と山民」などの中で、大林は海人や山民が古代国家形成に果たした役割を考察している。それによると海人とは単に漁民を意味するのではなく、海人の中には漁民と航海者がいたと指摘する。そして大林は東南アジア島嶼部で港市が内陸とは異なった点と点のネットワークを形成する傾向、すなわちパシシル文化との対比も示唆している。

一方、大林は日本が海洋国家であったという感性的な主張に疑問を呈し、本格的な造船技術や航海術が未発達だった古代日本について、海洋国家と言える条件が議論されたことがあるのかと問うている。この問いに対し、日本では公的な航海や貿易と、私的な交易とが併存するというパタンが確立したが、通商航海が強大な政治権力を生み出すためのもう一つの必要条件、本格的な海軍が発達しなかったと指摘する。確かに水軍や海賊などと呼ばれる集団はいたが、その中には職人的海民、つまり天皇家などに贄として初尾を納めていた古代海民の末裔がいた。また職人的海民は自らの持つ漁撈・海上交通の特権の根拠を、人の世界を越えた人ならぬ存在、神仏・天皇に直属することに求めていた。

一方、古代のある時期には王権と海人《あま》集団が国家権力との関係が密接な関係をもっていたことと、王権神話の関係性について指摘する。すなわち日本の神話は天からの由来を語ってはいるが、アマテラスは海辺に生まれ、山幸彦は海神の宮を訪ねることで初めて王者になった。中世の文献には天皇は海人の子孫だから応神天皇の時まで龍のようなしっぽがあったという奇怪な伝承を残している。神武東遷の移動ルートも同様で、日本における王権の根拠として、天と並んで海も重要であったことを物語っている。

また八十島祭をみると即位する天皇が接する聖なる世界が海であったことを示す。これは天皇の即位の翌年行われ、女官を八十島祭りの使いとして難波津に派遣して住吉神などを祭ることで大八洲の霊を招いて、即位した天皇の御衣に付与せしめるという意味があった。日本の古代国家と海とのつながりは技術的なものよりも、むしろ精神的なものであるとする(大林 一九九一)。

文化クラスター研究

大林は物質文化研究にも関心が高かった。『物質文化』誌に「東南アジアにおける斧の着柄法」(一四号、一九六九)などの論文を投稿する他、R・U・セイスの物質文化論である『未開民族の文化』(坪井良平訳、一九八九)の復刻版の序文で大林は岡正雄から物質文化研究の重要性を教えられたと書いている。またユリウス・E・リップスの『鍋と帽子と成人式―生活文化の発生』（一九八八）を長島信弘と共訳したことからも関心の高さが知られる。

大林は物質文化や神話などを含め、分布図を作成して思考することを基本としていた。その一例となるのが著作集『東と西　海と山：日本の文化領域』（一九九〇）の中で「日本の文化領域」という論考を書いている。通説では日本列島には東西の差があると言われる。日本文化の地方差は東西差といわれることが常識だが、それと一部重なりつつ南北差が存在する。それによると北陸や山陰は北、関東南部や東海地方は南、となるのだ。さらに東は鎌倉や江戸、西は京都や上方という文化の二大中心地ができたことが、「東西」をさらに強調した。その一方で、真言宗などが強い地域に残存したと思われる両墓制のような東西に飛び地分布する現象、さらに列島を貫いて海沿いに分布する「沿海文化」などの共存を指摘した。沿海文化とは列島を貫いて海沿いに分布する文化要素からなる領域である。

大林は文化圏論に加え、アメリカ人類学の統計学的手法、さらに照葉樹林文化論も含めた生態史など、さまざまな文化領域論を東アジア（大林　一九九二、大林・生田　一九九七）や北アジア（大林　一九九一）でも展開した。この中で大林が常に生態史的視点を重視したのは、プロセス考古学への関心から読み解けるのである。そして大林は分布研究の極地とも言える研究を自ら組織した。それが国立民族学博物館で行われた文化クラスター研究である。

文化クラスターとは東南アジアとオセアニアの二三七民族における、経済・社会、物質文化・技術、神話、信仰に関する三四三個の文化要素の有無に基づいて、民族の近接度、あるいは文化要素の共存可能性について統計分析したものである。

さまざまな統計分析の結果、「東南アジア群」と「オセアニア群」に二分される傾向を大林は指摘した。後者にはアボリジニ、パプアおよびオーストロネシア集団という言語系統をことにする集団が両方含まれた。またオーストロネシア集団自体も東南アジア群とオセアニア群に別れる傾向があった。

オーストロネシア系文化クラスターはミクロネシアとポリネシア諸文化を混合したような傾向で、全体として漁具やカヌーなど海洋的性格および社会の階層化を示す指標が多い。大林はその時点で最新の考古学および歴史言語学の知見をふまえ、前者をラピタ文化に相当する文化層と考え、F・グレブナーのポリネシア的文化、あるいはF・シュパイザーのミクロネシア・ポリネシア的要素複合に相当する。一方パプア群では内陸的性格と父系出自を基礎とする親族社会の傾向が読み取れるという（大林　一九九九）。

大林はマクロの言語分布と文化要素の分布が必ずしも一致しないのは、オーストロネシアは航海カヌーを巧みに操る先進的な交易者集団であり、彼らが先住のパプア系集団と交易をするために一種のピジン語として生み出されたのがオセアニア語派であると推論した。後来のオーストロネシア系集団は先住の集団から作物など多くの要素を取り入れたために、オセアニアの集団は言語を超えて共通性をもつというのである。

世界観の人類史を目指して

大林の真骨頂は神話学であることは異論がないであろう。神話に関しては松村一男氏が解説しているが、大林神話学は日本神話の起源論という次元だけではなく、コスモロジーの進化あるいは東西差などの形成といった人類史において理解されるべきであろう。

その意味で読まれるべきは吉田敦彦との対談『世界の神話をどう読むか』(大林・吉田　一九九八)および『仮面と神話』(大林　一九九八)、とくに「動物から人間へ：世界観の諸段階」(北方民族博物館の講演が元)などであろう。この中では人類が狩猟採集段階から原初的な農耕、そして文明段階でコスモロジーがどのように変化する傾向があるのかを素描したものである。それによると狩猟採集民の段階では動物への信仰が重要で「森の王(アニマル・マスター)」などの概念が発達する。同時にシャーマニズムと人間と動物が互換であるという関係性が見られる。吉田との対談では旧石器時代の世界観について議論しているが、人類最古の神話や世界観については近年、神話素の統計分析と遺伝学の成果の統合によって再び関心が高まっている(後藤　二〇一七a)。

さらに大林は農耕が始まると死者や祖先崇拝が重視されるようになり、文明段階となると宇宙への関心が高まる、との見通しを示している。死者儀礼の変化は『葬制の起源』(一九六五)で詳細に論じられているが、本書ではそのエッセンスたる論考「未開民族における死後の幸福の観念」を掲載した。さらに宇宙への関心は『銀河の道　虹の架け橋』につながっていく。

大林の物質文化への関心が世界観の分析と結びついたのが仮面の分析である。仮面は北米北西海岸、アフリカ、そしてニューギニアやメラネシア三ヵ所にその分布の中心がある。仮面は母系社会の分布と一致すると言われてきたが、大林は従来の考え方に疑問を呈し、新たな解釈を試みる。大林は、仮面は世界観を現し、仮面仮装することによってその人の本質が変わってしまう、というF・クラウゼの見解に注目する。すなわち仮面とは外被なのであり、霊が憑依するようなアニミズムとは非常に異なった考え方であり、むしろP・デスコラなどによる、近年のアニミズム論にもつながる考え方である。大林太良は外被の思想を現す文化複合として仮面仮装、脱皮の思想、羽衣の話をあげ、神話や信仰および世界観の間に連関を考える。

最後の大作『銀河の道　虹の架け橋』だが、大林はなぜ銀河と虹を扱ったのか？　大林は言う「この二つがともに天空に現れながら、さまざまな点で面白い対照を示し、他方では共通点をもっていて、一緒に研究するのが良いからである」と。一方、銀河は夜に見え、虹は昼に見える。銀河は天界の一部として継続的に現れるが、虹は天と地の中間にあり、短時間のうちに消えてしまう。また銀河は単色に見えるが、虹は多色である。さらに銀河は川状であるが虹は弧状で両脚は対地に着いている、などの対照的な性格がある（一九九九：19）。

そしてこの議論の前に「人類が古くから銀河や虹を見てきたことは、どこでも、いつでも同じ思いで、同じ見方で見てきたことを意味するものではない」（一九九九：167-8）という。天体や虹は人類が触れることができず、制御することができない。哲学者G・バシュラールが言うように、空は自由な想像力のキャンバスなのである（後藤　二〇一七b）。だからこそ人類の自由な発想とその伝播経路の比較に都合がいいと大林は述べている。しかし銀河や虹についてまとまった研究は世界的に見ても少なく、それ故、自らが試みたとしている。

なお大林は銀河のあとに「月の神話」の論考を準備しており、太陽神話に関しても考えていたようだ（秋道　二〇〇一）。本書では大林が構想していたであろう天文神話について思いを馳せるために「太陽と月の神話」も掲載している。

おわりに

大林が逝去する一週間前にお見舞いにいったという民俗学者の谷川健一は、大林の学問は深く美しく底がみえない「藍《あい》甕《がめ》」のようだと称す。谷川は大林の最後の大作『銀河の道　虹の架け橋』に言及し「大林さんは今頃、天と地を結ぶ虹の橋をわたり、銀河鉄道に乗って天空の旅をしていることであろう」と書いている（二〇〇二）。私も未完成に終わった「一宮巡詣記」の完成を目指し先生が旅を続けていると思いたい。

私は逝去の前年七月、京都丹後半島の伊根で開催された「うらしまシンポ二〇〇〇」を秋道智彌氏と一緒に聴講した（その時の講演原稿は本書に収録〈「浦島伝説の源流」〉、また秋道　二〇〇一参照）。その夜、宮津の旅館でお疲れ気味の先生を囲んで三人で食事をした。翌日、京都駅まで電車でご一緒し昼食をとる段になると「僕は食欲がないからうどんにしよう」といって、梅風味のうどんを食された。別れ際に「君は来年から京都だからこれあげる」とうどん屋の会員券を私に手渡し、京都駅の新幹線ホームに消えていく後ろ姿を見たのが最後であった。

先生はつねに楽しそうに学問を語った。昨今、すぐ成果の出る、「役に立つ」学問が強調される。このような人文学逆風の時代にこそ大林学が再評価され、著作を通して大林先生と楽しく語り合う必要がある。

本書は読者が大林太良を再び、あるいは初めてならなおさら、読んでみたいと思うきっかけになれば幸いである。

参考文献

秋道智彌　二〇〇一　「大林学のなかの文化クラスター」『民博通信』93。

大林太良

一九六五　「歴史民族学の諸問題」『民族学研究』30(2)。

一九七一a　「先史時代社会組織復元の諸問題」『一橋論叢』66。

一九七一b　「縄文時代の社会組織」『季刊人類学』2(2)。

一九七七　『邪馬台国：入墨とポンチョと卑弥呼』、中公新書。

一九八五a　「人口減少と選択居住：縄文時代の社会組織再構成のための覚え書」『東京大学文学部考古学研究室研究紀要』4。

一九八五b　「東アジアにおける倭人民俗」『日本の古代1：倭人の登場』、森浩一（編）、所収、中央公論社。

一九九〇　『東と西　海と山：日本の文化領域』、小学館。

一九九一　『北方の民族と文化』、山川出版社。

一九九二　『正月の来た道』、小学館。

一九九四　「大和上位システムの支配と崩壊：初期日本の伝説的歴史における動態」『季刊邪馬台国』53。

一九九五　『北の神々　南の英雄：列島のフォークロア12章』、小学館。

一九九六　『海の道　海の民』、小学館。

一九九八　『仮面と神話』、小学館。

一九九九　『銀河の道　虹の架け橋』、小学館。

大林太良・生田滋　一九九七　『東アジア民族の興亡：漢民族と異民族の四千年史』、日本経済新聞社。

大林太良・杉田繁治・秋道智彌（編）　一九九〇　『東南アジア・オセアニアにおける諸民族のデータベースの作成と分析』、国立民族学博物館研究報告別冊11。

大林太良・吉田敦彦　一九九八　『世界の神話をどう読むか』、青土社。

後藤明　二〇〇七　「海人たちの起源は何処に：大林太良と海洋文化研究」『ビオストーリー』8。

二〇一七a　『世界神話学入門』、講談社現代新書。

二〇一七b　『天文の考古学』、同成社。

二〇二二　「大林太良の考古学・日本古代史研究」『南山大学人類学研究所論集』

佐々木高明・大林太良（編）　一九九一　『日本文化の源流：北からの道・南からの道』、小学館。

高谷紀夫　二〇〇三　「民族学者　大林太良」『社会人類学年報』二九。

谷川健一　二〇一一　「大林太良」『谷川健一全集二一：古代・人物補遺』、冨山房インターナショナル。

大林太良の神話学

松村一男
（和光大学教授）

大林の神話研究の先駆者

大林の神話研究の特徴を浮かび上がらせるために、大林以前の研究者と大林以後の研究者の両方について最初に言及しておきたい。

まず先駆者であるが、大林は自分の研究の先駆者として、海外ならレオ・フロベニウス（一八七三―一九三八、ドイツの民族学者）やその後継者であるアドルフ・E・イェンゼン（一八九九―一九六五）の名前をよく挙げている。日本人では岡正雄（一八九八―一九八二）の影響を強く受けたと明言している。岡については『異人その他』の岩波文庫版（一九九四）の編集をし、解説を書いている。また、大林の最初の神話研究の著作である『日本神話の起源』は、『異人その他』所収の「日本民族文化の形成」や「日本文化の基礎構造」を基に、より発展させたものである。

この他、比較を中心として日本神話を考察するという方法論としては、高木敏雄（一八七六―一九二二）、松本信廣（一八九七―一九八一）、石田英一郎（一九〇三―一九六八）とも共通点があるだろう。松村武雄（一八八三―一九六九）、三品彰英（一九〇二―一九七一）、松前健（一九二二―二〇〇二）らにもそうした側面はもちろんあるが、比較のスケールの大きさが違う気がする。

高木敏雄について大林は増補版の『日本神話伝説の研究』の編集をし、長文の解説を書いている（高木　一九七三、三七八―三九四）。取り扱う題材の幅広さは大林と通じるものがある。

松本信廣についてまとまった言及はないが、その業績は多く参照されている。

石田英一郎も岡正雄と並んで大林が身近で影響を受けた師

である。石田の『桃太郎の母』（法政大学出版局、一九五六、講談社学術文庫、一九八四、二〇〇七）や『河童駒引考』（新版、岩波文庫、一九九四）については、岡の場合のような直接の理論的影響関係は認められないが、その比較のスケールの大きさについては強い類似が認められる。

松村武雄について大林は、「松村神話学の展開―ことにその日本神話研究について―」（『文学』39、一九七一、一三六六―一三七六）を書いている。その「結語」で大林は、松村が専門領域を持たず、神話モチーフの分布に十分な関心を持たず、理論的にも新しい学説を取り込むことができなかったとして、遠まわしではあるが「時代遅れ」であるとの評価を下している。その通りであって、現在では資料としては使えるが、理論面ではもはや使えない。

大林没後の日本の神話学研究

吉田敦彦（一九三四―）は一九七〇年代から大林と並走しながら日本の神話研究をリードしてきた。大林の神話学がドイツ・オーストリアの文化圏的理論を根底に置き、東南アジアを主たるフィールドとするのに対して、吉田はフランスのジョルジュ・デュメジル（一八九八―一九八六）の印欧比較神話学を根底に置き、ギリシアや日本の神話を主たるフィールドとしてきた。二人とも専門領域に限らない広い知識と関心を有していたので、共同での研究成果も多かった。しかし大林没後は、吉田も本来の専門のギリシア神話とインド・ヨーロッパ語族比較神話に研究の主軸を移し、日本神話についてはあまり積極的に研究を発表していない。

大林と同じく比較民族学的手法で東南アジア神話を皮切りに日本神話についても次々と新しい研究を発表していたのが、山田仁史（一九七二―二〇二一）であった。大林の『神話学入門』のちくま学芸文庫版の解説は山田が書いている。それによれば、山田は一九九三年、東北大の学部の三年生の時に大林の阿佐ヶ谷の自宅にはじめて参向し、その後も機会があるごとに丸一日を一緒に議論をして過していたとのことである。

山田は学部卒業後、京都大学大学院の人間・環境学研究科、文化人類学講座に進み、一九九六年に『太陽の射手―日本・台湾周囲諸民族における「太陽を射る話」の比較研究』と題された修士論文を提出した。本文篇と附録篇の二冊からなるが、あまりに膨大で専門的なため、いまだ未刊である（山田一九九六）。大林がドイツ、オーストリア、アメリカの留学に旅立つ前に二六歳でまとめた『東南アジア大陸諸民族の親族組織』（東京大学東洋文化研究所、一九五五、その後、ぺりかん社、一九七八）を思わせる。先述のように大林は一九九九年の『銀河の道　虹の架け橋』刊行に続いて、太陽と月、天父と地母など他の宇宙的表象の比較研究を計画していた。山田の研究は大林の意図と見事に重なるものである。おそらく大林との相談の上で選ばれたテーマだったのだろう。

山田はこの論文を提出した後にミュンヘン大学に留学し、博士号を取得している（Yamada 2003）。これも大林との相談の上であったはずだ。その後、山田は母校の東北大で民族学と宗教学の教鞭を執る。専門は大林と同じく東南アジア民族学と神話学であり、大林の神話の分野における業績を紹介し検討するのに山田以上に適当な人材はいなかった（Paproth & Yamada 2002; Yamada 2009；山田　二〇一一、山田　二〇一七）。

以上からも明らかなように、本来ならば、この原稿は当然山田が書くべきものであった。大林もそれを望んでいただろう。しかし山田は二〇二一年一月一八日に心不全のために四八歳の若さで逝去してしまった。そこで代理としてはだいぶ劣るが、私が責を果たすことになった。

私は山田のように最初から大林の神話研究に学んでいたのではない。私が研究者として最初に取り組んだのはデュメジルのインド・ヨーロッパ語族比較神話学の理論を用いて、古代ローマのパンテオンを検討するというテーマであり、デュメジルのもとで学び、その理論を日本に紹介した吉田敦彦を師と仰いできた。

もちろん、ある時期から吉田に誘われて、日本神話についても文章を書くようになり、その際には吉田の研究ばかりでなく、当然ながら大林の研究から大いに裨益された。しかし当初は、話しかけるのも畏れ多い、遠方から敬して拝するだけの巨人でしかなかった。

親しく話すきっかけとなったのは、大林が中心となって編まれた『世界神話事典』（一九九四）の編集会議においてであった。大林は未熟な私にも暖かな言葉をかけてくれ、関係するシリーズの執筆者に加えてくれて、手紙とともに新しい著書や論文も送ってくれた。一九九〇年代に私が奈良で勤めていた頃は、奈良に来るとよく夕食を一緒して、楽しい話を聞かせてくれた。

後藤明氏（一九五四―）は大林の直接の弟子であり、オセアニア民族学・考古学の大家だが、神話学にも造詣が深い。だから山田の次に大林神話学について語る人物として適切なのは後藤氏なのだが、大林の業績の全体像を回顧するには後藤氏にはやはり大林の民族学とオセアニア研究について語ってもらうのがより適任であろう。後藤氏は、最初は主として専門のオセアニアの神話について著作を刊行していた（後藤　一九九七、一九九九、二〇〇二）。その後はオセアニアと日本の神話の共通性をさらに推し進めて人類の出アフリカから全世界への拡散の過程の中で神話を考えるという壮大な「世界神話学」の理論の紹介も行なっている（後藤　二〇一七）。これもまた大林が存命であったなら、きっと取り組んだ課題であったはずだ。後藤氏はオセアニアへの民族移動についての関心から、航海術とそのために必須な天文の知識についても研究されている（後藤　二〇一九、二〇二二）。太陽、月、星への関心は山田の場合と同様に、後藤氏においても大林から引き継がれていると感じる。

大林神話学のひろがりと深さ

以下では大林太良の神話学での業績の紹介と検討を行う。まず大林の神話研究の全体像を紹介する。そしてどのようなテーマが取り上げられ、その中ではとくにどのようなテーマが重要であったかを確認する。

大林神話学の特徴の第一は、

㈠　一般読者向け（ただしもちろん、神話に関心をもつ知的水準の高い層だが）

㈡　専門家向け

の両者が最初から最後まで併存しつづけたことであろう。これはもちろん容易なことではない。

㈠の一般読者向けは二種類に分けることができよう。一つは神話学への入門書である。『日本神話の起源』（一九六一）は民族学的な視点から日本神話の成り立ちを論じたものであり、類例としては日本語の起源を一般向けに論じて大きな話題を集めた大野晋の『日本語の起源』（岩波新書、一九五七）が該当するだろう。そして『神話学入門』（一九六六）は神話学という分野の入門書として日本語ではじめて書かれたものである。『世界の神話』（一九七六）は大林の編訳になる世界の起源神話のアンソロジーで、これまた日本で最初の神話アンソロジーであった。

以上は単著での入門書だが、もう一種類は複数の執筆者を統括して作る神話事典である。『世界神話事典』（一九九四）は世界の神話をテーマ別と地域別の両面から調べるための読む事典として編まれている。また、日本神話についても吉田敦彦との共監修で『日本神話事典』（大和書房、一九九七）を作っている。ただし入門書とはいっても、内容の学的水準は下げられていない。

一般読者向け著作の第二の特徴は、論文集の多さであろう。ただしいわゆる学術的体裁の論文集ではない。大林は多くのシンポジウムや講演会をこなし、その場での発表・発言を論文集として出版していた。普通、個人の論文集は一貫したテーマではなく（一貫したテーマなら専門書だろう）、雑多なテーマが集められている。だから多くの部数は望めない。しかし大林の場合には多くの愛読者がいて、売れる見込みがあるから出版社も論文集を出し続けたのだろう。この論文集も個人のもの『神話と神話学』(一九七五)、『日本の神話』(一九七六)、『神話の話』(一九七九)、『神話と民俗』(一九七九)、『神話の系譜』(一九八六)、『海の神話』(一九九三)、『北の神々　南の英雄』(一九九五)、『仮面と神話』(一九九八)と、大林が中心となって編集した複数の執筆者による論文集『神話・社会・世界観』(一九七二)、『日本神話の比較研究』(一九七四)の二種類がある。

専門書としては、単著では『稲作の神話』(一九七三)、『日本神話の構造』(一九七五)、『東アジアの王権神話』(一九八四)、『銀河の道　虹の架け橋』(一九九九)が、共著ではいずれも吉田敦彦との共著の『剣の神・剣の英雄—タケミカヅチ神話の比較研究』(一九八一)、『世界の神話をどう読むか』(一九九八)がある。以下では神話関係の著作を年代順に並べて、その内容や特徴を手短に紹介しておく。

神話関係著作の内容紹介

◆『日本神話の起源』(角川新書、一九六一年、その後、角川選書、一九七二年、徳間文庫、一九九〇年)

最初に「神話の研究法—イントロドゥチオーネ」があり、その後、1「あめつちのはじめ」、2「国土と神々の創成」、3「生と死」、4「アマテラスとスサノオ」、5「天地初発からアマテラスまで」、6「出雲の大蛇と小人」、7「高天原から日向へ」の記紀神話の進行に沿って地域、テーマ別の紹介と分析が続き、最後に「日本神話の起源—フィナーレ」と補論「日本文化の形成」が置かれている。民族学的な神話モチーフの分布とその歴史的背景が豊富な地図と比較対照表とともに説明されている。その解釈の多くはおそらく今もって大きな変更は必要ないと思われる。それほどバランスの良い、穏当な解釈がなされている。

◆『神話学入門』(中公新書、一九六六年、その後、ちくま学芸文庫、二〇一九年)

民族学の立場からの神話学の教科書として文句のつけようのない構成と内容である。八章の構成は、1「神話研究の歩み」、2「神話とはなにか?」、3「神話の分類」、4「宇宙の起源」、5「人類の起源」、6「文化の起源」、7「世界像の諸類型」、8「神話・儀礼・社会」となっている。

◆『神話・社会・世界観』[編](角川書店、一九七二年)

世界各地の世界観について大林が重要と考える論考を集めたリーディングスである。その中でとくに神話に関するものとしては、13　大林太良「古代日本における分類の論理」、14　吉田敦彦「印欧神話にあらわれた社会構造と世界観」、15

Ｅ・Ｍ・メレチンスキー「レヴィ＝ストロースの神話の構造分析」が収められている。

◆『稲作の神話』（弘文堂、一九七三年）

一つのテーマについての最初の大著である。序において大林は、稲作をめぐる神話の考察を一九六一年の『日本神話の起源』において一応の見通しを得た後、一九六三年から六六年にかけて行ない、その際には主として記紀に見られない神話を扱ったと述べている。第一章「民族学からみた日本人――山の神、オオゲツヒメ、歌垣、稲魂、綱引」は総論、第二章「オオゲツヒメ型神話の構造と系統」は記紀における稲作神話について論じており、一書にするために新たに稿したものである。第三章「穂落神」は鶴が稲穂を落として与えるという日本の伝承を、朝鮮、中国、華南少数民族、東南アジアの類似伝承と比較する。第四章「鳥勧請」では前章の鳥が稲をもたらすというタイプの起源神話に相当する儀礼として日本における鳥に米を食わせる鳥勧請に注目し、前章と同様に近隣地域での類似儀礼との比較を行っている。第五章「東アジアにおける穀物盗みモチーフ」は、稲作起源神話でのもう一つのよく知られた盗みのモチーフについて事例紹介と日本列島を含む東アジアでの分布を考察している。第六章「流米洞伝説――東アジアにおける奇蹟の米伝承の一研究」では奇跡の米についての神話や伝説のうち、とくに中国南部と朝鮮半島に分布する「流米洞伝説」を考察している。第七章「東南アジアにおける〈米の骨〉モチーフについて」は、かつて米粒は骨と思われて捨てられていたというモチーフがあることを紹介した短篇である。第六、第七章は付論である。

◆『日本神話の比較研究』［編］（法政大学出版局、一九七四年）

大林には、日本神話を国史や国文学の研究者に独占させていてよいのかという思いがあったと思われる。たしかにそれまでも鳥居龍蔵（一八七〇―一九五三）、西村朝日太郎（一九〇九―一九九七）、石田英一郎、岡正雄ら民族学者の研究はあったが、日本以外を専門とする研究者の目から見たらさらにこれまで気づかれなかった問題や解釈が見つかるのではないか、という期待が本書を実現させたのだろう。本書は大林による序説に続き、第一部「東アジアとの比較」には琉球、韓国、中国との比較、そして自身による「神武東征伝説と百済・高句麗の建国伝説」を加えた四篇が収められ、第二部「東南アジア、オセアニア神話との比較」にはインドネシア、東南アジア、ポリネシアとの比較の三篇が収められ、第三部「北方ユーラシア、印欧神話との比較」にはモンゴル、フィンランド、印欧語族との比較の三篇が収められている。これだけ広い領域の専門家に日本神話との比較の試みを行わせたのは画期的なことだった。

◆『**日本神話の構造**』（弘文堂、一九七五年）

大林がフランスの神話学者デュメジルの印欧語族神話の構造分析の理論を知り、それをデュメジルの弟子であった吉田敦彦とともに日本神話の分析に応用した時期の論考をまとめた著作で、第一部「日本神話の構造」、第二部「古代日本における分類の論理」、第三部「三機能体系の諸相」、第四部「神代と宇宙領域」に一二の論考が収められている。日本神話研究において国史、国文学の枠内に留まることを望まないなら、必ず読まねばならない名著である。この本が刺激となってフランソワ・マセ『古事記神話の構造』（中央公論社、一九八九）も生まれた。

◆『**神話と神話学**』（大和書房、一九七五年）

第一部「世界の神話」、第二部「日本の神話」と分けられていて、第一部には1「神話研究の歩み」、2「神話の諸問題」、3「説話における東洋と西洋」、4「世界の神話」の四篇が、第二部には5「日本神話の世界」、6「日本神話の源流」、7「神話伝説の諸相」の三篇が収められている。神話について事典や専門雑誌に書いた論考が集められており、内容は学術的である。

◆『**世界の神話——万物の起源を読む**』［編］（NHKブックス、一九七六年）

神話資料集として編まれた。ただし分量の関係から創世神話に限っている。それでもすべての神話に出典個所を記した学術的な体裁は類書がなく、現在でもその価値は失われていない。1東アジア、2東南アジア、3オセアニア、4インド、5北アジア、6西部ユーラシア、7アフリカ、8アメリカ大陸に分けて九十五の神話が紹介されている。世界各地の多様なタイプの創世神話をバランスよく選び、またその多くには邦訳がなかったので大林自らが翻訳をしている。大林にしかなしえなかった仕事である。

◆『**日本の神話**』（大月書店、国民文庫、一九七六年）

市民講座や講演会の再録五篇を収める。1「神話・民俗の系譜と民族の形成」、2「東アジアの神話」、3「日本神話の系譜」、4「神話の構造、昔話の構造」、5「遠州見付天神の裸祭と早太郎伝説」。したがって、まったく新しい内容ではない。しかしそれでも水準は高いし、文献案内もきちんとしている。

◆『**神話の話**』(講談社学術文庫、一九七九年)

九篇が収められている。特徴は多くの篇でモチーフの世界分布の図が示されていることだろう。1は「海の神話」、2は「水の神話」、3は「魚の神話」、4は「人魚の神話」と、ここまでは水関係の神話がテーマである。5は「サルの神話」でやや異色である。6は「地震の神話」、7は「巨人神話」、8は「女神の神話」、そして9は「日本神話の系譜」がテーマである。6の「地震の神話」は東大の公開講座『地震』の時のものなので、緻密で非常に有益である。

◆『**神話と民俗**』(桜楓社、一九七九年)

折にふれて書いた論考を集めて四部に分けている。まとまりはないが、しかし、その中には煌めくような論考も含まれている。第一部「日本文化と周辺諸民族の文化」には1「日本民族の起源」、2「トカラ列島の民俗をさぐる」、3「朝鮮と江南」、4「日本民俗学と民族学の関係」、5「韓国民俗学の近況」の五篇が収められ、第二部「神話点描」には6「古事記」、7「スサノヲは三度殺す」、8「天孫降臨の神話」、9「鏡をかけた木」、10「古代日本人の世界観」、11「ポリネシアの洪水神話覚え書き」、12「神話研究の動向」の七篇が収められている。第三部「伝説への三つのアプローチ」には13「房総のデーデッポ伝説」、14「日本の民話における栽培植物の分布」、15「長者の没落」の三篇が収められ、第四部「年中行事の諸相」には16「神々の正月」、17「利根川中・下流の年中行事」、18「脱皮と再生の行事と神話」の三篇が収められている。第三部、第四部は民俗行事についてであり、後の『正月の来た道』(小学館、一九九二)につながっている。

◆『**剣の神・剣の英雄―タケミカヅチ神話の比較研究**』[**吉田敦彦と共著**](法政大学出版局、一九八一年)

本書は二部に分かれている。第一部「戦神としての剣」が大林の執筆で、第二部「オセット伝説のバトラズと日本神話の第二機能神格」が吉田の執筆になる。第一部は五章からなり、1「古代日本における戦神としての剣」、2「印欧語族における戦神としての剣」、3「アルタイ系諸族における戦神としての剣」、4「朝鮮における神剣と英雄」、5「結論」となっている。あとがきによれば、構想はすでに一九七一、七二年にはほぼ固まっていたという。大林がデュメジルを知り、印欧語族神話と日本神話のつながりについて吉田敦彦と共同で盛んに発言されていた時期である。本書はその時期に端緒を有する。しかし大林は日本の剣の神の系譜を印欧語族だけに求めていない。アルタイ、朝鮮半島とのつながりを忘れていない。大林らしいバランスの取れた判断である。

◆『東アジアの王権神話』（弘文堂、一九八四年）

『稲作の神話』と並ぶ本格的な専門書。書名の通りに中心は王権神話である。朝鮮諸王国の起源神話と日本神話の天孫降臨が同一起源であり、日本に王権文化とともに伝わったという説は大林の師であった岡正雄も唱えていた。またフランスのデュメジルのもとで吉田敦彦はギリシアや印欧語族の神話がスキタイ系遊牧民、そしてアルタイ系牧畜文化を経由して日本に伝わったとする論考を発表していた。そうした刺激もあって、本書に収められている諸論考が書かれたのだろう。第一部「日本神話の構造」には一章から一二章、第二部「日本と朝鮮の王権神話」は一三章から二三章、そして第三部「琉球神話の構造」には二四章から二八章が収められている。本書には『日本神話の構造』と同じく、デュメジルやレヴィ＝ストロースらの構造分析からの影響が明らかだが、その中には王権神話に関わらないが神話の構造分析のやり方についての重要な論考もある。たとえば、第九章「異郷訪問譚の構造」や第一〇章「火と水、海と山―海幸山幸神話の構造」は日本神話の構造分析がいかに有効かの実例となっている。

◆『神話の系譜―日本神話の源流をさぐる』（青土社、一九八六年、その後、講談社学術文庫、一九九一年）

中心となる地域によって五部に分けられ、二四篇が収められている。第一部は特定の地域に限らないテーマのもの、第二部は中国関係、第三部は朝鮮半島、第四部は北方ユーラシアと印欧世界、そして第五部は東南アジア・オセアニアである。どの場合も日本神話とのつながりへの言及があるので、副題の「日本神話の源流をさぐる」は間違っていない。

◆『海の神話』（講談社学術文庫、一九九三年）

全部で四二の水や海に関する神話が紹介され、分析されている。どれも短いものだし、特に統一は見られない。しかし、逆に水や海に関わる世界中の神話が紹介されていて、知識を広めるにも新しいテーマを探すにも格好の書となっている。

◆『世界神話事典』［大林太良・吉田敦彦・伊藤清司・松村一男編］（角川書店、一九九四年、その後、角川選書、二〇〇五年、角川ソフィア文庫、二〇一二年）

大林のプランに沿って最初に総説「神話学の方法とその歴史」があり、続いて「共通テーマにみる神話」として、「世界の起源」、「人類の起源」、「洪水神話」、「死の起源」、「女性」、「トリックスター・文化英雄」、「英雄」、「王権の起源」、「異郷訪問」、「異類婚」、「天体」に分けられている。大林はこのうち、「総説」、「人類の起源」、「洪水神話」を担当している。そして後半では「地域別にみる神話」があり、そのうち大林は

「東南アジアの神話」、「オセアニアの神話」を担当している。

大林の全体的構想のもとに大項目で読ませる事典として構想され、また大林によって選ばれた執筆者たちがその意に沿って執筆しているため、大林自身の執筆は一部であっても全体としてみれば大林の神話理論と具体例について最も簡便な参考資料となっている。

◆『北の神々　南の英雄』（小学館、一九九五年）

本書では総論的「序章」に続き、1北海道、2秋田、3出雲、4武蔵野、5中部、6畿内、7吉備、8伊予、9宗像、10江南、11南九州、12沖縄、と日本各地の多様な風土や環境の中で営まれてきた地域ごとの生業がどのような神話タイプを生み出しているかの検討が行われている。

◆『仮面と神話』（小学館、一九九八年）

本書では世界規模の神話や儀礼のテーマが取り上げられている。第一章は「口承文芸の起源」、第二章は「世界観の諸段階」、第三章は「太陽と月の神話」、第四章は「天父・地母の神話」、第五章は「戦神の神話」、第六章は「仮面儀礼」、第七章は「若者組と若者宿」、第八章は「成人式」、第九章は「東アジア稲作文化と正月儀礼」である。神話と儀礼は無関係な場合もあるが、大林が取り上げる事例では両者は強い結びつきを示している。これら九章のうち、第五章は『剣の神・剣の英雄』（法政大学出版局、一九八一年）の簡略版であり、第九章は『正月の来た道』（小学館、一九九二）の簡略版である。

◆『世界の神話をどう読むか』［吉田敦彦と共著］（青土社、一九九八年）

『世界神話事典』の前半は大林の発案で四人の編者の分担でテーマ別の神話紹介をしているが、本書では対談形式で論じられているため、『世界神話事典』を補完するものとなっている。事典が神話モチーフを網羅的にカバーしていたとは異なり、本書では二人の個人的な関心により寄り添った神話テーマ（モチーフ）が取り上げられており、1「世界の神話をどう読むか」、2「神話の中の女性―大地母神から魔女、聖母まで」、3「神話の中の海と山」、4「殺される女神と死んで復活する神たち」、5「王権の光と陰」、6「太陽と月」、7「神話と英雄伝説」、8「神話の中の動物たち」、9「神話研究の現在」という構成になっている。

◆『銀河の道　虹の架け橋』（小学館、一九九九年）

銀河と虹という対照的な性格の天体現象（夜／昼、恒常的／一過性、一色／多色）に関する神話や信仰を網羅した大著である。結論部では何か明確な人類普遍の観念が導きだされてはいない。しかし銀河と虹のそれぞれの地域や時代ごとの資料のそれぞれが固有の面白さを持っているし、それが他地域や他の時代のものとの比較によってますます面白さを増していく。あまりに膨大なテーマなので、そこから一つのまとまった理論や歴史的過程の見通しを得ることはすぐには不可能であるにしても、今後のそうした研究のための資料としての価値は計り知れない。

第一部「銀河の道」は一一章に分けられ、東アジア、東南アジア大陸部、東南アジア島嶼部、オセアニア、北・中央アジア、北アメリカ、中・南米、南アジア、西アジア、ヨーロッパ、アフリカに分けて紹介検討がされ、第二部「虹の架け橋」でも同じ構成となっている。そして第三部「全体的考察」において両者の分布、文化史的意味、シンボリズムが総合的に示される。

大林は本書の後には太陽と月、天父と地母など他の宇宙的表象の比較研究へと進み、最終的には人類の世界像の歴史を再建することを意図していたようだが、それは残念ながら叶わなかった。

参考文献

後藤明
『ハワイ・南太平洋の神話：海と太陽、そして虹のメッセージ』中公新書、一九九七年
『「物言う魚」たち：鰻・蛇の南島神話』小学館、一九九九年
『南島の神話』中公文庫、二〇〇二年
『世界神話学入門』、講談社現代新書、二〇一七年
「移動民のコスモビジョン」『人類学研究所　研究論集』南山大学、七、二六―四四。二〇一九年
Cultural Astronomy of the Japanese Archipelago: Exploring the Japanese Skyscape, Routledge: London and New York. 2021.

高木敏雄
『増補　日本神話伝説の研究』1・2、平凡社、東洋文庫、一九七三年、一九七四年

髙谷紀夫
「民族学者　大林太良」、『社会人類学年報』29、一三五―一四八、二〇〇三年

Paproth, Hans-Joachim & Hitoshi Yamada
"Taryô Obayashi 1929-2001", *Zeitschrift für Ethnologie* 127: 139-146. 2022.

山田仁史
『太陽の射手：日本・台湾と周囲諸民族における「太陽を射る話」の比較研究』、京都大学大学院、人間・環境学研究科、文化人類

学講座、修士論文（未刊）、一九九六年
Religios-mythologische Vorstellungen bei den austronesischen Völkern Taiwans. Ein Beitrag zurEthnologie Ost-und Südostasiens. Dissertation, Universität München 2003 (https://edoc.ub.uni-muenchen.de/7335/)
Comparative Mythology Synchronic and Diachronic : Structure and History for Taryo Obayashi and Claude Lévi-Strauss, *Comparative Mythology* 5 : 55-65. 2009.
「日本における民族学的神話研究」、『宗教研究』84、九六八―九六九（発表要旨）、二〇一一年
『新・神話学入門』、勉誠出版、二〇一七年

付記1

日本語以外の論文Paproth & Yamada 2002 : 140-145には大林が日本語以外で発表された論文のリストが記載されている。その中で神話学において特に重要と思われるものを以下に記しておく。

Die Amaterasu-Mythe im alten Japan und die Sonnenfinsternismythe in Südostasien, *Ethnos* 25 : 20-43. 1960.
Anthropogonic Myth of the Wa in Northern Indo - China, *Hitotsubashi Journal of Social Studies* 3 : 43-66. 1966.
The Origin of Japanese Mythology, *Acta Asiatica* 31 : 1-23. 1977.
The Structure of the Pantheon and the Concept of Sin in Ancient Japan, *Diogenes* 98 : 117-132. 1977.
Japanese Myth of Descent from Heaven and Their Korean Parallels, *Asian Folklore Studies* 43 : 171-184. 1984.

付記2

二〇二一年一〇月一六、一七日に「大林太良・学問と北方文化研究―大林太良先生没後20年記念シンポジウム」が第35回北方民族文化シンポジウム網走としてオンラインで開催され、その後、同題の報告書も刊行されている（北方文化振興協会、二〇二二）。このシンポジウムにおいて私は「大林太良先生の神話学」と題する報告を行った。本稿はその報告を加筆・修正・改編したものである。北方文化振興協会に御礼申し上げる。

日本民俗学における大林太良

飯島吉晴
（天理大学名誉教授）

一　二つのミンゾクガク

わが国では、民族学と民俗学という二つの隣接学問は呼称のみならず、その研究対象や方法に関しても密接な関係を有してきたが、他方ではその学史の展開上には一種の緊張関係がみられた。最初の民俗学専門誌『郷土研究』が休刊したあと、柳田國男は当時の各学問領域の若き俊秀たちとともに『民族』を創刊したが、『民族』休刊後に『民俗学』誌が創刊される。しかし、柳田國男はこの『民俗学』には一度も寄稿せず、孤立し独自の道を切り開こうと奮闘したのである。一九三四年（昭和九）に日本民族学会は『民俗学』誌に結集した研究者たちを中心として設立され、翌年には機関誌『民族学研究』が創刊された。

一方、柳田國男の還暦を記念して、一九三五年に日本青年館で第一回の日本民俗学講習会が全国の同志を結集して開催され、これを機に「民間伝承の会」が設立されて機関誌『民間伝承』が創刊され、全国規模の民俗学の研究連絡組織となった。この講習会の記録は、柳田國男編『日本民俗学研究』（岩波書店、一九三五年）として刊行されたが、この中で柳田は「採集期と採集技能」と題して、二つのミンゾクガクの関係を詳述している。こうして、一九三五年は二つのミンゾクガクにとって記念すべき年となったのである。柳田國男は「民俗学」という学会名の使用にはあまり積極的ではなくむしろ反対の立場であったが[1]、一九四九年に八学会連合に加わるのを契機に「民間伝承の会」は「日本民俗学会」に改称されたのである。昭和初期には、今日とは逆で、むしろ「民俗学」の方が内容的には「民族学」の性格に近かったようなのである[2]。

日本民族学会は戦時中には民族学協会に組織替えとなり、日本の海外進出の一翼を担って活動したが、戦後の一九六四年に再びもとの日本民族学会となり、二〇〇四年（平成十六）に は日本文化人類学会と改称され機関誌も『日本文化人類学』と改められた。一九七〇年の大阪万博の開催地跡の千里丘陵に設立された国立民族学博物館も戦前からの民族学の系譜に連なるものといえる。戦時中も、『民間伝承』誌は大政翼賛会との協力関係もあって一九四四年まで刊行が細々だが存続され、戦後の一九四六年八月には復刊され、日本民俗学会設立後には一九五三年までその機関誌ともなった。

一九四七年三月には世田谷区成城の柳田國男の書斎「喜談書屋」の一階を民俗学研究所として私財を投じて設立し、翌年四月には財団法人民俗学研究所となったが、一九五七年四月七日には代議員会で閉鎖が決議され翌日解散した。その背景の一つとなったのが、所員の一人でもあった石田英一郎の「民俗学は広義の文化人類学の中で発展すべき」であるという主張にまともな反論ができず、また財政基盤が弱く民俗誌シリーズや辞典類などの書籍の刊行に忙殺せざるを得ない事情もあったようである。とくに一九六二年に日本民俗学の創設者である柳田國男が逝去するまでは、民俗学と民族学という二つのミンゾクガクは、隣接した学問分野でありつつ、微妙な緊張感があったことは確かであった。

一方、戦後の日本民族学の研究は、岡正雄の学位論文「古日本の文化層」に基づく日本種族文化複合説の検証が学史的にみて大きな一つの特徴であった。具体的には、『民族学研究』第十三巻第三号（一九四九年二月・日本民族＝文化の起源特集号）に掲載された岡正雄（民族学）・八幡一郎（考古学）・江上波夫（東洋史学・考古学）・石田英一郎（司会）による座談会「日本民族＝文化の源流と日本国家の形成」で、これは学界の内外に大きな反響を呼び、その後の民族学の研究方向を導く指針ともなった。(3)

大林太良は、岡正雄や石田英一郎の主導する戦後の民族学の第一世代に属していた。石田英一郎は、大林の『東南アジア大陸諸民族の社会組織』（一九五五年）の序文に、

「大林君がヘッセンシュタイン号でドイツ留学に旅立つのを見送ってから、もう一週間は過ぎた。早いものだと思う私の胸に浮かんでくるのは、君が初めて私の著書を読んで、私の家を訪ねてきたころのことである、それは君が東大の経済学部に入学してまもなくのことだったと記憶するが、当時はまだ文化人類学の専門コースもできていなかったし、君自身、将来の方針についての見通しももっていなかった。ただ恐ろしく多読多趣味の学生だった君が、その学問的趣味の赴くに任せて勉強をつづけるうち、卒業間近のころには、文化人類学を一生の仕事としようという決心がついたものだったかと思う。そして私の勧めで東大東洋文化研究所の助手に応募採用されてからの三年間が、君の専門としての文化人類学に対す

る最もひたむきなレールヤーレなのであった」

と述べ、この間に東南アジア大陸の民族学を当面のテーマとして、大林が『東洋文化研究所紀要』に「アッサムの雛段耕作」(同五冊、一九五四年)、「東南アジアにおける豚飼養の文化史的地位」(同七冊、一九五五年)、「東南アジアの日蝕神話の一考察」(同九冊、一九五六年)と次々と論文を発表し、助手論文として本書を公刊したことを明らかにしている(4)。これらの大林の初期の諸論文は、その後の優れた研究の展開の先駆けをなすものであった。

大林民族学と日本民俗学――研究の方法と目的のちがい

大林太良は、「神話・民俗の系譜と民族の形成」という講演の中で、自分と日本民俗学研究者との研究のちがいを次の五点に分けて説明している(5)。

第一点は、大林の研究テーマは、日本の神話と民俗の系統論であり、日本内部だけを見るのではなくて、日本の外との関連において日本の神話とか民俗を考えるのである。これは、日本の外から日本の民族文化を考え見なければ理解できないという立場である。

第二点は、研究対象とする時代が民俗学者とは多少ちがっていることである。日本民俗学では、我が国が文化的あるいは政治的な統一がなされ一応「日本民族」と呼ぶべきものが成立した後の時代における民俗の変遷を主要な研究の対象としているが、大林の中心的な関心はむしろ日本民族文化が形成される前の段階にあり、その形成に参与した主な構成要素の系統はなにかが問題なのである。よく民俗学では遡れる上限は、せいぜい一五世紀の応仁の乱くらいまでであると一般にいわれている。

第三点は、日本民俗学では日本の各地の習俗とか伝承といったいわゆるフォークロア(民俗)を全日本的に共通なパターンとその地域的な偏差(地域差)という形で研究する傾向がある。つまり、日本全国共通の民俗の存在を想定し、地域的なちがいは共通のパターンからの変化(変遷)とみる立場から柳田國男以来ずっと研究してきたのであった。これに対して、大林太良の立場は、「いわゆる日本の伝統的な生活様式が形成されるにあたっては、決してそれはひといろではなかった、いくつもの系統、いくつもの由来のちがった生活様式、あるいは文化複合というべきものが参与していたのではないかと考え」るもので、これは大林の論文「民族学から見た日本人」(6)の中で具体的に論じている。すなわち、民族学者は、中国南部から渡来したと思われる焼畑農耕民文化や水稲耕作民文化などのさまざまな複数の文化複合が日本の伝統的な生活様式の形成に与っていると想定しており、今日あるいは歴史時代において日本各地にみられた民俗の地方差、地域差もあるているのである。

第四点は、柳田國男以来、日本民俗学では、日本の伝統的な生活様式が主に水稲耕作を基盤として形成されてきたと主張してきた。確かに初期の民俗学にはさまざまな可能性が見られたが、昭和初めの確立期の日本民俗学は、近世の水稲耕作を基盤とした村落社会を伝承母体と考え、そこで生活する普通の農民を常民と想定して理論化してきた経緯がある。民族学では、水稲耕作に基づく文化は重要ではあるが、日本民族文化を構成する一つの構成要素にすぎず、焼畑耕作を基盤とした文化複合の重要性にも注目すべきであるとした。

第五点は、日本民俗学では、一応伝統的な生活様式を行ない、民俗の担い手とされた普通の稲作農民を常民として重要視してきた。これに対して、支配者層の生活様式の研究は非常に遅れている。文献記録に残されていない名も無い庶民の研究は重要ではあるが、日本人の生活や文化の歴史を考える場合には、やはり支配者層の生活様式や文化も考慮すべきである。なぜならば、日本のみならず世界中の階級社会では、一般庶民の生活はいろいろなかたちで支配者層の生活様式や流行が影響し沈下して残る場合があるからである。常民と呼ばれる人々の生活様式やものの考え方ばかりではなく、支配者層の習俗やイデオロギーもしかるべき考慮を払うべきである。

なお、柳田國男と並ぶ民俗学者の折口信夫は、古代宮廷生活を一つの理想のモデルと想定し、その零落した形式がむしろ民俗であると捉えていた。また柳田國男が教えを請うた南方熊楠[7]は、粘菌研究の一方で、多くの言語に通じ大英博物館にても研究し、古今東西の説話研究を行なったことが知られている。日本の民俗学研究にも主流とはならなかったが、各時代や研究者によってさまざまな立場や考え方もあったのである。

以上の諸点は、民族学と日本民俗学との研究方法や目的の相違に由来する両者の立場や前提を明らかにしたものである。これに関連して発表した時期がやや古く今日ではだいぶ事情が異なっているが、大林太良は、別の角度からも、「日本民俗学と民族学との関係」について論じている[8]。大林は、これまで両者が具体的な研究に限りあまり緊密ではなかった理由として次の二点ほど掲げている。

第一は、日本では、日本民俗学と縁の深い東アジア諸地域を専門とする民族学者が非常に少ないことである。民族学は未開民族とその文化の研究から出発した学問であり、日本の周囲は朝鮮にしろ中国にしろ未開ではなく文明民族なので関心を持つものが少ないことは無理もないことだが、しかし、「日本の民俗を他の地域のそれと比較して、民族学者が日本民族起源論を行なおうとする場合、比較すべき相手としてことに重要なのは、何といっても朝鮮や中国の民俗である。そのくせ今まではそれが不十分にしか行なわれていない。稲作儀礼を例にとっても、宇野円空氏以来、インドネシアとの比較はくり返し行なわれ、インドシナとの比較は松本信広氏によって行なわれて来た。しかし日本のすぐ近くになると、三品彰英氏が朝鮮の稲作儀礼との比較研究を行なっているくらいであって、中国の稲作儀礼との比較研究は本格的にはまだ行なわれていないと言ってよい。日本の稲作の系譜についてはいろいろ説があるが、朝鮮を経由して来たにせよ、あるいは江南から直接北九州に来たにせよ、結局は中国から来たものと考えられる。それなのに中国の稲作儀礼との本格的な比較研究がまだないのである。幸い民族学者による中国研究はようやく活潑になりつつある。稲作ばかりでなく他の問題についても、中国との比較はこれから盛んになって行くであろう[9]」と述べている。実際、一九七二年の日中国交回復以来、それまで文献研究中心だったものが、直接雲南・貴州・四川・広西の少数民族をはじめ江南の漢族まで現地調査ができるようになり、さまざまな日中共同調査や農耕文化研究プロジェクトが実施されてきており、この方面の研究は大林の予想通り大幅に進展したといえる。

第二点は、「日本民俗学の材料や成果は民族学者少なくとも私にはどうも使い難い場合が多いのである。これは、私やその他の若干の民族学者が日本民俗学のことをよく知らないせいもあるが、そればかりではない。比較研究してみようと思うテーマがあっても、その問題について、いくつか代表的な例をあげて説明した文献はいろいろあるが、材料を網羅したモノグラフとなると、まだそれほど多くないからである。そういうモノグラフのある場合は良いが、そうでないときには、比較研究を試みることは困難になってくる。最上孝敬氏の両墓制や伊藤幹治氏の稲作儀礼のようなモノグラフがもっと沢山発表されるようになると、日本の民俗と周囲の諸民族の民俗との比較はより盛んになると期待される」と述べ、最後に今後民族学と日本民俗学の双方で進められてほしい問題領域の一つとして東アジアの焼畑耕作、とくに粟の焼畑耕作とその文化や、中国南部の少数民族の焼畑耕作とその文化を日本との関連で、民族学者の大きな課題として掲げている[10]。

日本民俗学では民俗資料の調査や整理の方法として、言葉とくにその民俗を端的にいいあらわす民俗語彙を中心に据えてきた。日本の民俗学者は主に聞書きという言葉による方法で民俗を調査し、その資料は民俗語彙集や民俗分野ごとの分類語彙集として整理してきた。分類語彙集を読むと、その日本国内におけるその民俗分野の概要が把握できる形になっており、最終的に昭和三十年代までに収集された民俗語彙は柳田國男監修・民俗学研究所編『綜合日本民俗語彙』全五巻（平凡社、一九五五～五六年）として刊行され、現在は国立歴史民俗博物館でデータベース化されている。日本民俗学の場合、民俗を比較するといっても実際は民俗語彙の比較であり、その比較によって「遠くの一致　近隣の不一致」や方言周圏論に基づいて語彙の変遷を研究し、その変遷過程や祖型からその言葉に宿る内的な意味を明らかにし、その民俗を探究する方法を採用してきた。したがって、諸外国との比較の前提として、まず各国ごとの民俗資料を整理し一国民俗学を確立した上で世界民俗学へ進むという構想を当初柳田國男は抱いていたようである。柳田が安易に外国との比較を戒めたのもこのためであった。民俗学の成立は、近代国民国家の形成と深く関連しており、あくまでナショナルなものであり、どの国でも一国民俗学として出発したのである。これに対して、大林太良らは各民族文化の文化要素群をクラスターとして捉え、国立民族学博物館のプロジェクトとして、大林太良・杉田繁晴・秋道智彌共編『東南アジア・オセアニアにおける諸民族文化のデータベースの作成と分析』（国立民族学博物館研究報告別冊一一、一九九〇年）を刊行している。このように、個別の各事例を比較するのは可能であるが、両者には比較研究するための前提や考え方にはかなり隔たりが見られるのである。

　大林は民族学（文化人類学）の大きな関心の一つが「民族と文化の歴史を、民族誌的資料にもとづき、またその他の資料や他の学問の成果を参照にして解明していくこと」[11]としており、『日本民俗文化大系』全一五巻（小学館、一九八三～八七年）、『民族の世界史』全一五巻（山川出版、一九八三から九一年）、『日本の古代』全一六巻（中央公論社、一九八六～八八年）、『海と列島文化』全一一巻（小学館、一九九〇～九三年）などの大型企画の共同編集者としても力量を発揮したほか、『文化人類学』（角川書店、一九六七年）、『神話』（現代のエスプリ二二巻、至文堂、一九六七年）、『儀礼』（現代のエスプリ六〇巻、至文堂、一九七二年）、『神話・社会・世界観』（角川書店、一九七二年）、『文化人類学入門リーディングス』（アカデミア出版会、一九八二年）などのアンソロジーの共同編集や金関丈夫『新編　木馬と石牛』（法政大学出版局、一九八二年）、『岡正雄論文集　異人その他』（岩波文庫、一九九四年）の編集・解説もしている。大林は、膨大な文献資料や論文から重要な論点を見つけ、分類して、要点を箇条書きに整理する優れた能力があり、こうしたアンソロジーの編集や論文の構成には見習うべき点が少なくない。

二　大林太良の「日本民俗学」観
——「中山太郎論」の検討から

　中山太郎は、文献研究を中心とした「歴史的民俗学」を標榜し、『日本民俗学論考』（一誠社、一九三三年）や『日本民俗学』全四巻（大岡山書店、一九三〇年）、『日本民俗学辞典』正・補遺（昭和書房、一九三三・一九三五年）など昭和初期に「日本民俗学」という名称を冠した著作を次々に刊行した民俗学者であったが、柳田を中心とした民俗学界の中ではどちらかというと異端とされてきた。すでに明治四十五年（一九一二）五月に石橋臥波らを中心に日本民俗学会が設立され、最初の民俗学専門誌『郷土研究』（柳田國男・高木敏雄共編）と同じ年の大正二年（一九一三）には機関誌『民俗』（主幹は石橋臥波）が刊行されたが、ほとんど定着することはなかった。柳田は自らの学問に「民俗学」という用語はあまり使わず、もっぱら郷土研究とか民間伝承論を使用していたこともあって、この点では中山太郎の存在は際立っていた。そうした状況の中で、大林太良が中山太郎の学問を好み評価する理由として次の八点を上げているが、これらは大林の日本民俗学観をよく表している。[12]

第一は個人的な理由のもので、名古屋育ちの大林が旧制八高時代の昭和二十一年（一九四六）八月に購入して読んだ本が偶々中山太郎の『歴史と民俗』（三笠書房、一九四一年）であり、これは非常に早い時期に最初に読んだ民俗学者の本でもあったが、この時代に中山の著作をかなり読み込んでおり、今日でも親近感を感じているとのことである。

第二の理由は、中山の文章が率直で、明快なことである。これは、柳田の文章は名文ではあるが、廻りくどく、論旨がしばしば明瞭性を欠いていることに違和感を覚えたことへの反映でもある。大林は、文章だけでなくその講演での話しぶりも明晰で論理的であることから不思議ではないが、柳田の韜晦さに辟易する人は少なくない。ただし、柳田國男には読み方があって、要領をつかむと文章はかなり論理的に構成されており、韜晦さも正確に伝えるためであると指摘されている。[13]

第三の理由は、中山が出典を挙げて資料を紹介していることである。柳田をはじめ民俗学者の論考には、あまり註がなく、出典や書誌情報の記載も不十分なものが少なくないため、後から原資料にあたって検討できるように学問的にフェアであるべきだという指摘である。中山は、明治三十二年頃から上野の帝国図書館（国会図書館の前身）に通いはじめ、そこの地誌・村誌類をひたすら読破してカードに書き留める作業を続け、関東大震災の折には竹行李に入れたカードだけをもって避難したという。大林も、博覧強記で知られ書物へはひときわ強い関心をもっており、本や論文の註や出典は精密で検証できるものが多いのである。

第四の理由は、中山が江戸期の随筆考証家の伝統を承けていることである。南方熊楠や初期の柳田國男も近世考証学の系譜に連なる民俗学者であるが、実は大林自身も旧制高校時代に『日本随筆大成』の端本を耽読してかなり影響を受け、中山や南方には愛着を感じていたのである。大林には長編の定評のある論文が多いが、この他に「本朝鉄人伝奇」(『季刊民話』第二号、一九七五年)や「遠州見付天神の裸祭と早太郎伝説」(『日本の神話』国民文庫、一九七六年)などの短編のエッセイにも鋭い示唆に富んだ考察がなされているものが少なくないのである。

第五の理由は、個人的情緒的な理由ではなく学問的な内容に関するもので、中山の民俗学的研究の若干が大林の民族学的テーマと結びつくためである。中山太郎の豊かな研究テーマには、海外の事例との系統論的比較研究に適したものが含まれており、中山は国内の資料を整理しまとめていて、本格的比較研究への示唆を与えてくれるからである。たとえば、「穂落神」モチーフの比較研究や火を跨ぐ花嫁の研究、ミミラクの島の問題などは中山が先鞭をつけたものである。

第六の理由は、中山の日本民族文化起源論のためである。中山は、日本民族文化の系統を北方系、南方系、アイヌ系の三つに分け、前二者を重要視する立場であるが、資料や方法が限られていた中で、早く中山の着想には将来発展すべきものがあると指摘し、実際に後に大林は樹上葬や花嫁が火を跨ぐ習俗を北方系のものであると明らかにしたのである。

第七の理由は、中山が一定の問題領域に関しての通時的総括の試みとともに、一定時期における民俗全般についての共時的総括を行なったことである。前者には、『日本巫女史』(大岡山書店、一九三〇年)、『日本盲人史』(昭和書房、一九三四年)、『日本婚姻史』(春陽堂、一九二八年)、『日本若者史』(春陽堂、一九三〇年)、『売笑三千年史』(春陽堂、一九二七年)などがあり、後者には「魏志倭人伝の土俗学的考察」(『日本民俗志』所収、総葉社、一九二六年)や『万葉集の民俗学的考察』(校倉書房、一九六二年)がある。これらの総括、集成の試みにはいくつもの欠陥があるが、先駆的な試みとして充分評価すべきであるし、資料集や刺激的な着想を持つものとしても役立っているのである。ちなみに、大林にも、『邪馬台国　入墨とポンチョと卑弥呼』(中公新書、一九七七年)や『山の民　水辺の神々』(大修館書店、二〇〇一年)がある。

第八の理由は、中山が民俗学の対象を常民に限らず、「上流」や「特権階級」をも包含し、かつ文献史料を使用する立場を孤軍奮闘よく貫いたことである。大林は、ドイツのフランクフルト大学に留学中にハイン教授のドイツ民俗学の講義で、「歴史文献をも利用して、かつての『上流』の流行が、今日の常民の民俗にいかに残存しているかを知り、大きな感銘を受けた思い出がある」と述べている。(14) 日本でも、H・ナウマンの『ドイツ民俗学』(岩崎美術社、一九八一年)で、上から下へ「沈降する文化」が紹介されたが、基層文化論の中で正反対に誤読されて受容されてきた経緯がある。(15)

以上のように、大林の「中山太郎論」を通してみると、大林の日本民俗学に対する要望や考え方がよく理解できるのである。

三　二人の知の巨人――大林太良と柳田國男

生き物文化誌『ビオストーリー』八巻に特集一として、佐々木高明、ヨーゼフ・クライナー、秋道智彌、小長谷有紀（司会）による鼎談「偉大なる歴史民族学者　大林太良」が掲載されている[16]。その各章節のタイトルを見て想起したのは、日本民俗学の創設者である柳田國男との共通点である。大林は、柳田よりも中山太郎に個人的にも学問的にも愛着を抱いていたのは確かであるが、別の角度から見るとむしろ柳田國男に近かったのではないかと思われる。

大林は「経済学から民族学へ」と進んだのであるが、狩猟採集民、焼畑耕作民、水稲耕作民、漁撈民やアルタイ系牧畜民など生態学的条件や生業ごとの社会や生活基盤を注視して、その上に神話や儀礼などの精神生活や世界観を結びつけて研究するスタイルを貫いてきた。一方、柳田は法学部政治学科を卒業し「農政学から民俗学へ」と転じ、「経世済民」の学問を目指したのである。また「文献収集への比類なき情熱」という点でも、二人は共通する。二人ともに該博な知識をもち、それを支えたのは膨大な読書量や文献収集であろう。柳田は、兵庫県神崎町辻川に六男として生まれ、十二歳のときに茨城県北相馬郡利根町布川の小川家で医院を営む長兄鼎のもとに移り住む。播磨では、大庄屋の三木家の屋根裏の蔵書を乱読し、布川では小川家の土蔵の蔵書を読み耽ったといい、役人になってからも内閣文庫の管理にあたり、交際連盟の委任統治委員としてジュネーブに赴任した際に英国の人類学者J・フレーザーと会ったとされるが、世田谷区成城の書斎「喜談書屋」はフレーザーの完全なる文庫に倣って建てられたものといい、柳田没後にはその膨大な蔵書は成城大学の民俗学研究所の柳田文庫として寄贈されている。またその建物は、柳田家所縁の信州飯田市に柳田國男館として移築され、二〇一六年（平成二十八）には国の登録有形文化財として登録されている。

大林の書物へのこだわりも「文献収集への比類なき情熱」とあるように並々ならぬものがあり、住居の最良の場所を書庫が占めていた。大林のインドネシアのバッタク王国の神聖王の研究『シンガ・マンガラジャの後続』（青土社、一九八五年）も、自ら収集した蔵書・文献によって書いた研究書であるという。柳田の校訂した江戸末期の赤松宗旦『利根川図志』（岩波文庫、一九三八年）は、布川の小川家の土蔵で読んだ書物であった。両者とも普段は和装で過ごしており、杉並の街の図書館や古本屋などで大林に出会った際も多く和装であった。両者に何かものを質問する際には、何々の書物を読んだかとまず聞かれるので、自分で徹底的に文献探査をした上で尋ねるのが作法で直接答えを教えてくれることはなく自ら考えるように指導したという。さらに柳田の場合には刊本だけでなく稿本類の教示も多かったといい、書物の場所もどの棚の何段目にあるとかその問題は何某に会って尋ねよと紹介してくれたという。大林もどの文献の何ページにその問題が書かれていると指摘するほどで、両者とも自らだけでなく他の研究者にも厳しい態度で学問に向き合っていたのである。また両者とも書物を読むスピードや語学力も「語学力と速読力、そして速記力」にあるように、ともに特技にしていた。柳田の蔵書にはみな不審紙や書き込みがあり、普通の和書ではすぐに読了してしまうので旅に出かける際は洋書を持っていくのが常であったという。

昭和初期に丸善で洋書を最も多く注文する一人が柳田國男であったが、大林の論著の引用文献にしめる海外の文献の博覧強記ぶりには驚嘆すべきものがある。柳田は、日中は書物を読んでカードに摘記して問題ごとにまとめておき、夜間はテーマ別に分類したカードを並べてザラ紙（B7判）に万年筆で原稿を執筆する生活を八十半ば過ぎまで規則正しく続けて膨大な全集を残したのであった。大林も毎日三十枚ほど原稿を書いていたといい、「糊代を残した大林流論文作成術」には、人と談話中も本棚に興味深いタイトルの本やこれぞという文献を見つけるとメモをとるほど、その興味関心は幅広く、テーマごとにアイディアや資料をまとめてあちこちに置いてあり、文献の大事なところや使えそうなところは原稿用紙に糊代を残して書いておき、そのようなものがいくつも集まると、それらをつなげると一つの論文の原稿になっているという。

両者はともに文献資料（史料）を基本的に使って執筆していたといえるが、この他に視察・講演や調査でよく旅に出かけており、その印象や観察も文章に生かしていたといえる。柳田は、多感な少年期に播磨の辻川から利根川べりの布川に移住したが、学生時代には伊良湖岬で療養し、役人時代には長期の九州旅行をはじめ各地を視察や講演で訪れており、役人をやめて朝日新聞に入る際も自由に旅に出かけることが条件であったという。旅は、柳田にとって一種の修行であり、独特の旅行術を持っていた[17]。柳田は、車窓の風景にも注意を怠らず、初印象を重視して同じ場所には再訪しなかったといい、また交通機関のない所へは草鞋履きで歩いてまわったというが、シラミだらけになったので夜間に帰京し、毎回家の外ですっかり払ってからでないと入室できなかったという[18]。柳田はそれだけ苦労して旅にでかけたのであったが、『海南小記』（大岡山書店、一九二五年）、『雪国の春』（岡書院、一九二八年）、

『秋風帖』（梓書房、一九三二年）の紀行三部作をはじめ、「東国古道記」（上小郷土研究会、一九五二年）などを残している。さらに柳田は、倉田一郎の調査ノートをもとに、佐渡島の北小浦の生活の変遷を解説した『北小浦民俗誌』（三省堂、一九四九年）を執筆しているが、この中で「古風な土地にも変遷があつて、以前のままの姿を留めるといふことは殆と無い。是が民俗学の今一つの民族学と、眼のつけどころのちがはねばならぬ点であり、又現実の政治の上に、たやすく利用し得られる所以であると思ふ」[19]と述べており、本書はこの「全国民俗誌叢書」シリーズの第一冊目で他とは異なったモノグラフになっている。なお柳田は、民俗学研究所の所員に対して、東日本の出身者には西日本に調査に赴かせるなどなるべく異なった地域を訪れるような配慮もしていた。

大林も、名古屋から上京した後、海外留学や国内外の調査旅行を重ねたが、自ら調査し民族誌を書くことは殆どなく、基本的に文献派の歴史民族学者であったが、晩年に遺作となった『私の一宮巡礼記』（青土社、二〇〇一年）を刊行している。これは、大林がすべての公職を辞して自由の身になってからやりたいこととして、一つは世界全体の銀河と虹についての神話伝説、信仰についての書き下ろしの本をまとめることで、大著『銀河の道　虹の架け橋』（小学館、一九九九年）として刊行されたが、この他にも月や「呑み込まれた英雄」などいくつかのテーマの比較研究を進める予定でいたらしい。他方、日本に関しては、全国の一宮巡礼をすることで、義兄夫婦の一宮参りが契機となって、始める事になったのだという。大林は、「西国三十三ヶ所や四国八十八ヶ所の巡礼と違って、一宮なら地域的に限られず、日本全国に散らばっている。まだ行ったことのないところにも行けて、私の煙霞の癖を満足させることができる。それればかりではない。お参りするだけではなく、それぞれの神社について、たんにその祭神や歴史ばかりでなく、その伝説や祭礼についても調べ、考えることによって、私が前から行って来ている（大林『北の神々　南の英雄』小学館、一九九五年。同『海の道　海の民』小学館、一九九六年）、地域から日本文化を研究するのにも一つの良い方法になると思った」からだという[20]。

柳田國男は、西洋の「民俗学」とは異なった学問をめざして、それを自ら創り上げようとしたのに対して、大林は西洋の輸入学問であり、すでに成立していた「歴史民族学」を東アジア・東南アジアの世界を舞台に展開しようとしてきた点で異なっている。大林は、日本民族文化の系統論では、文化の吹き溜まりである日本列島にいくつかの民族文化が伝播し複合して日本民族文化として成立したと説明し、地域差も基本的に伝わった民族文化の違いに帰されるのであるが、そのさまざまな各民族文化が伝播してきた後にどのように変化するのかあるいは変わらないままなのかが問題となる。大林は、『東と西　海と山』（小学館、一九九〇年）の中で、「日本の文化領域論」を論じており、「古代における、さまざまな系統の集団と、近代の民俗分布との関係を考える場合の、重要な問題は、古代と近代との中間の時期における民俗分布を、どのようにして明らかにするか、という点である、（中略）文化領域はいったん形成されると持続する傾向がある。しかしその一方においては、文化領域は歴史的に形成され、歴史的に変化するものである。ことにその内容となる要素は交代を重ねていく。この意味において、文化領域の変化を時代を追ってたどることは重要である[21]」と述べている。やはり、この問題は難しく、具体的な事例で検証していくことが重要であろう。他方、一国民俗学の日本民俗学では、たえず変化や変遷が重要視されており、日本の中心である京都から新しい文化や流行が絶えず周縁地域に伝わると考え、その変遷のあり方や分布から民俗の意味を探ろうとしてきた。どこで折り合いをつけ解決するかは今後の課題である。

　大林は、その初期の研究から日本民族文化における焼畑耕作文化の重要性をしばしば指摘してきたが、ことに儀礼食物としての里芋に早くから注目しており、日本民俗学でも里芋は「餅無し正月」の問題から稲作以前の栽培食物と考えて論じられてきた。ところが、大林はイネとイモは対立するのではなく両者は一組のセットとして伝播した可能性を指摘したのである。大林は、「一九六四年に私は、『若水を汲む習俗は、中国揚子江以南の焼畑耕作民文化複合から、恐らく焼畑耕作、歌垣、芋名月の習俗とともに水稲導入以前に日本に入ったのではないかという仮説を提出しておきたい。』と述べた。しかし、それは当時私が利用できる資料が乏しく、全体的な分布状態をつかまえられなかったからである。しかし、江南から広西、雲南にかけての広い分布があきらかになった今日からみるとこの分布は、焼畑耕作民文化よりも、水稲耕作文化に有利である[22]」と述べている。さらに大林は、正月芋や芋名月の民俗も古い中国の江南系の文化要素とのつながりを示す一つと想定し、「正月と八月十五夜に里芋を食べる習俗が日本に入った時代については、はっきりしたことはいえない。ただいえることは、中国の東南部において、正月と中秋の年中行事の大系のなかに組み入れられてから入ったように思われることである。また分布からみて、古い焼畑耕作文化に属するというよりも、むしろ水稲耕作文化の一部としての里芋栽培とみるほうが適当であろう[23]」と論じている。同様に日本民俗学の分野でも、安室知は最も濃密な民俗調査が実施された長野県の餅なし正月をまず地理的な分布から考察して、「もし坪井（洋文）が主張するように、餅なし正月は畑作民的農耕文化を母体とした儀礼であり、稲作文化と畑作文化が接触したときその軋轢から生まれたとするなら、その分布は稲作地の周縁部に色濃く残存してもよいはずである。しかし、長野県を例にしてみるかぎり、むしろ餅なし正月は、長野盆地や松本盆地というような稲作優越地に多く分布する。畑作が優越する山間地には餅なし正月行事は希薄である」と述べ、餅なし正月はむしろ餅正月を基盤として成立したその一類型にすぎないと主張している(24)。

神話研究者でもある大林太良は、口承文芸研究の分野でも多くの研究成果を残しているが、第三十六回日本口承文芸学会大会の講演で、「口承文芸の時代は、すでに終わったか、終わりつつある(25)」と述べたが、この歴史的役割を終えた滅びゆく口承文芸という発言は現場の研究者には衝撃だったようである。また大林は、文献研究を中心とした文化系統論とともに、説話の構造を分析した論文も発表している。大林の「異郷訪問譚の研究」(『口承文芸研究』二号、一九七九年)や「神話の構造、昔話の構造」(『季刊民話』六号、一九七六年)は、その代表的なものの一つであるが、膨大なデータを分類整理する分析力に優れており、著作のタイトルにも『東と西　海と山』、『北の神々　南の英雄』、『海の道　海の民』、『山の民　水辺の神々』などのように各文化要素を対比して捉えたものがみられ、神話や説話の世界の中から類似した共通原理を発見する術に優れた能力を発揮してきたといえる。これらの大林太良の計り知れない研究業績は、民族学だけでなく、日本民俗学を研究する者にも大きな展望と指針を与えることであろう。

註

(1) 新谷尚紀『民俗学とは何か—柳田・折口・渋沢に学び直す—』吉川弘文館、二〇一一年、一五二〜五七頁。
(2) 拙稿「民俗学と文化人類学」『講座日本民俗学1　民俗学の方法』雄山閣、一九九八年。
(3) 石田英一郎・江上波夫・岡正雄・八幡一郎『日本民族の起源』平凡社、一九五八年。
(4) 石田英一郎「序」(大林太良『東南アジア大陸諸民族の親族組織』日本学術振興会・東京大学東洋文化研究所、一九五五年)。
(5) 大林太良『日本の神話』大月書店(国民文庫)、一九七六年、五〜四七頁。
(6) 大林太良「民族学から見た日本人—山の神、オオゲツヒメ、歌垣。稲魂、綱引—」最終版(『稲作の神話』弘文堂、一九七三年)。
(7) 飯倉照平編『柳田国男・南方熊楠往復書簡集』平凡社、一九七六年。
(8) 大林太良「日本民俗学と民族学との関係」(『神話と民俗』桜楓社、一九七九年)。
(9) 大林太良　同右、五五頁。
(10) 大林太良　同右、五五頁。
(11) 大林太良「解説」(蒲生正男・大林太良・村武精一『文化人類学』角川書店、一九六七年)。

(12) 大林太良「中山太郎論」(『季刊柳田國男研究』第二号、白鯨社、一九七三年、六〇～七二頁)。
(13) 千葉徳爾『柳田國男を読む』東京堂、一九九一年。柄谷行人『柳田国男論』インスクリプト、二〇一三年。
(14) 大林太良「中山太郎論」、一九七三年、七〇頁。
(15) 岩本通弥「戦後民俗学の認識論的変質と基層文化論」(『国立歴史民俗博物館研究報告』一三二集、二〇〇六年)。
(16) 「特集　知の巨人、大林太良の世界」(『生き物文化誌　ビオストーリー』第八号、二〇〇七年)。
(17) 田中大介「柳田國男交通論」(『ソシオロジー』五一巻二号、二〇〇六年)。
(18) 谷川健一『民俗学の愉楽』現代書館、二〇〇八年。付録CD「柳田国男がフォークロアの原点を語る」参照。
(19) 柳田國男『北小浦民俗誌』三省堂、一九四九年、一〇四～五頁。
(20) 大林太良『私の一宮巡礼記』青土社、二〇〇一年、八～九頁。
(21) 大林太良『東と西　海と山』小学館、一九九〇年、六三～六四頁。
(22) 大林太良『正月の来た道』小学館、一九九二年、一一四頁。
(23) 大林太良、同右、一五三頁。
(24) 安室知『餅と日本人』雄山閣、一九九九年、一三七頁。なお、野本寛一「『正月の来た道』から読み解く世界」(『ビオストーリー』第八号、二〇〇七年)も参照。
(25) 大林太良「人類文化史における口承文芸」(『口承文芸研究』二〇号、一九九七年、二四頁)。

第一部

日本人の起源と日本文化の形成

民族学から見た日本人

一　はじめに

民族学から見た日本人については、いろいろな問題がある。日本人の国民性とか、日本文化の構造など、いろいろある問題の中で、重要な地位を占め、かつ今まで多くの学者の関心を集めて来たのは、日本人の伝統的な生活様式の系統と発達の問題である。

一見したところ、日本の伝統的生活様式は、この国土の全域にわたって、かなり同質的な印象をうける。もちろん、明治以来、ことに第二次大戦後は、日本の文化の同質化の過程が大きい規模と早い速度をもって進行している。しかも、そのような過程は、何も明治以後に始まったものではない。実は、近畿地方がわが国の政治的・文化的中心となって以来、さらには、水稲耕作がわが国に導入されてからこのかた、このような同質化の過程は、いくつもの波となって、くり返し行なわれて来たのである。けれども、このような同質化の過程によって、日本全国が残る隈なく一色の文化で塗りつぶされてしまったと考えるのは誤りである。つまり、僻地に行けば古い習俗が今なお保存されているし、また海岸、平野、山地はそれぞれ異なった文化的様相を呈しており、また東日本と西日本の間にも、民俗の分布図は、さまざまな相違を示している。このような状況は、もちろん、単なる文化の発展段階の相違とか、同じ文化の地理的環境の違いによる特殊化によって説明できる部分も多いが、果してそれで全部が説明しつくせるか疑問である。むしろ、これらの地域差のあるものは、文化の系統の相違ないしは、日本民族におけるさまざまな構成要素の存在によってはじめて説明できるものではないだろうか、というのが多くの民族学者の見解なのである。このような立場からの研究のうち、ことに重要なのは岡正雄氏の説である。(1) しかし、まだ問題は発展途上にある。この問題を取り扱っているすべての民族学者の意見が一致しているわけでは決してないし、多くの問題が未解決のまま残されているのである。このような日本民族文化の系統論に関する民族学的研究の現状には、いろいろな原因があるが、そのうち三つだけ挙げると、一つは、日本の伝統的な生活様式の地域差の態様が、まだ充分につかめていないことであり、第二は、日本の諸現象と比較研究をするために必要な近隣地域の資料の収集整理と分析がまだあまり進んでいないことである。第二の点につけ加えていえば、中国に関しては、まとまったものとしては、エーバーハルトの研究があるくらいであって、[2]朝鮮については、これに比すべきものもまだ存在していないのである。第三は、日本ばかりでなく、中国や朝鮮についても、いえることであるが、ともに長い歴史的背景をもち、統一国家が誕生してからも多くの年月を経ており、かつそれぞれ文化の同質化がかなり進行しているために、基礎的な種族文化複合をとらえ難くなっていることである。

二　狩猟民文化と山の神

岡氏をはじめとして、民族学の立場からの日本民族文化起源論は、その重点を農耕民文化において来た。狩猟民文化はまだ充分取り扱われていない。それには理由がある。少なくとも過去二、〇〇〇年の日本人の基本的な生活様式は、何らかの農耕を基礎とし、または前提としたものであったので、農耕文化の研究に重点がおかれたのは当然であるし、また、この長い農耕および殺生禁断の仏教の影響の歴史の結果、純粋の狩猟民文化はもう存在しなくなってしまっているからである。なるほど東北のマタギを始めとして狩人はあちこちに住んでいる。しかし、彼らの多くは同時に農耕も行なっているし、そうでなくても、農耕民の大社会の中の部分社会として生活しているにすぎない。したがって、彼らの文化の中には、狩猟民文化的要素と並んで農耕民的文化要素が複雑に混入しているのである。

しかし、わが国において農耕の開始以前に長い狩猟民的生活様式の時代が存在したことに疑問の余地はないし、事実、狩猟民的な習俗や観念は、これら狩人たちの生活の中でごく最近まで顕著であったのである。このような観念や習俗は、ことに山の神に関する堀田吉雄氏の膨大な資料の収集と分析、[3]さらにドイツのネリー・ナウマン女史の組織的な研究によって、著しく明らかになって来た。[4]

ところで、この二人が認めているように、わが国の山の神信仰には、狩猟民文化的な要素と農耕民文化的な要素とが区別される。ナウマンの研究によれば、野獣の主として野獣を所有し、かつ狩人が獲物を得ることを祈願する対象としての山の神はまさに狩猟民の神である。山の神の助力に感謝して、狩人は獲物の一部、ことに心臓を山の神に捧げる。また山の神はしばしば、その支配下にある動物の姿をとって現われる。たとえばサル、ウサギ、イノシシ、オオカミ、イタチ、シカの形をとる。狩人は狩の前と最中において、きびしい規制に服さなくてはならない。たとえば女を遠ざけることもその一つである。山では山言葉を話さなくてはならないし、住家に残らなくてはならない女たちの行動も山での男たちの猟に大きい影響を及ぼす。またクマを殺した時には、特別の取り扱い方がある。これらの諸特徴は、全体として見ると、北方ユーラシアの狩猟の習俗と、密接な類似を示している。しかし、このような習俗は、南米やアフリカのような他の大陸の狩猟民のもとでも見られるものだから、これらを直ちに北方系ということはできないが、大和勢力に征服されたものに動物の形の山の神が現われることから見て、狩猟民的な山の神はきわめて古い年代のものである。(5)

このナウマン女史の説は、大体において妥当な考えである。しかしこれら狩猟民的な観念や習俗を更にいくつかの群に分けることとか、近隣地域の野獣の主や山の神と比較して、その系統を辿ることは将来の課題である。その際、これら狩猟民的世界像をあらわす観念や習俗のうち、少なくとも一部は、純粋な狩猟民文化というよりも、焼畑耕作を併せ行なう、いわゆる狩猟・栽培民(Jäger-Pflanzer)の文化にあるいは属していなかったという問題が取り上げられなくてはならないだろう。

三　焼畑耕作民文化と歌垣

日本においては、水耕稲作はなるほど二、〇〇〇年以上の歴史をもっている。しかし、日本の農耕は、水稲一色ではなかった。米食が普遍化したのは、わずかここ数十年のことであるし、それまでに粟や稗、ソバなどの雑穀類が主食物として大きい比重を占めている地方が多かったのである。そしてこれらの雑穀類は元来は焼畑耕作によって栽培されたものであった。

このような焼畑耕作に基づく文化複合は、近年次第にその輪郭を明らかにしつつある。この文化複合は古典神話にも片鱗をとどめている。たとえば火の神カグツチの誕生神話の一側面や死体化生型作物起源神話もそうだ。(6)また儀礼としては弓祭の問題がある。日本の各地で新年から春にかけて弓を射る神事が広く行なわれているが、そのうち最も古い形式と思われるのは、山の神の祭りとして行なわれ、かつ農耕儀礼としての性格をもつものであって、元来、冬から春にかけての儀礼的狩猟から発達したものと思われる。(7)このような農耕儀礼的意味をもつ冬から春にかけての儀礼的狩猟は、中国南部から中部インドへかけて、ことに焼畑耕作民文化において分布しているのである。(8)これは、日本においても狩猟を伴った焼畑耕作民文化(狩猟・栽培民文化)が存在したことを物語っており、先にふれた山の神の信仰の複雑な構成の一部は、この文化複合の要素から成っていると考えてよい。

ところで、日本において今なお痕づけられる焼畑耕作文化は、一方では上記の神話のように、メラネシアとことに類似するものもあり、また儀礼的狩猟のように、広くインドに至るまで関連の辿れるものもある。しかし、いくつかの特徴的な要素は、中国南部からインドシナにかけての比較的限られた地域に類似した現象をもっている[9]。

その一例は歌垣である。歌垣とか嬥会《かがい》と呼ばれる習俗は古代日本には広く分布していた。

歌垣あるいは嬥会は、東国常陸以外にも、大和、摂津のような畿内から、さらに西は九州の肥前に至るまで広く分布していたことが、記紀、万葉、風土記の記載から明らかである。その主な共通要素からみて、春、秋の月夜に山や丘に若い男女がのぼって互いに歌を交わして求婚することが元来の形であったと思われる。歌垣は奈良朝の宮廷では純然たる遊楽に変化してしまったが、古い歌垣の遺風は、今日も（あるいはごく最近まで）日本各地にのこっていたのである[10]。

ところで、歌垣や嬥会に似た習俗は、東アジアには広く分布している。ことに盛んなのは中国南部から東南アジアにかけての少数民族であって、チベット人、ロロ族、モソ族、カチン族、ディオイ族、ミヤオ族、ヤオ族、蛋民、ベトナム人から、一部は海上を渡ってスマトラとか、フィリピンのカガヤン族などのところで行なわれており、台湾の高砂族にも痕跡が見られる[11]。この問題をまとめたイタリアの民族学者ヴァニチェリの研究によると、これら民族のところでは歌垣はさまざまの時に行なわれているけれども、本来は秋の収穫後の結婚のための春の婚約祭であって、元来は若者たちに婚姻の権利を与える集団的成年式から発達したものであるという。

ここで実例を一つあげておこう。広東省の北部のヤオ族は、三年に一度、十月十日に山嶺を切り開いた天塘という湖畔で要歌堂節が催される。要歌堂の催しの始まる前に、ヤオ族の始祖、槃瓠氏の祭りが行なわれる。未婚の男女が一列に立って並び、シャマンがその真中にいて祈禱し、これらの男女を引率して槃瓠氏の神社に参拝して祈りをあげ、その場所にもろもろの神霊を呼び出す。これが終ると一緒に酒を汲み交わし、神に感謝する。こうしてこれら未婚の男女は思い思いに散開して自分の好きな人を自由に求めて愛情のこもった歌を歌い合う。このとき、年配者が未婚の男女に向かって、歌曲の調子で結婚の伝統的精神を教え、性教育を与える。山嶺にいる恋人同士はますます親密となり、あとで各自は両親に打ち明けて婚約する。この祭典がすぎて年末のある日に集団結婚の日取りを決め、その当日にすべての婚約者は式をあげてしまう。既婚婦人が自分の夫に満足しない場合、あるいは夫が妻に不満を抱くときは、この要歌堂の祭りを利用して、他に良い配偶者を求めてもよいことになっている。ヤオ族のもう一つの歌垣、放牛出欄節は毎年正月二日に行なわれる[12]。

中国南部からインドシナ北部にかけての歌垣は、エーバーハルトがヤオ文化複合に属させたように[13]、山地の焼畑耕作民文化に元来属するものと考えてよい。つまり歌垣を行なうのは、大体において山地の穀物や芋類の焼畑耕作民であって、低地の水稲耕作民のところでは稀であり、存在している場合でも山地の焼畑耕作民文化と関係のあるところである。日本でも古典の歌垣や、最近まで行なわれていた山唄の営まれた場所が山や丘に多いのは、元来は焼畑耕作民文化に属していたからであろう。事実、嬥会で有名な筑波では、常陸風土記によると粟の新嘗祭が行なわれていたのも、このことと符合する。

ところで、山中で歌垣が催されることは、実はこの文化複合の世界像の重要な側面を示している。というのは、山こそは、人生がそこから由来し、かつ、死すれば死者がもどって行くところ（山上他界）だという観念が、日本や中国南部に広がっているからである。ヴァニチェリは、中国南部からインドシナにかけての歌垣は、元来は集団的な成年式だったのではないかと想像した。わが国では、お山入りと称して、青年の集団的な登山が成年式としての意味をもっている事例が数多く報告されている。成年式とは、子供としての少年がいったん死んで、一人前の男子として生まれかわる儀式である。死と再生の場所として、死者の霊魂が赴き、かつお産の神がそこからやってくる山ほど適当な所はない[14]。

また、中国南部において、歌垣とほぼ重なり合って分布している習俗は、広東や広西で《不落家》と呼ばれているものである。女は結婚しても実家にとどまっており、夜に夫が妻を訪れて来、子供が生まれてはじめて妻は夫の家に移る習俗である。これは中国人のところにもあるが、山地の焼畑耕作の少数民族の間に広く分布しており、エーバーハルトは、これも《ヤオ文化》に属すると考えたが、これは正しいと思われる[15]。ところで、わが国においても、妻訪いの習俗があったことは奈良時代以降、文献にしばしば現われる通りで、周知の事実である[16]。この妻訪いの習俗は、中国に関してはエーバーハルト、日本については江守五夫氏が正当にも既に指摘しているように、必ずしも母系制を意味するものでない。むしろ、日本から華南にかけての焼畑耕作文化複合の親族組織は、元来双系的なものであった蓋然性が高いのである[17]。

日本の焼畑耕作文化複合は、必ずしも一つだけではなく、いくつも異なったものがあったかも知れない。しかし、歌垣、八月十五夜に里芋を供える行事、若水汲みなど一連の行事によって特徴づけられ、かつ、華南の山地栽培民との密接な関係を示す複合が、今まで明らかにされて来た主なものである。筆者は、この文化複合の成立は華南においては水稲耕作の文化よりも古いが、それほど古いものではないと考えており[18]、日本では、考古学で問題となっている縄文後期ごろからの粟の焼畑耕作文化と結びつけてよいかも知れない[19]。ただ、ここで問題なのは、日本の焼畑耕作の系統を考える上で考慮すべき、朝鮮の先史焼畑耕作文化や、その系統を引いた朝鮮の火田民の文化と日本の焼畑耕作文化複合との組織的な比較がまだ行

なわれておらず、かつ著しい類似がまだ――少なくとも民族学的には――指摘されていないことである。[19a]

四　水稲耕作漁撈民文化と綱引

水稲耕作を基盤としたわが国の文化複合が、東南アジアのそれと著しい類似を示し、結局は同一の根源に遡るものであろうことは、すでに多くの学者が論じて来たところである。[20] 稲の起源伝承についても、鶴その他の鳥が稲を人類にもたらしたという穂落モチーフと、それに関連した儀礼としての正月や種播時や、収穫時に、鳥、ことに烏に米を食べさせる習俗は、東アジア、東南アジアに広く分布しており、元来は焼畑耕作民文化層に遡るものであったろうが、日本へは水稲栽培民文化によってもたらされたものと考えられる。[21]

数多い水稲栽培民文化の要素のうち、ここでは綱引をとり上げよう。わが国では綱引は、元来は水稲耕作あるいは漁撈と関連する聖なる儀礼であった。近畿地方から東では、綱引は旧正月十五日に行なうのが普通であるが、九州では盆に行なうところが多く、さらに南九州では八月十五夜に行なわれる。日本の綱引に多く見られる特徴は、男組対女組で綱を引き合ったり、あるいは綱が雄綱と雌綱に分れていたりする性的二元主義の原理と、女組あるいは雌綱が勝つと、その年は運が良く豊作であるという年占的性格と、さらに綱が蛇体であると考えられていることである。

このような特徴は、朝鮮、中国、東南アジアの綱引と共通している。朝鮮では綱引が行なわれるのは、大体三十八度線から南の地方、つまり水稲栽培地方である。全羅北道地方では雄綱、雌綱の二本を結んだ親綱に、多数の子綱を取りつけて、村の若者たちが雄綱側と雌綱側の二組に分れてこれを引き、女たちはこれを見物する。ここでも雌綱側が勝てば、その年は豊作であるという。同道金堤の郊外立石里に、高さ七尺ばかりの立石があって、これに太綱がまきつけてある。これは毎年正月十五日に、村の若者たちと女子供達が綱引をして、勝は必ず女組にゆずり、綱を立石に巻いたものである。立石の形は頭部が太く、男子の性器に似ているので、これが隣村から見えると女子の風紀が乱れるといって石を倒される恐れがあるので、綱を巻いておくのだともいい、また綱引をしないと村に疫病が流行するといわれる。[22]

中国でも綱引は水稲栽培民文化を背景にしている。現在でもマカオの北方の広東省アー・コングでは新年に若者宿同士で綱引が行なわれるように、[23] ないわけではないが、報告が少ない。しかし、六世紀から九世紀頃の記録には、湖南、湖北の両省方面で盛んに行なわれたことが出ており、湖北の襄陽では正月の満月の日に行なうのが常であった。また綱引の起源について、楚と呉の両国が争っているときに発明されたといわれているところから見て、揚子江に沿って河口地方まで分布していたものであろう。湖北でも綱は竜を象徴し、綱引には年占としての意味があった。[24] エーバーハルトが、これを水稲耕作を基盤とする《タイ文化》の正月十五日の行事の一部として把えたことは、[25] 基本的に正しいと思われる。

綱引が東南アジア、オセアニアにも点々として分布していることは、フレイザーやダムの研究によって知られているが、[26] 春先に行なう年占行事としての性格、綱と蛇あるいは竜との関係、女組が勝つことになっていること、性的な意味などの諸特徴がはっきりしているのは、水稲栽培民、ことにインドシナのタイ系統の諸民族のところである。ラオスのルアング・プラバング地方では春のはじめ種播のすぐ前に農耕儀礼が行なわれる。夕方に、男女別々の列を作って踊るが、それぞれ一匹の蛇を表わしており、一方の（女性の?）蛇が他方の（男性の?）蛇を追い、これは雨が日照りに勝つことを象徴している。これが終ると綱引が行なわれ、これまた男組と女組に分れて争われ、もし女組が勝つと、今年は幸運だが、男組が勝つと災厄が訪れる。実はこの綱引の綱も蛇を象徴しており、女組が勝つと雨がよく降るというわけである。

五　おわりに

民族学から見た日本文化起源論の成果のごく一部だけをここに紹介してみた。ここに書いた以外にも、ポリネシアとの文化的類似の問題、またアルタイ系牧畜民文化的な諸要素の問題など、さまざまな問題がある。[28] これからの問題の多くは発展途上にあるのである。

注

（1）岡正雄「日本民族文化の形成」『図説日本文化史大系』第一巻、一〇六〜一一六ページ、一九五六年、東京、小学館。「日本文化の基礎構造」『日本民俗学大系』第二巻、五〜二一ページ、一九五八年、東京、平凡社。

（2）Wolfram Eberhard. Lokalkulturen im alten China. I. Leiden 1942, II. Peking 1942.

（3）ことに堀田吉雄『山の神信仰の研究』伊勢民俗学会、桑名、一九六六年。

（4）Nelly Naumann. Yama no kami —— die japanische Berggottheit. in, Asian Folklore Studies 22 : 133-366, 23 : 48-199. 1963-64.

（5）Naumann 1963 : 150-199, 341-342.

（6）大林「日本神話の比較民族学的考察——火の起源の神話を中心として——」『歴史教育』一四〜四・一〜八ページ、一九六六年。

（7）大林、Das Schiess-Ritual von Masuma. Oriens Extremus 11-1 : 41-64, 1964.

（8）たとえば、Rudolf Rahmann. The Ritual Spring Hunt of Northeastern and Middle India. Anthropos 47 : 871-890, 1952 参照。

（9）竹村卓二「華南山地栽培民文化複合から観た我が国の畑作儀礼と田の神信仰」『民族学研究』三〇〜四・三一一〜三二八

ページ、一九六六年。

（10） 土橋寛『古代歌謡と儀礼の研究』三七九～五〇六ページ、一九六五年、東京、岩波書店参照。

（11） L. Vannicelli. La fête des fiançilles et l'amour des fiançés chez les peuples de l'Extrême-Orient. Ineternationales Archiv für Ethnographie XLVII. pt. 2 : 160-203, 1955 ; E. Loeb. Courtship and Love Song. in : Anthropos VL. : 821-851, 1950.

（12） 安戈銘『中国少数民族風光』一〇五～一〇八ページ、香港、一九五五年。

（13） Eberhard 1942, II : 103-112.

（14） 大林『葬制の起源』（角川新書）一一三～一二二ページ、一九六五年、東京、角川書店。

（15） Eberhard 1942, II : 91-102. ことに 91-92. 資料の集成としては、管東貴「中国西南土著民族的試婚制的研究」『慶祝李済先生七十歳論文集』上、四二一～五〇一ページ、一九六五年、台北。

（16） 洞富雄『日本母権制社会の成立』（新版）二〇三～二〇七ページ、et passim. 東京、早大生協出版部、一九五九年、江守五夫「母系制と妻訪婚」『国文学解釈と鑑賞』二五～一一・五五～六四ページ、一九六〇年。

（17） たとえば竹村卓二「猺族の社会組織に関する二、三の特徴について」『社会人類学』二～二・五四～六二ページ、一九五八年や、Y. F. Ruey. The Magpie Miao of Southern Szechnan. in : G. P. Murdock (ed.). Social Structure in Southeast Asia. Viking Fund Publications in Anthropology, No. 29 : 143-456, 1960 参照。

（18） 大林「若水源流考」『西郊民俗』三一・一七、一九六四年「Wilhelm Koppers の中国南部少数民族研究について」『中国大陸古文化研究』一・三六、一九六五年。

（19） 国分直一「シナ海諸地域と先史日本文化」『民族学研究』三〇～四・二八八～二八九ページ、一九六六年。

（19 a） なお佐々木高明氏は次のように論じている。「わが国の焼畑農業の特色についてみても、基本的には、東南アジアの暖温帯林に広く分布する典型的な《雑穀栽培型》のそれが主体をなしているとみて差支えない。しかしこの雑穀栽培型の焼畑の基層部分には《根栽型》の焼畑の特色が見出しうるのであり、また、麦を初年に栽培する輪作形態の存在やカブを主作物とする焼畑が広く分布（主として日本海沿岸）する点などから、わが国の焼畑の一部には、対馬・朝鮮を経てたぶん南シベリアに連なる別系統の焼畑農業の影響のあることも否定できない。おそらくこれは、ヨーロッパの焼畑と同様に麦作農業の複合体が、温帯森林に到達した際に、二次的に派生せしめた焼畑の類型に連なるものではなかろうか」。佐々木「焼畑農業の研究とその課題」『人文地理』一七～六・六四九ページ、一九六五年。なお佐々木「東南アジアの焼畑の輪栽様式と人口支持力」『人間』「今西記念論文集」四〇四～四〇六ページ、東京、中央公論社、一九六六年も参照。いずれにしても、日本の焼畑複合の基本的部分が、華南から東南アジア大陸北部の焼畑複合に連なることは明らかであろう。

（20） 最近のまとまったものとしては、岩田慶治『日本文化のふるさと』（角川新書）、一九六六年、東京、角川書店。

（21） 大林「穂落神」『東洋文化研究所紀要』三二・四三～一五〇

ページ、一九六四年、「烏勧請」『東洋文化研究所紀要』四〇・一〇一～一七九ページ、一九六六年。
(22) 秋葉隆『朝鮮民俗誌』四五、一九五四年、東京。
(23) R. F. Spencer and S. A. Barrett. Notes on a Batchelor House in South China Ares. American Anthropogist 50. no.3 : 473. 1948.
(24) 松本盛長「支那の抜河に就いて」『南方土俗』三～一・四七～七四ページ、一九三四年参照。
(25) Eberhard 1942, II : 245.
(26) J. G. Frazer. The Golden Bough, IX : 174ff. London, 1913 ; Hans Damm. Die gymnastischen Spiele der Indonesier und Südseevölker : 17-18, 116-117, Karte 2, Leipzig 1922.
(27) Henri Deydier. Lokapâla : 222-223, Zürich. 1954.
(28) 大林「日本民族文化起源論の現段階」『民族学研究』三〇～四・二六九～二七三ページ、一九六六年、『日本神話の起源』(角川新書)、一九六一年、東京、角川書店。

(『遺伝』二一巻一号、一九～二二ページ、裳華房、一九六七年より転載、補注を加う)

(『文化人類学』角川書店、一九六七年)

縄文時代の社会組織（抄）

三つのモデル——カリフォルニア・インディアンと東北アジア漁撈民、北方ユーラシア狩猟民

縄文時代の社会組織の研究が困難な課題であることは言うまでもない。しかし、近年における発掘調査の発達に伴い、住居址、集落址や葬制などについての資料もかなり蓄積され、かつ縄文時代の専門家の手によって、これらの資料を分析し総括する試みもすでにいくつか現われている。このような研究をもとにして、私はこれから、私の試案を提出してみたいと思う。不充分なところが多いのは百も承知である。しかし、これは研究の発展のために必要な思考の実験である。この実験結果については、皆さんの、ことに縄文考古学の専門家の教正を仰ぎたいと思っている。

さて、世界の考古学界を見渡して気づくことは、先史社会の復原への関心が昂まって来ている事実である。私は先史社会復原の方法論についての一般的な諸問題を、近く『一橋論叢』誌八月号において論ずる予定なので、ここでは必要な範囲において、どういう立場で私がこの研究を行なうかを簡単に説明して、前おきに代えたい。

一口で言えば、ここで試みるのは、民族誌的事例との比較によって縄文社会を再構成することである。もちろん、その場合、どんな事例をモデルとして選ぶかによって、研究の出来栄えは大いに左右される。

結論から先に言えば、私がここで主な民族誌的モデルとして用いるのは、カリフォルニア・インディアン、東北アジアの漁撈民と北方ユーラシアの狩猟民の三者である。

それでは、なぜ、こういう民族をモデルに選んだのか、その基準は一体何なのであろうか？

一般的に、このような問題について、一つの方法論的基準を示したのはコパースである。

彼は自由な比較（frrie Parallesierung）と拘束された比較（gebundene Parallesierung）との二種に分けて考える。後者は、文化的系統を同じくするある先史文化ないしその要素と、現存未開文化ないしその要素とを比較することであり、前者は、系統的に関係があるか否かに拘らず、類似物を比較することである。この場合、自由な比較よりも拘束された比較による

結果の方が、蓋然性がより高い［Koppers, 1952；1953；1954；cf. Narr, 1955: pp. 523-525］。私はコパースの考えに賛成であるが、彼の拘束された比較は、もう少し広く解釈する必要があると考える。つまり、《拘束された比較》には二種あり、その一つはコパースが論じた同一系統の先史文化と未開文化との比較であるが、もう一つは、必ずしも系統は同じではないが、なんらかの意味において類似した生態学的条件のもとに、類似した経済形態や文化段階をもつ先史文化と未開文化との比較である。これはソ連のレヴィンなどが《経済＝文化類型》と呼んでいるものにほぼ相当し、系統的に関連のある場合は、ソ連の学者が《歴史的・民族誌的領域》と呼んでいるものに関連している［Lewin und Tscheboksarow, 1958][Levin, 1960］［松園、1962］。

ところで、考古学的な遺物や遺跡からは先史時代の社会組織は間接的にしか再構成できないので、たとえ問題の先史文化と同一系統に属する未開文化であっても、その社会組織を、関連する先史文化に直ちに当てはめて考えることは危険である。このことはコパース自身も指摘したことであった。つまり彼はメンギーンの『石器時代の世界史』（一九三一）の書評において、民族学上の文化圏のシェーマがまだ決定的なものでないこと、また一文化におけるさまざまな分野（経済、社会組織、宗教）が常に同じ結びつき方をしているわけではないので、物質文化における若干の特徴が一定の民族学的文化圏と先史文化圏に共通しているからと言って、それは社会組織においても一致していることを必ずしも保証しないという批判を行なったのである［Koppers, 1931；234f.］。

ところで、《経済・文化形態》のアプローチは、採集狩猟民社会のように、生態学的・経済的条件によって社会組織が規定されるところの多い場合にことに有効であり、かつ大まかな一般的傾向や、可能な社会組織のヴァリエーションの振幅を見るのに適している。

他方、社会組織形成の要因は、単に特定の経済形態や生態学的条件や文化の発展段階だけではない。そのほかにもいろいろな要因があるが、ことに文化の系統という要因は無視できない。《経済・文化形態》のアプローチだけで、先史社会組織の決定的な復原をするのは難しい。

したがって、蓋然性の高い結果を出すためには、一方のアプローチによる結果を、他方のアプローチで検証する、あるいは両者のアプローチを併用するという操作が必要になってくる。

これだけのことをふまえて、縄文社会復原のための民族誌的モデルとして、私がカリフォルニア原住民と東北アジアの漁撈民それに北方ユーラシア狩猟民をモデルとして選んだことが適切であったかどうかを検討することにしよう。まずカリフォルニア・インディアンについて。これは我われに《経済・文化類型》の視点からの研究に手がかりを与えてくれるはずである。

カリフォルニア・インディアンの文化は、縄文文化とは直接的な系譜関係はもっていない。しかし日本と比較的類似した生態学的条件のもとに住み、古期（Archaic）以来、あるいはハイザーの編年で言えば、カリフォルニア中期（Middle Period）以来、数千年来、石皿に示される野生植物採集に重点をおいた採集狩猟漁撈にもとづく特色ある文化形態を本質的に変化することなく持続させてきた［大林、1959a］［Meighan, 1959］［Heizer, 1964］。後期に北米南西部から部分的に土器が入ったほかは土器をもたなかったこと、また磨製石斧がなかったなどの縄文文化との相違点もあるが、これから述べるように、山内清男氏以来指摘されてきた経済形態の著しい一致から見て、いわば《経済・文化類型》のモデルとして、カリフォルニア・インディアンを選ぶのは充分根拠があると言える。

カリフォルニアは、いくつかの生態学的領域に分かれている。このことはすでに国分直一氏も紹介しているので［国分、1970：pp.69-71］、話をなるべく簡単にしておこう。領域分類の最近の試みはビールスとヘスターの共同研究（一九六〇）であるが、彼らは下の表のように六類型に大別している［Beals and Hester, 1960：p.411］。このうちⅥの沙漠は縄文社会の比較には役に立たない。Ⅰaの干潟採集民のうちには、貝を主食にしているものと、それほどでもないものがあり、後者は舟をもっていて、より大きな食料資源を利用できる者であるが［Greengo,

表 1

生態学的類型	主　食　物
	［記載の順に重要性が減ずる。どの類型でも，種子，球茎，山菜を主食を補うために，量のちがいはあっても用いている］
Ⅰ　海　岸	
（a）干潟採集民	貝，寄せ波魚，堅果，猟獣
（b）海上狩猟，漁撈民	海魚，貝，猟獣，堅果
Ⅱ　河川（サケ文化）	魚，堅果／フトイ，猟獣
Ⅲ　湖　沼	魚，フトイ／堅果，水禽，猟獣
Ⅳ　渓谷又は平野（混合形）	堅果／フトイ，猟獣，魚
Ⅴ　山麓丘陵	堅果，猟獣，魚
Ⅵ　沙　漠	
（a）狩猟，採集民	Pinyon/mesquite，猟獣
（b）農耕民	農産物，mesquite，魚

1952：p.91］、このことなどは、貝塚人の生業の再構成に参考になるだろう。ただ残念なのは、クローバーの『カリフォルニア・インディアン提要』（一九二五）を見てもわかるように、干潟採集民は、早く絶滅させられたり、Ibの海上狩猟・漁撈民と同様に早くから固有文化を失ってしまったので、縄文社会復原の参考に用いるのに困難がある。IIの河川型は北洋のサケ地帯であるが、注意してよいことは、集落形態は集村（compact settlement）で、サクラメント流域には大村落がある。植物資源の利用は不充分であり、ある程度、周囲の採集狩猟民を支配している［Beals and Hester, 1960：pp.413-414］。IVの渓谷型ではカリフォルニアの大部分よりも集落が大きく、かつ永久的になる傾向があるが［Beals and Hester, 1960：p.415］、Vの山麓丘陵型がカリフォルニア・インディアンの《典型》である。ほとんど例外なく、この型の諸族は相対的に永久的な集落で年間の大部分を過す。短い旅行あるいは季節的移動もするが、その規模と期間は集団によってさまざまである。集落はカシの木が生えている森林および森林—草植生の地域に集中する傾向がある［Beals and Hester, 1960：p.416］。

このように、生態学的領域が、いくつかに分かれているが、定住的傾向の強い、強化された採集狩猟漁撈経済にもとづく生活という点では、沙漠地方を除いては共通している。この共通性にもとづいて、社会組織においても、ある程度の共通した傾向と、ヴァリエーションの一定の幅とが見られる。縄文文化が、もしもカリフォルニア・インディアンと同じような《経済・文化形態》に属しているとしたら、その社会組織の一般的傾向は、カリフォルニア・インディアンのそれとほぼ同様であり、かつ変異の振幅もカリフォルニア・インディアンの場合と、それほど違わなかったろうと予想される。

ところで、縄文時代の生業形態について、基本的な視点を打ち出したのは山内清男氏であった。山内氏は、狩猟動物としては鹿と猪が顕著であったことを指摘した後、次のように論じている。「わたくしは、全土を通じ一般的には木の実、とくにドングリ、トチの実、クリ、クルミなどの堅果が、縄文人の主要食料であったと考える。秋にはこれを豊富に採集し、保存食料とする。堅果を保存した食料庫も発見されている。縄文文化のひろがった範囲は、かならずカシの類のはえた土地である。南千島も同様である。そして、この堅果を食べる哺乳動物がまた、縄文人にとっての主要捕獲獣であるわけである。

第二の主食は毎秋、川をさかのぼってくるサケである。これは本州中部以北に広くとらえることができ、重要食料資源である。

この地方の当時の人口は稠密で、縄文文化の中心地をなしている。この地域が縄文期の文化センターとなった基礎には、堅果類の入手のうえに、サケ、マスの恩恵がプラスされたからだと考えられる」

山内氏は、このような状態をカリフォルニア原住民と比較する。「これについては、きわめてよく似た例を、近代自然民族のうちにみいだせる。それは、……カリフォルニア・インディアンである。彼らは高級狩猟民と考えられ、多数の部族に分かれ、言語の差が多い。このカリフォルニアは、ちょうど日本列島と面積がおなじぐらいで、サンフランシスコおよび以北の河川にはサケがさかのぼり、サケが主食とされている、いわゆる〈サケ地帯〉にはいる。しかし、一般的にはドングリの採集がおこなわれており、北部の主要食料は、ドングリとサケの二本立てになっている。南部ではサケがないので、〈ドングリ地帯〉である」。「カリフォルニア・インディアンの人口は一五万、あるいは二五万ぐらいと推定されていた。近年になって、三五万と推定する研究がでた。縄文期人口はおよそ三〇万ぐらい、そのうち関西、九州の人口はようやく三万から五万ではないだろうか。この地帯に縄文式文物があまり多くないことは、よく知られていることである」［山内、1969：p.93；なお、1964参照］。

山内氏の説は大きな影響を学界におよぼした。

しかし、渡辺誠氏は山内氏の論じたほどサケ・マスが重要だったかに関して疑問を提出している［渡辺（誠）、1967；1969a：pp.275-276；1970 a］。また堅果類に関しても、渡辺氏は北海道は常緑針葉樹林帯に、東北地方は落葉広葉樹林帯に対応し、関東、中部地方は、これに照葉樹林帯が重層化し、西日本は照葉樹林帯にほぼ対応するとみられるが、クルミ、クリ、トチなどは落葉広葉樹として代表的なものであり、シイ、カシ類は代表的な照葉樹種であることを指摘する。そして、東北から関東、中部地方にかけて、敲石・凹石・磨石・石皿、関東、中部地方には打製石斧の発達が著しく、これらは植物質食料の獲得と調理に関連する石器類であることを述べており、また堅果以外にもクズ・ヤマイモ・カタクリ・ヤマユリの類の根茎植物が採集されたことを考えている［渡辺（誠）、1969a：pp.274-275；1969b：p.80］。

山内氏のサケ・マス論に対する渡辺氏の批判は、私の見るところでは充分説得的でない。同氏の論拠は、要するにサケ・マスの骨が遺跡からほとんど出てこないことにあるが、これに対しては山内氏は次のように述べている。「縄文時代の気候の変化とともにいくらかの差があったかもしれないが、川をみたすほどの魚群の遡上がみすごされるはずはない。もともと、シベリアのサケ地帯から南下した文化をもつ縄文人のことである。貝塚ではその証拠としての骨の発見がまれであるが、おそらく乾燥して粉末にする、という保存法がおこなわれたためであろう。奥地の泥炭層遺跡で、ときにはその貧弱で、薄っぺらな背骨なども発見されていることは注意する必要がある」［山内、1969：p.93］。この山内氏の考えのうち、乾燥して粉末にすることについては、Ostyak族やYakut族が、乾魚を臼で搗いて粥につくる調理法［Byhan, 1909：p.60］を思い出させるが、北海道アイヌがサケ、マスの皮を搗く以外に、寡聞にして私はまだ日本に近い東シベリアにまで分布していることを知らないので、興味ある見解ではあるが、ただちに従うわけには行かない。

岡本明郎氏の考えは、より示唆的である。同氏は、サケが、その主な産地の住民（アイヌ、Eskimo、英領コロンビア）において、高く尊敬されており、そこにはサケの骨を海に投げる習俗があることをもって、サケの骨が貝塚にのこらない原因の一つと考えた［岡本、1961 : pp.2-3］。これは重要な指摘である。と言うのは、ユーラシア、北米の極北、亜極北地方において、典型的な狩猟民的表象として、猟獣が骨から再生するという観念が広く分布していることは、フリートリッヒの古典的な研究以来［Friedrich, 1943］、学界周知のことである。つまり、主な猟獣の骨（ことに頭骨）を保存すると。その骨からまた新しい動物が生まれるというわけだ。縄文後期には宮城県台囲で積石の下にアカニシを敷きつめ、積石のすそに猪の完全な頭蓋がおかれていたし、宮城県沼津では積石の上にイルカの頭蓋がおかれていた［林、1965 : p.86］のも、このような観念が縄文時代の東北日本に存在していた証拠である。そして、この習俗の漁撈版は、魚の骨を海や川に返すという形式において典型的な表現をとっているのだ。

岡本説はつづく。「保存食糧として処理される場合でも、それが燻製であれ干物であれ、この時は一回当りの消費量が少なく、しかも加工処理によって変質しているためにたとえ鮮魚と同様の取扱い（＝海に送る）が行なわれなかったとしても、残骸が保存される可能性はきわめて少ないと考えられよう（あるいは燻製などの場合は骨ごと食べたと考えられる）」［岡本、1961 : p.3］。ところで、東シベリアのサケ地域では、サケは季節的に大量捕獲され、漁場において加工される。つまり、おもに乾鮭にするか、それともKamchadal族のように土窖に埋めて発酵させて保存する。沿海州のOrochi族では、獣肉、魚肉は、生肉を多くの細紐状に切裂いて、これを特別の物干台に吊って露天にさらし［平竹、1931 : pp.263-264］、またKamchadal族は乾鮭を作るときには、犬に食べさせるものは骨つきで、背開きにして臓物をとっただけで干すが、人の食用とするものは、頭や背骨肋骨なども取り去ってしまう［Bergman, 1926 : p.98 ; 訳、p.129］。多量の干魚をつくるときは漁場の近くで作業するわけであるから、このような干鮭製法をとっていた場合は、たとえ骨を海や川に送ることをしていなくても、集落に骨が残ることは、あまり期待できないであろう。金子浩昌氏は、「海岸・河口でのサケ・マス漁撈はあるいは問題がなおのこるかもしれないが、東北日本での河川中・上流域ではさかんな漁獲があったことであろう。とっていればきっと遺存骨の出土をみることができるはずである。実際にたしかめたいものである」と言っている［金子、1965 : p.394］。実際にたしかめるチャンスは、集落と密着した貝塚よりも、むしろ川の近くの漁場跡におけるほうが大きいと考えられる。このようにして、私は渡辺氏の批判にもかかわらず、山内氏のサケ・マス論は本質的には正しいものと考えている。この問題をさらに発展させるためには、集落と漁場を包含するテリトリーの構造を明らかにすることがまず必要であろう（サケ・マス論の生態学的問題点は、［渡辺〈仁〉、1963］を参考）。

次に渡辺誠氏が指摘した採集植物の種類は極めて興味深いが、ここでは細かい植物学上の種類の相違はあまり重要でない。堅果類の採集ないし収穫が重要な生業活動であったこと、したがってその点においては山内氏が試みたカリフォルニア・インディアンとの比較が決して当を失したものでないこと、の二点に関しては、恐らく渡辺氏も反対ではないであろう。

次に、サケ・マスや堅果類の意義の評価についての岡本明郎氏の説をとり上げたい。氏は、それらは備荒用食料として長期の保存にたえうるものであることに大きな意義を認めた［岡本、1961：p.4］。私の考えでは、これはあまりにも狭い解釈である。サケ・マスや堅果類は、カリフォルニア・インディアンを見ても、またサケに関しては沿海州諸族やKamchadal族、北米北西海岸諸族を見ても、単なる備荒用食料ではなく、毎年の少なくとも一定期間の食生活において基本的な役割を果しており、その意味においては、まさに日常的なものである。しかもその日常的な食料が保存され、貯蔵されることがことに重要であって、まさにこれが、これら諸族に食料貯蔵を行なわない他の採集狩猟民とは異なって、かなり高度の定住性を保証している。年間かなりの期間を通じて、あるいは通年の定住性と、それによって生み出された持続的な地域集団の存在が、まさに彼らの社会組織の秘密を解き明かす鍵なのだ。

さて、このようにして山内氏の縄文人の生業形態についての所説は大筋においては妥当であると考えられるが、もちろん、時代や地域によって多くのヴァリエーションがあったことは当然であり、カリフォルニアにおいてもそうであった。たとえば、国分直一氏は、縄文中期において、内陸と海岸の住民の生業形態における重点のおきどころの相違を論じ、内陸では植物資源への依存度が高まったことを指摘し［国分、1970：p.72］、中期に八ヶ岳南麓における植物栽培を主張する藤森栄一氏は、「おなじ、中部高地でも、八ヶ岳西南麓に引きかえ、諏訪湖畔の天竜川流出口の岡谷市海戸などでは、同じ土器を使いながら、打石斧も凹石もすくなく、石鏃や石錘が多く、はなはだしく漁撈的である。そうした小地域内でも、かなりの生業的な混在現象が著しいということは、南関東でも、新潟でもいえるところで、むしろ、そうしたあり方こそが、原始の植物栽培社会の本体とも考えられるところである」［藤森、1969：p.158］、と論じている。

ところで、縄文時代の社会組織を論ずる場合、そしてその生業形態としては山内氏の構想にもとづく場合、一言断っておかなくてはならないのは、縄文時代における、ことに中期以後における農耕の存否の問題である。九州の後晩期における農耕の存否については、私は肯定的な考えをもっており、したがって、採集狩猟社会としての縄文社会を考察するこの論文の枠の外に出てしまう。また中期の中部高地における農耕問題は、東アジア、東南アジアにおける初期農耕との大きな関連において研究されるべき重要な問題であるが、ここでは、山内説を発展させて、カリフォルニア・インディアンと細かい比較を試みた国分直一氏の説を採用することにする。つまり、「内陸においては、貝の採集や漁撈による食糧に支えられることが困難になる」［国分、1970：p.72］、「わが中部内陸の縄文時代中期の様相は強化された計画的収集の上に比較的安定した定着がなされていた様相と見てよかろう」［国分、1970：p.75］という立場である。もしも中期の中部高地にすでに植物栽培が行なわれていたとしたら、当然以下に述べることは、ある程度訂正が必要となるであろう。しかし他方では、ここで想定するような強化された採集狩猟社会は、定住性の高さ、比較的人口密度が高いこと、また生業活動における女性の重要性などの諸点において、初期農耕民社会と共通点をもっており、そのために、たいして訂正しないですむ部分もまたあるのではないかと思われる。

縄文時代の経済生活についてのわれわれの知識はまだ不充分なものである。ことに生業活動の季節性について、また集落における採集、狩猟、漁撈の三者、さらに個々の猟獣相互間の相対的比重などについての知識が不充分である。しかし最近の渡辺仁、渡辺誠、赤沢威、小谷凱宣らの諸氏の研究は、われわれに大きな希望を抱かせるものであり、遠からずより詳細な縄文人の経済活動の全体像を手に入れることができ、それにもとづいて、より立入った、そしてより蓋然性の高い社会組織再構成の試みに着手できることが期待される。この論文は、そのような本格的分析のための準備としての、暫定的なものであり、一般的方向を指示することで満足しなければならない。

カリフォルニア・インディアンの問題はこれだけにして、第二のモデル、東北アジアの漁撈民にうつることにしよう。私がここで主として考えているのは、レヴィンが《大河流域の漁撈民》［Levin, 1960：p.7］と呼んだものにほぼ相当し、沿海州の Gilyak（Nivkh）、Olcha（Ulchi）、Orochi、Goldi（Nanay）などの諸族とカムチャツカ半島の Kamchadal（Itelmen）族で、ある程度まではアイヌや海岸 Koryak 族もさらにこの列に加わる。彼らは東北アジアにおいてトナカイ飼育が拡がる前の生活形態のうち、定住性の高い漁撈、ことに河川での鮭漁撈を、狩猟と野生植物の採集と併せ行なう経済形態を比較的よく保存して来た。しかも北米北西海岸の漁撈民ほど特殊な発展はとげていない。気候的には日本よりやや寒冷であるとは言え、経済文化形態としては、カリフォルニア・インディアンについで縄文文化の比較材料として重要視すべきものである。それればかりでない。この東北シベリア漁撈民文化は縄文文化となんらかの形で系統的な関係があるばかりでなく、さまざまな接触ももってきたと考えられることは、すでに何人かの学者が指摘しており、山内清男氏も「シベリアのサケ地帯から南下した文化をもつ縄文人」とさえ述べている〔山内、1969：p.93〕。ところで、縄文時代の住居形式として代表的なものは竪穴住居であるが、竪穴住居は、北方ユーラシアから北米にかけての森林地帯にかつては広く分布していたことは周知の事実である〔Jochelson, 1907〕〔Zolotarev, 1938：p.19〕〔三上、1966：pp.311-330〕。そして日本の先史時代は、まさにこの竪穴住居の連続的分布圏の南端に当っており〔関野、1938：p.381〕、そして上記の東北シベリア漁撈民諸族は、近ごろまで竪穴住居での生活をつづけてきたのであった。この意味から言っても、これら諸族が縄文社会再構成に当って重要なモデルを提供していることは明らかであろう。

また、先ほど問題にしたサケ・マス漁撈に関しても、実はサケ・マス漁撈圏は北方ユーラシアから北米にかけて伸びているが、具体的な漁法や処理法に関しては、日本のすぐ北隣りの東北アジアが強い示唆を与えてくれることは、前に指摘したところである。

ところで、これら諸族のうちKamchadal族は、日本から比較的遠くに住み、アイヌ経由で波及した日本文化の影響は別問題として、おそらく沿海州諸族よりも日本との親縁関係は薄いと考えられるが、他方では、沿海州諸族ほど東亜の高文化、ことに中国―満州文化の影響を蒙っておらず、その意味で比較的古い形を残している点で重要である。

沿海州諸族について、もう少し考えてみよう。オクラドニコフは一九四〇年代のはじめに、定住漁撈民的なAmur新石器文化の痕跡が、Amur地方のもっとも後進的な地域において、Olcha、Gilyak、Ainuの諸族においてもっとも完全に保存されてきたと論じ〔Okladnikov, 1941（Field and Prostov, 1942：p.396所引）〕、それ以後もGoldi、Olcha、Gilyakの美術と経済形態には、この新石器文化の伝統が強く生きのびていることを繰返し指摘している〔たとえば、Okladnikov, 1964：p.56；1965：pp.68-83；1968：pp.185-224；1969：pp.80-82〕。そして彼は、この沿海州の新石器文化が、一方では中国の仰韶期の新石器文化、他方では日本の縄文文化と密接な関係をもつことを繰返し論じて来たのである〔ことにOkladnikov, 1960；1965：pp.68-83〕。

私はここでオクラドニコフ説の個々の問題に立入るつもりはない。ただ、沿海州の漁撈民社会が、系譜的関係という意味においても、縄文社会再構成のモデルになりうることを指摘しておきたいだけである。もう一つ付け加えておくと、沿海州新石器文化、たとえばTetyukhe遺跡では、多くの石製穀すり棒が出土している。これについてオクラドニコフは農耕の萌芽であると考えたが、スモリャクらは、むしろ堅果をするのに用いたのであろうと考えている［加藤、1963：pp.32-33］。おそらく後者の説の方が当っていると思うが、そうしてみると、沿海州内陸部の新石器文化の経済形態は、日本の縄文時代のそれと、ますます似てくるのである。

こう考えてくると、東北アジア漁撈民文化が、経済・文化形態の観点からも、歴史的・民族誌的領域の観点からも、それぞれかなりの程度において第二のモデルとして役立つと言ってよい。

ところで、上記の沿海州諸族は、漁撈ばかりでなく狩猟も行なっている。Goldi族やGilyak族では、たしかに漁撈のほうが狩猟よりも重要だが、その他の部族では必ずしもそうでなく、たとえばロパーチンも、Orochi族の生業は狩猟が主で漁撈が従であると述べている［平竹、1931：p.266］。これら諸族は、各族それぞれ強弱の差はあるが、北方ユーラシアの狩猟民文化の伝統を受けついでいる。この北方ユーラシアの狩猟民文化が、われわれの第三のモデルである。沿海州では、Orochi、Udehe、Olchaなどの諸族に、この狩猟民的伝統が比較的よく代表されているように見える。ただし。この狩猟民文化の伝統については、いろいろ問題があるので、私は、この研究では、すでに他の学者によってよく研究された問題領域（たとえば家神—間取り）やOrochi、Udehe、Olchaなどの事例を参照するにとどめたい。森林の狩猟民文化［Levin, 1960：pp.6-7］という点では、ある程度までは経済・文化形態のアプローチにも使えるが、縄文文化との比較においては、むしろ系譜的関係、つまり《歴史的・民族誌的領域》という側面が大きな役割を果すと言えると思われる。

この三つのモデルを使って研究することからも、また利用しうる考古学的資料から言っても、この研究は縄文社会の若干の部分をとりあつかうだけである。主として、東日本の前期以降の、堅果類の採集が生業において大きな比重を占め、かつかなり定住性が高い時期と地域とが考察の対象となる。もう少し具体的に言えば、前期、ことにその中葉の遺跡数がふえ、広場をもつ集落や、竪穴住居附属の貯蔵穴が出現する時期［村田、一九六八］からあとであり、資料が多い東日本が考察の中心となるわけだ。

またテーマに関しては、あまりに問題が多岐にわたるので、新潟県室谷洞窟に見られるようなカモシカ、ツキノワグマ狩猟において想定される狩猟組の問題や、中期ごろから始まったと考えられる集団漁撈における労働組織の問題は、別の機会に割愛することにしたい。また、抜歯の問題は興味いものであるが、民族誌的モデルとしては、ここで取りあつかわなかった民族を主な比較例としなくてはならないので、これも、ここでは取りあつかわない。また主として晩期に関する諸問題はスペースの関係で省略する。［以下省略］

文献（＊印は間接に引用したもの）

Albert, Friendrich, 1956, *Die Wailmenschen Udehe, Forschungsreisen im Amurund Ussurigebiet,* C. W. Leske Verlag. Darmstadt.

Allchin, Bridget, 1966, *The Stone-tipped Arrow. Late Stone-Age Hunters of the Tropical Old World,* Phoenix House, London.

Andree, Richard, 1889, *Ethnographische Parallelen und Vergleiche,* Neue Folge, Verlag von Veit & Co., Leipzig.

麻生優、一九六五、「住居と集落」『日本の考古学』Ⅱ、河出書房新社。

Bandi, H. G., 1969, *Eskimo Prehistory,* Methuen & Co. Ltd. London.

Beals, Ralp L., and Heater, Jr., Joseph A., 1960, "A New Ecological Typology of the California Indians" *Men and Cultures* (ed. by Wallace, A. F. C.) University of Pennsylvania Press, Philadelphia.

Bergman, Sten, 1926 *Vulkane, Bären und Nomaden,* Stuttgart.（ステン・ベルグマン〈本　仙太郎訳〉一九三五、『カムチャツカ探検記』弘学社）

Byhan, Arthur, 1909, *Die Polarvölker,* Leipzig.

Field,Henry and Prostov, Eugene, 1942, "Reseults of Soviet Investigations in Siberia, 1940-1941" *American Anthropologist* XLIV.

藤森栄一、一九六九a、「縄文中期文化、中部日本」『新版考古学講座』Ⅲ、雄山閣。

Greengo, Robert, E., 1952, "Shellfish Foods of the California Indians"

Heizer, Robert F., 1964 "The Western Coast of North America" *Prehistoric Man in the New World* (ed. by Jennings and Norbeck), University of Chicago Press.

平竹伝三、一九三一、「オロチィ族研究」『史観』Ⅰ。

Jochelson, Waldmar, 1907, "Past and present Subterranean Dweliings of Northeastern Asia and Northwestern America" *International Congress of Americanists, 15th Session,* 1906.

金子浩昌、一九六五、「貝塚と食料資源」『日本の考古学』Ⅱ、河出書房新社。

加藤九祚、一九六三、『シベリアの歴史』紀伊国屋書店。

国分直一、一九七〇、『日本民族文化の研究』慶友社。

koppers, Wilhelm, 1931, "Weltgeschichte der Steinzeit" *Anthropos* XXVI.

——, 1952, "Der historische Gedanke in Ethnologie und Prähistorie" *Wiener Beiträge zur Kulturgeschichte und Linguistik* IX.

——, 1953, "Zusammenarbeit von Ethnologie und Prähistorie" *Zeitschift für Ethnologie* LXXVIII.

——, 1954, "Das Problem der Universalgeschichte im Lichte von Ethnologie und Prähistorie" *Anthropos* LII.

Levin, M. G., 1960,「北シベリアおよび極東におけるソヴェートの民族誌的研究」『民族学研究』XXIV.

Levin, M. G. und Tscheboksarow, N. N., 1958, "Wirtschaftlich-kulturelle Typen und historisch-ethnographische Gebiete" *Ethnographisch-Archäologische Forschungen* IV.

松園万亀雄、一九六二、「ソヴェト民族学における〃経済・文化型〃および〃歴史・民族誌的領域〃の概念——シベリア諸族の研究を中心として——」『社会人類学』III-2。

Meighan, C. W., 1959, "Californian Cultures and the Concept of an Archaic Stage" *American Antiquity* XXIV.

三上次男、一九六六、『古代東北アジア史研究』吉川弘文館。

村田文夫、一九六八、「関東地方における縄文前期の竪穴住宅と集落について」『歴史教育』XVI-4。

Narr, Karl, 1955, "Interpretation altsteinzeitlicher Kunstwerke durch völkerkundliche Parallelen" *Anthropos* L.

——、一九五九a、「アメリカ大陸の考古学と民族学——採集狩猟民諸文化について——」『世界考古学体系』XV　平凡社。

岡本明郎、一九六一、「〈サケ・マス〉と〈とち・どんぐり〉」『考古学研究』VII-4。

Okladnikov, A. P., 1941, "Neoliticheskie Pamiatniki kak Istochniki po Etnogonii Sibiri i Dal'nego Vostoka" *Kratkie Soobshcheniia* 9. Moscow. *

——（香山陽坪訳）、一九六〇、「最近の研究による沿海州の古文化」『民族学研究』XXIV-1・2。

——, 1964, "Ancient Population of Siberia and Its Culture" *The Peoples of Siberia* (ed. by Levin, M. G. and Potaov, L. P.) University of Chicago Press.

——, 1955, *The Soviet Far East in Antiquity*, *Arctic Institute of North America. Anthropology of the North : Translations from Russian Sources* 8, University of Tronto Press.

——（加藤九祚訳）、一九六八、『黄金のトナカイ—北アジアの岩壁画—』美術出版社。

——, 1969, "The Petroglyphs of Siberia" *Scientific Amerian* CCXXI-2.

関野　克、一九三八、「埼玉県福岡村縄文前期住居址と竪穴住居の系統について」『人類学雑誌』LIII-8。

渡辺　仁、一九六三、「アイヌの生態と本邦先史学の問題」『日本考古学協会第二九回総会発表要旨』。

渡辺　誠、一九六七、「日本石器時代文化研究における〃サケ・マス〃論の問題点」『古代文化』XVIII-2。

——、一九六九a、「縄文時代の植物質食料採集活動について（予察）」『古代学』XV。

——、一九六九b、「縄文前期文化、東日本」『新版考古学講座』III、雄山閣。

——、一九七〇a、「青森県類家貝塚における自然遺物の研究」『古代学』XVII。

山内清男、一九六四、「日本先史時代概説：縄文式時代」『日本原始美術』I　講談社。

——、一九六九、「縄文文化の社会、縄文時代研究の現段階」『日本と世界の歴史』I　学習研究社。

——, 1938, "The Ancient Culture of North Asia" *American Anthropologist* XL.

（『日本民俗文化資料集成　第十九巻』三一書房、一九九六年）

東アジアにおける倭人民俗

南国倭人の地

三世紀中国の倭人観

『魏志』倭人伝には、倭人の地が、自然と文化の双方において、中国南部とよく似ていて、南国であるという観念がはっきり出ている。「其の道里《どうり》を計るにまさに会稽東冶《かいけいとうや》の東に在るべし」と記し、さらに動植物、産物、武器の記述につづけて「有無する所は儋耳《たんじ》・朱崖《しゅがい》と同じ」と出ている。会稽郡は今日の浙江《せっこう》省から福建《ふっけん》省にかけてで、そのなかの東冶県は福建省福州の辺であり、儋耳と朱（珠）崖はともに漢代に海南《かいなん》島におかれた郡名である。三世紀の中国人が倭人の地を、実際よりも相当南にあると思っていたのである。しかし、中国人がそう思ったのも無理はなかった。倭人の風俗習慣は中国の中部から南の地域の住民のものと共通するものが少なくないのである。ということは、華北の、漢民族の中心地の文化とは異質な文化、つまり南の非漢民族系住民の文化伝統に、倭人の文化がよく似ていることを意味している。

潜水漁撈と文身

倭人の風俗のうち、中国人の注意をまず第一に惹《ひ》いたのは文身《ぶんしん》である。

「男子は大小となく皆黥面《げいめん》文身す。（中略）夏后《かこう》の少康《しょうこう》の子、会稽に封《ほう》ぜられ、断髪《だんぱつ》文身し、以て蛟龍《こうりゅう》の害を避く。今倭の水人《すいじん》、好《よ》く沈没し魚蛤《ぎょこう》を捕え、文身し亦以て大魚・水禽《すいきん》を厭《はら》う。後にやや以て飾りと為す。諸国の文身はおのおの異なり、或は左に或は右に、或は大に或は小に、尊卑《そんぴ》差有り」

黥面《げいめん》とは顔にほどこす入墨《いれずみ》であり、文身は身体につけた入墨である。大人《たいじん》も下戸《げこ》も入墨をほどこし、社会的地位や、どの国のものかを表している一方、水に潜《もぐ》って漁撈《ぎょろう》する男たちの場合、大きな魚や水鳥を追い払うという実用的な目的もあった。

ここでは面白い点がいくつかあるが、その一つは潜水漁撈である。日本では現代も、海士《あま》、海女《あま》の活動はつづいているが、日本のまわりを見ると、朝鮮では済州《さいしゅう》島で海女がいるのが唯一の例である。それが中国に行くと、東南部の海岸や島において、男たちの潜水漁撈の習俗が、いくつか報告されている。たとえば、舟山《しゅうざん》列島の定海《ていかい》では、内陸の池で潜水漁撈が行われ、さらに雷州《らいしゅう》半島の近くの硇洲《ルーシュウ》島では、男の海士が海中にもぐって鮑《あわび》をとるのである。つまり、東シナ海をめぐって、潜水漁撈が分布しており、日本の例も済州島や中国の例もみな同じ系統のものと見てよいであろう。

　そして倭の潜水漁撈をする水人が行っていた文身も、おそらく同様に中国東南部の文身と関係があったらしい。すでに鳥居龍蔵《とりいりゅうぞう》が論じたように、「倭人伝」の文身の記事のところに夏后少康の子の話が引き合いに出されているのは、倭人の文身も会稽、つまり古代越《えつ》の文身と同じ目的でほどこされたものであることを物語っている。揚子《ようす》江《こう》下流とその南の呉《ご》や越の住民は、北の中原《ちゅうげん》の住民の目から見て異様な風俗や習慣をもっていたが、断髪文身の俗もその一例である。ところが『史記』の呉太伯世家《ごのたいはくせいか》の応劭《おうしょう》の注によると、呉や越では龍子《りゅうし》のかたちの文身をしたので、水中で害を受けなかったのだという。それは、龍は水界の王者だから、水中の龍も魚も鳥も、この入墨をした男は攻撃しないからである。鳥居は、「倭人伝」には文身の図様については記述はないが、この文脈からして、龍子のような図様を文身したらしい、と推測した。私もこの説に賛成である。

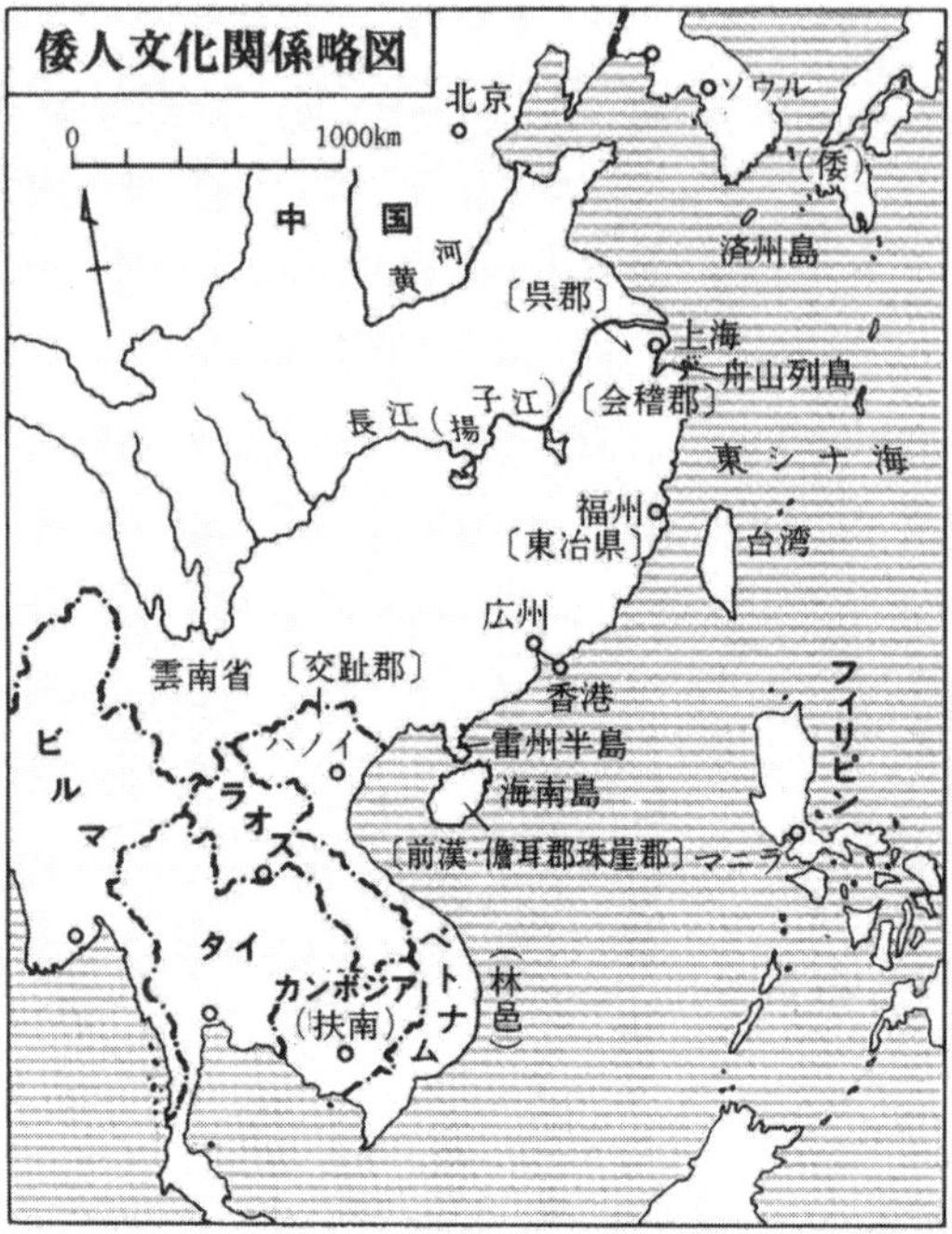

倭人文化関係略図

龍とワニの入墨

龍の文身は、『後漢書』西南夷伝によると雲南《うんなん》省南西部の哀《あい》牢夷《ろうい》がしていたという。哀牢夷は、今日の雲南からビルマのシャンステーツにかけて住むパラウン族（崩龍族）の先祖の濮《ぼく》人《じん》と関係が深かったとも言われている。またベトナムでは十四世紀にいたるまで王は身体に龍の文身をして、自分が龍の血族であることを示し、漁民たちは身体にワニの文身をほどこして、ワニの身内だからといって、ワニに見逃してもらっていた。さらにラオスでは近年まで男は、メコン河で水浴するときにワニに食われないように下肢に文身していたのであった。

　このように中国江南からインドシナにかけて龍やワニの文身があり、かつしばしばそれは漁民の習俗であった。倭人の文身も、まさにこの分布圏の東端に位置していたのである。

　このさかんだった倭人の入墨も、やがて衰退がおとずれる。『古事記』や『日本書紀』によれば、海部《あま》、鳥養部《とりかいべ》、猪飼《いのかい》、山《さん》人《じん》たる久米《くめ》などが入墨を行っていたものの、天皇をはじめとする支配者たちは入墨の習俗をもっていなかったらしい。

女はポンチョ、男は腰巻

　倭人の女性の衣服はポンチョ形式のものであった。

「婦人は被髪屈紒《ひはっくつかい》し、衣を作ること単被《たんぴ》の如《ごと》く、其の中央を穿《うが》ち、頭を貫き之《これ》を衣《き》る」

　ここで記された髪かたちについては、女子埴輪《はにわ》にしばしば見られる、つぶし島田風の髪形ではないかと三品彰英《みしなあきひで》は言っている。あるいはそうかも知れない。ここで私が問題にするのは髪形よりも衣服のほうである。これは一枚の布の真中に穴をあけて、頭を通して衣服にしたのであるから、ポンチョ形式である。この形式は近代においても奥州のオシラ神の衣服に用いられているが、実は中国南部から東南アジア、オセアニアにかけて広く用いられているのである。中国の史書もすでに中国南部からインドシナにかけて、儋耳・朱崖《しゅがい》（『前漢書』地理志）、黒僰濮《こくほくぼく》（『唐書』南蛮伝）、哀牢夷（『後漢書』）、交《こう》趾《ち》（『三国志』呉志・薛綜《せっそう》伝、『後漢書』南蛮伝）、扶南《ふなん》（『南斉書』扶南伝）の例を報じている。全体的な分布状態からみてこの地域においては古くからの、おそらく初期金属器時代以来の衣服の形式だったと思われる。

　今日、東南アジアでふつう見られる貫頭衣《かんとうい》は、「倭人伝」に書いてあるような、一枚の布の真中に穴をあけて頭をつき出しただけという簡単な形式ではなくて、腋下の両脇をずっと縫い合せてとじたものである。このような貫頭衣なら、インドシナの山地民や、インドネシアの島々、ことにボルネオ以東の島々に広く分布している。

　ところで、『魏志』倭人伝の貫頭衣についてとほとんど同じ文章が『前漢書』儋耳・朱崖郡の条に出ている。しかし、そこでは、民《たみ》の服装として記されているが、「倭人伝」では、これは女子の服装に限定されている。かつて三品彰英は「倭人伝」の場合「記述上の錯乱と認めるべきであろう」として、男女ともに貫頭衣を着ていたのではないかと疑った。しかし、男と女が異なる形式の衣服を着ることは、世界的にみても別に珍しいことではない。「倭人伝」は男について、

「其の衣は横幅《おうふく》、ただ結束して相連《あいつら》ね、ほぼ縫うことなし」

と記している。この横幅については、腰巻、袈裟《けさ》式服装、襷《たす》掛《きが》けの衣服など、いろいろな解釈があるが、いずれもみな東南アジアで近代においても実例のみられた服装である。横幅という表現は、扶南や林邑《りんゆう》のようなインドシナの諸国で男子

の服装として用いられていたことを、やはり中国の史書（『晋書』『南斉書』『隋書』）が報じているが、その場合はどうも腰巻式のものらしい。こうしてみると倭人の場合も男子は腰巻式の衣服をつけていたと思われる。今日でもビルマでは男性がこのようなローンジを着るのは、ごくふつうの服装である。

倭人の服装は、女の貫頭衣、男の横幅、どちらも中国南部あるいは東南アジアにつらなるものなのである。そのほか、「男子は皆露紒《ろかい》し、木緜《もくめん》を以て頭に招《か》け」という記述を、倭人の男はもとどりを露出した形で鉢巻をしていたのだと解釈すれば、これまたインドシナのビエト族の鉢巻などの例がある。「朱丹《しゅたん》を以て其の身体に塗《ぬ》ること中国の粉を用いるが如きなり」という身体塗色の風は、これまたインドネシアやアッサムなど、東南アジアの未開農耕民のところに広く分布している。

外国からやって来て、すぐ目につくのは服飾である。たとえ言葉を知らなくても、服飾を見ると、その民族について、いろいろの情報を得ることができる。三世紀の昔、中国人は、倭人の文身、貫頭衣、横幅、身体塗色などの服飾を見て、倭人の文化が南方的であることを知り、深い印象をうけたのに相違なかったであろう。

持衰と航海文化

倭人の航海と習俗

『魏志』倭人伝からわれわれがうける印象は、海洋的な文化の存在である。たんに潜水漁民の活躍があったからでなく、海をこえての外界との交流がさかんであった。だから倭人の社会を古代史家・水野祐《みずのゆう》氏は、〝古代航海者の通商王国〟とよび、アメリカの日本研究者、レッドヤード（Ledyard）は、〝海洋国家〟Thalassocracyと名づけたほどであった。

この倭人の海洋航海に関する習俗として持衰《じさい》が有名である。『魏志』倭人伝はこう記している。

「其の行来《こうらい》、度《と》（渡）海《かい》して中国に詣《いた》るには、恒《つね》に一人をして、頭を梳《くしけず》らず、蟣蝨《きしつ》を去らず、衣服は垢汚《こうお》し、肉を食さず、婦人を近づけず、喪人《そうじん》の如くせしむ。之《これ》を名づけて持衰《じさい》と為す。若《も》し行く者、吉善《きちぜん》なれば、共に其の生口《せいこう》、財物を顧《こ》す。若《も》し疾病有り、暴害に遭《あ》えば、便《すなわ》ち之を殺さんと欲す。其の持衰謹《つつし》まずと謂《い》えばなり」

つまり、倭人が海を渡って中国に行くとき、いつも一人の人物に厳重なタブーを課する。櫛を使わせず、シラミもとらせないし、着物も垢だらけのままにしておき、肉食させず、女と性交することを許さず、まるで喪《も》に服しているようにさせる。これを持衰といい、もしも航海がうまくいった場合には、褒美として人々は彼に生口（奴婢）や財物を与えるが、逆にもしも航海中に病人が出たり、暴風雨の害にあったりすることがあれば、持衰がタブーをきちんと守らなかったせいだといって、持衰を殺そうとする。

東南アジアのタブー

この奇妙な習俗も、決して類例がないわけではない。そして類例はこの場合も東南アジア、ことにインドネシアに多い。危険にみちた遠出、たとえば男たちが狩りや戦争や大航海に出かけるとき、居残った者が、さまざまなタブーに服することは世界的にみられるが、ことにこの地域においてさかんなのである。たとえばインドネシアのメンタウェイ諸島では、夫が首狩りに出かけると、妻は果物や肉を食べることが禁ぜられるし、スラヴェシ（セレベス）のサダン・トラジャ族では、男たちが首狩りに出かけたあとは、女たちはほかの男たちの訪問を受けてはならないし、またふだんは日常の暇つぶしとしてさかんにやっているシラミとり合いをしてはいけない、という定めだった。

航海のとき、居残った特定の人物がきびしいタブーに服することは、マルク（モルッカ）諸島に例が多く、セラム島東部のイル地方、アンボン諸島、ケイ諸島、タネンバル諸島から報告されている。たとえばセラム島のイル地方の場合、帆船が航海に出たとき、一人の人物、ふつう一人の少女、が陸上に居残っていて、航海がうまくいくかどうかは、彼女の責任とされる。彼女は帆船とほとんど同一視され、村人たちは、彼女の様子を見て、航海がうまくいっているかどうかを判断する。

彼女は船が航海しているあいだは、働いてもいけないし、歩いてもいけない。歌ってもいけないし、陽気に騒いでもいけない。遊んでもいけないし、清涼剤《せいりょうざい》の檳榔子《びんろうじ》をかんでもいけない。ことに家から外に出るのは厳禁されている。もしもこの少女が病気になると、帆船に何か悪いことがおき、もし少女が死ぬようなことでもあると、船は沈んでしまう。彼女が病気になったり、死んだりしなくても、船が不幸にであうと、これは彼女が規定のタブーを破ったからだとされて、彼女だけが責任を負うのである。

マルク諸島は、独自の航海文化が発達し、かつよく残っていた地域として有名である。しかし、これと親縁の航海文化は、アラビア、中国、ヨーロッパの航海文化が東南アジアの海域をおさえる前には、もっと広く分布していたものであろう。東南アジアにつらなる航海文化は、北は倭人のところにも及んでいたことを、この持衰の習俗は示唆しているのである。

航海と海上他界

この関連で考えてみると面白いのは、持衰がちょうど喪に

服する人のようだという記述である。なるほど「倭人伝」には、

「始め死するや停葬《ていそう》すること十余日、時に当りて肉を食さず、喪主《そうしゅ》は哭泣《こくきゅう》し、他人は歌舞《かぶ》飲酒《いんしゅ》をなす」

とあって、この喪主の行動は、持衰と似ている。しかし、持衰と喪主とは、たんなる外面的な類似だけではなく、もっと深い意味があるのかも知れない。というのは、東南アジアことに東部インドネシアの海洋的な文化においては、死者は海を渡って死者の島に行くという海上他界《かいじょうたかい》の観念がしばしば見られ、遺族が喪に服することによって、死者が無事他界の死者の島に達することができるのである。

古代日本にも海上他界の観念があったらしい。五島のミミラクの島に行けば、亡き人の顔を見ることができるという伝承もまたその名残りである。もしも三世紀の段階に、すでに海上他界の観念があったとすれば、持衰と喪主との類似が、うまく説明できる。

つまり、現世における中国への旅、死後における他界への旅は困難な、危険にみちたものであった。そしてその成功は、生前の航海においては持衰、死後の航海においては喪主の行動、ことにタブーの遵守《じゅんしゅ》にかかっていたのである。

卑弥呼と男弟

王権の構造

倭人の文化と中国南部から東南アジアにかけての文化との類似は、服飾、航海習俗などに限られていない。実は王権の構造や刑法といった、社会機構のきわめて重要な部分にも及んでいたのである。

まず王権の問題を見よう。『魏志』倭人伝に、戦乱ののち共立した女王・卑弥呼について、次の有名な一節がある。

「鬼道《きどう》を事とし、能《よ》く衆を惑《まど》わす。年已《すで》に長大なるも、夫壻《ふせい》なく、男弟有って治国《ちこく》を佐《たす》く。王と為《な》りしより以来、見る有《あ》る者少なし。婢千人を以て自ら侍せしめ、唯《ただ》男子一人有りて飲食を給し、辞を伝えて出入す。居処《きょしょ》の宮室《きゅうしつ》・楼観《ろうかん》は、城柵《じょうさく》を厳かに設け、常に人有りて、兵を持して守衛す」

ここで注目したいのは、卑弥呼と男弟との関係である。卑弥呼は女であり、王宮にとじこもり、鬼道に事《つか》え、つまり宗教的な職能をもっていた。これに対して男弟は男であり、「治国を佐く」とあるから、おそらく、王宮の外の統治の実務を担当していたのであろう。そこで両者の関係を図式的に示すと、

卑弥呼　女・内・聖
男弟　男・外・俗

となる。

三品彰英はすでにこう記した。

「古代王者にあっては聖権・俗権を分離的に継承し、巫女的女性が聖権を担当する例は早期社会に広く見られるところである。卑弥呼と男弟との関係も、こうした聖俗分治の一形態を示すものである。東国平定に従事したヤマトタケルと、彼の出陣に際して神剣を贈ったと伝えるヤマトヒメとの関係、熊襲征伐から新羅遠征へと発展してゆく軍事伝承に見る仲哀天皇と神功皇后との関係等も、すべてこの類型に属するものと考えてよい。国王の主権が司霊者的立場に立つ巫女王のそれに依頼する典型的な姿は、古琉球におけるキコエ大君とその国王との間に見られる」(『邪馬台国研究総覧』創元社)

〝動かない〟王と執政

三品が指摘している古代日本や琉球の事例との類似は、いずれももっともである。ただ、三品が俗的な男王と聖的な女王という二分法が「早期社会に広く見られるところである」と述べているのは適切ではない。なるほど聖王と俗王という二分法なら分布は広く、たとえばポリネシアなどにも見られるし、また中世ヨーロッパの神聖ローマ皇帝とローマ法王の並存もその一つかも知れない。けれども、卑弥呼と男弟の場合は、たんに王権が聖と俗とに二分されているだけでなく、聖が女性、俗が男性と結びついているところに特色があり、三品が挙げたように日本、琉球に類似はあるものの、その他にはそれほど類例があるわけではない。

ここで面白いのはマラヤやインドネシアの事例である。ここでは王権の担い手たる〝動かない〟王と、王権の執行者たる執政がいるという形式が、広く分布していることである。これは卑弥呼と男弟の関係を思い出させる。ことにチモール島アトニ族の場合、中国の陰陽説のような物事を二分して考える体系があって、王は実際は男性だが、この分類体系では女性の範疇《はんちゅう》に入れられている。これに対して、彼のかたわらで実際に政務を執行するコロネルは、〝男性〟の範疇に入る。そして、この分類体系では、女性は内、男性は外とそれぞれ結びついている。そして王は儀礼を執行し、神器を保管するのに対し、コロネルは実際の政務の担当者だから、この二人を対比した場合、王は聖、コロネルは俗ということになろう。したがって、

王	女・内・聖
コロネル	男・外・俗

というぐあいに、卑弥呼と男弟の対とよく似た構造がみられるのである。おそらく、このような事例は、東南アジアではこのほかにも見出されることであろう。

いずれにしても、卑弥呼と男弟の王権の構造も東南アジアに比較するべきものをもっているのである。

罪と罰

刑法の類似

卑弥呼と男弟をめぐる王権の構造がインドネシアのものと類似を示しているのと対応するように、倭人の法はインドネシア諸民族における刑法と通じるものがある。『魏志』倭人伝には、

「婦人は淫《いん》せず、妒忌《とき》せず、盗窃《とうせつ》せず、諍訟《そうしょう》少なし。其の法を犯すや、軽き者は其の妻子を没し、重き者は其の門戸を滅し宗族《そうぞく》に及ぶ」

とある。これに相当する記事は『隋書』倭国伝にも出ているが、少し違っている。ここでは話を簡単にするために、『魏志』の記事によってインドネシア列島の諸民族の慣習刑法と比較して考えることにしよう。

ただその場合『魏志』は三世紀の資料であるのに反し、インドネシア諸民族の刑罰についての資料は、だいたい十九世紀ごろの資料であるから、当然そこには変化もあり相違もあることを考慮に入れなくてはならない。

比較すべき点の第一は、倭人のところでは軽罪《けいざい》の場合、「妻子を没す」とあるように、妻子を没収する人身賠償が行われていたことである。おそらく盗みその他の軽罪のときは、被害者の奴婢になることで、賠償が行われたのであろう。

それではインドネシアではどうであろうか。インドネシア諸民族の刑法の一大特徴は、賠償制が基本的に重要なことと、さらに賠償には、まだ私法的な性格が認められることである。

たとえば、スマトラの西にあるエンガノ島では盗み以外の犯罪はほとんどないが、もしも犯人が見つかると、被害者自身が、賠償の額を決める。もしも賠償の全額あるいは一部の支払いを犯人が拒否したりすると、そのときは事件が酋長のところにもち出されるのである。

三世紀の倭人の場合と比べて、十九世紀ごろのインドネシア諸民族では、貨幣経済が深く浸透しているために、賠償が金銭で評価され、支払われるのがふつうになっている。これは倭人が人身で支払っていたのと大きな違いである。インドネシアの諸民族のところでも、自由を奪う刑罰として、犯人を奴隷にしたり、人質にすることがあったが、これは大部分の場合、賠償や保障が支払えない場合に行われる副次的な現象だったのである。しかし、貨幣経済が浸透する前の段階を考えてみると、そこでは、人身賠償がもっと一般的であったことが想像される。

このように見てくると、倭人における軽罪のときの人身賠償とインドネシアにおける金銭での賠償との間のへだたりは、一見したほど大きくないのである。

重罪と刑罰

第二の比較点は、重罪とは何かということである。『魏志』には重罪とは何なのか、その内容は記していない。『隋書』では重罪とは殺人、強盗、強姦であって、犯人はみな死刑になったが、はたしてこれを『魏志』の段階にもあてはめてよいかは、疑問である。というのは『隋書』と『魏志』の倭人の刑法についての記事は、全体的にみて、かなり相違があるからだ。

『隋書』における重罪のなかには、別に反逆罪は含まれていない。『魏志』の段階も同様だったろうと考える見方もあるが、私はむしろ、『魏志』の段階では、重罪とは反逆罪なのではないかと考えている。つまり、『魏志』の場合には、さきに引用した刑罰記事のすぐあとに、

「尊卑　各《おのおの》差序有りて、相臣服するに足る」

とあるのが、私には意味深長に思われる。尊卑の差序を破って、臣服どころか、下級者が上級者に対して損害を与えることが、重罪の主なものではなかったか、と解釈される。

ところで、インドネシア諸民族においては、盗みや時には殺人も賠償金を支払って解決する場合が多かった。ところが、賠償の利かない場合もあった。それは、公共の利害に反する犯罪の場合である。賠償制度では、当事者同士の私的な関係という性格が強かった。ところが、公的な犯罪は私的な解決を許さないので、賠償金では片をつけられないのである。

それでは、いったい何をもって公共の利害に反する犯罪となすか、と言うと、具体的には君主や酋長など、目上の者に対する犯罪が公共に対する犯罪の主なものであった。

たとえば、スマトラのバタク族ではラジャ（土侯）の妻と姦通した者、スマトラの西のニアス島では酋長やお偉方《えらがた》を殺した者には、賠償は問題にならず、死刑に処せられたのであった。また、東部ジャワでは、自分より目上の者を殺した者は、首を斬られ、肢体は四分されて野獣に与えられ、首は竹棒の上にさし立てられたのであった。

『魏志』の、門戸、宗族というように一族がみな殺しにされてしまう重罪とは、インドネシアの場合と同様、賠償の利かない反逆罪だったのではなかろうか。

犯罪と縁坐制

第三の比較点は、犯罪が行われた場合、犯した当事者ばかりでなく、その犯罪の程度によっては親族にまで罰が及ぼされる縁坐《えんざ》制である。『魏志』には倭人ばかりでなく、夫余《ふよ》や高《こう》句麗《くり》についても縁坐法のあったことを記している。しかし、『隋書』倭国伝は、犯人自身を罰することが記されているだけで、縁坐制は出てこないのである。

縁坐制というだけならば、夫余や高句麗にもあったから、必ずしも南方系である必要はない。しかし、倭人の習俗全体、また刑法について今まで述べたこと、を考え合せてみると、イ

ンドネシアでも縁坐制が少なくなかったことが重みをもってくる。

ところで、インドネシアで縁坐制がさかんだったのは、ことにスマトラの諸民族、たとえばミナンカバウで、バタク、レジャン、パスマーなどの諸族であった。ふつう犯人が賠償金を支払えない場合に、その家族、氏族、あるいは村などが支払い義務を負うのであった。だから、倭人のところで、最初から「妻子を没す」というのとは違っている。しかし、これもおそらく、インドネシアにおける貨幣による賠償支払いの発達のために生じた相違であろう。

ここで注意しておきたいことは、インドネシアで縁坐制がさかんだった民族の社会発展のレベルの問題である。つまり、縁坐制は、ごく未開な民族のところにはなく、ある程度国家というべきものを作っていた、あるいはもっていたというレベルの諸民族のところでさかんだった。それよりもさらに高い政治的統合の段階にあったジャワでは、縁坐制は痕跡があったに過ぎなかった。中央集権化や、国家制度の整備の進行が進むと、縁坐制は衰えるという傾向が見られた。

これはちょうど三世紀の倭人社会のレベルにうまく当てはまる。国家形成の道をすでにかなり進んではいたものの、本格的な集権国家にはいたっていない『魏志』の倭人のところでは縁坐制はさかんだったが、集権化、官僚制の進行の進んだ『隋書』の段階になると縁坐制にはふれられておらず、縁坐制が衰えていったことが想像されるのである。

倭人と南方文化

倭人文化のルーツ

今まで見てきたように、倭人の文化は、服飾から航海儀礼、王権、刑法にいたるまで、南方の諸文化との親縁関係を示していた。「倭人伝」の記述全体をみても、骨占いのような北方系の要素はあるものの、圧倒的に南方的色彩でおおわれている。これが倭人文化の実態を正しく伝えているのか、あるいは歪《ゆが》みがあるのかはともかくとして、陳寿《ちんじゅ》は南方的な倭人を描き出したのである。

ここで、三つの問題にふれておきたい。第一は、どこからこれら南方的要素が西日本に入ったのか、という問題で、第二は誰がもたらしたのか、という問題で、第三は、それは何時か、という問題である。

第一の、どこから、という問題に対して、私は中国東南部、つまり呉越《ごえつ》の地からと答えたい。近代においては類例がもうこの地域になく、東南アジアにしかないような項目、たとえば王権の構造、刑法なども、おそらくインドネシアから海を北上して日本に達したというよりも、かつては中国、ことに南部にあったものが、一方は日本に入って「倭人伝」に記され、他方はインドネシアでは近代までのこっていた可能性が大きいと考えられる。また、ものによっては朝鮮半島南部を経由したものもあったかも知れないが、ここでとり上げた要素に限っていえば、やはり大部分は、江南から直接日本に来たものであろう。少なくとも『魏志』東夷伝を通読しても、江南的要素が朝鮮経由で日本に入った具体的な証拠というべきものは見られない。反対に、「韓《かん》伝」に「男子はときどき文身あり」と記し、あとで「男女は倭に近くまた文身す」とあって、どうも入墨は元来は倭人の習俗で、韓族でも倭人に近いものが、これを倭人から受容したことを物語っているようである。

文化の伝来者

第二の誰か、という問題は、いまふれた第一の問題と密接にかかわっている。おそらく中国南部の住民、ことに非漢民族的な呉越の文化的伝統を濃厚にもった人たちが、主として、これらの要素を日本列島にもたらしたのであろう。今の目で国籍とか何とか、考えないでもらいたい。倭寇の親玉の王直《おうちょく》が浙江省寧波《ニンポー》海上の雙嶼《そうしょ》での密貿易から、さらに五島に本拠をもうけていたのも、十六世紀半ばのことである。このようにかつてはシナ海をめぐって人々の交流が自由に行われていた。中国から来たものもいたろうし、日本からも江南へ行くものもいたであろう。このような交流のなかで、南方的な要素が倭人文化として開花したのであった。

渡来の時期

第三の、何時という問題については、岡正雄の有名な説がある。つまり、紀元前四、五世紀のころ呉や越が滅亡する江南の動揺の波動が西日本や南朝鮮にも及び、これによって水稲耕作、進んだ漁撈技術などからなる弥生文化の南方的要素がもたらされたというのである。私は岡の想定は基本的には当っていると思っている。しかし、これは一回の大民族移動で文化が入ってきたというような問題ではない。何百年にもわたる、大小の集団や個人が、さまざまのルートで交流を重ね、その成果の集積が、「倭人伝」に描かれた南方的な倭人文化なのである。弥生文化の成立をはさんでの数世紀が問題の時代であると、一応考えておこう。

「倭人伝」以後の習俗

今まで私は、もっぱら『魏志』倭人伝に記された三世紀ごろの倭人の文化について論じてきた。これが六世紀から七世紀はじめごろの状態を描いた『隋書』倭国伝になると、かなりの変化が生じてきている。結婚するとき、花嫁は火をまたいで夫の家に入るという北方のアルタイ系の習俗が記される一方、南方的な要素としては、鵜飼で魚をとる習俗、熱湯のなかから素手で小石をとり出させ、もしも手がただれれば曲、ただれなければ直とする盟神探湯《くがたち》の習俗が新たに記されている。これらのもののなかには、すでに三世紀の段階にも存在していたものもあったかも知れないが、やはりその後につけ加わったものもあったのではないかと思われる。

つまり、その中間の古墳時代においては、たんに政治的統合が進行していったばかりでなく、生活様式においても、朝鮮半島経由で北方的な要素も入ってくれば、また江南からの新しい習俗もつけ加わっていったことが考えられるのである。

（『日本の古代　第一巻　倭人の登場』中央公論社、一九八五年）

補論 生態学・歴史・社会組織――文化領域設定における

1 地域性プロジェクトの結果

まず日本に関して文化領域を区分する試みの持つ意義について一言しておこう。アフリカ原住民文化における文化領域設定で大きな功績のあるアメリカの人類学者ハースコヴィッツは、文化領域の設定が文化研究にとって有効な場合とそうでない場合があることを指摘し、次のように論じた。たとえばアメリカ合衆国のような場合には、なるほど工業地帯と農村地帯との文化の相違はあるものの、圧倒的な文化的類似が両地域共通に存在しており、文化領域というオーダーの相違は認められなくなっている。ここでは、階級や職業集団別の文化の差のほうが重要なのである（Herskovits 1948 : 199）。

日本の場合もこのアメリカ合衆国の場合も大体同じではないか、という見方もあるかもしれない。なるほど、今日の状態については、ある程度、そのような傾向があるかもしれない。しかし、私はやはり日本の場合は、アメリカ合衆国の場合とは、重要な点で相違があると思う。

第一は、私がここで日本内部の文化領域の設定を言っているのは、テレビとか冷蔵庫のような現代的な文化要素にもとづく文化の地域的分類ではなく、伝統的な生活様式、たとえば年中行事・親族組織等々にもとづく分類を考えているのである。そして、このような伝統的な生活様式、つまり、民俗については、充分地域的な分類が可能だと考えられる。

第二は、アメリカ合衆国の場合、いわゆる文化領域を白人住民について設定したところで、それによって彼らの歴史や文化についての理解をどれだけ進めることができるか、おそらく大したことはないだろうと予想される。ところが、日本の場合、民俗について領域区分を設定することにより、日本の文化とその歴史について得られる新しい知見や、より深い理解は、アメリカ合衆国の場合と比較にならない重味をもっていると考えられる。

こうしたわけで、私は、日本については民俗にもとづく文化領域設定が充分意義のある試みだと考えている。

しかし、日本について、近代の民俗にもとづいて、文化領域の区画を設定することは、困難な作業である。必要な資料をあつめること自体がすでに大変な仕事である。そればかりでなく、理論的にいくつかの困難な、しかし興味深い問題もかかわっている。ここで、かつて行われた九学会連合における日本民族学会を代表しての長島信弘の報告（のちの英文報告書〈Nagashima and Tomoeda 1984〉の基礎となった）を手がかりにして、これらの理論的問題の一部について考えてみたい。

長島信弘は、かつて泉靖一の指導のもとに行われた日本社会の地域性調査の結果、二つの現象を指摘した。

一つは、「全項目に亘って点分布図を作製したところ、殆んどの項目の事象が全国に広く分布していて『在る』所と『無い』所の境界線をひくことが難しいこと」。

第二は、「理想型の設定についても、近接地域に相反する文化複合を示す標本が多くあり、代表的タイプを選出する根拠が薄弱であること」。

そして彼は、これらの現象から、次の仮説をひき出した。

「日本の村落社会における明治以後の文化の地域的差異は、特殊な項目を除けば、質的な違いではなく量的な違いではないか、いいかえれば、地域的差異の本質は異質的なものの対立ではなくて、同質的なものの程度の差ではないかということである。従って、自然環境の違いや種族的起源の相違に基いた文化領域という概念は日本内部の区分には妥当しないということにもなる。このことは、点分布図の重ね合わせからは地域区分が不可能に近いという事実に対応している。地域的差異は存在するとしても、それは境界によって表象されるものではなく、あいまいなひろがりをもつ特定地域をめぐる焦点概念であるといってもよい」（長島　一九六四、八九―九〇）

さらに長島は、同報告において、「今後の課題」として、「地域区分に基く文化複合の理想の設定とか、地方的差異の詳細な検討」が残っているが、「こうした研究を行った後に解決していかなければならない」問題の第一を、「こうした地域的差異の現象のみられる原因についての解明で、果して日本民族の起源論にどこまで貢献できるのか、日本文化史の全体の中にこうした地域差がどのように位置づけられるのかといった問題である」と論じた。

そして、第二として、「村落研究から日本文化全体の把握がどこまで可能でその限界はどこにあるのか……という大きな疑問」を挙げている（長島　一九六四　一〇三）。

この長島の批判的見解に対して、私はやはり日本における文化領域設定は可能であり、必要であると考えている。

日本民族起源論への貢献については、第一章、第二章ですでにふれた。ここでは、まず文化領域体系の規模について考えてみたい。

2　文化領域体系の規模

長島の「自然環境の違いや種族的起源の相違に基いた文化領域という概念は日本内部の区分には妥当しない」という主張の当否を検討するに当たり、まず必要なことは、文化領域体系の規模の評価である。つまり、従来世界の各地域について試みられた文化領域設定の試みを顧みるとき、まず気がつくのは、そのスケールにおいて、いくつかのレベルを区別できるし、またする必要があることとである。

その一つは、ウィッスラーがアメリカ大陸について（Wissler 1917）、ハースコヴィッツがアフリカについて（Herskovits 1924）、そしてベーコンがアジアについて試みたような（Bacon 1946）、一大陸の文化領域設定の試みである。ここには当然、著しく相違するいくつかの生態学的領域も含まれ、また、さまざまな語族の代表者も含まれている。

第二は、ガルヴァンが試みたブラジル内部の文化領域設定というようなレベルである（Galvão 1967 ; Weiss 1980 : 408に引く）。つまり一大陸というほど大きくはないが、それでもかなりの広さを持ち、さまざまな民族が含まれている広さの地域である。ブラジルは、南米の文化領域設定の試みでは、あるいは熱帯雨林領域とか、アマゾニアン領域として、単一の領域にされてしまうことがあった。ガルヴァンはこれに対して、ブラジルを一一の文化領域に細分した。

第三は、地域的にこれよりも狭く、生態学的にも極端に相違する領域を含まず、また住民も基本的には言語・文化において同一系統のものという地域を対象とするレベルである。スキンナーがニュージーランドにおける文化領域設定を試みたのはその好例である（Skinner 1921）。日本の文化領域設定の作業も、このレベルのものであって、おそらく長島の念頭にあった第一のレベルではないと考えるのが適当であろう。

もちろん、いま述べた三つのレベルの中間レベルも考えられる。たとえばリントンが試みたマダガスカルにおける文化領域設定の作業（Linton 1928）は基本的には三に属するものの、二にやや寄っていると言えるかもしれない。

3　自然と文化

次に、文化領域を設定する場合、どのような要因を指標として区画を行うか、という問題がある。この要因は文化諸領域の設定自体と、またつくり上げられた諸領域の解釈との二つに密接な関係がある。つまり文化領域設定に当たって、いかなる要因を重視するかについては、基本的には二つの考え方が見られる。

その一つは、伝統的に優勢な考え方で、自然環境ないし生態的要因を重視する考え方である。北アメリカにおいて、東部森林地帯とか、大平原というように、生態学的領域が、文化領域の基礎にあるという見方がある。日本に関して言えば、照葉樹林文化とかナラ林文化ないしブナ帯文化という考え方が、この部類に入る。

もう一つの考え方は、歴史を重要視する見方である。たとえば東アジアを中国、朝鮮、日本というように文化領域を分ける場合、それは自然環境によるというよりも、むしろ歴史的な与件によってつくり出されたグルーピングである。ウィッスラーが、文化領域の中心地を問題にし（Wissler 1917）、クローバーが文化領域内の文化のクライマックスを論じるのにおいても（Kroeber 1939）、文化領域を歴史の所産として、歴史的なものとして見ようとする立場が窺われる。また、文化領域の区画において、歴史的与件を示す指標として、従来好んで用いられて来たのは、言語の系統分類であった。

この二つの見方は、一方が他方を排除するものではなく、互いに補い合うものである。クローバーは、一九二三年に彼の『人類学』の初版を出版したとき、自然環境を重要視して、北アメリカに九つの文化領域を設定しただけであったが（Kroeber 1923 : 335-338）、一九三九年に『土着北アメリカの文化領域と自然領域』を公にしたときは、歴史的な要因を重視して数多くの文化領域を設定している（Kroeber 1939）。

このようなことは、生態学的要因によって、大区分けをし、さらに歴史的要因によって細かい区分を行うのが良いのではないかと示唆している。しかし、これは北アメリカのように高度な文明の中心の発達がなかった地域の場合である。これに反して、東アジアのように、高度な、かつ個性ある文明が併存していた地域では、おおざっぱに言って、次のような順序になろう。

一、まず主として歴史的要因によって、中国文化、日本文化、朝鮮文化といった大区画が設定される。

二、次にその内部に中区画が設定されるとき、そこには生態学的要因が働いている。中国で、華北、華中（揚子江流域）、華南というような中区分は常識的にしばしば用いられているが、これは基本的には生態学的領域を基礎にしている。また、日本において、東日本と西日本という中区画が認められるが、これは生態学的には西の照葉樹林帯と東の落葉広葉樹林帯（ナラ林帯ないしブナ林帯）に対応する。しかし、ここで注意すべきことは、東日本と西日本に分かれて特徴的に見られる要素が必ずしも自然環境に規定されたものとは限らず、また東日本と西日本の境界は、とりあげる要素によってかなりズレがあり、しかも、その多くは、照葉樹林帯と落葉広葉樹林帯の境界とは一致しないのである。これは、この中区画も、たとえ生態学的要因が基礎にあっても、個々の要因の分布は、歴史的要因によるところが大きいことを語っている。

三、その下のレベルの小区画は、主として歴史的要因によるものであろう。自然環境という要因は、もはや大きな生態学的領域の相違というよりもむしろ、河川、山脈などによる交通の便不便というようなものである。

これは、今までの世界各地における文化領域の設定を顧みての私のおおまかな見通しである（『東と西　海と山』第五章東アジアの文化領域における諸事例を参照されたい）。日本について、このような問題をもう少し詳しく、かつ具体的に検討してみる必要がある。

4　社会組織・方言・民家――区画の異同

ここではこのような検討の一つの試みとして、地域性プロジェクト（以下地域性と略す）の結果として長島が図示した、(1)〈東日本〉対〈西日本〉の区分三型、(2)〈中央日本＋東北裏日本〉対〈西日本＋東南日本〉型、(3)〈表日本〉対〈裏日本〉型の三つの地域区分図（長島　一九六四）を、民家形式を指標にした地域区分および方言区画と比較してみることにしたい。つまり、生態学的要因によって影響されるところが比較的大きいと思われる民家形式と、歴史的要因によるところが比較的大きいと考えられる方言区画を、その双方の要因にある程度条件づけられていると推測される社会組織の区画と比較してみるのである。言うまでもなく、民家形式区画も、方言区画も、それぞれ何人かの学者が試みており、かなりの相違を示している。そしてどれも専門的な然るべき論拠があっての上での区分の相違である。しかし、ここでは問題を解決することよりも、むしろ問題の所在を明らかにするのが目的であるから、話を簡単にするために、方言、民家、それぞれ一人の学者の説を利用することにした。方言は、古典的な東条操の区分（東条　一九五四〈徳川　一九八一、一四二に引く〉）、民家は最近の杉本尚次の区分を採用したい（杉本　一九七七、一一二）。ただ、ここでまず触れておかねばならないことは、東条の区分（図40）は、全国を、東日本、西日本、九州の三大領域に分け、それをさらに計一五の小地域に分けているのに対し、杉本の民家区画（『東と西　海と山』二一ページ図2）では、全国を一五の大地域に分け、それをさらに多くの小地域に分けているのであって、いわば、杉本の大地域は東条の小地域に対応する大きさのものであり、杉本の分類では、東条の大地域に対応するような大区画は試みられていないのである。このことは以下の議論において心に留めておく必要がある。また、長島の三つの地域区分図が、それぞれの異なった特徴を指標としていることも指摘しておく必要がある。

IA　〈東日本〉対〈西日本〉型

長島の図（『東と西　海と山』二二ページ図4）によれば、東日本は神奈川、山梨、長野、富山の西境を連ねた線の東、それに福井県を加えたものであり、西日本は兵庫、大阪の東境と和歌山の中部を走る線から西である。東日本と西日本の中間に、どちらにも入らない地帯が本州を横断している。これにそのまま対応する領域区分は、東条にも杉本にも見られない。東条の方言区画では、なるほど東日本と西日本の区画はあるものの、九州が第三の大地域として立てられているところがまず相違する。また、東日本と西日本の間の中間地域に当たるものもない。また東日本の西境にしても、東条の場合、長島のそれよりも日本海側では東に寄り、太平洋側では西に寄っている点が相違する。また小地域の区画線を考慮に入れても、方言の上では、地域性の東日本の西境に当たる区画線を辿って本州を横断することはできない。また長島における西日本の東境に当たる境界線を、方言区画の上で認めることはできない。このように東条の方言区画においても、東日本と西日本の区分はあるものの、その境界は地域性で提出されたものとは著しく相違している。

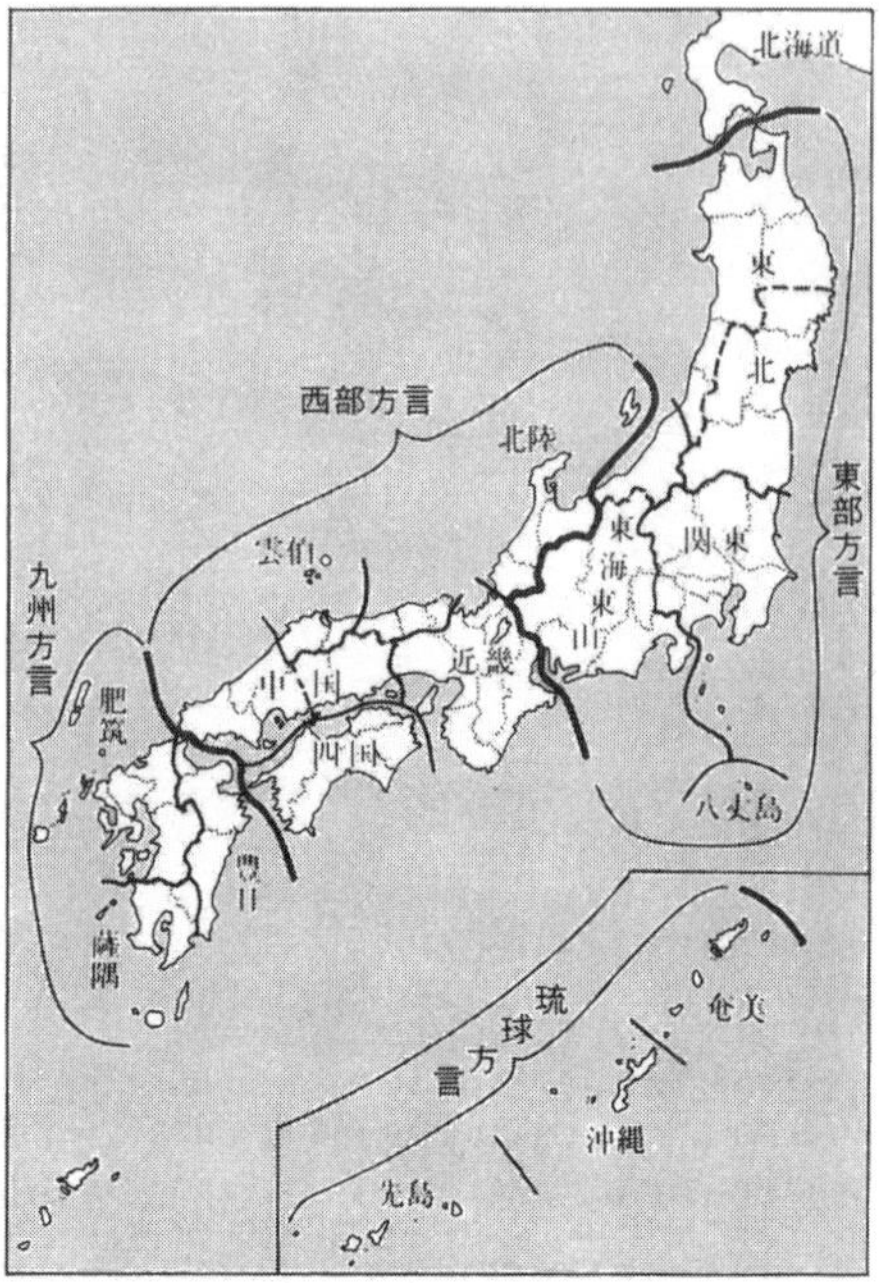

図40　東条操の方言区画（徳川〈1981〉による）

　次に民家区画と比べてみよう。さきに述べたように、杉本は〈東日本〉対〈西日本〉というような大区画は設定していない。ただ、地域性の東日本の西境は、太平洋側から中部内陸地帯にかけては、ほぼ、彼の地域7の東から北にかけて、地域6、5との境界をつらねた線と対応している。ただ日本海側に関しては、地域4は能登を除くとほぼ長島の東日本に入り、民家でも、石川県は地域4のうちの小地域6として設定されてはいるが、4a、4cとの基本的相違はない。そして、長島の西日本の東境の線については、杉本の民家区画では、これに相当するものは、見られない。

　以上をまとめてみると、地域性における東日本と西日本の区画にそのまま対応するものは方言、民家のどちらにも見られない。ただ長島の東日本の西境にある程度近い区画線は、民家の場合に見られる。

　ここで、東条の方言区画と杉本の民家区画とを比較してみよう。これは東条の東日本と西日本という区画に関しては、かなりよく合っている。つまりこの大境界は、杉本の第3地区に第4地区の境、第5地区と第4地区、第7地区と第8地区の間の境界線をつらねたものにほぼ相当しているのである。

ⅠB 〈東日本＋西北日本〉対〈西南日本〉型

長島の図によれば、静岡と愛知、長野と岐阜の県境を走る境界は、さらに富山・石川の南境を西に走って日本海に入る。この線の東が東日本で、それに鳥取・島根・山口の三県という山陰ないし西北日本がこれに加わる。これに対応するような区画は、東条の方言区画にも、杉本の民家区画にもない。東日本の区画に関しては、東条・杉本における富山・石川両県の南境を連ねた線が、この長島の区画の一部に重なり、また西北日本に関しては、東条の方言区画では出雲が小区域として設定され、杉本では10、11の両地域が山陰地方なので、これにある程度対応するくらいである。この場合、西北日本については、方言よりも民家の区画のほうが、地域性のそれにより近いことが目につく。

ⅠC 〈東北日本〉対〈西日本＋東南日本〉型

長島の図によれば、この境界は茨城・東京・山梨・静岡・岐阜・三重の北境を通り、滋賀・京都の境を北に向かって日本海に抜ける。

東条の方言区画でこれに対応する境界線はない。杉本の区画でも、これと正確に対応する境界線はない。ただ、2区と6区の境界、5区と7区の境界、4区と8・10・11区との境界をつなげた線は、どこをとっても地域性のそれとは同じではないが、ある程度同じような傾向を示している。

以上のように長島の〈東日本〉対〈西日本〉の三型は、東条の方言区画、杉本の民家区画に比較したところ、どれも一致するものは見られなかった。しかし、部分的に重なるとか、ある程度にしても線が平行して走るという点では、長島の区画は、東条の方言区画よりもむしろ杉本の民家区画に比較的近いということができるであろう。なお、方言区画の他の試みのうち、金田一春彦のものは、他の学者のものと大きく相違するので一応別とすれば、都竹通年男の区画、奥村三雄の区画に関しても、東条の区画について述べたところと、あまり大きな相違はない。

Ⅱ 〈中央日本＋東北裏日本〉対〈西日本＋東南日本〉型

長島の図示したところ（『東と西　海と山』五四ページ図18）によれば、青森・秋田、東京、神奈川の諸県それに新潟、長野、愛知の東境から京都・奈良の西境と和歌山の中央を通る線を西境とした地域、これが〈中央日本＋東北裏日本〉である。これに対して、〈西日本＋東南日本〉は、東北の境は宮城県と岩手・山形両県との境にあり、西では中央日本からさらに大阪と和歌山を除いたところに西境がある。

この区画と正確に対応するものは、東条の方言区画にも、杉本の民家区画にもない。ただ、東条の東日本のうち、〈青森＋出羽〉と他の東北諸地域を分つ線と、新潟県の南境を通って、関東地方の西境を南下する線は、地域性において〈中央日本＋東北裏日本〉と、東南日本とを分つ境界と、多少のズレはあっても、類似し、一部は重なっている。

杉本の民家区分において、東北地方の中央を南北に走っている境界線と、関東地方の西境を走る線をつなげると、ある程度まで、東南日本と〈中央日本＋東北裏日本〉とを分つ境界に近いが、かなりの相違もある。そして中央日本の西境についていては、対応すべきものは見出されない。

また、長島の区分においては東京・神奈川が中央日本に入り、山梨・静岡が東南日本に入るが、このような地域区分は、東条の方言区画にも、杉本の民家区画にも見られない。

まとめると、この型においても、東条の方言区画、杉本の民家区画との完全な一致はないものの、その東部における境界線に関しては、東条、杉本はともにある程度類似の線にあるが、西の境界は、別に対応するものがない。

Ⅲ　〈表日本〉対〈裏日本〉型

長島の図（『東と西　海と山』四七ページ図12）によれば、裏日本の南境は、青森・岩手境から秋田・山形の東、新潟、富山・石川の南、福井の東南を走り、さらに大阪、兵庫、山陰諸県と広島・山口、それに大分・福岡・佐賀・熊本の北九州諸県が裏日本に含まれる。表日本は東北では裏日本と背を接し、群馬・長野境を下って、山梨・静岡・愛知の北境を限りとしている。その西では和歌山西部、香川を除いた四国、裏日本に入らない九州諸県（ただし長崎県と西九州諸島を除く）が入る。中部地方以西は、これは同時に表日本西南型であるが、関東地方では、表日本西南型の北境は、福島・茨城県境から、茨城・栃木境、群馬・埼玉境をつないだ線である。

東条の方言区画においても、中部地方を含めてそれから東については、表日本と裏日本の境界は、細分類の線としてはほぼ同様に走っている。ただ、西日本に関しては、近畿地方では対応する境界はないが、四国地方と中国地方の間に細分類の線が走っている点は、対応現象と言えよう。

杉本の民家区画では、表日本対裏日本の区画は全般的にみられる。ただ、裏日本に関して長島のものとことに相違する点は、近畿地方であって、滋賀、奈良、大阪を含める領域を裏日本とする区画は認められない。また中国地方に関しても、裏日本の南限は、杉本のものは長島のものと大きく相違している。他方、九州に関しては、長島の裏日本諸県はほぼ杉本の第12区に相当する。

表日本については、東北・関東地方は、青森を除きかなり合っている。しかし中部から中国地方に関しては大きくずれ、九州に至って、杉本の14区が、ほぼ長島の九州における表日本西南型に当たっている。

以上検討して来たことは、次のように要約できよう。

一、社会組織にもとづいた地域区分は、方言にもとづく区分、民家にもとづく区分のいずれとも一致しない。

二、しかし、一般的に言って、方言区画と民家区画は、かなり一致する部分があり、社会組織の区分から、やや外れている。社会組織の区分は、概して方言区分よりも民家区分にやや近い。

三、東日本と西日本という二大区分自体は、ある程度共通して存在している。しかし、その境界は三者ともに一致しない。

四、日本海側と太平洋側という区分も、ある程度認められるが、三者それぞれの境界線は、東日本ではかなり一致する傾向を見せるのに反し、近畿以西では、合わなくなる。

五、このように、全体としては長島、東条、杉本の地域区分の線は重なっていない。しかし。局地的には、複数の試みの線が重なっているところが見出される。その一つは、富山・岐阜県境を東から西にさらに石川・岐阜県境につらなる線である（長島IC・Ⅲ、東条、杉本）。これは岐阜・滋賀県境を南下し、岐阜・愛知県境に延びている（東条、杉本）。また関東地方の西端、中部地方との南の境界線（長島Ⅱ、東条、杉本）もある。また〈本州＋四国〉から九州を区分する境界線（東条、杉本）もそうである。

以上の諸点のうち、四は、恐らく近畿地方における文化史や住民の移動史が、他の地方と比べても一層複雑だったことを物語るものであろう。また五は、日本において文化領域を設定するに当たって、重要な手がかりを提供するものであろう。また、この五の場合においても、二において指摘したように、方言区画と民家区画の二つが一致する傾向が見られ、社会組織はこれらからやや離れている感を与えるのである。

5　北アメリカについてのドライヴァーの試み

このいわゆる地域性プロジェクトは、その調査項目においては社会組織に関するものが多く、かつ整理され、分布図の形で発表された項目もほとんどそうである。つまり、長島の議論は、このような社会組織に関する項目にもとづいてであって、民族学における文化領域設定において伝統的に重視されてきた物質文化の諸項目を土台としたものではなかったのである。

ところで、社会組織に関する項目に主としてもとづいて、一定地域の文化を分類することが、文化領域設定の方法としてどこまで有効であるか、という問題を考えるのに、適当な参考論文がある。それはドライヴァー、ケニー、ハドスン、エングルの四名共著の「北アメリカ諸民族単位の統計的分類」

という論文で、一九七二年に発表されている（Driver, Kenny, Hudson, Engle 1972）。これはG・P・マードックが世界の八六二民族を一定の文化・社会の項目についてコード化し表としてまとめた『民族誌表録《アトラス》』（Murdock 1967）所収の北アメリカの関係資料を統計的に処理し、いかなる民族分類ができるか試みたものである。マードックのこの本は、項目としてはやはり社会組織関係のものが多い。だから、一方は日本というかなり等質的な比較的小さい地域を、他方は北米大陸という広大で、生態学的にも民族系統の上でも多様性に富んだ地域を対象としてはいるものの、類似した性質の項目選定を行っている点で共通しているから参考になるのである。

ところで、このドライヴァー等の一九七二年論文は、ドライヴァーの予想に反して満足のいく成果を収めることはできなかった。つまり、納得できる分類になっていないし、従来の文化領域区分とはかなり相違し、かつどこにも入らない外れ者singlingの文化が沢山出てしまったのである。

翌一九七三年、ドライヴァーは、コッフィンの協力を得て、かつてドライヴァーとマッセイが北アメリカ・インディアンの比較研究を行ったときの資料（Driver and Massey 1957）をもとにして、統計処理による分類を試みた（Driver and Coffin 1973）。このドライヴァーとマッセイの研究では、項目の四分の三は物質文化や技術であり、四分の一が社会組織やその他の非物質的項目であった。その結果は、このドライヴァー＝マッセイ標本による分類のほうが、マードック標本によるよりも従来の文化領域の分類とよく合っていたのである。

「これは驚くにあたらない。と言うのは、初期の文化領域分類家たちは大部分、博物館員であり、十九世紀あるいはそれ以前の時代のレベルでは、いわゆる物質文化のほうが、非物質文化よりも、大部分の実地調査において報告がよく行われていたからだ。また物質文化は非物質文化よりも伝播しやすく、大部分の実地調査において報告がよく行われていたからだ。また物質文化は非物質文化よりも伝播しやすく、地理的環境によってより密接に規定されている。だから、ドライヴァー＝マッセイ標本のほうが、マードック標本よりもより強力に地理的要因や歴史的要因を反映しているのだ……。」

ドライヴァーらの北米についてのこの言葉は、マードック標本を地域性プロジェクト標本に、従来の文化領域設定を杉本の試みた民家区画に、読みかえれば、ほぼ、日本にも当てはまると見てよかろう。

6　再び生態学と歴史

このように見てくると、日本における文化領域設定に当たっても、文化要素の種類によって、自然条件の影響を受け易いものと、生態学的条件の変化に対して抵抗力をもつものとがあることが、あらためて痛感される。しかし、いまドライヴァーらの研究でみたような、社会組織対物質文化という、極めておおざっぱな分類の域をこえて、よりキメの細かい検討になると、残念ながら世界的にみても、この問題については今まであまり組織的な研究は行われていない。一九七八年にウェスターマイヤーが東南アジアについてこの問題を論じ、たとえば農耕技術は生態学要因の影響を受け易く、それを媒介として政治的統合も間接的に自然環境の影響を受けるが、親族組織たとえば父系とか双系といった出自などは自然環境の影響をあまり受けないと述べている（Westermeyer 1978）。これが果してどこまで一般化できるかは、東南アジアについての追試や、他地域との比較が必要であるが、いずれにしても重要な問題である。

　しかも、生態学的に敏感な要素についても事態は決して単純ではない。そこには、やはり歴史的要因がからんでいる。つまり、分布の上におけるA、B二つの要素の相関関係を考える上において、歴史的な要因、ことに変化のズレを考慮に入れる必要がある。たとえば、東日本の米作地帯でも、近年まで炉に鍋を吊して煮炊きするところが多かったが、これは煮炊きの仕方は米食以前の古い形が残ったが、生業はそれ以前に変化してしまった結果と思われる。高取正男は次のように論じている。

「主として東北から北陸にかけては大正ごろまで炉での煮炊きが中心で、この地域では炉に自在鈎が掛けられ、それに吊すために弦のついた鍋や鉄瓶が用いられた。これに対して西日本では早くから炊事にカマドを使い、弦のついた鍋の代りに釜が使われ、炉には鉄輪の用いられる例が多い。……むしろこれは東日本と西日本とが自然の条件その他によって、もともと食糧構造が違っていたことの名残りとされている。米は古くは蒸して食べたが、弦のついた鍋を自在鈎に吊したのでは粥や炊干しはできても、甑をのせて蒸すことはできない。また蒸して食べた穀類には米のほかに粟や稗があったが、これと反対に麦や大豆、小豆、芋などの畑作物は煮なければ食べられない。とすると、自在鈎地帯とよぶべき地域は気候や地勢の関係でもとは水田が少なく、米を食べるにも粢《しとぎ》や団子にしたり他の穀物と混炊し、もともと米食に多く依存しなかったとみられる。東北地方にもひろびろとした水田が拓け、ここが穀倉地帯として現われたのは近世中期であった。」（高取　一九八三、二四一―二四二）

日本のように、歴史資料や研究の利用の可能性が大きいところでは、高取の示したような、歴史的知識を分布の解釈に大幅に活用していくことが必要でもあり、また望ましくもある。

　最後に、米山俊直が提唱した《小盆地宇宙》論について一言しておこう。米山は、長島らによる日本文化地域性についての英文報告書の書評において、彼は地域性プロジェクトとその成果について好意的な紹介を行った（米山　一九八四）。それについては私が反駁すべき点は別にない。ただ米山がそこで論じた《小盆地宇宙》論は（詳細は米山　一九八九参照）、日本の文化領域論にとっても無視できない問題を含んでいる。つまり日本には、奈良、亀岡、篠山、綾部、福地山などの小盆地が、それぞれ、それを中心とした一つの宇宙をつくっている。盆地底部とその周囲の丘陵山岳部を含んだ空間において、言語、物質文化、経済、習俗、祭儀などが、ほぼ完結した小宇宙をつくっているというのである。たしかに、米山説は、我々が経験的、常識的に知っている現象の多くを説明でき、これはたいへん面白い視角である。ただ、この仮説を検証するには、この英文報告書Regional Differencesは適していない。たとえば、第5章のMap 1—Map 12における、分布図上の点の濃淡を通観しても、盆地が単位となっているような、あるいは一つの盆地を中心としているような分布状態の例は、私には一つも認められない。おそらく、その理由は、地域性調査プロジェクトにおける項目の選定がかかわっているのであろう。たとえば、イットーとかマキのような同族を表わす用語は、日本のなかで広い地域に分布していて、個々の盆地の重要性を浮き彫りにするには適していないのである。それでは、どのような項目を指標として選んだ場合に、盆地の重要性が出てくるのかが興味深い問題である。私は、この問題にここで立ち入る用意も余裕もないが、どのような項目が指標として適しているかという問題は、また盆地がいかなる意味において日本文化の理解に重要なのか、という問題にもつらなることを指摘しておきたい。

結論

以上私は、かつて泉靖一を中心として行われた《日本文化の地域性》プロジェクトの成果を手がかりとして、日本において文化領域を設定するに当たって考慮すべき、いくつかの問題点を検討してきた。その結果は次のようにまとめることができよう。

一、日本における文化領域は、生態学的にも文化的にも比較的等質性の高い地域内における、いわばミクロな諸領域の設定である。したがって、アメリカやアフリカのような一大陸を対象としたマクロな文化領域設定とは、かなり事情が異なっている。

二、文化領域設定のための指標の選定においては、自然環境の影響をうけ易く、また伝播し易い、物質文化の諸要素、たとえば民家形式などが適当である。これに反して、地域性プロジェクトで主に使用された社会組織に関する諸項目は、もちろん参考にはなるが、それだけで文化領域を設定するのは困難である。物質文化の諸要素を指標として文化領域を設定する際の補助的な資料として位置づけるのが適当である。

三、このことから次の二点が生じてくる。

a　日本における物質文化諸要素の分布について、一層の研究が必要である。民家以外にも、他の項目についての地域区別の試みが積み重ねられていくことが必要である。

b　しかし、以上のことは、社会組織の分布研究が無意味だとか、不必要だということを意味するものではない。文化領域設定にとって重要な参考資料である以外にも、文化のなかで社会組織が占める地位の考察への重要な手がかりである。さらに、なぜ或種の制度は〈東日本〉対〈西日本〉という分布状態を示すのに対し、他種の制度は〈太平洋側〉対〈日本海側〉という分布状態を示すのか、という点についての検討は、個々の制度なり慣行の他の制度や慣行に対する地位、あるいは文化全体のなかで占める地位を理解するための重要な鍵となりうるものである。また、小論では取り上げなかったが、言語、物質文化、社会組織以外の項目として、年中行事や俗信などの諸要素の分布の検討も、この種の問題の発展および、日本の文化領域設定の試みにとって重要な作業であろう。

（『東と西　海と山――日本の文化領域』小学館、一九九〇年）

日本のなかの異族

はじめに

古代日本における民族文化の形成を考える場合、いわゆる異族が重要な問題を提供している。北の蝦夷《えみし》、南の隼人《はやと》、そして中間の地域の土蜘蛛《つちぐも》と呼ばれる人たちがいた。『令集解《りょうのしゅうげ》』の賦役令辺遠国条に引く「古記」によれば、夷人《いじん》、雑類《ぞうるい》は、「隼人、毛人《えみし》、肥人《くまびと》、阿麻弥《あまみ》人」等の類であり、さらに「夷人、雑類は一か二か」の問題については、

「本一にして、末二なり。たとえば隼人、毛人の本土之を夷人と云ふ。此等華夏に雑居する之を雑類といふなり。一に云ふ、一種にして別なし」

と記している。つまり、本拠地で、固有の俗を存し、純然たる異族として認められているものが、夷人であるのに対し、和人間に雑居して、自然にその生活風俗に化するにいたったものが雑類である［喜田　一九四三、三三八］。

これら異族を日本民族文化形成における重要な構成要素として考える立場は、喜田貞吉《きたさだきち》［喜田　一九四三、一九七九］、西村真次［西村　一九二二、n.d.］、水野祐［水野　一九七〇、二八三—三二五］などの歴史家に認められるが、民族学者は一般にあまり積極的ではなかった。たとえば、民族学的立場から、日本民族文化形成論の体系をつくった岡正雄は、ほとんどこれら異族について論じていないのである［岡　一九七九］。これには、古典におけるこれら異族の文化内容の記述がきわめて貧弱なために、文化複合（岡の場合は《種族文化複合》）を手がかりに考察するという方法では、これら異族をうまく取り扱うことができないという事情もあった。

しかし、これは残念なことであった。中国文明の形成について、日本民族文化の形成についての岡の業績と比較できる試みを行ったヴォルフラム・エーバーハルトは、『古代中国辺境地方の文化と居住』［EBERHARD, 1942 a］において、中国辺境の諸異族についての資料を総括し、さらに漢族の伝承も含めて分析した結果を『古代中国における諸地方文化』［EBERHARD, 1942 b,c, 1968］としてまとめた。エーバーハルトの仮説にもいろいろ問題があることは、ここでは論じないが、いずれにしても岡の研究においては、いわば「諸地方文化」

に当たるものはあるが、「辺境地方の文化と居住」に相当するものは欠けていたのである。その結果は、エーバーハルトの場合、再構成した地方文化（文化複合）を、タイ文化とかヤオ文化というような民族名による命名をあえてすることができたのに対し、岡の《種族文化複合》は、《父権的・「ウジ」氏族的・支配者文化》とか《母系的・陸稲栽培―狩猟民文化》というように、担い手の種族名を特定できない《種族文化複合》にとどまったのであった。

もちろん、私は、これらの文化複合に研究も未熟なうちに民族名をつけるのをいたずらに良しとするものではない。岡の態度は、一面においては賞賛すべき学問的慎重性はあるが、他方においては、その種族文化複合の担い手に具体性が欠けているうらみがあるのも事実である。もしも隼人などの異族をもっと考慮に入れたならば、彼の想定した種族文化複合のあるものは、多少異なった規定も可能だったかも知れず、また岡が列挙した以外の種族文化複合の存在も明らかにできたかも知れないのである。

ここで本論に入るまえに、異族とは何か、という問題について簡単に述べておきたい。

異族とは何か、またいかなる集団を異族として認めるかは、かなり相対的な問題である。つまり、異族の定義は、民族の定義の一つの特殊な用法といえるが、多くの学者が論じているのと同様、私もまた民族の基準には、客観的な基準と、主観的な基準の双方があると考える。異族の場合もそうである。

つまり、第一の、客観的な基準によれば、民族とは、同じ生活様式の伝統を共通にもつ集団ということである。異族の場合についていえば、中央の大和人とは異なった生活様式の伝統をもつ集団である。ただ、ここで、異質な生活様式といっても、どの程度違えば異質といえるのか、また、どのような文化要素の有無が、同質と異質の区別をする上で、とりわけ重要視されているのか、というような点においては、この一見客観的な基準も、決して主観から自由でないのである。

民族の第二の基準、つまり主観的基準とは、《我われ何々人》という我われ意識である。我われ日本人という意識が、日本民族という集団の範囲を決定するのに当たって重要であるのと同様に、古代の大和人も、我われとは違う隼人であるとか、我われとは違う蝦夷という主観的な分類をもっていた。もちろん、逆に、我われは大和人とは違って蝦夷である、あるいは隼人である、という意識もあったに相違ない。しかし、このような我われ意識は、時代によって変化するし、ことに政治的な状況によっても相違してくるものである。つまり、畿内を中心とした政治的統合のなかに、どこまで組み込まれているか、という点が、我われ意識の形成に大きなかかわりをもっていたと思われる。

したがって、中央の人たちにとって異族として強く意識されるのは、たんに文化的伝統が違う人びとということばかりでなく、蝦夷とか、あるいは隼人のように比較的後まで、つまり奈良時代に入るまで、大和の勢力に対して反抗したり、同化しないでいた人たちである。

それと関連して、ふつう異族のなかには含められていないが、後述のように平安時代においても、一種独特の人たちと、中央の人たちが見なしていた集団があった。飛驒《ひだ》人や伊勢《いせ》人がそれである［喜田　一九七九］。

しかし、これらの人たちは、平安時代当時には、もう完全に中央の政治的統制のなかに組み込まれていた。したがって、中央の人たちは、これらの人たちに多少の異質感をもっていても、異族というほど強烈な意識はなかったに相違ない。また文化的にも、畿内の住民との間には、相違はあっても、また同時に共通性も大きかったのであろう。

後世まで、生活様式においてかなり独自のものをもっていた吉野の国栖《くず》（国樔、国巣）は、国栖という集団の名称も与えられているが、政治的にはあまりに弱小であって、大嘗祭《だいじょうさい》の儀礼に舞をまう、という程度の役割しか演じなくなっている。したがって、かつては異族として強く意識されていた時代があったと思われるが、奈良時代には、蝦夷や隼人に肩を並べるほど異族としてはもう強く意識されなくなってしまっていた。

ここでつけ加えておきたいことは、各々の異族の名称の語源、それぞれが指している対象の範囲、また誰がつまりどの集団が主体となって、どの時代につけた名称なのか、という点については、まだ不明の点が多いことである。我われは、結果として記録にたまたま残っている名称を知っているにすぎないのである。

一　蝦夷

東北の異族は蝦夷だった。『日本書紀』景行《けいこう》紀二七年二月壬子《みずのえねのひ》（一二日）の条に、東国から帰った武内宿禰《たけしうちのすくね》の奏上した言葉として

「東《あづま》の夷《ひな》の中に、日高見国《ひたかみのくに》有り。其の国の人、男女並びに椎結《かみをわ》け身《み》を文《もどろ》けて、為人《ひととなり》勇み悍《こわ》し。是を総べて蝦夷と曰《い》ふ。亦《また》土地《くに》沃壌《こ》えて曠《ひろ》し。撃ちて取りつべし」

が載っている。この文章によれば、蝦夷は東夷のなかの一部であって、東夷には蝦夷以外の集団も含まれていたことになる。それ以外の集団とはどんなものか、そしてそのなかには、「関東地方の諸豪族も含めて」いるのか［坂本ほか　一九六七、二九七―二九八］、否かは明らかでないが、『日本書紀』編纂当時の記録に、はっきりと、かつ詳しく出ているのは蝦夷である。

蝦夷が、形質においても、言語においても、また文化においても、中央の住民とは異なっていたことについては、いろいろ資料がある。たとえば、『日本書紀』斉明《さいめい》紀五年（六五九）

七月の条に、坂合部連石布《さかいべのむらじいわしき》、津守連吉祥《つもりのむらじきさ》を遣《つかわ》して唐に使《つかい》させたが、そのとき道奥の蝦夷男女二人を連れて行って、唐の天子に見せたことを記し、『伊吉連博徳書《いきのむらじはかとこがふみ》』を引いているが、そこには唐の天子と使者との問答が記されている。そこで、蝦夷には「類三種有り。遠き者をば都加留《つかる》と名け、次の者をば麁《あら》蝦夷と名け、近き者をば熟《にき》蝦夷と名く。今此（連れて行ったのは）熟蝦夷なり。歳毎に、本国の朝《みかど》に入《まい》り貢る」。「（五穀）無し。肉を食《くら》ひて存活《わたら》ふ」。「（屋舎）無し。深山の中にして、樹の本に止住《す》む」。そして唐の天子は「朕、蝦夷の身面《むくろかほ》の異《け》なるを見て、極理《きわま》りて喜び怪む」と大満悦であった。

そして『新唐書《とうじょ》』日本伝によれば、天智《てんじ》が即位して翌年、日本の使者が蝦夷を伴って唐に入朝したことを記している。蝦夷の使者の鬚《ひげ》は長さ四尺もあった。箭《や》を首にはさみ、人をしてその上に瓠《ひさご》を戴かせ、数十歩離れて立って、瓠を射させたが、すべて命中したことが出ている。

このような記事には、誇張や誤解も含まれているであろうが、三世紀の倭人について『魏志』倭人伝が貴重な同時代資料であると同じような意味において貴重である。

いずれにしても、これらや、その他の記録に残った資料からみて、いろいろ問題はあるが、蝦夷は言語においても、身体形質においても、また文化においても、何らかの形においておそらく近代のアイヌと連なるものであったと思われる［浅井・山口　一九七九、埴原・大林　一九八六、大林　一九七九a、菊地　一九八八］。たとえば、言語に関しては、近代アイヌ語で説明のうまくつく地名、たとえば川を表す「ナイ」や「ペッ」が語尾につく地名は、東北地方の北部に密集して分布しており、それが奈良時代における蝦夷の勢力範囲にほぼ重なっていることなども、蝦夷の言語が、アイヌ語の先祖あるいはそれに近い地位にある言語であったことを考えさせるのである［山田　一九七四］。

古代蝦夷の言語の系統を明らかにするもう一つの手がかりとなりうるのは記録に残っている古代蝦夷の人名である。これについては本格的な研究は乏しいが、浅井亨によれば、アイヌ語で説明できるものと、説明のつかぬものとの双方がある。しかし、アイヌ語で説明できそうなエミシらしい人名が六国史《りっこくし》にかなりあることは重要であって、浅井は「こうしてみると『エミシ語はアイヌ語に近かった』という初めの仮説をありえないこととして棄却する根拠はえられなかったことになる」［浅井　一九七九、一三四―一三五］と論じている。

ただ蝦夷の身体形質に関しては、埴原和郎《はにはらかずろう》は、日本人成立というドラマの一幕としてとらえるべきだと論じている。「アイヌも和人も縄文人を基盤として生じた集団で、おそらく弥生時代以降中世にいたる約一〇〇〇年間に、徐々に分離してきたと考えられる」。古代の都びとの目に蝦夷が〝異人種〟と映った「当時は、アイヌと和人（とくに東北地方の集団）とが分離する過渡期であって、両者の差は現代のようにはっきり

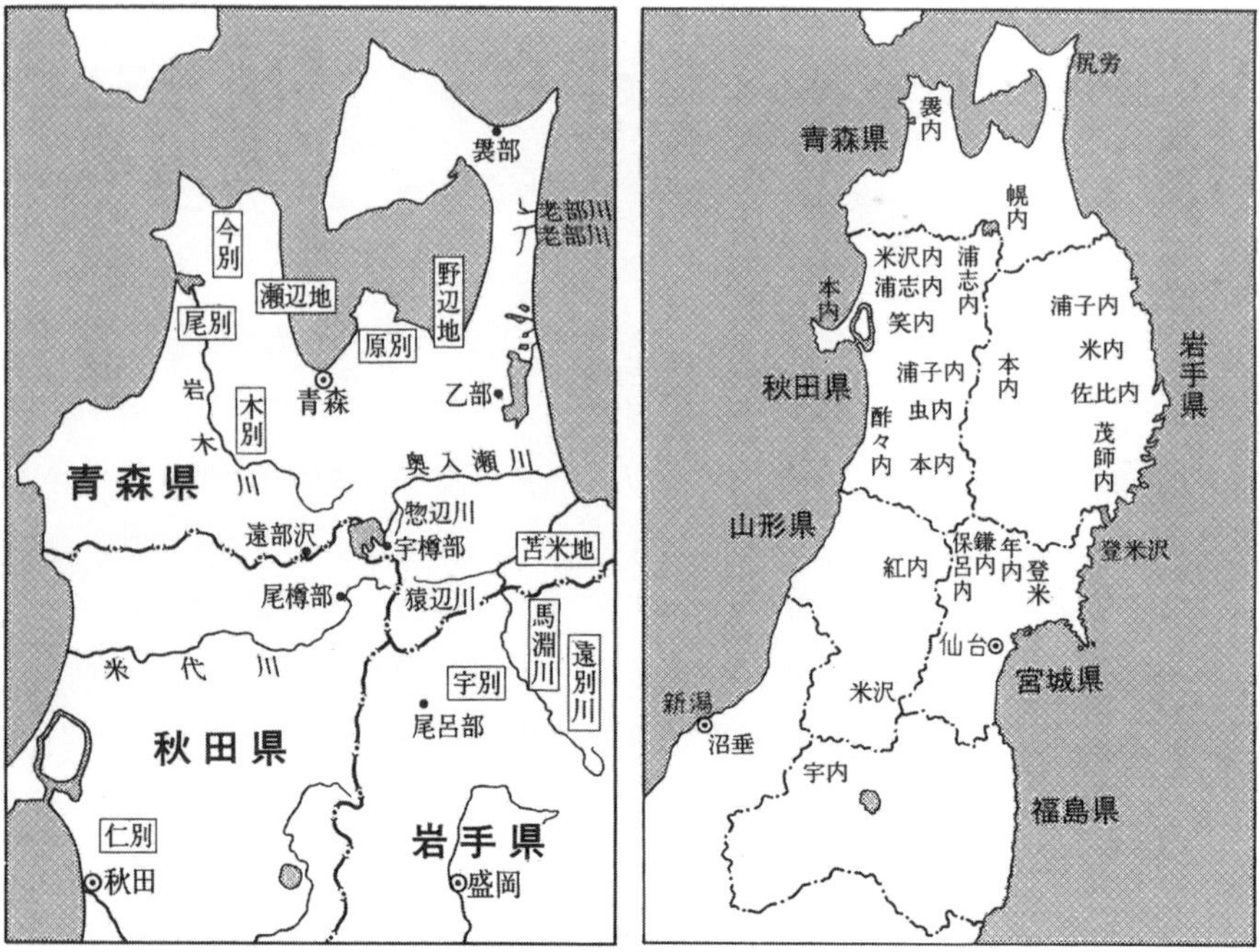

図1　アイヌ語の川を表す語に由来する地名　左：「ペッ」、右：「ナイ」［山田、1974による］

したものではなかった。したがって、蝦夷といわれた東北の集団がアイヌであったか、和人であったかという問題は、もともと成立しえないと考えられる」［埴原・大林　一九八六、二〇六―二〇七］。

たしかに問題は単純でない。しかし、この埴原説においても、古代蝦夷が身体形質において後世のアイヌと関連していることは、認められているのである。

文献記録に残った古代蝦夷の文化は、衣食住、弓矢、祈誓などにおいて北アジア諸族のものと類似し、また祈誓を除くと、近世アイヌのものともかなり類似していた。つまり具体的にいうと、鳥皮衣、皮革製の衣服、食料としての動物の血や肉、夏と冬とは別居住、短弓、毒矢などは、北アジア諸族にも、近世アイヌにも対応するものがあった。

古代の蝦夷にあって近世アイヌにはない特徴としては、祈誓があるが、そのほか、古代の蝦夷、ことに八世紀、九世紀の蝦夷における騎馬の俗がある。どちらも、他の民族の例からみて、階層分化した社会の存在を示す指標といってよい。この段階においては、まさに騎馬にもとづく戦力のために、蝦夷は中央政府に対して頑強な抵抗を行うことが可能であった。ところが、南北朝時代の『諏訪大明神絵詞』になると、蝦夷（もうエミシではなくエゾと呼ばれる）は馬に乗らないことが特記されていて、この騎馬の俗の欠如は近世アイヌにつづいている［大林　一九七九a］。

つまり蝦夷の歴史のある時期において騎馬がなくなり、祈誓がなくなっていった。これは、東北地方が和人世界のなかに統合され、また蝦夷社会が崩壊変容していく過程を象徴しているのである。

このように崩壊するまえの蝦夷社会は、中央政府に頑強に抵抗できるだけの組織をもっていた。これは、まさにその民族間関係において発達したものと考えることができよう。つまり、一つは後で述べるように、日本海の彼方の靺鞨《まっかつ》、渤海《ぼっかい》との関係であり、もう一つは日本の中央政府との関係である。つまりモートン・フリードが論じているように、国家のような強力な政治権力が存在すると、その周りの未開民族が組織化されていく。つまり、周囲の諸民族が、何らかの組織をもっていないと、国家の側でも取り扱い難いのである。彼はこれが《部族》tribe の起源であると考えた［FRIED, 1975 a, b］。この着想を受けて、私はかつてこう論じた。

「一方においては大和の側から蝦夷とか隼人にたいして、彼らを取り扱いやすいようにするためにいろいろ手を打つことによって、そうした辺境が組織化されていく。それと同時に、辺境民自身がそういう大和に対抗しなければいけないということで、みずから組織化していくという、両方の面があったと思います」［井上・大林・谷川　一九八四、一一一―一一二］。

このように社会は組織化していったが、それを支える生業の基盤は、それに見合うほど強固なものではなく、かなり脆弱なものであった。ここにも蝦夷の抵抗力の限界の一つがあった。つまり、蝦夷の生業に関しては、部分的には古くから農耕が行われていたが、採集狩猟活動への依存度も高かった。新野直吉は、空間的にところどころ農耕が行われている状態に注目して、これを《斑状文化》という適切な用語で表現した［新野　一九七四、六―七］。そして農耕は行われていたが、古代蝦夷の文化体系の基礎にあったのは、採集狩猟漁撈活動であった。したがって、彼らの神界においても山の神や海の神が重要な地位を占めていた。蝦夷の指導者綾糟《あやかす》が三輪山に向って誓い（「敏達《びたつ》紀」一〇年閏二月）、齶田《あぎた》の蝦夷恩荷《おが》が齶田浦の神に誓ったこと（「斉明紀」四年四月）も、これを示唆している。『日本書紀』斉明紀五年三月甲午《きのえうまのひ》（一七日）に、「甘檮丘《うまかしのおか》の東の川上《かわら》に、須弥山《すみのやま》を造りて、陸奥と越との蝦夷に饗《あへ》たまふ」と記されている。これは朝廷の側では、高級な普遍性をもった外来の宇宙論における世界の中心の山を提示することによって蝦夷を威圧せんとするのに対し、蝦夷の側では、彼らの固有の宇宙論において山が重要な地位を占めていただけに、これを受け入れやすかったのではないかと思われる［井上・大林・谷川　一九八四、一一五］。

そして『類聚三代格《るいじゅさんだいきゃく》』巻二所収の貞観《じょうがん》一八年（八七六）六月一六日格に引かれた貞観一四年（八七二）三月三〇日の解《げ》によると、平常でも夷俘《いふ》つまり服属した蝦夷を養うために狩猟を行っていたが、正月と五月という二回の季節には大規模の狩猟を許していたらしい。今日の太陽暦に直すと、正月は二月中旬から三月初旬に、五月は六月中旬から七月初旬に当たっていた。おそらく、この大狩猟の対象となる動物は鹿ではなかったかと思われる［埴原・大林　一九八六、二一六―二二二］。

蝦夷の文化は地域による相違があった。その一つは、さきに引いた『伊吉連博徳書』に出ている都加留、麁蝦夷、熟蝦夷という分類であって、これは和人ないし中央政府との交渉の多寡、地理的な遠近にもとづくものである。つまり、より多く和人文化の影響を受け、中央政府の統制の下に入っている熟蕃《じゅくばん》（熟蝦夷）と、より少なく影響、統制を受けている生蕃（麁蝦夷）と、さらにそれよりも遠方にいて、和人との直接接触がさらに少ない都加留という三分法である。

これと並んで重要なのは、奥羽山脈の東と西の文化的相違だったと考えられる。史書に陸奥側を蝦夷と書き、出羽側を蝦狄と書いて区別することが多い。中央人によるこの区別は、新野直吉が論じたように、

「やはりそれなりの文化の性質や生活様式のちがいがあったからであろう。なによりも出羽の方は、渡嶋の蝦夷といわれる北海道の住民や渤海方面からの渡来者と接する機会が、陸奥側よりも多かったと考えられる」［新野　一九七四、五七―五八］。

そして出羽の蝦夷は、このような外部との接触において、たんに受け身なのではなく、積極的な役割を果たしたと考えられる。つまり、新野直吉が論じているように、「斉明紀」に記されたように、阿倍比羅夫《あべのひらふ》は陸奥蝦夷を案内人として同行させ、粛慎人との交渉をしようとしたが、戦闘になってしまった。しかし、「このことから日本海岸北部の蝦夷たちは、北の玄関を擁しての対北方交易に当るという生活も持っていたことがわかるのである」。そして持統一〇年（六九六）三月には、越度嶋蝦夷《こしのわたりのしまのえみし》と粛慎人とが一緒に朝廷から衣服と鉄製武器を賜与されているし、養老四年（七二〇）には、渡嶋津軽津司ら六人が、靺鞨国に視察に行っているのである［新野　一九八四、三〇三］。

このように、日本海をさしはさんでの遠距離交易の仲介人としての蝦夷の活躍を認めると、そこには遠距離交易にもとづく豪族層の発生が想定される。

蝦夷社会における階層分化を促進させ、かつ中央政府に抵抗する重要な武力となった騎馬の俗も、馬自体とともに、本州を北進して蝦夷のところに入ったよりもむしろ、沿海州から日本海回りで入った可能性がある。新野は「東北に数は少ないとしても名馬がいたという謎」への絵解きとして、

「結論的に言うと、それは日本海の対岸沿海州などから、蒙古系の馬が渡米してくることが多かったからである。史籍には、渤海の使節などがしばしば出羽に漂着していることを伝えているのである。東北以北に『海の馬道』があった

ことは疑いがない」と主張している［新野　一九七四、一六〇］。傾聴すべき見解である。

沿海州とのかかわりで考慮すべきは、蝦夷の馬ばかりでない。農耕もそうである。従来の研究は、古代蝦夷の農耕を水稲耕作という視点からみてきた。新野の《斑状文化》の場合もそうである。もちろん、これも重要な視点である。しかし、それ以外に沿海州系の畑作、ことに雑穀栽培が行われていた可能性も考える必要があろう。

古代蝦夷の農耕は、近世アイヌの農耕と切り離すことのできない問題である。近世近代のアイヌのところでは、穀物盗み型の作物起源神話が広く伝えられていた。かつて私はこれを本土、ことに西日本の麦作起源伝説と比較したことがあるが［大林　一九七三］、あるいはアイヌの作物起源神話は沿海州回りで入ったものであったかも知れない。ただ、沿海州や中国東北地方における作物起源神話が知られていない現在、その点を明らかにすることはできない。

蝦夷についての民族学的研究の重要な欠陥は、現代の東北の民俗のなかで、何が蝦夷系の民俗か、という研究が何ら本格的に行われていないことである。つまり次に述べる隼人の場合に比べて、大きな研究の立ち後れがみられる［大林　一九七九a、四九］。

「これが蝦夷の民俗であるというのを、とりあえず東北地方の北部、つまりアイヌ系の地名の多いところの民俗をくわしく分析するなかからみつけ出す仕事を、フォークロアをやる人に、ぜひやってほしいと思いますね」［井上・大林・谷川　一九八四、二二］。

私のこの希望はいまだかなえられないでいる。

蝦夷の節の最後にもう一つつけ加えておきたい。これはまだまったく想像の段階にある着想であるが、一九世紀のシベリアにおいて、しばしばユダヤ人が土着の住民とロシア人との間の仲介者の役割を果たしていたように（たとえば［JOEST, 1887］）、水稲耕作民の和人と狩猟民的な蝦夷との間を、渡来人が仲介するようなことはなかったか、陸奥から金を献上した百済王敬福などの渡来人は、そのような役割を果たさなかったか、という可能性である［井上・大林・谷川　一九八四、二五］。私はこのモデルは、充分考慮に値するものと思っている。

二　隼人

九州南部に蟠踞《ばんきょ》した隼人は、一九二〇年代、つまり鳥居龍蔵［鳥居　一九二五］や西村真次［西村　一九二二、n.d.］の時代から、インドネシア系であるという解釈が広く行われてきた。つまり、隼人の文化に関しては、文献にかなり多くの記録があり、物質文化や神話について、ある程度の資料がある。たとえば『延喜式《えんぎしき》』巻二八（隼人司）には、隼人の武器のことも記されているが、鳥居はインドネシア諸族では、武器としては弓矢よりもむしろ槍のほうがふつうであって、一方の手に楯、他方の手に投げ槍をとって戦う形式が多いことから、『延喜式』に隼人が楯槍をとると記してあるのは、彼らが《馬来種族》つまりインドネシア系であることを示していると解釈した［鳥居　一九二五、六八七］。そして八幡一郎は、隼人の楯の頭に馬髪を編みつけ、赤白の土墨をもって鉤《かぎ》形を描いたという『延喜式』の記事を、フィリピンで楯に、人の頭髪や獣毛をつけ、かつ赤白黒などで彩文する習俗と比較した［八幡　一九四三、二二五―二二九］。そして一九六三年から始まった第一四次平城宮調査のとき、その一隅の井戸から隼人楯の実物が出土して、赤と白で大きな鉤状の文様がついているのが確認されたのであった［金関・大林　一九七五、三〇五―三三〇］。いずれにしても、隼人の楯と槍という武器が、インドネシア諸族、ことにフィリピン、ボルネオなどの諸族のものに比較できるという、鳥居や八幡の考えは基本的に正しいと私は考えている［大林・埴原　一九八六、二三八―二三九］。

神話に関しては、いわゆる日向神話のなかの二つの神話、つまりコノハナノサクヤビメ神話におけるバナナ・モチーフの死の起源の神話と、海幸山幸神話のなかの失われた釣針型の要素が、以前からインドネシアに類話を多くもつことが注目されてきた。つまり、コノハナノサクヤビメ神話においては、天孫ニニギが、イハナガヒメ、コノハナノサクヤビメ姉妹のうち、美しい妹のコノハナノサクヤビメだけを娶《めと》り、醜い姉のイハナガヒメを返したために、天神の子孫の寿命は岩のように永続せず、花のように短くなったと語られている。これは、原初において神から食物の選択を迫られた人間が、石ではなくてバナナを選んだために、人間は死ぬさだめになったという、西はスマトラの西のニアス島から、スラウェシ島のトラジャ族、セラム島のヴェマーレ族を経て東はニューギニア北岸にいたる地域に分布している、バナナ型の死の起源神話の異伝である［大林　一九七三a、二二〇―二三〇］。

また海幸山幸神話においては、山幸彦は兄から借りた釣針を魚にとられてしまい、兄から返却を迫られた。山幸彦は海神の宮に行き、海神の娘と結婚し、釣針を取り戻して、地上に帰り、兄に返却し、また意地悪な兄に復讐する。この失われた釣針型の伝承は、広く分布していて北アメリカにも及んでいるが、分布がことに濃密で、かつ日本神話との類似が大きいのは、スラウェシ、小スンダ列島、マルク諸島など、インドネシアの島々である［松本　一九七一、五五―七七、大林　一九七九b、一六八―一七五］。

西村真次は、海幸山幸神話がインドネシアに類話をもつことに触れて、「神話学的に観ると、（中略）隼人のインドネシア的系統であることに疑ひの余地がなくなる」［西村　n.d.、一七］と論じた。そして西村によれば、

「インドネシア人が古くから刳舟或は蘆舟の類に乗り、北

表1　海幸山幸神話と白娘子伝説の比較

海　幸　山　幸	白　　娘　　子
①男が釣針を水中の魚にのみ込まれる	①少年の口から落ちた団子が水中の蛇にのみ込まれる
②この魚を支配する女が男の妻となる	②この蛇は少年の妻となる
③妻は妊娠する	③妻は妊娠する
④男は呪術的に水を出して敵を服従させる	④妊娠期間中に男は妻の蛇体を見る
⑤出産にあたり男は妻の鰐の姿を見る	⑤女は呪術的に水を起こすが敵は敗れない
⑥男の子が生まれるがそれを残して母は去る	⑥男の子が生まれるがそれを残して母は去る

表2　海幸山幸神話と化け鯰伝説の比較

海　幸　山　幸	化　　け　　鯰
①弟は兄の釣針を失う	①妻は自分の腕輪を失う
②弟は海中に釣針を探しに行く	②夫は川中に腕輪を探しに行く
③弟は海神の女と知っていて女と結婚	③夫は腕輪をとりもどさず，鯰に食われ，鯰が腕輪をもたらす（複雑化）
④弟は釣針をとりもどす	④妻は鯰と知らずに，これと夫婦生活をおくる
⑤妻は未完成の産屋に入り夫に見るなと禁ず	⑤夫は密閉した浴室に入り，妻に見るなと禁ず
⑥夫がタブーを破って見ると妻は鰐になっている	⑥妻がタブーを破って見ると，夫は鯰になっている
⑦夫婦別離――妻は海宮に帰る	⑦夫婦別離――夫は調伏されて人形に復せず

表3　白娘子伝説と化け鯰伝説の比較

白　　娘　　子	化　　け　　鯰
①仙人の団子をのみ込んだ子供がこれを吐き出す	①仙人の汚物をのみ込んだ男がこれを吐き出す
②それをのみ込んだ白蛇は人間の女になる	②それをのみ込んだ鯰は人間の男になる
③女は，さきに団子を吐き出した子供一若者と結婚	③ある女が腕輪を水中に落とし，その夫を殺した鯰男はその女と結婚(複雑化)
④女は端午の日，雄黄酒を飲み蛇体となる	④男は毎日密室で鯰となって水浴
⑤夫はこれを見て気絶	⑤妻はこれを見て始末することを考える
⑥僧法海が白娘子を雷峰塔の下にとじ込める	⑥道教の張天師が鯰を調伏

赤道海流によって我邦に運ばれて来たといふことは疑ひの余地がない。隼人は即ち其インドネシア族であって、剽悍な性質の為めに長く日本人に反抗を続け、平安時代に至るまで隼人司が置かれてあったほど、融和には長い時の経過を要したものと考えられる」［西村　n.d.、一九―二〇］。

この西村の言葉は、古典的な隼人インドネシア説の要約といってよい。たしかに、インドネシアとの文化的類似は顕著であるが、隼人の系統を考える場合、それとともに中国南部に目を向ける必要がある。

そのことを私に考えさせたのは、南九州についての民俗学的研究の成果である。小野重朗［小野　一九七五］や下野敏見［下野　一九八四］が論じたように、古代隼人の文化的伝統は、今日の南九州の民俗のなかにも強力に生きつづけている。私は小野が隼人的な民俗として挙げた焼畑耕作、竹の文化、八月十五夜の儀礼的重要性、仮面舞などの一連の特徴が中国南部に連なるものであることを指摘した［大林　一九七五］。また海幸山幸神話にしても、インドネシアに類話が多く、かつよく似ていることは事実であるが、現代の中国浙江省の白娘子伝説や化け鯰伝説は、一見したところまったく別の話のようにみえるが、じつは分析してみると海幸山幸神話と著しく類似しているのである［大林　一九八六、九一―一〇五］。

このようなことは、中国江南あるいはその南の地域における古層文化の研究の進展が、隼人の文化を考える上にも重要なことを考えさせる。つまり、この地域からの文化が、一方は東の南九州に行き、他方は南のインドネシア地域に波及した可能性も考えられるし、あるいはインドネシア的な基層の上に、江南ないし中国南部からの影響が二次的に加わった可能性も考えられるからである。さきにも引いたように、西村は黒潮に乗ってインドネシア族が南九州にやって来て隼人となったと考えた。けれども荒川秀俊の『日本漂流漂着史料』を検しても、黒潮に乗って台湾以南の島嶼世界から日本本土に漂着した事例はきわめて少ないのに反し、中国の揚子江以南の地域から九州、ことに南九州への漂着例は多い［荒川　一九六二］。この点から考えても、隼人の系統を考える上で、中国南部がきわめて重要と思われる［大林　一九八七］。

隼人の問題を考える場合、我われはともすると九州本島のことばかり考えて、その南西に連なる島々を忘れがちであるが、これを一層考慮に入れる必要があろう。たとえば、呉の孫権《そんけん》は、黄竜二年（二三〇）、衛温および諸葛直に命して、一万人の兵隊を乗せた軍船を夷州、亶《たん》州に向かわせた。『呉志』孫権伝は、徐福《じょふく》らの子孫の住む亶州の確認にあったかのように記している。伊藤清司によれば、夷州は台湾、琉球《りゅうきゅう》である公算が高く、また亶州は種子《たねが》島である可能性があり、断続的とはいえ、種子島は江南と交渉をもっていた［伊藤　一九八六、二一三―二一六］。

また隋が琉球を攻めて手に入れた布甲を、日本の遣隋使が、

「これ夷邪久国人の用ふるところなり」といったと『隋書』流求国伝は記している。これについて小島瓔禮は、夷邪久とは琉球と同じ地名の別の表記法にすぎず、また晋の郭義恭の『広志』の逸文に「倭の西南海行一日、伊邪分国有り」とある伊邪分国も同じだと考えている。『日本書紀』に掖玖《やく》人がはじめて登場するのは、六一六年の条であり、このころから大和朝廷と南島との関係がしばしば記録されるようになる。小島によれば、隋の夷邪久国攻略を知った危機感から、大和朝廷は南島に対して政治的働きかけを始めたらしい［小島 一九八五、五一―五三］。

このようにしてみてくると、南九州と中国との関係は、南島も介在した三者間関係として考えるべき場合が多いかも知れない。『新唐書』東夷伝日本の条に、「其東海嶼中、また邪古、波邪、多尼三小王有り」と記されており、ふつう屋久島、隼人、種子島を指すと解釈されている。これも中国からみて、隼人がその南の島々と一群をなしているという認識があったことを物語っているのかも知れない。

隼人の問題を考える場合の難問の一つは、隼人と熊襲との関係であり、さらに肥人がこれに加わり、問題を複雑にしている。歴史家の間では、大和朝廷に服属するまえが熊襲で、服属後は隼人であって、両者は同一種族の時代的な名称の相違にすぎないという説が有力である［たとえば、中村 一九七三、九七―九八］。また熊襲と隼人を同一視しつつも、いささかニュアンスの違う解釈の可能性がある。たとえば喜田貞吉は、

「畢竟するに熊襲はもと隼人の族にして、其の邦人と雑居して、稍其の俗に化し、若しくは漢、韓の文化に触れたるものは、所謂肥人となり、然らざるものは之を襲人として区別し、之を通じては熊襲と称し、俗伝上の異族征服の説話として、遺されたるものなるべし」［喜田 一九四三、三四一］

と考えた。

けれども私は、熊襲は隼人とは別であって、むしろ肥人と同一視すべきであるという西村真次の見方に基本的に賛成である［西村 一九二八、三八五、西村 n.d.、二〇―二三、大林 一九七七］。

肥人は、南九州に住み、鉢巻きをしており、豚を飼っていたことが古典の記載から知られる。私はかつてクマビトは熊襲の後身と考え［大林 一九七七、一〇］、次のように私見を要約したことがある。

「クマビトの文化には、一方では服装［鉢巻］においては(中略)、倭人伝の倭人と共通する面がある。他方では家畜を盛んに飼っているという点においては、隼人と共通する面がある。それがまた太陽の舟という点においては、北九州と共通するところがある。また地理的な分布からいって、クマビトが熊襲と同じとみた場合、『仲哀紀』の記事からみて、かなり北九州の方にも及んでいた時期もあったろうし、

また奈良時代前後には、南九州に広がっていたというふうにさまざまである。そして南九州に分布していた時代には、場合によっては隼人と重なり合ったり、混在したりしたところがあったかも知れないが、一般的には奈良時代では『古記』に記されているように、一応隼人と肥人は別のものとして考えていたらしい。つまり、文化の面においては共通性があっても、種族的なアイデンティティーは、隼人は隼人、肥人は肥人で別々であったらしい」［大林　一九七七、一二―一三］。

この考えは、現在も基本的には変っていない。ただその当時は、私は肥人の肥が示唆するように、彼らが九州西部の住民だという点をよく考えていなかった。肥人が九州西部を本拠とするという考えは、すでに何人かの学者が見解を述べている。たとえば、水野祐は、「肥人（くまびと）が、西九州の漁業を生業とした住民であることは、ほとんど疑いの余地がない」［水野　一九七〇、二九五］と主張している。肥人を九州西部の住民とみる点では水野と共通しているが、九州民族史上きわめて大きな地位を認めようとしているのは小島瓔禮である。つまり彼は、対馬《つしま》から壱岐《いき》、五島、長崎の半島部、天《あま》草《くさ》、島原、甑《こしき》島、薩摩《さつま》半島からさらに南の島々、つまり対馬から沖縄にいたるまでの九州西側の海に瀕した地域が、肥人の仲間が住んでいた地域だと想定している。そして小島は、この地域は山をタケ（嶽）と呼ぶ地名が全国一密度の高い地域であり、琉球の御嶽《うたき》信仰のごときものも、かつてはこの地域に共通していたろう、という説を提出している［小島　一九八五、五六―五八］。

この小島説はきわめて興味深く、これを支持するような事実はいろいろある。たとえば考古学的には九州西部を通る文化の流れがあったことは、縄文前期の曽畑《そばた》式土器、後期の市《いち》来《き》式土器などにも示されている。

また『肥前国風土記《ひぜんのくにふどき》』の値嘉嶋《ちかのしま》の条に、

「この嶋の白水郎《あま》は、容貌《かたち》、隼人に似て、恒《つね》に騎射《うまゆみ》を好み、その言語《ことば》は俗人《くにひと》に異なり」

という記述がある。このように先史時代から古代にかけての、九州西部における文化と人間の交流の長い歴史の結果、隼人が生まれたが、それは隼人ともきわめて親近性の高い住民、ことによると、部分的には重複するところもある住民だったと考えてよい。また九州の東部と西部は、現代の民俗においてもかなりの相違がある。たとえば、年齢集団や寝宿、月小屋、産小屋は九州西部には分布しているが、東部には欠如しているのである［泉ほか　一九七八、一一］（図2）。もとより、現代における民俗の東西九州の差が、どこまで古くさかのぼるものかは、検討を必要とする問題ではあるが、それでもこの地域の古代の住民の問題を考える場合にも、無視できない一要因であろう。

このように私は現在、小島説に大きな魅力を感じているが、それでもまだ問題が残っている。第一に、奈良時代前後において、史料に現われる肥人は、日向、大隅、薩摩を本拠としていて、肥前、肥後の肥人は現われていないことである［志方 一九六三、四―九］。第二に、熊襲をもし肥人と結びつけると、『日本書紀』景行紀一二年一一月の条に、天皇が日向国に到って高屋宮《たかやのみや》という行宮《かりみや》を建てて住んだこと、ついで翌一二月の条に、熊襲梟帥《たける》を殺したこと、一三年五月の条に、襲国《そのくに》を完全に平定したが、高屋宮にはすでに六年もいた、と記されている。この記事では、熊襲梟帥の本拠がどこか明記していないが、日向の高屋宮からあまり遠くないところ、つまり後の日向か大隅、つまり九州の東南部にいたことになる。この場合、九州の西部でないから具合が悪い、これをどう解釈すべきか、たとえば天皇は熊襲梟帥の娘の市鹿文《いちかや》を火国 造《ひのくにのみやつこ》に賜うたと「景行紀」にあるところからみて、やはり本来九州西部に熊襲が住むという観念があったのではないか、など、多々問題は残っている。しかし、現時点で、私がもっとも魅力を感じているのは小島説であることは、右にも述べたとおりである（ただ肥人をクマビトと訓む点で、ヒビトと訓む小島説とは異なっている）。

そうすると、熊襲あるいは肥人は、九州西南部においては重なるが、全体として同一というわけではない可能性が考えられる。議論の手がかりを提出する意味で、少し乱暴な考えをあえて出してみれば、熊襲・肥人と隼人とでは、種族名を与えた主体が相違するのではないか、という可能性を私は考えている。私の憶測では、熊襲という種族名は、九州のなかのどこか、おそらく九州東北部住民が西部の住民を指して呼んでいた古い名称であるのに反し、隼人というのは、大和朝廷の側で南九州の住民を呼んだ、比較的新しい種族名ではないか、という可能性である。そして、熊襲と肥人が同一種族であると想定した場合、かつて考えてみたように、肥人という名称のほうは、中央の側でつけたものであるのかも知れない［大林 一九七七、八―九］。

いずれにしても、熊襲・肥人と隼人とは、かなり文化的にも近い関係にあったことが考えられ、その言語もおそらくともにオーストロネシア語族であるか、あるいはオーストロネシア的構成要素を多く含んだものではなかったかと想定している。熊襲については、厚鹿文《あつかや》、作鹿文《さかや》、市乾鹿文《いちふかや》、市鹿文、取石鹿文《とろしかや》という熊襲の人名にしばしば現われるカヤとは、呪力や資産をもつことを示す、オーストロネシア祖語の*kajaに比すべきものであることを、私は指摘したことがある［大林 一九七四］。また熊襲の襲も、村山七郎が論じたようにオーストロネシア祖語*tau（人）に比すべきであろう［村山 一九七五、二五八―二五九］。そして村山は、隼人の言語について『大隅国風土記』逸文に残った二つの隼人語彙などの分析を通じて、

「ハヤト語は南島（オーストロネシア）系の言語そのもので

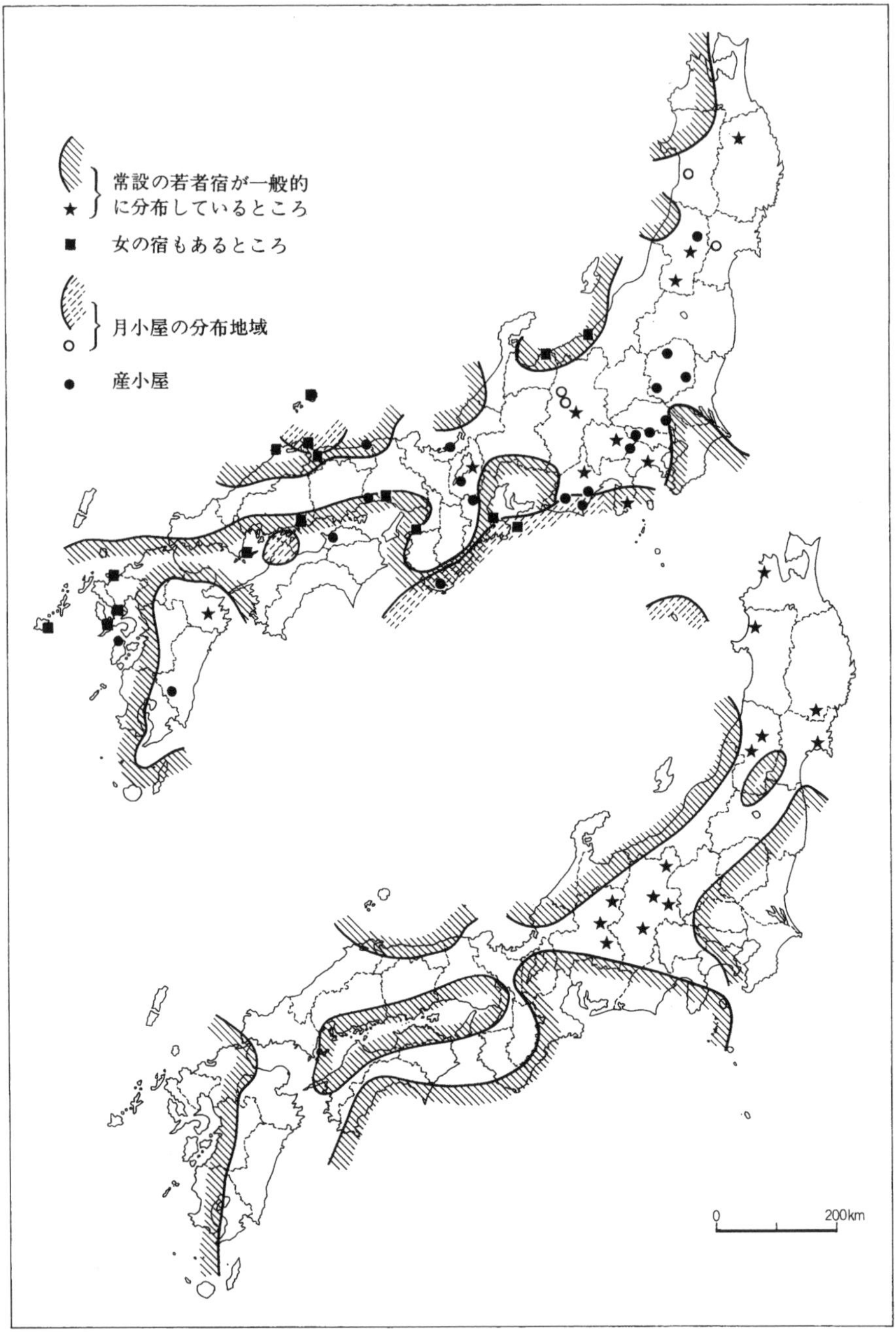

図2　寝宿・月小屋・産小屋（上）と年齢集団（下）の分布［泉ほか、1978による］

はなく、ツングース・アルタイ系言語によって強く影響された南島語（史前第二期の言語）の諸方言のうち、南島語的要素の比較的強かった一方言であったろう」と論じている［村山　一九七五、二六二―二六三］。村山説は、正しい方向を指していると思われる。

また地名の観点からも、琉球から鹿児島にかけて、語頭にイのつく地名が多いが、かつて金関丈夫はこれをオーストロネシア的なものと考えた［金関・大林　一九七五、三一四―三一五］。たしかにイジュウイン、イムダ、イチキなどイを語頭にもつ地名は鹿児島に多く、金関説は、さらに研究が深められるべき着眼といってよい。

それにつけても痛感するのは、隼人や熊襲の言語とオーストロネシア語との関係の問題は、古代東アジアにおけるオーストロネシア語の問題のなかで位置づける必要があることと、またオーストロネシア語、非オーストロネシア語を含めた、東シナ海をめぐる古代の言語的状況の全体像のなかで考察を進めていく必要があることである。

三　土蜘蛛

南北の端の異族のほかにも、その中間の地帯に、古代の中央の人たちが多少異族視する住民がいた。本章のはじめにも触れたように、飛騨人や伊勢人がそのような人たちであった。承和の「太政官符」は。「飛騨人は言語容貌他国人に異なり」と記し［喜田　一九七九、二一一―二一二］、また、伊勢人は平安朝以後も「一種変わった人として他から見られていたらしい」［喜田　一九七九、二六五］。しかしそれよりも以前の時代、つまり奈良時代において、はっきりした異族として意識されていたのは土蜘蛛である。

古典に現われた異族のなかで、一番実態のつかみ難いのは土蜘蛛であろう。第一に、その分布が、表4に示すように、『古事記』『日本書紀』『風土記』によれば、日向、肥前、肥後、豊後、筑後、摂津、大和、越後、常陸、陸奥というように、九州から東北地方まで一〇か国にわたっていて、東北地方の蝦夷や南九州の隼人のような一定地域への集中を示していないのである。第二に、土蜘蛛は伝説的な歴史に登場するだけであって、蝦夷や隼人のような、七世紀以後の活躍が報じられていないからである。

土蜘蛛という種族名については、古く『摂津国風土記』逸文に、神武の世に偽者土蜘蛛がいて、つねに穴中にいたので、賤号を賜りて土蜘蛛というとあり、また『常陸国風土記』に、「国巣《くず》（俗語に都知久母といふ）」は佐伯と同じく穴居していたことを記している。土蜘蛛とは、竪穴住居に住むことからつけられた賤称であろう（［喜田　一九四三、九六―九七］もこの考えである）。この場合、この称は地上住居に住む中央の人たちが与えたものと考えてよかろう。

表4　土蜘蛛伝説集成　〔水野，1984を参考に作成〕

地域	国名	郡名	所在地	同上現在地名	時代	土蜘蛛名	説話事項	処遇	性別	出典
北九州	肥前	佐嘉	佐嘉川上	佐賀郡大和町山田		大山田女・狭山田女		恭順	女	肥前国風土記
北九州	肥前	小城	小城	多久市東南部				反抗・誅殺	男	
北九州	肥前	松浦	賀周	唐津市見借		海松橿媛		反抗・誅殺	女	
北九州	肥前	松浦	大家島	平戸島？　大島？		大身		反抗・誅殺	男	
北九州	肥前	松浦	値嘉	長崎県五島列島		大耳・垂耳		謝罪・降服	男	
北九州	肥前	杵島	嬢子山	多久市東多久両子山		八十女		反抗・誅殺	女	
北九州	肥前	杵島	能美	鹿島市高津原		大白・中白・小白		陳謝・降服	男	
北九州	肥前	彼杵	速来	佐世保市早岐瀬戸		速来津姫		帰順	女	
北九州	肥前	彼杵	健村	佐世保市宮村？		健津三間		降服	男	
北九州	肥前	彼杵	川岸	東彼杵郡川棚町？		箆簗		帰順	男	
北九州	肥前	彼杵	浮穴	諫早市南部？		浮穴沫媛		反抗・誅殺	女	
北九州	肥前	彼杵	周賀	大村湾南西岸？		鬱比表麻呂		恭順	男	
北九州	豊後	日田	石井郷	大分県日田市石井	景行		昔土蜘蛛の堡があった。土城			豊後国風土記
北九州	豊後	日田	五馬山	大分県天瀬町五馬市	往昔	五馬媛	五馬山の地名説話	恭順	女	豊後国風土記
北九州	豊後	直入	禰疑野	大分県竹田市菅生	景行	打猨・八田・国摩侶	為人強暴。衆多し	誅殺	男	豊後国風土記
北九州	豊後	直入	蹶石野	大分県	景行		天皇土蜘蛛討伐の時に野中の石を蹶った所	誅伐		豊後国風土記
北九州	豊後	直入	宮処野	大分県久住町仏原	景行		天皇土蜘蛛討伐の折宮殿を建てた所	誅伐		豊後国風土記
北九州	豊後	大野	海石榴市	大分県	景行		土蜘蛛誅伐のため海石榴を切り椎にした所	誅伐		豊後国風土記

地域	国	郡	地名	現在地	時代	名	記事	結果	性別	出典
	豊後	大野	血田	大分県	景行		土蜘蛛誅伐の時に土蜘蛛の血を流した所	誅伐		豊後国風土記
	豊後	大野	網磯野	大分県	景行	小竹鹿奥・小竹鹿臣	天皇に御膳を供しようと田猟する	恭順	男	豊後国風土記
	豊後	速見	鼠磐窟	大分県大分郡	景行	青・白	為人強暴。力強く衆多し	誅殺	男	豊後国風土記
南九州	筑後	山門	山門県	福岡県山門郡山川町	神功	田油津媛	妹を誅したので兄夏羽は逃亡	誅殺	女	日本書紀
	肥後	益城	朝来名峯	熊本県上益城郡益城町 福田寺山	崇神	打猴・頸猴	徒血百八十余。皇命に叛して誅伐さる	誅殺	男	肥後国風土記逸文 肥前国風土記
	肥後	玉名	玉杵名邑	熊本県玉名市	景行	津頬	討伐して殺す	誅殺	男	日本書紀
	日向	臼杵	知鋪郷	宮崎県西臼杵郡高千穂町	神代	大鉏・小鉏	天孫に昼夜の別を定める法を伝授す	帰順	男	日向国風土記逸文
畿内	摂津			大阪府	神武	偽者土蛛	常に穴居し、賤しき名を賜う	恭順	男	摂津国風土記逸文
	大和	磯城	忍坂大室	奈良県桜井市忍阪	神武	八十建	尾のある土雲穴居。反抗八十人の衆徒	誅伐	男	古事記
	大和	添下	波哆丘岬	奈良県大和郡山市	神武	新城戸畔	勇力をたのみ反抗	誅伐	女	日本書紀
	大和	添上	和珥坂下	奈良県天理市和珥	神武	居勢祝	勇力をたのみ反抗	誅伐	男	日本書紀
	大和	葛上	長柄丘岬	奈良県御所市	神武	猪祝	勇力をたのみ反抗	誅伐	男	日本書紀
	大和	葛城	高尾張邑	奈良県葛城	神武		為人身短く手足長く侏儒に類似	誅伐	男	日本書紀
東国	常陸	茨城		茨城県東・西茨城郡	往昔	八握脛	一名国巣。穴居。性狼の如く心梟の如し	誅伐	男	常陸国風土記
	常陸	久慈	薩都の里	茨城県常陸太田市	往昔	土雲	国巣。名を土雲といい兎上命に殺された	誅伐	男	常陸国風土記
	陸奥	白川	八槻郷	福島県東白川郡棚倉町 八槻	景行	黒鷲・神衣媛・草野灰・阿邪爾那媛・ら八人	八人の土知朱(土蜘蛛)各衆徒あり要害の石室で反抗	誅伐	男・女	陸奥国風土記逸文
	越後			新潟県	崇神	八掬脛	力強く強剛。脛長八掬その衆族多し		男	越後国風土記逸文

土蜘蛛については、右に記したように一〇か国に分布が報ぜられているが、水野祐は、土蜘蛛の居住地域を、大きく分けて九州、畿内、東国の三群にまとめ、そのうち伝説の内容から、九州の土蜘蛛は大和のそれより実在性が強く、東国の土蜘蛛伝説はもっとも後の段階において成立したものであって、実在性が希薄であるという。水野は土蜘蛛について記載のもっとも多い『肥前国風土記』をみると、同国西北部の沿岸地域に土蜘蛛が分布し、アワビの類をとっていたという記事があることに注目し、土蜘蛛とは海女を含んだ潜水漁撈民であって、『魏志』倭人伝にいう倭の水人とはじつは土蜘蛛のことであると論じている。水野説は、ここまでの部分については、おそらく当たっていると思われる。ただ、彼が土蜘蛛と隼人との関係を重視し、東南アジアから、あるいは日本海流に乗って北上したと考え、また土蜘蛛の語源も、彼らが操った「竜頭をつけた縫合船」の意だとするとき、私は保留したいと感ずる〔水野　一九八四、なお、水野　一九七〇、二九七―三〇二も参照〕。

九州、ことに西北九州の土蜘蛛については、水野のように漁撈民を考えるとしても、その他の地域、ことに大和や東国の土蜘蛛は、これとは別の文化複合に属していたように思われる。

土蜘蛛について、私はかつて次のように発言した。

「蝦夷や隼人にくらべて（土蜘蛛が）大きくちがっているところは、蝦夷や隼人はそのうしろにずっとちがう世界がひろがっているのにたいして、彼らはまわりを和人に取り囲まれてしまって、いわば陸の孤島みたいな存在にさせられてしまっていることですね。だからどうしても、早いうちに朝廷に恭順して生きていくしかなかった」。

この私の発言（これは畿内や東国の土蜘蛛に当てはまる）に対して、井上辰雄は次のように指摘した。

「ただそういう人たちがいわば山の民のようなかたちで、ずっと後にまでつながっているという点はみのがせませんね」〔井上・大林・谷川　一九八四、三〇〕。

そればかりでなく、海人のなかにも土蜘蛛の伝統を考えるべきであるに違いない。

結論

個々の異族の各論のあとを受けて、異族とは何かについて、一般的な総括をすることにしよう。異族とは、中央の人たちからみて、自分たちとは異質な住民集団を指している。その異質な性格は、文化、言語、形質の三つの面において認められる。

まず文化的にみると、水稲耕作文化とは違う文化的伝統をもっていた人たちを、水稲耕作文化の伝統をもつ中央の人たちからみたのが、異族であると解釈される。したがって蝦夷の場合には、狩猟を行い肉を食べる点が特に強調され（「斉明紀」四年四月条ほか）、また血を飲むことも記されている（「景行紀」四〇年七月条）。また、蝦夷や隼人ほど重要な異族ではないが、大和の山奥の国樔《くず》の場合も、「毎《つね》に山の菓《このみ》を取りて食ふ。亦蝦蟆《かへる》を煮て上味となす」ことが特記されている（「応神紀」一九年一〇月）。そして隼人の場合は、その分布地域からみて、彼らは主としてシラス台地の上で焼畑耕作を行っていたと思われる。また海幸山幸の神話にしても、主人公の兄弟は、漁夫と狩人であって、隼人の文化全体は水稲耕作以外の生業形態を特徴とすると考えられていたらしい。また土蜘蛛の場合も、上述のようにアワビをとるというような潜水漁撈活動などが強調されている。

　このようにして、異族とは文化的伝統において、水稲耕作以外の生業形態を特徴とする人たちである、あるいは米の文化ではなくて非米の文化をもった人たち、あるいはその一部である、といってよいであろう。

　次に言語に関しても、中央の日本語とは違う、異質といってよい言語を話している点が、やはり異族を規定する一つの規準であろう。つまり蝦夷に関しては、おそらく近代アイヌ語と何らかの近い関係をもつ言語であったと思われるし、隼人の言語、熊襲の言語はオーストロネシア語であるか、それともオーストロネシア的構成要素が濃厚な言語であったと思われることは、先に述べたところである。ただ土蜘蛛の言語に関しては、まだ初歩的な研究も行われていない。しかし土蜘蛛伝説に現われた人名や地名の分析から、端緒が得られるかも知れない。したがって現段階においては、水野の考えるようにはたして《インドネシア系》なのか否か不明である。また土蜘蛛については、蝦夷や隼人とは異なり、言語においても、九州、畿内、東国の土蜘蛛が同一の言語を話していたと考えるのは困難であろう。ここではただ、土蜘蛛の言語が中央の人たちの言語とは異なっていたであろうという予想を記すにとどめたい。

　さらに身体形質に関しては、少し乱暴な見通しをいえば、異族とは旧モンゴロイドの人たちではないか、と思われる。つまり畿内の新モンゴロイドの住民からみて、辺境に住む旧モンゴロイド的な形質の住民を、異族として見なしていたのではなかろうか。

　面白いことに、本書の総括討論でも、弥生以降においても、岩礁性の海岸部や山間部では縄文時代の身体形質の伝統が受けつがれたことが述べられている。九州の土蜘蛛の場合をみても、山地であったり、あるいはアワビのとれる岩礁性の海岸である。また蝦夷の住む東北地方、隼人の住む南九州も、後世まで旧モンゴロイドの伝統の根強く残っていたところである。

　したがって、このように考えてみると、異族とは文化的にも、言語的にも、形質的にも、やはり中央の大和人とは違う実体をもっていた集団であったと考えられる。このような異質性のために異族として意識されたのであろう。しかも隼人や蝦夷の場合には、中央の権力に対して反抗するという政治的な要因も加わって、ますます異族意識が強められたのであろう。

そして、このような異族の問題を考える場合には、私はやはり海を越えた対岸の地域との関連を見失うべきではない、と考えている。つまり蝦夷の場合、日本海の彼方の靺鞨とか、あるいはことによると渤海と何か微妙な関係があるのではないか、それが蝦夷の頑強な抵抗力の一つの鍵になっていたのかも知れない。

また隼人に関しても、隼人自体のところに中国の東南海岸のほうから、どれだけ人間や文物の流入があったかは明らかでないが、その南の種子島や屋久島になると、中国との関係の手がかりがある。屋久の布甲のこと、亶州とは種子島ではないか、ということは先に記した。このような島々を背後にもつことも、あるいは隼人の大和に対する抵抗力の一つの条件であって、これらの島を大和に押さえられてしまったために、隼人は服属を早めたのかも知れない。

辺境にあって二つの国家の間にはさまれている民族は、一定の条件があれば、緩衝国になることができる。けれども古代日本においては、隼人は大和と中国との間の緩衝国を形づくれなかったし、蝦夷もまた大和と渤海との間の緩衝国という形での発展をみせなかった。これは、何といっても蝦夷にせよ隼人にせよ、日本列島のなかに居住していて、地理的にも大和に近く、かつ受ける圧力も、海外からの圧力に比して大和からの圧力のほうが圧倒的に強かったためである。これでは緩衝国としては成立できないのである。

私のいいたいことは、隼人や蝦夷などの異族の研究、文化、言語、形質の面からの研究、日本民族文化の構成要素としての考察が必要なことはもちろんであるが、そればかりでなく、政治史的な視点が必要である、ということである。しかもたんに日本に限定されない、もう少し広い地域を対象とした政治史的な枠組みのなかで、日本古代の異族の問題をもっと考える必要があるのではないか、ということなのである。

そして、より広いコンテキストにおいて研究の必要があることは、政治史的状況ばかりでない。先に隼人の言語のところでも指摘したように、隼人の言語は東シナ海をめぐる古代の言語的状況の全体像のなかで考察すべき必要がある。同様に蝦夷の言語も環日本海的な言語状況のなかで位置づけてみる必要があろう。そしてこれは言語ばかりでなく、日本の異族の文化や形質の研究をさらに一歩すすめるためには、いずれも、より広い文脈での考察が求められているのである。

引用文献

荒川秀俊　一九六二『日本漂流漂着史料』気象研究所、地人書館。

浅井亨　一九七九「蝦夷語のこと」大林太良（編）『蝦夷』、社会思想社、一一三―一五六。
Eberhard, Wolfram 1942 a Kultur und Sieldung der Randvölker Chinas. T'oung Pao Supplement zu Band 36. Leiden : Brill.
―― 1942 b Lokalkulturen im alten China, Teil I : Die Lokalkulturen des Nordens und Westens. T'oung Pao Supplement zu Band 37. Leiden : Brill.
―― 1942 c Lokalkulturen im alten China, Teil II : Lokalkulturen des Südens und Ostens. Monumenta Serica Monograph III. Peking.
―― 1968 The Local Cultures of South and East China. Leiden : E. J. Brill.
Fried, Morton H. 1975 a The Notion of the Tribe. Menlo Park, Calif. : Cummings Publishing Co.
―― 1975 b The Myth of the Tribe, in : Natural History, 84 (April) : 12-13.
埴原和郎・大林太良　一九八六『北に住んだ原日本人・蝦夷』埴原和郎（編）『日本人誕生』（日本古代史1）、集英社、一九〇―二二二。
井上辰雄・大林太良・谷川健一　一九八四「座談会『日本史』のなかの蝦夷と隼人」『歴史公論』10（12）＝109、一〇―三三。
伊藤清司　一九八六「呉越文化の流れ」大林太良（編）『海を越えての交流』（日本の古代3）、中央公論社、一八九―二三二。
泉靖一ほか　一九七八「日本文化の地域類型」大野晋・祖父江孝男（編）『日本人の原点2　文化・社会・地域差』、至文堂、六四―九二。
Joest, Wilhelm 1887 Aus Japan nach Deutschland durch Sibirien. Zweite Auflage. Köln : Du Mont-Schaubergsche Buchhandlung.
金関丈夫・大林太良　一九七五「対談――隼人とその文化」大林太良（編）『隼人』、社会思想社、三〇五―三三〇。
菊池徹夫　一九八八『北の民　蝦夷とアイヌ』陳舜臣・門脇禎二・佐原眞（編）『図説検証原像日本』1、旺文社、五三―七五。
喜田貞吉　一九四三『日向国史』、東洋堂。
―― 一九七九『民族史の研究』（喜田貞吉著作集8）、平凡社。
小島瓔禮　一九八五「沖縄の文化」『人間と文化』37、三愛会、三五―七〇。
松本信広　一九七一『日本神話の研究』（東洋文庫）、平凡社。
水野祐　一九七〇『日本民族文化史』、雄山閣出版。
―― 一九八四「土蜘蛛とその実態」『現代思想』12（8）、三〇六―三一七。
村山七郎　一九七五「隼人の言語」大林太良（編）『隼人』、社会思想社、二四九―二六三。
新野直吉　一九七四『古代東北の覇者』、中央公論社。
―― 一九八四「蝦夷の生活・文化」『現代思想』12（8）、二九六―三〇五。
西村真次　一九二二『大和時代』（国民の日本史1）、早稲田大学出版部。
―― 一九二八『日本古代社会』、ロゴス書院。
―― n.d.「日本上代史上の諸種族」『人類学先史学講座』第11巻、雄山閣出版。
大林太良　一九七三a『日本神話の起源』（角川選書）、角川書店。
―― 一九七三b『稲作の神話』、弘文堂。

――　一九七四「日本語起源論と民族学からの希望」『言語』3（2）、一三七―一四四。
――　一九七五「民族学からみた隼人」大林太良（編）『隼人』、社会思想社、一一―六二。
――　一九七七「民族学からみた古代九州」大林太良・谷川健一（編）『西南日本の古代文化』（東アジアの古代文化別冊）、大和書房、二―一三。
――　一九七九ａ「民族学から見た蝦夷」大林太良（編）『蝦夷』、社会思想社、四七―八二。
――　一九七九ｂ『神話の話』（講談社学術文庫）、講談社。
――　一九八六『神話の系譜』、青土社。
――　一九八七「シンポジウム西南日本人、Ⅲ　民族学の立場から」『季刊人類学』18（4）、一九〇―二〇一。
大林太良・埴原和郎　一九八六『南方系の文化をもつ隼人』埴原和郎（編）『日本人誕生』（日本古代史1）、集英社、二二三―二五三。
岡正雄　一九七九『異人その他』、言叢社。
小野重朗　一九七五「民俗における隼人像」大林太良（編）『隼人』、社会思想社、二六五―三〇四。
坂本太郎ほか校注　一九六七『日本書紀』上（日本古典文学大系）、岩波書店。
志方正和　一九六三「西南辺境よりみた律令国家――万葉集の『肥人』をめぐって――」『芸林』一四、二―一九。
下野敏見　一九八四「隼人の痕跡とその系譜」『歴史公論』10（12）、八〇―八九。
鳥居龍蔵　一九二五『有史以前の日本』増補版、磯部甲陽堂。
八幡一郎　一九四三『南洋文化雑考』、青年書房昭光社。
山田秀三　一九七四「アイヌ語族の居住範囲」新野直吉・山田秀三（編）『北方の古代文化』、毎日新聞社、七三―一一七。
山口敏　一九七九「人類学からみた蝦夷」大林太良（編）『蝦夷』、社会思想社、八三―一一一。

追記

熊襲について、歌人の太田水穂が面白い考えを出しているのに気づいた。「熊襲は日向に対してその裏面なる地方の称である。（中略）日の背後の土地といふのである（後略）」［太田水穂『神々の夜明』二三三ページ、京都、人文書院、一九四〇年］。前記の肥人についての考えに重複させれば、大ざっぱにいって、九州の東側の日向と、西側の熊襲ないし肥人という配置が考えられる。

（『日本文化の源流　北からの道・南からの道』小学館、一九九一年）

正月料理と八月十五夜の里芋

年中行事と食物

　飽食の今日、かつて日本人の大部分が粗食に甘んじていたことは、戦後に生まれ、育ってきた多くの人にとって実感をもって理解するのは困難であろう。ここではべつに粗食の実態を論ずるつもりはない。ただ指摘しておきたいことは、そのような庶民の生活においても、ときどきご馳走を食べる日があったことである。

　そのご馳走とは、日本の餅のような植物性のものもあるが、世界的にみて動物性蛋白質《たんぱくしつ》の食品など、美味で、かつ栄養価の高いものが多い。東アジアでも、ある程度そういうことがいえよう。

　一九八一年の一一月には、私はユネスコ東アジア文化研究センターの稲作研究プロジェクトの一環として、何人かの人たちと沖縄最西端の島、与那国《よなぐに》島に行った。そのとき、池間苗さんから、ここではもとは肉を食べる機会は年四回、つまり正月、学校の終業式、盆、節祭り（旧九月の第一己亥《つちのとい》の日）だったことを聞いた。年四回の肉を食べる日は、重要な節日だったのである。そのなかに小学校の終業式がはいっているのは、離島の村落生活において小学校が占めていた重要性を物語っている。

　ところで、琉球列島は、中国文明の強い影響を受けてきた。肉、ことに豚肉を食べることも、このような影響の一部をなしている。そこで、中国の場合をここでちょっとみておこう。

　中国の各年中行事は、そのときに何を食べるかが重要な特徴となっている。カルプの調査した広東省潮州附近の農村においては、私的な祭典は公的な祭典よりも多く、年十三回に及んでいる。そのうち父母、祖父母の誕生日を引くと、あとの九回が年中行事である。そしてカルプの報告[1]が、たんに個々の行事の日と食物だけを記しているに過ぎないのも、きわめて象徴的である。

(1)　正月元旦――たんに油でいためた野菜のみを供える。
(2)　正月二日――肉と野菜を小さく切り、ラードでいためたもの。
(3)　一月十五日――三皿ある、すなわち豚の大切れとまるのままの鶏およびまるのままの魚。

⑷　三月の清明節——適宜のもの。

⑸　五月の休み日——豚肉一切れと菓子等。

⑹　七月十五日——適宜のもの。

⑺　八月十五日——豚肉と月餅。

⑻　十一月の冬休み日——豚肉と菓子。

⑼　大晦日——魚、鶏、豚肉。

ここから読みとれることは、

㈠　死者を祀る鬼節にあたる清明節と中元には、特別の食物はない。

㈡　正月行事のはじめと終わりをしるしづける大晦日と上元には、三牲、つまり豚、鶏、魚という宇宙三界を表わす食物が供えられる。これは、新年の重要性を示す。

㈢　それに反し、元旦自体は、肉を食べず、精進料理を食べる。

㈣　その他の正月二日、端午、中秋、冬至はそれぞれ豚肉を食べる機会である。

このように、ここでも肉を食べるのは特別の節日であった。中国の農民には、かつては肉を年に何回も食べられないのも、ごく普通だったのである。近年出版された台湾の学者王世禎の『中国節令習俗』に、次のようなことが出ている。

昔はただ新年を迎え、節句を過す時にだけ、鶏鴨魚肉を食べることができた。今では、みんな三度三度食べることができる。これが、みんなの新年や節句に対する心情が、だんだん淡くなっていった原因の一つだ。[2]

日本では、琉球列島のような例外を除くと、江戸時代では肉食は普通行われていなかった。したがって、動物性蛋白質のおもな供給源は魚だった。そして、江戸時代においては貧しい人、一般の農民は魚を食べる機会すら限られていた。例を一つあげよう。

幕末の歌人橘曙覧《たちばなあけみ》（一八一二〜六八）は貧苦のなかで国学と和歌に専念した。その曙覧の歌にこういうのがある。

たのしみは　門《かど》売りあるく　魚《うを》買ひて　烹《に》る鍋《なべ》の香《か》を
　鼻に嗅ぐ時

たのしみは　まれに魚烹《に》て　児等《こら》皆が　うましうましと
　いひて食うとき

（『志濃夫廼舎《しのぶのや》歌集』、春明草）

空の米櫃《こめびつ》に米がはいり、あと一月は米の心配がないのも「たのしみは」の一つという生活のなかで、曙覧一家が魚を食べるのは「まれ」であった。

貧乏歌人がたまに魚を食べれば、そこには喜びの歌が生まれるが、粗食の農民が、街道ではご馳走にありつく機会があると知ったとき、そこには旅行ブームが生じた。

江戸時代には、庶民の間でも物見遊山や社寺参詣のための旅行がさかんになった。信仰や知識欲を満足させ、かつ旅行を経験したことによる威信の上昇など、旅行のもつ効能は大きかった。そして旅の魅力の重要なものに、山海の珍味、ことに動物性蛋白質に富んだ食物が食べられることもあったのである。新城常三は『庶民と旅の歴史』で次のように記している。

江戸時代では、

　宿屋は、量だけではなく、質・サービスの向上も著しく、初めは木賃宿が多かったが、しだいに二食付きの旅籠《はたご》が喜ばれるようになった。粟・稗の雑穀などでようやく腹を満たし、魚の味などは稀にしか知ることのなかった多くの農民にとって、宿屋の食膳を賑わした山海の珍味は、感動にも近い喜びであり、それだけでも旅の目的の半分は達成されたに相違ない(3)。

大正初年の東京郊外の農家でも、魚を食う機会は、少しはましとはいえ、大したものではなかった。徳富蘆花は、今の世田谷の芦花公園の辺である当時の千歳《ちとせ》村粕谷《かすや》の状態を、こう記している。

秋になり、小春日和がつづくころ、

「小春日和や田舎《いなか》に廻る肴売《さかな》」。「鯤《しこ》は？　鯤？」「秋刀魚《さんま》や秋刀魚！」のふれ声が村から村を廻ってあるく。牛豚肉は滅多に食わず川魚は少し、稀に鼬《いたち》に吸われた鶏でも食えば骨までたたいて食い、土の物の外は大抵塩鮭、めざし、棘《ぼう》鱈《だら》にのみ海の恩恵を知る農家も、斯《こん》様な時には炙《あぶ》れば青い焰立つ脂ぎった生魚を買って舌鼓うつのである(4)。

実際此辺では魚と云えば已《すで》に馳走で、鮮否は大した問題では無い。近所の子供なぞが時々真赤な顔をして居る。酒を飲まされたのでは無い。ふるい鯖《さば》や鮪《まぐろ》に酔うたのである(5)。

私は何もマーヴィン・ハリスのように動物性蛋白質の獲得、摂取に非常に大きな意味を認めようとするものではない(6)。ハリス流の動蛋主義に対して、たとえばキージングの批判もある(7)。しかし、それでも東アジアの農民などのところでは、動物性蛋白質を摂る機会が限られていたこと、それだけにそのような機会がもつ魅力が大きかったことは、確認しておく必要がある。それにしても橘曙覧一家が《門売りあるく》魚を買って煮て食べたのは、たまたまその日魚が安かったためか、それとも懐に余裕があったためか、あるいは、動物性蛋白質欠乏のため、どうしても食べたくなったせいか、それとも何か決まった節日だったからであろうか？

たしかにご馳走を食べる日としては年中行事のなかの節日が多い。ただその場合、二つの点を指摘しておく必要がある。

第一は、日本本土の年中行事につきものの食物というと、実は植物性のものが圧倒的なことである。動物性食品が予想外に少ないのである。アメリカでクリスマスに七面鳥を食べるのに対し、日本のお正月では雑煮が特徴的な食物である。渡辺実は、江戸時代における一般的な年中行事の食物について『日本食生活史』に、次のように記している。

正月の鏡餅・雑煮、三月三日の白酒・菱餅・草餅、五月

五日の粽《ちまき》、七月の赤飯が作られた。九月九日には諸大名以下出仕登城して羽二重・紅白の丸餅各一重などをのしに菊花の枝をそえて将軍へ献上し、民間では栗飯などを食べた(8)。ここに出ている例はみな植物性食品である。しかもすべて米が原料の食品である。日本の年中行事の食品がすべて米で作られているわけでなく。すぐあとで論ずるように、里芋なども重要な原料である。その場合でも、やはり植物性食品であることに変わりはない。かつてフランスの地理学者ピエール・グルーは、モンスーン・アジア、ことに東南アジアの文化を《植物の文明》la civilisation du végétal と呼んだ(9)。日本文化もまた一つの《植物の文明》であり、三月三日の節供に貝を食べるところが多いような例外はあるが、年中行事の食品がほとんど植物性食品で占められていることは、そのことを雄弁に物語っている。

もう一つ指摘しておきたいことは、年中行事の食品がご馳走でなくなってしまうことがあるが、それでも持続していることである。この過程はすでに江戸時代にはじまっていた。渡辺実は次のように述べている。

年中行事には平常よりも贅沢《ぜいたく》な料理を作ったのであるが、江戸時代に入ると副食物が奢侈《しゃし》になったため、都会ではその日の料理はかえって日常のものより悪いものになってしまった。『続飛鳥川』(著作年未詳)には「只今の結構なる事と、売れる事、今より増さること、よも有るまじ。昔は奢《おごり》がましき事少しもなく、三度の食事にも菜もなく、汁、香の物ばかり也。五節句には大いに奢りて、牛蒡《ごぼう》・人参《にんじん》の類を煮て食ひしに今は平生の物にくらぶれば、五節句の方大いにわろし」とみえている(10)。

そして今日では、この動きはさらに大きく進んできているのである。数百年前には牛蒡や人参を煮たのが節日には食べられ、それはご馳走だったことなど、おそらく今日では多くの人は想像もできないことであろう。

ご馳走としての里芋

ここで私は、このようなご馳走とはもはや意識されなくなった年中行事の食品として里芋を取り上げたい。そして正月と八月十五夜に食べる里芋もまた、シナ海をめぐっての日本と中国との基層文化のつながりを語っているのである。

ここで、このような植物性食品もふくめた年中行事のご馳走とは一体どんな性格の食品なのかを、改めて考えてみなくてはならない。年中行事のご馳走とは、べつに伝統的な社会の人たちが栄養価を分析し、カロリー計算して、どんな食品がよいと決めたりするわけではない。むしろ年中行事のご馳走とは、人びとの考えで力がつき、精のつく食べ物、言いかえれば、生命の更新と活性化に役立つ食べ物であることが大事なのである。新玉の年たちかえり、人生も世界の秩序が更新される新年に、このような特別の食品が摂《と》られることは当然でもある。
今日の我われの目から見て不思議に思えても、正月料理中の里芋、八月十五夜の里芋も、このような生命を与える食品なのである。
先年刊行された『長野県木曾郡木曾福島町伊谷民俗誌稿』をひもとくと、同地では、正月六日朝、あるいは十四日夜にツボッツボを食べることが報告されている。ツボッツボとは「マイモ（里芋）・大根・人参・ごぼう・焼きドーフ・ちくわ・コブなどを一センチ角程度に切って煮つけた煮物」である。[11]
またここでも日本の他の地域と同様、月見の行事がある。
旧暦の八月一五日に行う。餅を搗《つ》いて、まるめて、餡《あん》コをつけて、皿に盛ってススキの穂を添えて屋根に供える。マイモ（里芋）一株と大根一本をオシキに載せて、やはり屋根に供える。供え物は大屋根へ供えるのが本当だが、屋根が高くて供えるのが大変なので、風呂場の屋根など供え易《やす》い所に供える。餅はこの他、神棚などにも供える。[12]
つまり、ここでは里芋が正月と八月十五夜の儀礼的食物として用いられている。しかし、これは周知のように、我が国ではきわめて広く分布している習俗である。この習俗はすでに本間トシ[13]や坪井洋文[14]によって詳しく論ぜられているので、ここで立ち入って取り扱う必要はない。
ところで、正月と八月十五夜に里芋を食べる習俗は、日本だけでなく、中国の江南から両広にかけて広く分布している。一九六三年以降、八月十五夜に里芋を食べる習俗は、歌垣や若水汲みとともに華南から日本にかけての焼畑耕作文化複合の特徴をなすのではないか、という推測を私はさまざまな機会に述べてきた。[15]この私の説は、竹村卓二により受容され、彼は日本の八月十五夜の儀礼複合についての坪井洋文説にほぼ対応する現象が華南にもあることを論じ、中国における芋名月について若干の資料を紹介した。[16]その後、直江広治は竹村論文に賛成の意を表し、いくつかの中国資料を補ったのであった。[17]
このように、この問題については、すでにある程度の研究の積み重ねがある。しかし、私はかつての自説を含め、焼畑耕作文化説については疑問をもつようになった。つまり、今までの諸研究においては、
㈠あげられた事例数が少なく、分布像が明らかにされていない。
㈡八月十五夜の事例に偏していて、正月の事例が不充分にしか取り上げられていない。
という二つの欠点があった。思うに中国における儀礼的食物として里芋の文化史的位置づけも、その分布像の闡明《せんめい》によってはじめて着実な基礎を得る問題である。しかし、分布像の確定は言うは易く、行うは難き作業である。ことに中国のように、詳しい民俗学的報告があまり多くなく、その一方では夥《おびただ》しい方志（地方誌）のなかで、時にこの習俗への言及もあ

るという資料の状況においては、分布研究は容易でない。私はこの章で、今まで私が知り得た資料を整理し、一応の分布像をつかんだが、その結果、これは焼畑耕作文化というより、むしろ水稲耕作文化に属するのではないか、と考えるようになった。

ところで、中国においても日本と同様に、私が今まで集めた資料では、里芋の類が儀礼的食品として用いられる重要な機会は正月と八月十五夜である。このことはI章（『正月の来た道』44〜51ページ）でも論じた。正月ことに上元と中秋の対応の一環をなしている。まず正月の事例をみることにしよう。なお事例の記述は大体において東北から西南へという順序によることにする。

（文献）
（1）カルプ、一九四〇、三九八―三九〇
（2）王、一九八一、八
（3）新城、一九七一、五八
（4）徳富、一九一九、二四〇―二四一
（5）徳富、一九一九、一四三
（6）Harris 1978.
（7）Keesing 1981 : 143-172.
（8）渡辺、一九六四、二六五
（9）Gourou 1948.
（10）渡辺、一九六四、二六六
（11）長野県、一九八一、四三―四四
（12）長野県、一九八一、七〇
（13）本間、一九六七
（14）坪井、一九七九
（15）大林、一九六三、一三九、一九六四、六―七、一九六七、一三八、一九七三a、一三―一四など
（16）竹村、一九六六
（17）直江、一九六七、一二三―一三五

正月

安徽省寿春（寿県）　胡樸安の『中華全国風俗志』の報ずるところによれば、正月四日財神を迎え、三牲や肴蔌《こうそく》（動植物の料理）を供え、これを財神請酒《ざいしんせいしゅ》という。内に魚頭、茹菇《じょこ》、芋《う》艿《だい》（里芋）などの物を供え、縁起ものとする。魚頭の発音は余頭と同じで、茹菇は時至と同じであり、芋艿は運来と同じである。[1] 婁子匡の『新年風俗志』にも同様の記述がある。[2] 財神請酒に芋艿を食べる習俗は安徽省に広く分布しているようだが、長江以北では正月四日、以南では二月二日に行うともいう。[3]

江蘇省昆山《こんざん》県　ここの事例は、新年にあたってではなく、冬至の行事だが、《過年節《かねんせつ》》という言葉が示すように、新年に準ずるものであるから、ここで取り上げておく。また里芋でなく山芋である点が注目をひく。昆山では、冬至節をきわめて重んじ、数日前から魚豚蔬菜を買い貯めておき、当日に至っ

て先祖を祀り、親友を呼んで会飲する。これを過冬至節また過年節という。なかでも安楽菜《あんらくさい》は冬至の重要食品として家ごとに備えられる。これは青菜と山芋と栗とをゴタ混ぜにして煮たものであって、これを食べると安楽が得られるという[4]。

上海　井上紅梅は『支那風俗』において、新年の供物を列挙したなかに芋頭をあげ、「富足りて余りありという」と記している。地名は明記してないが、同書は主として上海のことを取り扱っているから、これを上海の俗とみても過りはないであろう[5]。

浙江省湖州（呉興《ごこう》）　十二月三十日あるいは二十九日に、家々で年夜飯《ねんやはん》を食べる。飯餐《はんさん》の豊倹《ほうけん》、碗数の多寡によって、その家主の一年の境遇の転移をみることができる。この夕食に必ず備えねばならないものは、枚挙できないほど多い。そして趣のあるものとしては、鶏卵を食べるのを元宝（貨幣）、茹菇を時来、芋艿を運来ということである。俗に、これらを食べれば、来年は万事が意のままになり、運が向き、金がもうかるといわれる[6]。

浙江省武義《ぶぎ》県　「女の炊事は死ぬまでだが、男の炊事は一年にただ一度毛芋頭《もううとう》を煮るだけ」という諺がある。この《毛芋頭》という料理は、元旦の朝食に食べるもので、毛芋《もうう》（里芋）、蘿蔔《らふく》（大根）、青菜、蕃薯《ばんしょ》（さつま芋）、麺条（ウドン）という五種のものを煮て作る《毛芋羹《もううこう》》（毛芋のスープ）であり、これは家庭の主な男が作らなくてはならないのである[7]。

浙江省西部　春節の期間に、人びとは朝食あるいは夕食のときに、各種の生ぐさと精進の菜や豆腐を煮てスープを作り、米粉あるいはトウモロコシの粉で味をととのえる。老人も子供も好きな《年羹《ねんこう》》である。《羹》は《耕》と音が合うので、「年年有耕、耕作順利」の意をやどしている。時には毛芋、蘿ト、青菜、蕃薯とウドンも一緒に煮て、《毛芋羹》と呼び、富裕、清白、順利と長寿を象徴する[8]。

福建省福州　福州では《灯節祭り》は正月十五日の夕方祝われる。ドゥーリトルによれば、

　ふつう、礼拝の終わりに、家庭に供えられた食物で宴会を開く。若干の家庭は偶像の前に一皿のタロ芋を供える。この機会に何らかの形でこの野菜を用いることは、この地の諸家族には普遍的である。かつては《灯籠の下でタロ芋を食べる》ことはつねに行われる習慣だった。この習慣は以前ほど一般的ではない。この習慣を守る人たちは、多数の小さいタロ芋を用意し、軟らかくゆで、皮をつけたままにしておく。夕方おそく、あるいは真夜中ごろ、家族全員は老若男女を問わず、高くつるした一番明るい灯の下に集まり、それから用意のタロ芋を食べはじめる。ある人たちは、彼らの目が一層はっきりと見えるようになるとか、或いは明るい灯の下でゆでたタロ芋を食べた結果、明るい目になるとか、よく見えるようになるという。他の人たちは、この手段によって魂の転生が避けられると思って、毎年この

習慣を守るのだという。[9]

福建省南部の漳興《しょうこう》（漳州）・永龍《えいりゅう》　張文煥の「閩関所正月的風俗」によると、正月元旦に（この年の）吉凶禍福が決定される。新しい春聯《しゅんれん》を貼り、部屋の掃除は普段よりも一層潔浄でなければならない。そのうえ、竈、室内のテーブル、神前、水缸《かめ》、箱橱《しょうちゅう》（たんす）には数文の銭、飯糕《はんこう》、春花と芋頭とを供えねばならない。[10]この張文煥の報告とほとんど同文の記事を婁子匡が記しているが、[11]おそらく前者によったものであろう。

広東省普寧《ふねい》県　『古今図書集成』歳功典巻九五には、『広東志書』を引いて次の記事をのせている。つまり、十二月二十九日または三十日にさかんに辞年の式をあげ、祖先を迎えて祀るとともに、毛芋をさかんに食べる。毛芋を食べることを剝鬼皮《はくきひ》という。つまり、永尾竜造によれば鬼の皮を剝ぐといって喜ぶのである。[12]この記事は、この普寧県のやや東方にある増城《ぞうじょう》県の八月十五夜の記事に比すべきものであっておもしろい。ところが、乾隆十年（一七四五）の序のある『普寧県志』巻八の節序のところには、年末に里芋を食べることは出ておらず、ただ後述のように八月十五夜に芋を供えることが出ているだけである。

広東省東莞《とうかん》県　容媛の報告によると、元旦には芋《う》煮糖《しゃとう》（里芋の砂糖煮）と水丸《すいがん》（ゆでた肉団子）をもって神を祀り、礼が終わると、家中の老いも若きも水丸を分けて食べ、富貴有縁という。これは芋は富、丸は縁と同音だからである。[13]王世禎や婁子匡の記すところもほぼ同じだが、ただ婁はこれを元旦の正午のこととしている。[14]

広東省広州　婁子匡によれば、ここでは元旦に拝年を忙しくすませると、すぐそのあとで慌しく食事をとる。そのときの食品のなかに芋蝦《うか》というのがある。[15]これがいかなるものか不明だが、芋料理の一種と思われるので、疑いを残しつつ、ここにあげておく。

地域不明　永尾竜造の『支那民俗誌』の正月元旦の行事の記事中に、次のような注目すべき箇所がある。

芋《ユィ》は其の音が餘《ユィ》と同音であるのと、且《か》つ芋は子（実）が多いので多子を意味するので多く食べられる。これはもともと植物性のもの故、何等のことわりも要らずに広く喜んで食べられて居る。台湾や福建省では、《芋を食べると子孫が繁昌する》という諺さえあるのである。[16]芋は其の音餘に通じ、餘飯（飯をのこす）の意味で正月に喜んで食べられることを書いておいた。[17]

しかし、永尾のこの記事が、どの地域を指しているのか明瞭でない。

以上、私が今まで集めた正月里芋の事例は、安徽、江蘇、上海、浙江、福建、広東にかけての分布を示している。

（文献）

（1）胡、一九三六、四下五、二九

（2）婁、一九三五、五三
（3）葉、烏、一九九〇、四四
（4）胡、一九三六、三下三、七四、井上、一九二四、一三一
（5）井上、一九二一、下、三〇八
（6）胡、一九三六、三下四、四六
（7）胡敏、一九九〇、八
（8）葉、烏、一九九〇、三五
（9）Doolittle 1865, II : 35.
（10）張文煥、一九二九、四四
（11）婁、一九三五、六二
（12）永尾、一九二二、一七四
（13）容媛、一九二九、七四
（14）王、一九八一、婁、一九三五、一一七
（15）婁、一九三五、八四
（16）永尾、一九二二、一七四
（17）永尾、一九二二、一七四

八月十五夜

上海　一九八〇年十二月に訪中したとき、私は上海文芸出版社の招宴の席上、任嘉禾氏から次のような話を聞いた。

上海附近では、八月十五夜に里芋の砂糖煮を食べるが、その起源に関して、こんな伝説がある。昔、漢族の将軍・楊廷《ようてい》齢《れい》がある少数民族を征伐に出かけたところ、その軍は金兀求《きんごつきゅう》の率いる敵軍に包囲されてしまった。そして食料もなくなってしまったので、生えている里芋をとって食べた。これはちょうど八月十五日のことだったので、今でも八月十五夜には里芋を食べるのである。

江蘇省蘇州　松村雄蔵は「姑蘇の四季」で次のように報じている。

八月十五日は中秋節と称しお月さんを祭る。

この日には各々の家の庭先に祭壇を設ける。祭壇には月餅を始め山芋の砂糖煮、柿、栗、蓮根等を供え、又蠟燭立、線香立、花立などを適宜に配置する。

お昼は親戚知友を招いて宴会を催したり、麻雀をしたりして楽み、団々たる亮月が出る頃、庭に出てお月様を拝む[1]。

この記述においては、月に供えられる芋は山芋と記されている。しかし江南の他の事例においては、ふつうの里芋であるから、あるいは里芋の誤りかもしれない。

しかし、さきにあげた江蘇省昆山（蘇州の東の当たる）の冬至の例をみると、事実、山芋であるかもしれない。

井上紅梅は、蘇州の中秋には、月餅、香斗《こうと》（線香を枡形にまとめたもので円筒状をなす）のほか、芋、蓮根、菱、栗などを列《なら》べて月上るころに香燭をともす。これを斎月《さいげつ》という、と報じている。この場合、たんに芋と書いているが、同氏の書物の他の例からみて、里芋であろうと思われる。

江蘇省武進《ぶしん》（常州）　中秋の早朝、土地の人は糖芋頭《とううとう》（里芋の砂糖煮）を食べるのを例とし、夕方には月餅、菱、藕《ぐう》（蓮根）

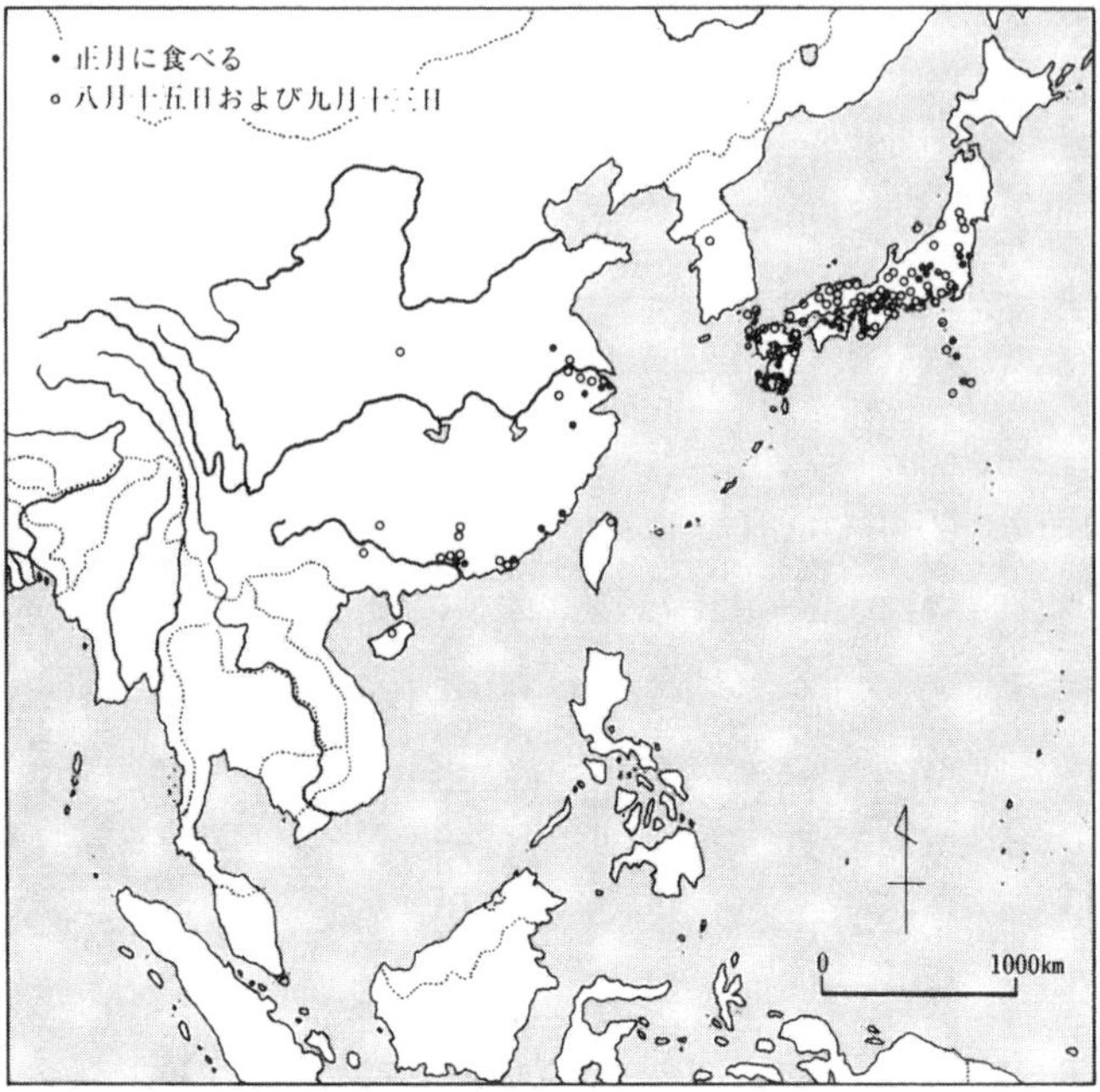

正月と八月十五夜に里芋を食べる地域

などのものを月下に供設し、これを斎亮月《さいりょうげつ》という。(3)

江蘇省六合　菱、藕（蓮根）、蹲鴟《そんし》（おおいも）、糖餅の贈答のあることは各地と異なることがない。斗香は塔形である。なお、ここでは夜ひそかに他家の瓜を竊《ぬす》むと子供が生まれるというので、無知な郷婦はさかんに近園を荒した。これを模秋という。(4) 後の安徽省歙《しょう》県の例と比すべきものである。

江蘇省南京　十五夜に、里芋をきぬかつぎにして砂糖をつけて食べる、という。(5)

安徽省歙県　「歙県紀俗詩」なるこの地の習俗を述べた詩に次の一節がある。

　送子（子授け）の中秋美談を紀す、瓜丁芋子総て男に宜し、無辜《むこ》は最も惜む紅綾被、水を帯び泥を拖《ひ》き、那《な》んぞ堪ふべきや。

　この詩の註釈は次のように述べている。好事の者は子供に冗談に倭瓜（南瓜）を盗ませて、新婚の者の部屋に入れ、布団の中にかくすが、時には子母芋《しぼう》を用いることもある。泥水が淋漓《りんり》とし、床褥《しょうじょく》を濡らし、本当に悪ふざけをする。平時に野菜や果物を盗むことは、きわめて固く禁じているが、この日は慣例に従って、禁を弛めるのである。(6)

台湾台北《たいほく》市艋舺《もうこう》　ここは、福建人のうちとくに泉州《せんしゅう》出身者が多いが、月娘を拝するふつうの中秋賞月のほかに、十五日は土地公《とちこう》つまり福徳正神《ふくとくせいしん》の誕生日とされ、牲醴《せいれい》ならびに、米粉、餅などを供えて祀る。また祖先には月餅および米粉のなかに里芋をまぜて炊いた《米粉芋《べいふんう》》を供えるふうがある。(7)

　これから、おそらく福建省、たとえば泉州においても八月十五夜に里芋を食べるふうがかつて存在したが、あるいは現に存在していることが想像されるが、残念ながら直接それを示す資料をまだ見出していない。

中国の東南沿海地区　八月中秋に芋艿（里芋）を食べる。伝説によれば、明代に倭寇《わこう》を防ぐために派遣された戚継光《せきけいこう》の軍が、倭寇に包囲され、山上にたてこもったとき中秋になり、里芋を煮て食べたのを記念したという。遇難の兵士の「遇難《ユナン》」がだんだんなまって芋艿《ユナイ》になった。東南沿海の人びとは中秋にはかならず、里芋の砂糖煮を食べなくてはならない(8)。

広東省潮州（現・潮安）　潮州における中秋の里芋についは、『民俗』第三二期の中秋専号に載った二つの報告において言及されている。

つまり、黄仲琴によると、旧暦正月から、閨中の女友が集まって一小団体を作って、お金を積み立て、一人がこれを掌管し、八月十五夜の祭品の用を弁ずるのである。その祭品の主なものとしては、清茶、月餅があり、配するに香柚、香蕉、香芋、花生および糖菓等を以てする(9)。

若水《じゃくすい》もまた、八月十五日に婦女が月を拝するときに供える卓上のもののなかに、柚、芋、月餅、水菓の類を挙げ、婦女拝月はつねに午飯を以てすることを報じ、さらに、供物にはこのほか白粉と胭脂《えんし》を添えるが、これは月娘が供物を食べた後で化粧するためだという(10)。

若水によれば、潮州では中秋になると、どの家でも芋を食べる。その料理法には二種ある。第一の反沙《はんしゃ》では、芋の皮を綺麗に剝ぎ、切って整斉な小塊にし、油に入れて揚げて取り出す。他方、白糖を鍋の中に入れて煮て、まさに凝結しそうになったときに、例の芋を入れてかきまわし、砂糖がついて塊りとなる。反沙とは砂糖が砂石のように堅くなり、ねばつかないからそう呼ばれるのである。もう一つの調理法は魚頭芋で、魚頭と一緒に煮、塩味で調えて食べる。魚頭芋は大人が喜んで食べるが、糖芋のほうは、どの家にも欠かせないものである。

さらに若水は、潮州人が中秋に芋を食べる習俗の起源伝説を記している。それによれば、明が滅んで清が中国を支配しはじめ、満州人が天下を横行していたときのことである。満州人がいる場所では、地方の行政も満州人が完全に権力を握っていて、数家族――五家ではなかったか？――が共同で満州人一人を養うように命令された。衣食住の供給ばかりでなく、随意に婦女を姦淫してもよかった。民家の門戸に栓をすることは許されず、満州人たちは好きな家に入ってやりたいことをしたのであった。このような圧迫を受けた人びとは、ひそかに革命を謀《はか》るようになった。潮州では、何か慶事でもあると、近所に送物をするのがごく普通の習慣なので、これを利用して、餡《あん》の代りに満州人を殺せという知らせの紙片を入れた饅頭《まんじゅう》を配った。決行の日は八月十五夜と決められた。人びとは潜《ひそ》かに武器を用意し、この月夜に、数家が力を合わせて満州人一人ずつ殺した。みんな敵を殺しただけでは足らず、その頭を斬りおとした。人びとは喜びのあまり、この人頭を月下に供して祭った。これ以来、五家で一人の満州人を養うことや、夜間家の戸に栓をすることの禁止は、廃止された。後に芋を以て月を拝するようになったが、これは人頭をかたどったものであり、この出来事の記念なのである。(11)

広東省普寧県　乾隆十年の序のある、『普寧県志』巻八節序には次の記事がある。

中秋の夜酒餅糖芋を具《そな》へ会を為《な》し、之を賞月と謂《い》ふ。各家飾物を以て相遺り、児童瓦を畳《つ》みて塔と為し、焼きて以て戯となす。咸《みな》是夜の月の明暗を以て来歳元宵の晴雨をトすと云ふ。

広東省乳源《にゅうげん》県　『古今図書集成』歳功典巻十一に、『広東志書』を引いて、八月中秋には月餅を啖《くら》い、芋皮を剝ぎ、鼓子果（ひるがお?）を啄し（剝芋皮啄鼓子果）、これを鬼皮を剝ぎ、疥癩を去るというと記されている。知県張洗易の序がある刊年不明の『新修乳源県志』の巻一風俗には、中秋咱餅剝芋とあるのみで、『古今図書集成』の記載よりも簡単である。

広東省英徳《えいとく》県　同じく『古今図書集成』歳巧典巻一に『広東志書』を引くところによれば、八月中秋には桂樽《けいそん》を酌み、熟《じゅ》芋《くう》（煮た芋）を剝ぎ、大餅を為《つく》り、もって璧月を象《かたど》る。また十五夜は太陰還元といって、香を焚き夜を守るのである、と記されている。清の道光二三年（一八四三）の序のある『英徳県志』巻四にも同一記述がある。

広東省恵州《けいしゅう》府　光緒『恵州府志』巻四五によれば、土民は酒や食物を用意し、新しい友と会い、新芋をすすめる、とある。(12)

広東省増城県　嘉慶庚午《こうご》重修『増城県志』巻一には、「中秋に月を賞し、蕉柚《しょうゆう》を剝ぎ、之を剝疵癩《はくびらい》（汚い皮を剝ぐ）と謂ふ」とあるだけで芋のことは出ていない。しかるに『中華全国風俗志』に引く『増城県志』によれば、中秋に熟芋、蕉、柚の皮をむき、これを剝疵癩児というとあり、(13)芋の記事がある。おそらく、嘉慶版とは別の版なのであろう。またこの記事からみると、里芋の衣かつぎのようなものらしい。

広東省東莞県　東莞に関しても、『民俗』第三二期中秋専号所載の二つの報告に、芋のことがみえる。

まず容肇祖の「東莞的中秋節」によれば、中秋節日の食品としては、禁焼熟した芋頭と落花生がある。禁焼とは、罌《かめ》か缸《かめ》の中に芋頭と落花生を入れ、かめの外は穀物の糠《ぬか》で囲んで、これを焼く。焼熟すると食べるが、特別の風味がある。そのほか、果物としては柚子、柿、香蕉、菱角があり、また鴨や月餅も食べる。(14)

彼はまた、供物としての芋についても記している。つまり、中秋のときは月宮娘娘を拝するが、広州では月が出てから拝神をするが、東莞では同日の午後に拝神するものが多い。燭台の上の蠟燭には小さな紅字の灯籠をかぶせ、八仙を描いた麻骨《あさのくき》の小椅子を案の前に陳列し、宝塔の中は菱角、芋頭と花生の類で一杯にし、その上には柚子をのせて蓋にしている（宝塔については、このあとの容媛の報告を参照）。果物には香蕉、紅

柿、柚子の類やまるごとの鴨や月餅が供えられる。午前中には祖先を祀り、午後にはこの賞月の祭りがある。(15)

容媛の「東莞中秋節的風俗談」の報告も、基本的には容肇祖のものと同じであるが、しかしいくつかそれに洩《も》れたことや相違することも記されている。

まず、八月十五日の祀神については、この日の午前七時以前に、家々では神前に茶、酒、果物——柿、落花生、香蕉、禾椂（つまり柚子）。菱角、芋、月餅を陳列し、点燭焼香し、元宝（紙）銭を焚き、爆竹を鳴らす。天神を祀り終わると、観音、祖先、灶神《かまど》、井神、門官土地、地主（つまり五方五土神）を祀る。

次に賞月のときも芋が出てくる。東莞では賞月と呼ばれる最もふつうの俗は次の三つである。（一）果品、三牲——鴨あるいは鶏、鯪魚《りょうぎょ》（鯉にあたるらしい）、豚肉を以て月仙を祀る。俗に賞月という。（二）各人が月下に禾椂を一つむくことで、これも賞月という。（三）月下にあって酒や月餅や糖芋を具《そな》えて会をなすのも、また賞月と呼ばれる。この場合には芋の砂糖煮が出てくる。

第三に、さきにふれた宝塔がある。拝宝塔つまり拝八仙にはふつう瓦罌《かめ》に顔料で八仙を描き、また時季の果物を描いたり、おまけに百子千孫、長命富貴、富貴吉祥といった吉祥語を書いて、これを宝塔と称する。また麻の茎で長方形のものを作り、これに縦五寸、横一尺六寸の白紙を貼り、五色で八仙を描く。この缸の宝塔の中には、芋、落花生、香蕉、柿、白餅などを入れ、上の塔口には禾椂（柚子）を一つのせなくてはならない。祀るときには宝塔を中間に置き、その両脇に灯籠をおき、果品、三牲を供え、香を焚き、燭を点じ、元宝銭を焼き、串炮（つなぎ合わせた爆竹）をもやす。(16) そして東莞の習俗では、中秋前に外祖母が宝塔一個と要椂若干個（一人一個ずつになるように）を買って、外甥孫に贈って遊ばせたのであった。そして十九世紀後半に子供が唱った要椂歌にも、芋頭が言及されていたのである。(17)

広東省広州　屈大均の『広東新語』巻九の広州時序の章に、「八月蓼花水至。月有れば、則ち是の歳珠多し。大餅をつくり月の浮べるに象る。桂酒剝芋す。芋に十四種有り。黄なる者をもって貴しとなす」と記されており、ここでも里芋の皮を剝くことが記されている。

また、『郝志《かくし》』によれば、ここでも八月望夜には月を賞し、芋を剝き、螺《にな》を食する。(18)

また『中華全国風俗志』には、節日は相慶賀し、拝節と名づけ、神を祀り、祖を祀ることは儀の通りである。この夜は椂（ずみ、唐りんご）、柚、月餅、菓品（くだもの）、炒《いた》めた螺（石螺、紅螺の属で炒め煮るとおいしい）、香芋などを以て月を拝すると出ている。また別の個所にも同様の記事があり、天台（屋根の上の物干しなどに用いる平らな場所）や後園曠地に方卓を設け、月餅、柚子、炒螺、香芋などを並べ、香燭をもやし、各婦女は月に向かって礼拝する。礼拝が終わると、爆竹を鳴らし、明月の下に並座して談笑し、唱歌し、菓餅を食べる。また夜宴を催す者は、深夜に至って月が落ちてはじめて散会し、これを賞月という。

　また同書のべつの記事によると、月神は女神なので拝月の義務は主として婦人や娘のものである。礼拝するのは必ず夜半である。供え物には多く芋頭（里芋）、柚子、菱角、月餅の類を用いる。芋頭は必ず大盤にのせ、そのなかに大きな芋が一つあり、芋頭母といい、その周囲に小芋をめぐらすが、これは子孫がたくさん生れるの意味である。なお、柚子は割って中が通っていると吉兆だとし、そうでないと長年憂悶する。ただし上等の柚子は中が通っているのが多いという。(19)

　同様に光緒『広州府志』巻十五にも、「月を観賞し、芋をむき、螺を食べる」と記されている。(20)

海南省澄邁《ちょうまい》県（海南島）　『古今図書集成』歳功典巻七一に『広東志書』を引き、「八月中秋、親朋を聚《あつ》め以て月を賞す。天《てん》南星《なんしょう》を煮て皮を去りて食す。剝鬼皮と名づく。此月諺にこれを饑月《きげつ》と謂ふ」とあるが、嘉慶二十五年（一八二〇）序のある『続修澄邁県志』巻一の記すところもほとんど同じで、「八月中秋、親友を聚め、月を賞す。天南星を蒸し、皮を去りて食す。剝桂皮と名づく」とある。

　この澄邁県の事例は、広東省増城県の事例を想起させるが、ただ里芋でなくて、天南星であることが相違する。これは里芋とは同類で、その根は漢方薬に用いられるとはいえ、毒性がある。少し食べるだけなのであろうか？

広西チワン族自治区天保《てんほ》県のヤオ族　八月十五日には一家聚飲し、餅と芋を以て月を祀り、祭終わってこれを食べる。これを慶団団《けいだんだん》という。神田はこの文をヤオ族とチワン族の習俗として引いている。(21)

広西チワン族自治区のミャオ族　中秋には里芋を以て月を祀り、羅漢《らかん》（男）、藍兎《かんと》（女）は隊を組んで《八月の遊び》をする。神田はこの文をミャオ族、トン（侗）族の習俗として記している。(22)

広西チワン族自治区地域不明　『広西的民間文学』（一九三〇年）に発表された次の民謡は、おそらく漢族のものであろう。

　八月十五夜は中秋だ
　たのしい人もあれば悲しい人もいる
　他人はお金があれば月餅を食べ
　私はお金があれば里芋はお断り(23)

湖北省南漳《なんしょう》一帯　牛羹という伝統的な節日食品がある。毎年旧暦八月十五日を牛王誕生日だといって、この日に土地の人たちは芋頭を剝いて羹《あつもの》を作って食べる。だから牛羹というのである。(24)

　以上が私の注意にあった中秋喫芋の事例である。その分布は、江蘇、安徽、広東、広西、湖北の諸省と台湾に及んでおり、正月芋の場合とほぼ同様な分布状態を示している。私の集めた事例では、浙江、福建の両省が空白になっているが、台湾の事例から逆推して、福建にも存在していることが予想される。浙江の場合も、今後方志類の精査により空白が埋まるかもしれない。

中国東南沿海地方の周囲に目を向けると、朝鮮半島にも、中秋において里芋を食べる習慣があるのに気がつく。

つまり一八四九年の序のある洪錫謨の『東国歳時記』に、秋節つまり八月十五夜の時食のこととして、土蓮《さといも》団子をあげ、「その作り方は栗団子と同じ」と記している。ちなみに栗団子の作り方は、「糯米の粉を蒸して卵のような団子餅をつくり、煮た栗の実と蜂蜜をこれに付ける」のである。(25)

また秋夕の食品としては、土《ど》卵汁《らんじゅう》つまり里芋汁もあり、ワカメがそのなかに加えられることもある。(26)

また中国東南海岸地方の南西につらなっているベトナムにおいても、節日食品に里芋を用いると聞いた記憶はあるが、文献上はまだ確かめていない。したがって、ベトナムについては、まだ不明としておきたい。

（文献）

（1）松村、一九三三、三〇九

（2）井上、一九二四、五〇

（3）胡、一九三六、三下三、八三、井上、一九二四、一四

（4）胡、一九三六、三下三、三七、井上、一九二四、一一一

（5）大林、一九八八

（6）胡、一九三六、四下五、一四

（7）直江、一九六六、一二四、（池田、一九四四を引く）

（8）胡敏、一九九〇、一三三―一三四

（9）黄、一九二八、六

（10）若水、一九二八、一一

（11）若水、一九二八、七―九

（12）可児、一九八四、四六四

（13）胡、一九三六、二上二、二九

（14）容肇祖、一九二八、一三

（15）容肇祖、一九二八、一六

（16）容媛、一九二八、一七

（17）容媛、一九二八、二二―二四

（18）胡、一九三六、二上八、六

（19）胡、一九三六、四下七、一九―二二

（20）可児、一九八四、四六四

（21）劉、一九三四、一九八（竹村、一九六六、三一六所引）、神田、一九三九、九四五

（22）劉、一九三四、一九七（竹村、一九六六、三一六所引）、神田、一九三九、九四四

（23）高等学校民間文学教材編写組、一九八〇、上、三八六

（24）葉、烏、一九九〇、三七九

（25）姜、一九七一、一二九―一三〇

（26）依田、一九八五、二一九―一三〇、一五三―一五四

脱皮と再生

今までみてきたように、中国における儀礼的食品として里芋を用いる習俗は、江南から両広にかけての特異な分布状態を示している。この習俗が中国では中部以南のもので華北のものでないことは、中国における里芋栽培の分布状態からも容易に考えられる。つまり、ワグナーの『中国農書』によれば、里芋は中国では全国的に栽培されているが、北方よりも南方のほうが発育条件がよいのである。(1)

ただここで注目すべきことは、中国の南半とはいっても、私の集めた材料は、ほとんど中国の東南の海寄りの諸省のものであって、安徽省と湖北省を除くと、内陸、ことに揚子江の中流、上流の諸省では分布がまだ確かめられていないことである。もしもこれが分布の大勢をある程度正しく伝えているものとすれば、儀礼的食品としての里芋は、エーバーハルトの設定した中国の諸地方文化のうち、揚子江中流の水稲耕作民の文化たるタイ文化にも属する可能性はあるものの、むしろ東南中国に分布をもつ越文化において大いに発達したと考えるのがよいであろう。

なおエーバーハルトはタロ芋を華南の山地焼畑耕作民たるヤオ文化に属するものと考えた。(2) しかし、私が知っている事例中、山地民の例は、広西の事例だけで、これとても資料があまりよいものでないうえに、周囲の漢族からの影響も充分に考えられる。したがって、私は、芋名月は華南の焼畑耕作文化に属していたという、かつての解釈をそのまま維持するのは、困難になってきたと考えている。おそらく、山地焼畑耕作民文化において栽培の長い歴史をもっていた里芋が、水稲栽培を行うより進んだ沿海地方の文化（いわゆる越文化）にも受容され、そこで年中行事の体系のなかに組み込まれて、はじめて正月と中秋の芋の供物と食用という習俗が確立したのではなかろうか？　現在私が知っている分布の全体像は、越文化への帰属を強く示唆しているのである。

里芋の象徴的価値

そして、儀礼的食品として里芋が用いられる地域では、里芋には高い象徴的価値が与えられていることも少なくない。たとえば、安徽省寿春や浙江省湖州の正月の例では、芋艿は運来と同じ発音であるとか、広東省東莞の正月の例でも芋は富と同音であるので縁起がよいという語呂合せになっているものもあり、また福州の上元の例のように目がよくなるというところもある。しかし、比較的事例が多く、かつ重要と思われるのは、里芋が多産ないし豊穣の象徴となっている場合であって、永尾竜造も「芋は子（実）が多いので多子を意味するので多く食べられる。……台湾や福建省では《芋を食べると子孫が繁昌する》という諺さえあるのである」と述べた。

さきに引いた事例中にも、安徽省歙県では新婚夫婦の布団の中に子母芋をかくし、広州では中秋の供物には子芋にとりまかれた親芋を供える。事実、屈大均はその『広東新語』巻二七において、芋と豊穣ないし多産性との関係について次のように記している。

芋大なる者は魁《かい》、小なる者は奶《ない》。奶は魁の上下四旁に贅す。大小乳の如し。奶は乳なり。魁亦《ま》た䰩と曰ふ。俗婦人の子多きを南芋䰩となす。猶《な》ほ茨菰《くわい》一にして十二子の乳するを以て慈姑となすがごときなり。又芋奶月に応じて子を産む。十二奶と称す。

また林耀華によれば、福建省古田《こでん》地域では、結婚式にあたり、子孫の多い老婦人が、新婚夫婦のベッドの下にタロ芋を置く。母芋を中心に一群の子芋をこれにくっつけて並べる。これは豊穣性の象徴である。なぜならば、タロ芋は世界のこの一隅における重要な食物の一つだからである。(3)

ここで一つ興味深いことは、広東省においては、儀礼的食品としての里芋を食べることを、里芋の汚い皮を剝ぐという表現で表していることが多いことである(普寧県、増城県、乳源県、英徳県、広州、そのほか天南星だが海南省澄邁県)。私は、これは脱皮による再生のモチーフを元来表わしていたのではないかと考えている。つまりⅡ章(『正月の来た道』)で論じたように、人間も里芋の皮を剝くように脱皮して再生、ないし若返ったのだという信仰があったのではなかろうか? しかし、これは一見思われるほど突飛な空想ではない。と言うのは、さきにも紹介したように、かつて人間は脱皮して若返ったが、脱皮の苦痛に堪えかねた男がいて、以来脱皮しなくなったという脱皮モチーフの死の起源神話が、広東省、たとえば翁源にあり、類話は福建省漳州《しょうしゅう》にも存在しているからである。(4)

新年と八月十五夜に里芋の皮を剝いて食べることは、神話的な原古における脱皮能力を儀礼として再現し、反復することなのである。これによって食べる人の生命は、この節日にあたって更新され、活性化されるのである。

次に、この里芋の皮を剝くということに関連したもう一つの問題は、儀礼的食物としての里芋の調理法である。これには潮州の魚頭芋とか、東莞の禁焼熟《きんしょうじゅく》のように、地方的な孤立した方法もあるが、大多数は、砂糖煮するか(上海、江蘇省武進、広東省潮州、普寧、東莞、広州)、それとも皮を剝いて食べるというから、おそらく日本の衣かつぎのようなものにするか(南京、福建省福州、広東省普寧、乳源、英徳、増城、広州、なお天南星については澄邁)のいずれかである。このうち、後者のほうがより古い形式であろう。つまり、上海、江蘇、広州のような、大都会やその近郊においては砂糖煮が多いこと、また砂糖の普及自体が比較的新しいこと、これに反して、衣かつぎは広州や福州のような都市にもあるが、主として地方において行われ、かつ方法自体が簡単なものであること、さらに、もし私の推測が正しいとすれば、古い脱皮信仰とのつながりを考えさせること、などの根拠からみて、衣かつぎのほうが砂糖煮よりも古い形式であろう。

最後に日本における里芋を儀礼的食品として用いる習俗との関連について一言しておきたい。私は、日本と中国のこの習俗の間にやはり系譜的、歴史的関係があり、中国から日本に入ったものと考える。その理由は、

(一) 両地域ともにそれが正月と八月十五夜に集中して現われること。

(二) そして、正月(上元)と中秋を対としてみる観念は中国ではふつうだが、日本では稀なこと。

(三) 両地域において、少なくとも八月十五夜の場合、衣かつぎが本来の調理法であること。

(四) 両地域は地理的にも近接しているばかりでなく、古くから、つまり少なくとも『魏志』倭人伝の時代から、両地域間の文化の大幅な共通性が存在していること。(5)

である。

私の印象を率直にいえば、儀礼食物としての里芋は、すでに中国南部において、正月と八月十五夜という二つの大きな年中行事の食品として確立してから、出来上ったものとして日本に入ったという感を禁じ得ないものがある。I章(『正月の来た道』)でも述べたように中秋看月という行事は、中原の文化に固有の行事ではなく、文献に出てくるのは唐代からである。(6)エーバーハルトは八月十五夜をヤオ文化に属させたが、(7)分布からみてこれもむしろ越文化つまり中国東南部の地方文化に属すると考えたほうがよいであろう。

いずれにしても、儀礼的食品に里芋を用いる習俗は、中国では越文化において発達確立したものらしく、かつ倭人伝の時代以来、越文化に類似する文化が西日本にあったこと、ないし少なくとも江南系の文化要素が数多く存在していたことは、すでによく知られている。してみると、我が国の正月芋や芋名月の俗も、あるいはこのような古い江南とのつながりの一部をなしていたものかもしれない。

正月と八月十五夜に里芋を食べる習俗が日本に入った時代については、はっきりしたことはいえない。ただいえることは、中国の東南部において、正月と中秋の年中行事の体系のなかに組み入れられてから入ったように思われることである。また分布からみて、古い焼畑耕作文化に属するというよりも、むしろ水稲耕作文化の一部としての里芋栽培とみるほうが適当であろう。その意味において、考古学の立場からの都出比呂志の考えは、私の考えに近い。都出は次のように述べている。

弥生時代成立期の外来の畑作物にたいする考古学からの考察は、大林による人類学の考察とここで合流することができるのではないか。つまり、弥生時代早期の水稲農耕にともなっていた畑作のなかにムギやアワのみならずイモもふくまれていた。あるいは弥生時代早期直前に渡来したオ

カボなどの畑作にイモが伴ったか、あるいは少なくとも、イモを儀礼的食物として扱う習俗が共存していた可能性を考えてもよいのではないか。[8]

（文献）

（1）Wagner 1926. 訳、下、二〇四

（2）Eberhard 1968 : 92-9.

（3）Lin 1947 : 40.

（4）Eberhard 1937 : 115-117, 譚、一九八〇、四三〇

（5）大林、一九七七b

（6）田中、一九八〇、六〇

（7）Eberhard 1968 : 46-49.

（8）都出、一九九一、七二

（『正月の来た道――日本と中国の新春行事』小学館、一九九二年）

アイヌ文化と北方諸文化

「アイヌ文化と北方諸文化」という問題はたいへん大きな問題で、いろんな角度から考えることができますが、私は民族学が専門ですので、その立場からお話しします。

まず、「北の文化の一部である」という立場から見るのが、一番基本的な私の立場であります。すぐ気がつきますのは、たとえばユーカラを見ましても、夏の年六年、冬の年六年、というような一年を夏と冬にわけるという考え方、また、地名を見ましても、夏の村、冬の村というような地名があります。これは、北方の地域で広く共通の考え方であります。自然環境の共通性というか、北海道は緯度からいってたいして北ではないのですが、しかし、そのような季節観に現れる自然のリズムがたいへん北方的であると言えます。

北方的と言いましてもいろんな北方的要素があるわけですが、その一つは、北太平洋的であり、これはいろんなレベルがあると思いますが、生業形態のうえでいいますと、やはりサケ、マスの漁撈が多くの役割をしめています。それにもとづいて定住性の高い生活様式が展開しているという点におきましては、北米の北西海岸、さらにはカリフォルニアの北のほうから北米の北西海岸を経て、カムチャツカ半島、さらに北海道、また本州の東北という広い地域に共通の、北太平洋的な様式をなしていると言えると思います。これは単にサケ、マスが重要であるというばかりでなく、初サケの儀礼というようなものが北西海岸においては顕著であり、それは北海道のアイヌにもある。これは犬飼哲夫先生以来論じられていることであります。また、本州の主に日本海側、青森から新潟にかけてのサケの《大助》というような現象というもの、これはやはり北太平洋的なサケ、マスの領域のひとつの文化的表現であります(『北の人　文化と宗教』第九章参照)。

そのようなことを考えますと、アイヌの北太平洋的性格は、アイヌばかりでなく、日本列島のなかの和人の一部をふくんでいます。つまり東北地方、北陸にかけても、和人の伝統的生活は同じ延長線上にあるということが一つの問題ではないかということです。

その他にも、もちろん、狩猟、ことにシカ類の狩猟が大きな役割を占めています。また、クマの狩猟が主たる生業活動というだけでなく、世界観の上においても非常に重要な地位を占めています。これは北方共通の、北太平洋というよりむしろ、北米からスカンジナビアにかけての北方、つまり森林地帯の文化に共通のものです。

また、もっと地域を狭く見ますと、生業形態の中で、女性がユリの根を採集して重要な澱粉源にしているというのは北海道、またはサハリン、カムチャツカ半島というような具合に、わりと北海道に近い地域には非常に広く行われている重要な生存活動の一つであります。

このように、いろんな点からみて、生業形態における類似性があります。たとえば、サケをとるアイヌのマレックのようなものがニブフのところにもあったと思いますし、コリヤークにも似たようなものがあるんですね。これは私も初めて知ったんですけど。このように、全然知らなかったものが、また出てくるかもしれません。

そういうわけで、生業形態に関してもいろいろありますし、その他、社会生活におきましてもいろいろな道があります。たとえば、孤児（みなしご）の少年が初めて狩りをすると、今まで養ってくれていた姉さんなどの取り扱いかたが違ってきます。一人前として扱ってくれるわけです。こういう少年の初狩りが、いわば成年式の性格をもつという現象が、アフリカのサン（ブッシュマン）やよその地域の狩猟民にもひろく見られます。これは北方にもありまして、アイヌの場合にもそうであります。

また、前から気になっているのですが、戦後北海道で日本民族学協会がアイヌの調査をしました。その時、杉浦健一先生が、アイヌにおいて親族組織が非常に特徴的であること、つまり、男は男の、女は女の血筋があるということが問題にされたのです〔杉浦　一九五二〕。私はチュクチとかコリヤーク、ユカギールに似たものがあるのではないかという印象をもっているんですが、まだはっきりつかめていません。これは今から研究するのは遅いのかもしれませんが、しかし、日本からいうと、今までシベリアの諸民族を調査する人は、そのような目でみていなかったということです。つまり、非常に発達した父系の親族集団という目でみているので、そうでないチュクチやコリヤークの親族は双系的であると決めてしまっているわけです。ですから、違う目をもって、あのへんを見たら、私が少し疑惑の念をもっているようなことが、はっきりと出てくるのかもしれません。そういうわけで、アイヌ研究をすれば、今まで問題にされていなかった新しいことが明らかになってくるのではないかという可能性が一つあると思います。

それから、ここで、ちょっと北の問題から外れることを申しますと、一方からアイヌ文化を見ますと、アイヌ文化はあまり寒地適応していない文化なのではないかという印象をもつわけです。とくに、服装を見ると、決して寒いところの服装とは思えない。ああいう形で昔からそうだったのか、と思いますし、また、ソリなども発達していません。しかし、北海道の日本海側は、あれだけ雪のつもるところだったわけですから、十分にソリの威力が発揮できる地域なんです。それにもかかわらず、ソリがありません。これは、果たして寒地適用している文化なのだろうかという気もします。

さらに、私たち民族学をやっている者が一番イライラする理由の一つは、言語の系統がわからないということです。私が非常に親しくしていただいた村山七郎先生が、先日お亡くなりになりましたが、その先生が晩年は、「アイヌ語はオーストロネシア語である」ということをさかんにお書きになりまして、よく電話で「どう思うか」と聞かれて、困ってしまいました。民族学の立場からは私にはそう思えないからです。文化のほうから見て、アイヌの伝統的な機織りの形式とか、その他いろいろなものに確かに南方的要素がありますが、それらはおそらく和人を経由して入ったのではないかと思われます。

おでこのところから紐でもって、背中で荷物を運ぶ形式も、世界の僻地には多い形式であるといえばそれまでですが、しかし、これもまた日本では沖縄の方に行けばそれがあります。やはり、和人のところでも、かつてそれがあったのではないかという疑いがあるのです。ですから、南との関係についていえば、「これは確かに南方的要素である」と言える要素で、和人を経由しない要素がアイヌにはあるということは、今のところ、私には考えられません。ですから、言語学者の村山先生に、どうだどうだと言われると大変困ってしまうわけです。アイヌ語の系統については、これは言語学者じゃないけれども、安本美典氏が極東アジア語ということを言って、日本語、アイヌ語、朝鮮語に何か共通に古いものがあったのではないかと言っていますが、言語学的な証明というものではないけれども、発想としては大変魅力のあるものです［安本一九九二］。

いずれにしましても、系統がわかっていないのはアイヌ語だけでなく、日本語もわかっていないわけですから、言語学の研究者がたに、大きな見通しをだしていただけると、大変ありがたいと思います。

このごろ私は、アイヌと北方との関係を考えていて、今まで思っているよりもアムール地域、ツングース系の諸民族なんかと共通している面があるのではないかということを考えるようになってきました。なぜかというと、以前、私はアイヌの霊魂の観念について考察したのですが、その時には霊魂は一つしかないという考えに到達し、シベリアの民族では霊魂が複数あるという考えが普通であるという事実に照らして、どうも北方と違うのではないかなと思っていたのです。

ところが、このごろ、たとえばフランスのローランス・デラビーというツングースの宗教の研究をやっている、大変すぐれた女性の学者がいますけど、彼女がツングース系統の霊魂の観念をまとめているのを見ると、非常にきれいにでてくるのは、西方のツングースは確かに霊魂が複数なんですが、ナーナイのあたりから東の方になってくると、だいたい霊魂が一つだというところが多いんです。

それからまた、もう一つ重要なのは、霊魂が循環運動をしている、つまり子供が生まれるとき、体内に入って、死んだらまた霊魂のリザーヴみたいなところがあって、そこに戻っていき、それから機を見て、また新しく生まれる子供のところに受肉する。そういう循環運動、これはツングース系の民族のところでは非常に一般的であり、発達しています。そうすると、これは北海道のアイヌにも合う特徴なので、霊魂の観念というのは沿海州、ツングース、アイヌのところまで一つの形式なのではないか、一つの分布圏ができるのではないかと考えています（『北の人 文化と宗教』第一一章参照）。

今までもアムールランドから北海道のアイヌにかけて、たとえばクマ祭において、飼いクマを飼って殺すというのは大変重要であることが指摘されています。それは、スカンジナビアから北米にかけての狩りでもってクマを殺すというのよりも発達した形であろうと私は考えます。

しかし、クマ祭りだけでなく、霊魂の観念も、アイヌとアムールランドの方と共通していると言えると思います。するとこれは、霊魂の観念という宗教のなかで基本的なものだと思いますから、それが共通しているということは、やはりアイヌの文化、宗教を考えるうえで、非常に大きな影響があるのではないでしょうか。

ところが、他方においてはアムールランドにはアイヌにないものがたくさんあります。たとえば太陽を射る話とか、兄と妹が結婚して先祖になったとか、アムールランドにはたくさんあるけれど、アイヌにはありません。また、北方にひろく広がっている占いの形式として、シカ類の肩胛骨を炙ってやる占いですね、これは北米からずっとヨーロッパまで広がっているわけですが、そして日本にも入っているのですが、アイヌにはありません。しかもアイヌの場合、生業形態においてシカの狩猟というのは非常に基本的な生業活動だったわけですが、それにもかかわらずそれがありません。そういうわけで、当然期待してよいものがアイヌにはなかったりして、これをどのように解釈してよいかというところが、非常に面白い問題じゃないかと思います。

もう一つ私がアイヌのことを考える場合に重要だと思いますのは、今から二〇年以上前に美幌アイヌの調査をしたころから、日高アイヌの目をもってアイヌ全体を見るのはいけないんじゃないかと思うようになったことです。先日、コロボックルの研究をやったときもそう思ったんです。実は、国分直一先生が八八歳になられて、米寿の記念論文集のために原稿を送りました。それはコロボックルに関する伝説についての資料を、手にはいるだけ集めてみたらどういうことになるか、という研究です。それで全部で六〇くらい集まったんです。そして、分布を見ると、だいたい更科源蔵さんも言っているように、日本海側は余市から西にはなく、太平洋側は苫小牧から西にはないんですね。それは確かに私が集めた例でもそうなんです。

そして、なかを見ると大きく分けて二つの層があると考えられます。一つは新しい層で、主人公はコロボックルと言います。そして、非常に小さいということを、おとぎ話として強調しています。蕗の下に六〇人も入ったとか。ところが、もう一つはトンチとかいう系統の名前です。そして、これは、たとえば根室だったら、小さいといっても高さ四尺くらいあり、アツシを着ると裾をひきずるという、そういう程度の小ささなんです。それで、さらにサハリン・アイヌですね、あの場合では大きい小さいということを言わないんです。そしてもっと驚くべきことは、ベルトールト・ラウファーがサハリンで調査したときの報告によると、トンチはむしろ大きかったので、ロシア人の先祖でないかと言っているんですね。要するに、私の考えでは、そちらのほうが古い層だと思うんです。そうすると、小さいということを強調している新しい形式は、日高かどっかが中心になって、広がったのではないかと思います。そうすると、あのへんの文化は新しい、そういう点では、新しい発達層ではないかと思います（『北の人　文化と宗教』第一三章参照）。

また、静内から西の方になると、アイヌの祖先祭があるのですが、これは仏教の影響ではないかという気がします。確かに仏教の布教活動は一五、六世紀頃からずいぶんあるわけですね。今までみんなこのことを軽く見ていたと思うんです。私はあの仏教の影響をもっと真剣に考えるべきではないかと思います。そういうことを考えると、日高のアイヌは新しい、発達した、それだけにエラボレイトされたものかもしれない。したがって、アイヌの文化の古い形を考える時、日高の文化にとらわれるというのはいけないことじゃないかと思います。

ですから、北方文化と比較する場合、もちろん日高のデータも役に立つと思いますが、やはりより古い形が残っているという点では、道東のアイヌの方がより多くの比較例が出しやすいのではないかと思います。

また、先ほどサケのことで少し申しましたが、アイヌのことを考える場合、本州の東半分、北半分はもっと考慮に入れていいのではないでしょうか。ところで、南九州の場合は、東北地方の場合と比べると、フォークロアの研究が大変違う道を進んだと思います。それは、南九州の場合、小野重朗さんが、鹿児島の伝統的な民俗の中で、隼人の民俗があると誇りをもって主張したわけですね。また、土地の人も偏見なしで受け取っています。しかし、これが東北に関しましては、これが蝦夷系の民俗であるとか、アイヌ系の民俗であるということを声を大にしてやるということはなかったのです。これには、もちろん歴史的な背景があるわけですが、しかし、客観的に学問研究の点から言えば、やはり津軽海峡でもって、すぱっと切れるわけではなくて、東北地方もふくめた連続体というものを考えなくてはいけないと思います。そういう意味で、内地における蝦夷的な、アイヌ的な民俗ということ、また、北海道アイヌに関しては、先ほど仏教のことでもいいましたが、内地の側からの影響というのも、調べていけば、今まで考えられたもの以上のことがあるのではないでしょうか。そういうことをとりあげると、もっと研究が進んで、よいのではないかと思っております［本章全体について大林 一九九一a：二二五―三五七を参照］。

（『北の人 文化と宗教』第一書房、一九九七年）

南とのつながり――沖縄の歴史と神話

これから沖縄について、いくつかの問題を考えてみたいと思います。しかも少し幅広く考えてみたいと思います。幅広くという意味は、一つは考古学、神話、歴史、葬制など、さまざまな分野にわたって考えることです。

また、もう一つは、沖縄を空間的にも広く南の世界、ことに東南アジアとのつながりについて考えてみることです。もちろん、問題の多くはまだ進行中のものです。けれども、私としては、できるだけ新しい見方、新しい解釈を出してみるつもりです。

沖縄の創世神話

まず、神話から話をはじめましょう。私は日本民族学会が編集した『沖縄の民族学的研究』（民族学振興会発行、一九七三年）という本のなかで、琉球《りゆうきゆう》神話の系統を考えてみました。そこで出た結論を簡単にご紹介しましょう。

北は奄美《あまみ》諸島から南は八重山《やえやま》にいたる地域を、いちおう琉球列島と呼び、この地域における世界起源神話、および人類起源神話の事例をずっと並べました。

奄美、沖縄本島、宮古《みやこ》、八重山の分布状態をみると、大雑把に琉球列島においては、神話は北部と南部、北部というのは奄美、沖縄本島、南部は宮古、八重山と分かれる傾向がみられます。

たとえば、最初、島が流れていた。また風によって妊娠した。それから巨人が天地を分離した。そういう神話はだいたい北部の方にあります。他方、犬と人間の女が結婚して先祖になった。また地面のなかから始祖が出てきた。こういうモチーフは南部の琉球列島の神話を考える場合に重要です。従来はどうしても『中山世鑑《ちゆうざんせいかん》』（向象賢《しようじようけん》編、一六五〇年成立）とか『球陽《きゆうよう》』（一七四三～一八七六成立）に出てくる王朝神話にひじょうに大きなウェイトをおいていたのですが、私は、琉球の神話は、王朝神話と民間神話との二つに区別し、民間神話にも注目する必要があると考えています。

ところで、王朝神話としてあげることができるモチーフは、最初に夫婦が天から降りてきた、それから島が流れていた、また風によって孕《はら》むとか、天から土や砂を投げて島がつくられ

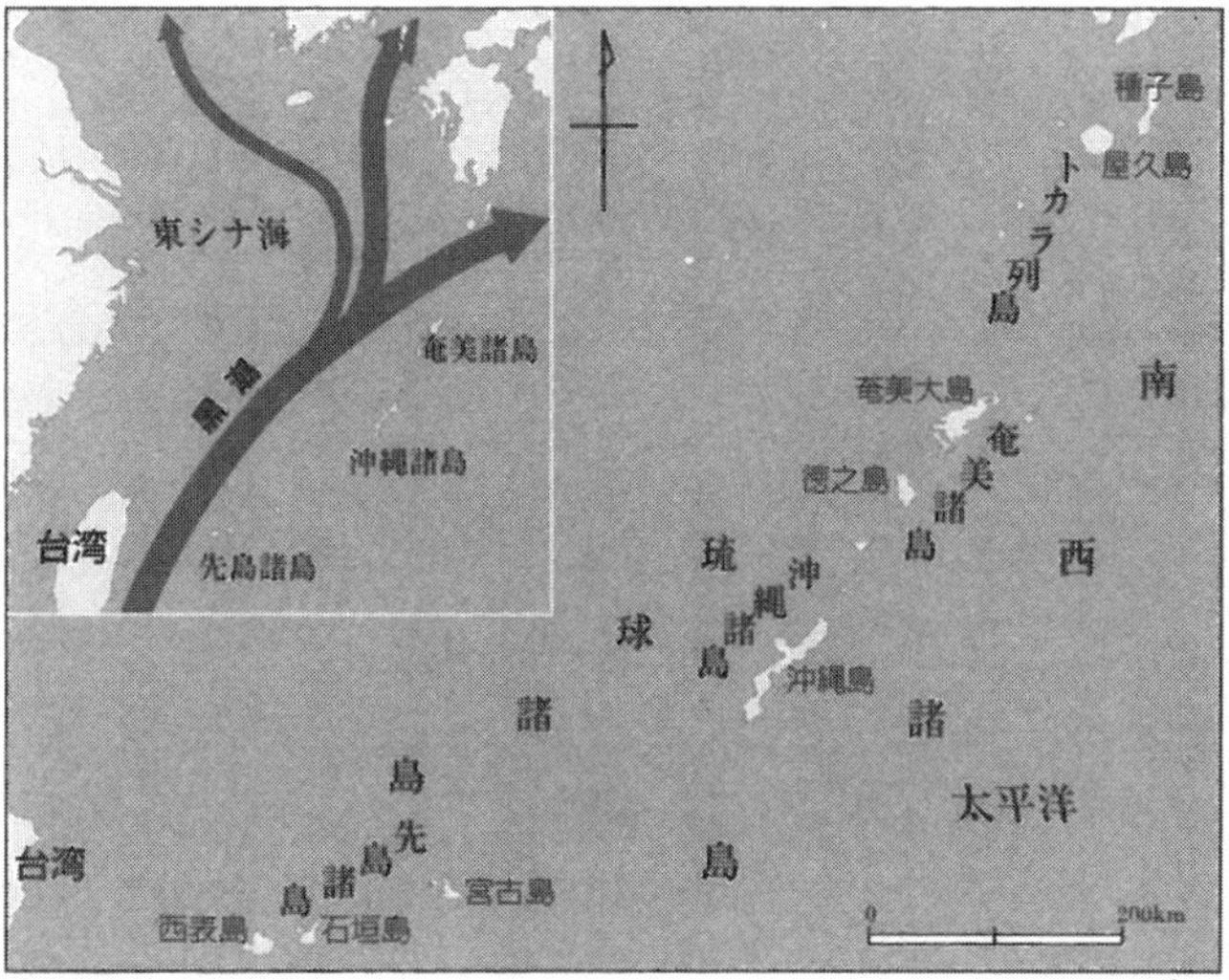

琉球弧地図

たというモチーフです。

民間神話の性格をもつモチーフとしては、粘土から人間をつくったとか、始祖が漂着してきた、あるいは最初に産みぞこないが行われるとか、犬と結婚して先祖になる、地中から始祖が出現した、天地を分離した巨人、楽園状態など、そういったモチーフです。

琉球列島の神話はたった一つの起源のものではなくて、さまざまな系統のものがありました。しかもそれを包含した大神話体系にまとめられるところまではいっていません。ある程度は琉球王朝神話がそれをしようとしたのですが、それも列島全域を制覇するところまではいっていません。

国分直一氏は、奄美・沖縄圏（北部圏）と八重山（南部圏）というように、考古学のほうでも二つの、南と北のグルーピンクが可能であるという結果を出しています。私はそれが神話とも対応する点がおもしろいと思っています。ただ、その場合、現在、あるいは過去数百年間に集められた神話における南北の差が、そのまま先史時代の南北の文化領域に直接遡りうるかどうかは、定かではありません。

しかし、神話のうちのあるもの、たとえば地中から先祖が出現したというモチーフは、東南アジア全体における分布状態をみると、たとえばアッサムとか、インドシナのモンタニャール諸族とか、インドネシアではボルネオから東、そしてまたニューギニアの南側に沿って分布しています。

つまり全体的にいって、島嶼《とうしょ》部では、オーストロネシア語族以前の文化がよく残っている地域に、比較的濃厚に分布しています。それから考えて、これなどはひじょうに古い農耕文化の神話ではないかと思われます。しかし、それが八重山に入ったのは、むしろオーストロネシア的なものとして入ったと思われます。というのは、国分氏が考古学の面から、八重山に特徴的な石器だといわれているものをみても、ダッハバイル（屋根型石器）のように、オーストロネシア語族がもたらしたものとみるほうがより適切だと思われるからです。

ですから、こういうひじょうに古い神話要素はありますが、沖縄に入った場合には、一度オーストロネシア語族のところに受容されてから入っているのではないか、と考えています。

そして、琉球神話のなかで、主として南部に、兄妹が漂着するとか、産みぞこない、つまり『古事記』『日本書紀』のヒルコ（『古事記』は水蛭子、『日本書紀』は蛭児）のような神話があります。これはともに、華南から東南アジアにかけての兄妹が結婚するモチーフを含んだ洪水神話と密接な関係にあることは確かですが、ふつうの洪水神話の形式からみると少しはずれています。しかし、この広域のうちでは、島嶼部に類話があります。私の結論としては、いちおう大陸部よりむしろ島嶼世界との関連が考えられるのではないかと考えています。

もう一つ、民間神話のうち天地分離の巨人神話とか、王朝神話のなかの島が流れる話とか、風によって孕む話とか、また天からの土砂による島つくりのようなモチーフは分布状態から考えて中国の東南部の呉越の文化のなかから、結局は放射されたものであろうと思います。そのうちあるものは、ことに王朝神話に含まれているようなものは、直接、呉越から琉球へきたのではなく、あるいは一度日本内地に入ってから、琉球に入ってきているようなものかもしれないと考えたのです。ただ、内地に入ってからきたとしても、私は、けっして『古事記』『日本書紀』の神話から分かれたとは考えないのです。

というのは、いろいろ細かい点が違っているし、神名などにおいてもさっぱり似ていません。琉球のアマミキョ、シネリョにしても伊奘冉《いざなみ》と伊奘諾《いざなき》とは名前は似ていません。もしも、『古事記』『日本書紀』の神話から分かれたものだとすれば、ことに『琉球神道記《しんとうき》』『中山世鑑』が書かれた時代を考えれば、内地の古典神話から派生したものだったのなら、当然何かそれらしい痕跡があってもよいと思うのです。

たとえば、『琉球神道記』には、天下った女のアマミキョが風によって孕んだというシーンが「ついに三子を生ず。一人は所所の主の始めなり。一人は祝《のろ》の始め。一人は土民の始め」と書いてあります。

『中山世鑑』の場合には、「長男は国ノ主の始め也、これを天孫氏と号す。次男は諸侯《しょこう》の始め、三男は百姓の始め、一女は君々《きみぎみ》の始め、次女は祝々《のろのろ》の始め」と書いてあります。

こういうものをみると、三人ではなく、五人になっていたり、数が増えているのもありますが、やはり三分法が基礎にあったのではないかと思います。そして三分法がそれぞれ相異なった三つの社会的機能と結びついている『琉球神道記』の形式が基本的なものではないかと思うのです。

この三つの社会的機能のうち統治と祭祀《さいし》という機能は、それぞれ全国的な代表者と地方的な代表者（諸侯）に二分する傾向がみられます。私は、この沖縄の神話に対応する日本の古典神話は原初の夫婦神である伊弉諾、伊弉冉、あるいは『古事記』の場合だと、伊邪那岐《いざなき》命の子として天照大御神《あまてらすおおみかみ》、須佐《すさ》之男《のお》命、月読《つきよみ》命の三貴子が生まれた神話だと思います。

学習院大学の吉田敦彦氏と私は、日本神話と西方のインド＝ヨーロッパ語族の神話との間に、さまざまな類似があることを論じてきました（たとえば、吉田敦彦『日本神話と印欧神話』、弘文堂、一九七四年。大林太良『日本神話の構造』。弘文堂、一九七五年）。

フランスの神話学者ジョルジュ・デュメジルが明らかにしたインド＝ヨーロッパ語族の神々の機能の名称を借りますと、天照は統治、主権の機能をあらわします。須佐之男は、軍事的、ないし第二機能です。月読の場合は、私は第三の生産者機能ではないかと思うのです。こういうように比較できるのではないでしょうか。ただ、日本の古典神話の場合は、いわゆる第二機能というか、軍事的な、あるいはひじょうに暴力的な機能がはっきり独立しています。ところが、沖縄の場合は、諸侯とか、あるいはまた、ほかの本によると、按司《あじ》と書いてありますが、そういう形で、いわば第二機能的な軍事的機能が統治機能のなかに埋没していく傾向があります。これが一つの特徴ではないかと思うのです。

というのは、私の想定では、おそらくこれは琉球においては王朝が形成される過程とか、その前段階において武力をもって征服したものが、王侯となるために、軍事的機能の担い手が統治的機能の担い手になったり、軍事的機能が統治的機能のなかに埋没する結果になったのではないでしょうか。

インド＝ヨーロッパ語族の場合には、王はデュメジルの分類からいうと、第二機能から出ています。インドだったら、王はブラーマンではなく、クシャトリアの出です。そのためにいろいろな点で第一機能、第二機能がこんがらがっている点があるのですが、琉球にも少し違うけれども似たところがあるのではないかと考えたのです。

そういう神話の問題と関連して、私がこのごろ考えているのは、尚《しょう》王家の宗廟《そうびょう》における祭神の三神一組《トライアッド》の問題です。これについては折口信夫《おりくちしのぶ》氏などいろいろな人が研究しています。詳しいことは略しますが、折口氏の解釈によると、聞得大君《きこえおおぎみ》御殿《うどうん》ならびに旧王城正殿百浦添《ももうらそえ》に祀《まつ》られる三神は、女官の御双紙に出てくる三神に対応します。これら王朝祭祀の三神のうち、御月の御前、ないし金の美御すじの御前という神様は穀物の神と思われます。そうだとすれば、それは生産者機能をあらわしているのです。

そして御月の御前ないし御すじの御前は主神ですから、統治機能をあらわすと考えられます。問題はお火鉢の御前ですが、これがよくわかりません。しかし、これが聞得大君とひじょうに密接な関係があったということがいろいろ出ているので、主に祭祀機能と関連するのではないかと、私は解釈しています。

そうしますと、尚王家の祭祀におけるトライアッドは統治、生産者、祭司という形になっています。つまり、印欧的ないし日本内地の古代の三機能のうち、軍事的機能が脱落し、そのかわり統治機能と祭祀機能とが分かれているというトライアッドであって、これはちょうど『琉球神道記』や『中山世鑑』にあらわれた三分法と対応する三分法をとっていることになります。

ですから沖縄の王朝文化では、神話と祭祀との両方において、構造的に対応する三分的体系が存在すると考えてよいのではないかと思います。それは日本内地の古典神話の体系と関連はあるけれども、ある程度変わっています。その大きな特徴は、軍事的機能が脱落しているということで、そのかわり主権的な機能というべきものが統治の機能と祭祀の機能とに分裂してあらわれています。そして、数だけでは、三つでもってくくっている。そういうところが一つのポイントではないでしょうか。

私は、日本内地についても、はじめは神話の面ばかりでこういう三機能体系のことを研究していたのですが、祭祀の面においても、だいたい奈良時代から前の段階において三機能体系があるのではないかと考えるようになりました。

というのは、直木孝次郎氏の研究によると、『古事記』『日本書紀』にいろいろな神社が出てきますが、神宮という言葉を使っているのは、三つだけなのです。つまり奈良時代も後になってくると、八幡のような新顔が出てきますが、もとからの神社で、神宮という言葉を使っているのは、伊勢、出雲《いずも》、石上《いそのかみ》の三つです。

この場合、伊勢というのは、天照大神を祀っていて、少なくとも記紀のなかでは、皇室の祖先神というように考えられていました。ですから、これは統治の機能、あるいは主権の機能をあらわしている神です。

石上は、いうまでもなく、軍事の神です。そして出雲の祭神は土地の主、大国主《おおくにぬし》神です。ですから、これは生産者という形で第三機能です。

したがって、奈良時代より前においては、他の神社から特別扱いされていた神社は三つの大きな社会的機能を代表していました。これははっきりと三機能体系をあらわしています。そのようなわけで、日本内地の古代における三機能体系の少し変化した形が沖縄でみられるのではないでしょうか。

私の考えでは、ふつう諸侯といわれている按司は、もともと王朝確立以前には、軍事的な指導者のことをいったのではないかと思います。それが軍事的な機能を失ってしまって、たんなる地方的な当事者に変化したために、『琉球神道記』や『中山世鑑』に出てくるような、軍事的機能の担い手が脱落した形で三機能体系が再編成された形で出てきているのではないか、そのような見通しを私はもっています（大林太良『東アジアの王権神話』、弘文堂、一九八四年、を参照）。

鉄器導入にからむ歴史のプロセス

沖縄では、一四世紀に山北《さんぽく》、中山《ちゅうざん》、山南《さんなん》と、本島に三つの政治権力が並び立つ時代をへて、一五世紀からの第一尚氏の王朝になり、政治的統一が進みました。

その三山鼎立《ていりつ》の時代の前、一〇世紀ごろからがグスク時代といわれ、後で述べる《グスク》が築かれ、新石器時代から鉄器時代への移行が行われました。この時代は、まだ文献記録がありませんから、考古学的資料を解釈して歴史を考えなくてはなりません。

民族学の立場から歴史を研究する場合、いくつかのアプローチがありますが、その一つとして、人類の歴史を通じて、繰り返し同じようなプロセスや状況が生じた場合、そこに何らかの規則性が発見されれば、それを過去の歴史の研究にも応用しようという立場があります。

たとえば、鉄器が、いままで使われていなかったところに入ってくると、いったいどういう現象が起こるか、鉄器導入の際、演じられたプロセスの具体例を比較、分析し、それを通じて規則的な傾向を明らかにし、ある程度一般化するわけです。

実は、この鉄器の導入という問題は、ある意味においてはたいへん古くから人類学、民族学の研究者の関心事でした。それは一九世紀の末ごろ、あるいは二〇世紀の初めごろから民族学、考古学で、石器時代、鉄器時代というように、道具の材料に基づいて時代区分を行っていることに対して、はたしてそれが文化全体の段階分けとして、有効な基準であるのかどうかという疑問が、民族学のほうからたびたび出ていました。

初期の代表者としては、たとえば、ドイツのレオ・フロベニウスは、材料が石から鉄に変わっても、ある特定の民族の文化はそれほど変わらないのだという点を強調しています。

また、ポリネシアの経済を研究したイギリスの社会人類学者レイモンド・ファースは、ティコピア島の経済を詳しく研究しています。ティコピア島において、石器時代という表現は、ちょっと不適当です。というのは、ヨーロッパ人の入ってくる前に使った道具はだいたい貝でつくられていたので、むしろ貝器時代なのです。ポリネシアといっても、いわゆるアウトライヤーの一つで、メラネシアのバンクス諸島の東方にある小さな珊瑚礁《さんごしょう》の離島ですから、道具の材料は、石ではなく貝です。それで、ここでは今世紀よりも前の時代に、すでに貝から鉄に道具の材料が変わったわけですけれども、結果として基本的な生活様式はほとんど変わっていない、とファースは指摘しています。つまり家屋の形、船、衣服、その他の形はもとのままであり、経済組織にも変化をほとんどみることはできないと報告しています。

もう一人例をあげると、東南アジアの山地民に、たとえば、アッサムのナガ族という首狩りをしていたので有名な民族がいますが、彼らの文化を調査したウィーン生まれでロンドン大学教授のフューラー＝ハイメンドルフの説によると、ナガ族の基本的な生活様式は、だいたい新石器時代の段階に出来上がったのであって、現在、鉄器を使っているものの、その間に基本的な大きな変化はなかったのではないか。という考え方を出しています。

そういうように、石器から鉄器に変わっても、その民族の文化全体としては大きな変化はなかったという考えが、人類学、民族学では、どちらかというと伝統的にあったということができると思います。しかし、短期間においては、たしかにそうであるけれども、長期間ではいったいどうであるかというと、これは問題が違うと思います。長期間たてば、それなりに変化らしい変化もまたありうるのではないかと考えられます。また、たとえ石器から鉄器に変わった段階で、しばらくの間は、基本的な生活様式はあまり変わらないにしても、やはりそこには従来の生活に対する一種の、何らかの攪乱《かくらん》が生じます。そこまではだれも否定はしないわけです。ことに重要なことは、文化のいろいろな分野の相対的比重が変わることです。

まず、一つ考えられることは、石器から鉄器に変わったため労働の能率がひじょうによくなったことです。

ある実験をご紹介しましょう。

一インチの材木を伐《き》るのに、石の斧《おの》を使った場合と、鋼鉄の斧を使った場合では、消費するカロリーがどれだけ違うかを比較した実験です。

それによると、石の斧を使った場合には、鋼鉄の斧を使った場合に比べて五倍も余計にカロリーを必要とするという結果が報告されています（S. Saraydan and I. Shimada, A quantiative comparison between a stone axe and a steel axe, in : American Antiquity, 1971）。もちろん石斧《せきふ》といっても優秀なものもあるだろうし、駄目なものもあるでしょうから、一概にそうはいえないでしょうが、かなり能率が向上するということはいえるわけです。

能率が向上するということは、いままで労働に使った時間がそれだけ空いて、暇な時間ができるということです。それならば鉄器が導入されて暇な時間ができたら、いったいどういう現象が生じるのか、具体的な研究例にもとづいてちょっと考えてみたいと思います。

ニューギニアの山地民は、比較的最近まで、いわゆる新石器時代の段階にありました。農耕を営み、磨製石器は使っていましたが、金属器は、以前にはもっていませんでした。金属器は西洋文明を通して入ってきたのです。東部高地にシアネ族という民族がいるのですが、一九三三年にはじめてそこを探検家が通ったのが、白人と接触した最初なのです。そして人類学者がはじめてそこに入り込んで調査したのが一九五二年です。ですからその間に、だいたい二〇年間の時間があります。

一九三三年当時は、ここはまだ石器時代の段階です。そして第二次世界大戦の終わった四五年ごろまでの間は、直接白人のところから鉄の斧が入るのではなくて、他のパプア系の山地民を通じて間接的に鉄の斧がシアネ族に入ってきました。そして、五〇年代のはじめには、石斧はもう年寄りのところに、いわば昔の記念品として保存されているにすぎない状態になってしまっていたのです。

これはひじょうにおもしろい状況だと思うのです。つまり、直接白人と接触して変化が生じた場合だと、その変化が石器から鉄器になったために生じたのか、その他の要因によるのか区別がむつかしく、よくわかりません。ところが、このシアネ族の場合には、接触は間接的であって、斧が石から鉄に変わったというそれだけの条件によって、この民族にどういう変化が起きたのかが明らかにできるという、貴重なケースです。

しかもそれがごく最近に起こっているために、一九五二年、ソールズベリーという人類学者が調査した段階において、まだ大人ならば石器を使ったころのことをよく覚えていました。そして、鉄器が入った後、どういうことが起きたかということもまた、よく記憶していたわけです。

彼らの話を聞くと、鉄器が入ってきても、はじめのうちは彼らの直接の生活に必要な物資、たとえば、食べ物——この辺りの主食はイモ類です——の生産力をあげるなどということはしませんでした。こういうものの需要はだいたいコンスタントで、生産力をあげないでおくのです。しかし、全体的にあらゆる分野について潜在的な生産力は向上するわけであるし、そして暇ができることになるわけです。

するといったいどういう現象が起こるかというと、まず権力を得ようという意思が顕著に出てきます。そしてその権力を得るためには二つの方法があります。

一つは、実力闘争ですが、もう一つは、盛んに儀礼を行って、ひじょうに貴重品と考えられているもの、たとえば、豚とか、犬の牙《きば》とか、貝殻とかをみせびらかしたり、あるいは他のグループと交換したりすることで自分たちの威信を示して、高い力を得ようとする、といったことがひじょうに盛んになります。

次の段階になると、いわゆる贅沢《ぜいたく》品が関心の対象になってきます。さらに次の段階になると、余剰を資本として投資する場合が出てきます。けれどもその場合も、生産財への投資はまずなくて、消費財への投資がほとんどです。

グスクは鉄器時代の象徴か

おもしろいことに、シアネ族にみられるこうした傾向は、ここだけの特殊な例ではないのです。たとえば、ニュージーランドのマオリ族に、鉄が入った場合もだいたいそうであったし、東部メラネシアの場合もそうでした。また北アメリカの北西海岸のインディアンに鉄器が入った場合もそうでした。

皆さんご承知の、いわゆるトーテムポールというものがありますが、これはもともとは北米の北西海岸のインディアンがつくったものなのです。ところが、大阪の国立民族学博物館にあるような大きなトーテムポールができたのは、鉄器が入ってからなのです。よその連中に対して自分たちの力を誇示するために、どんどんトーテムポールを大きくしたのです。これは、まさにこういう一般的な動きの一つのあらわれです。

このようにみてくると、シアネ族にみられたプロセスは、かなり一般性をもっているのではないかと考えられます（R. F. Salisbury, From stone to steel, Melbourne University Press, Parkville, 1962)。そうすると、これが沖縄のいわゆる「グスク時代」といわれるものの解明に役立つのではないでしょうか。「グスク時代」は鉄器が盛んに使われるようになった結果の社会的変化があらわれています。第一に「グスク」が、少なくとも部分的には防御施設であることから、やはり盛んに戦争を行ったのではないかと思われます。また、グスクは聖所でもあることから、大規模な儀礼を行っていたのではないかと考えられます。この儀礼は自分たちのために行うのではなく、こっちでは盛んに儀礼をやっているのだ、また儀礼をするところもこんなに立派なのだというところを他のグループにみせつける、まさに力の誇示という側面をもっていたと思います。

いま述べたことはまったく想像の域を出ていないのですが、私はこういう人類の歴史を通じて繰り返しみられた、同じような状況、同じようなプロセス、そこに存在する規則的な傾向の知識を、沖縄の古代史、ことにひじょうに材料の少ない「グスク時代」の解釈に適用してみて、それがわれわれの知っているデータと、もしも矛盾しなければ、そういう解釈もまた許されるのではないかと考えています。

ところで、鉄の導入にともなう地域的格差があったかどうかという問題があります。いま適当な例を知りません。ただひとつ考えられることは、鉄が入ってきたために、住民の移動が行われ、みな鉄を入手してしまうので、それほど地域的格差は大きくならないという可能性です。そういう例が東南アジアでは報告されています。

たとえば、ボルネオの場合だと、紀元一〇世紀ぐらいになって、サラワク川の河口の方のサントウボングで製鉄が盛んになります。大きな遺跡が発見されていますが、その段階になると、いままで山奥に住んでいた連中が、だんだん集落を鉄器の入手しやすい川下の方に移動してくるというプロセスがあったということです。これは、トム・ハリソンというボルネオの考古学、民族学を研究していた人によると、奥地に行くと、もう誰も住んでいない幽霊屋敷のようになっている古いロングハウスが残っており、もとはみなその奥に住んでいたが、結局、鉄が欲しくてどんどん下の方に移ってしまったため、そうなったのだということです（Tom Harrison, Inside Borneo, in : The Geographical Journal, 1964）。沖縄でも、ところによっては、そういう形における住民の空間的な再編成があったかもしれません。

また、われわれの知っている例からいっても、鉄器は交易によってどんどん広がっていきます。一か所、ある地域に鉄器が入ると、それがどんどん奥地の方まで広がる。ですから、もちろん豊富にもっている、もっていないという違いはあるでしょうが、ぜんぜん鉄器をもっていないというところは、ひじょうに短い間になくなってしまうのがふつうの傾向ではないかと思われます。

「古琉球時代」は国民形成の時代

ご承知のとおり、現在世界各地で、いわゆる発展途上国のネーション・ビルディング、つまり「国民形成」が、さまざまな形で進行中です。そして、この国民形成は、あくまでも現代という世界的な状況のもとにおいて行われています。それは同時に近代化でもあるという意味において、世界史上特異な現象です。けれども、国民形成という概念をもっと一般化すれば、これは過去にも、少し違う形であったと考えてよいのではないかと思います。

たとえば、日本の場合を考えると、明治時代が近代的な意味での偉大な国民形成の時期であったことはいまさらいうまでもありません。しかし、その一〇〇〇年前にも、中国文明のインパクトを受けて律令制《りつりょう》ができたというのは、やはりその当時における国民形成という側面をもっていたのではないかと思われるのです。

すると、沖縄の場合もいわゆる古琉球の時代は、一つの国民形成の時代ではなかったかと思います。そういう視点で考えてみると、いろいろな問題がでてきます。高良倉吉氏の『琉球の時代』（筑摩書房、一九八〇年）という本をみてもわかるように、古琉球の時代には、琉球列島はたんに日本内地に向かって開かれていたばかりでなく、中国に対しても開かれていたし、東南アジアに対しても開かれていました。

そういう時期に一種の中央集権化が進行し、やはり国民形成が行われました。しかも、ここで国民形成が行われたことは、個人史に比較をとってみれば、いわば思春期みたいな時期ではなかったかと考えられます。つまり、そのときにできた性格、境遇がいろいろ変わっても強固に持続し、あるいは、その後の行動をいろいろな形で規定していく。この古琉球の時期を、そういう形でみることができるでしょう。

現在の世界で、いわゆる国民形成が進行する場合、ふつうみられる現象は――もちろん自分の文化的伝統といままでの歴史の蓄積を踏まえて国民形成を行うわけですが――やはり他の国、いわゆる先進国をモデルとして国民形成の作業を行っていく。先ほどの日本の律令国家という場合だったら、これは唐がモデルになっていたわけです。

そうすると、たとえば、沖縄において、尚真王《しょうしん》（在位一四七七～一五二七年）のときに、初代の聞得大君、つまり最高の女性神官がはじめて出現したのも、外国にモデルがあったのではないかという可能性は検討に値すると思います。そして高良氏が『琉球の時代』のなかで、聞得大君以下の神女層は、国王を頂点とする政治機構に比肩する別の組織ではなく、国王を絶対的な頂点とする国家の政治機構の一環として、神女層または貴人・官人層同様に編成されていたと解釈すべきだ、と書いています。この解釈は、私もひじょうにおもしろいと思います。

サンガにみる神女組織のモデル

こういう神女組織の制定が、まったくモデルなしに行われていたという可能性もありますが、やはり何かモデルがあったほうがやりやすいにちがいないわけです。つまり、神女組織の確立は、一六世紀初頭における尚真王の中央集権的な政策の一環であった按司の首里《しゅり》集居政策、職制・位階制の確立（高良倉吉『琉球の時代』）と並ぶ一連の動きだというわけです。もしも何かモデルがあったということを考えると、私は日本本土にはモデルになるものはなかっただろうと思います。

本土では、古代において皇女が伊勢神宮の斎宮《さいくう》になるということはあります。たしかにそれは琉球国王の妹とか、あるいは、のちには妻が聞得大君になるのに対応する現象です。しかし、日本本土の場合には、別に伊勢の斎宮を頂点とする全国的な神女の体系はまったくなかったという重要な相違があります。おまけに斎宮の制度自体が後醍醐《ごだいご》天皇のときで断絶しています。

それから中国でも、琉球王国の神女組織に対応する神女ないし祭司の体系はないのです。そうすると、これと対応するのものは、むしろ東南アジアのいわゆる南方上座部仏教、つまり俗に小乗仏教といわれているものの地域における僧侶組織であるサンガなのではないかという気がします。

高良氏の本にも、シャム、つまり現在のタイ国は、琉球の東南アジア交易中もっとも主要な交易相手国で、交易回数がいちばん多かっただけではなく、交易期間ももっとも長く、一四二五年から一五七〇年まで一四〇余年にわたっており、五八隻の琉球船が派遣されたことが出ています。沖縄の聞得大君を頂点とする神女組織は、聞得大君からその下の段階の君々《きみぎみ》(三十三君)、その下の段階の大阿母《おおあも》というように続き、そしていちばん下の段階は村のノロになるわけです。これはタイにおけるサンガ体系を思い出させます。

ここで少しサンガについて説明しましょう。上智大学の石井米雄氏は、東南アジア大陸部の上座部仏教について、次のように説明しています。

ビルマ(ミャンマー)でも、タイでも、ラオス、カンボジアでも、上座部仏教は、まず王権のなかにその支持をみいだし、出家集団は王家の庇護のもとに確固たる物質的基礎が与えられた。この基礎を背景として、出家者のなかの上座部仏教がしだいに民衆のなかにも浸透していった(石井米雄『戒律の救い』、淡交社、一九六九年)。

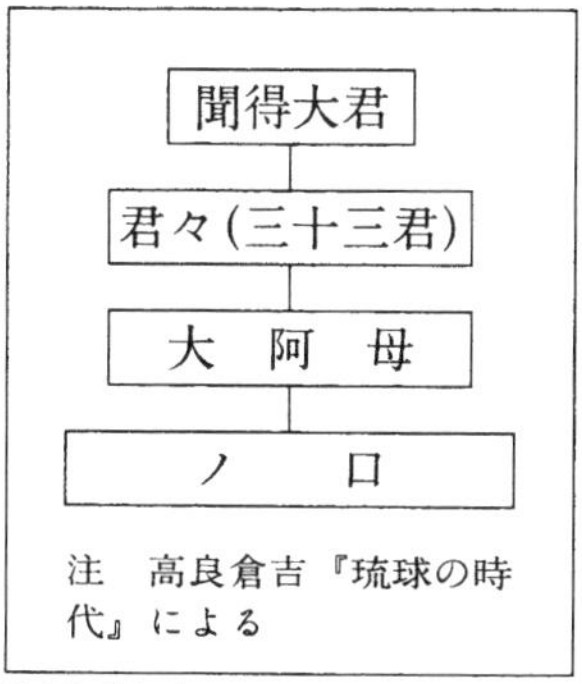

神女組織概念図

この出家集団といいますか、僧侶集団がサンガで、サンガ長のもとにヒエラルヒーをつくっています。

タイの場合、現在のサンガは、チュラロンコン大王の中央集権政策の一環として、一九〇二年につくられたサンガ統治法をもとにしていますが、その後何回も改正されています。それで、古い段階のサンガとどこまで同じかという問題はありますが、基本的な構造はかなり昔からのものだと思います。このサンガの頂点は、国王によって任命された勅任の法王です。その下に大長老会議があり、その下に大管区長、法政管区長、県のサンガ長、その下に郡サンガ長、その下には個々の行政村のサンガ長がおり、いちばん下に村の住職という形になって組織されています。

タイのサンガ組織は、僧侶の間における同業者組合的な、一種の利益代表団体という性格があるなど、いろいろな点において沖縄の神女組織とは違いますが、地縁的基礎にたった全国的な祭司のヒエラルヒーという点では共通しています。ですから私は、沖縄の神女組織の成立にあたって、タイのサンガが一つのモデルとなったのではないかという可能性を考えているのです。

私はやはり、古琉球の段階の沖縄は、基本的には国王を中心とする貿易国家という性格をもっていたと考えています。これはタイでは、アユタヤに都があった時代です。そしてアユタヤ時代のタイ(シャム)の関心は——この方面についていちばんの権威である石井米雄氏も指摘しているように——農業ではなくもっぱら貿易による国富の増大、より厳密にいえば、王室の富の増大にあったのです。国王は、いわば大商人であったようです(石井米雄『インドシナ文明の世界』、講談社、一九

サンガの行政機構

七七年）。そしてアユタヤ朝のボロムトライロカナート王（在位一四四八〜一四八八年）の時期、つまり一五世紀の半ばから後半にかけてですが、いろいろな王国の制度ができるわけです。中央集権化を試み、文治と軍事とを分け、中央政府は五省に分けて文治を司《つかさど》らせたそうです（河部利夫『東南アジア』、河出書房新社、一九六九年）。

つまり、古琉球の尚真王の治世よりも少し前から、タイではボロムトライロカナート王のもとで、強力な中央集権化政策が進められていたのです。日本の明治維新がアジアの諸国に影響を与え、しばしばこれを手本としようとする試みがあったように、一六世紀初めの琉球が、タイの先例から学ぼうとしたことがあっても少しも不思議ではありません。

私は、尚真王の中央集権化政策自体が、同じく貿易立国的な立場をとり、かつ交渉も密接だったアユタヤ朝のタイの先例から影響された、少なくとも刺激を受けたのではないかと思います。

私がサンガのことを持ち出したのも、このような動きのなかで、沖縄の神女組織を考えたらどうかという問題提起のためです。ただ、タイ国の仏教の実態は、一七六七年以前はあまりよくわかっていません（Manuel Sarkisyanz, Die Religionen Kambodschas, Birmas, Laos, Thailands, Malayas, in: Die Religionen Südoatasiens, W. Kohlhammer Verlag, Stuttgart, 1975）。

あるいはまだ全国的なサンガになっていなかったかもしれませんが、祭司の体系があったことは事実です。

このように考えると、古琉球を考察する場合、タイなども、もう少し考慮に入れてよいのではないかと思われます。

沖縄の研究では、ふつう日本内地との関係がひじょうに重要視されています。これは当然のことです。また、中国の問題が出てきています。たしかにこれも重要です。しかし、それだけで、はたして問題が終わるのでしょうか。これだけでは、あの時期に東南アジアに雄飛した琉球というものが十分考えられているとはいえません。当時の琉球は、ひじょうに大きな接触網をもっており、そのアンテナは、けっして日本内地にだけ向かっていたのではないのです。そういうことを考慮に入れて、古琉球というものを考えなければいけないのではないでしょうか。

沖縄とオーストロネシア世界

いままで私は、沖縄の王朝文化に力点をおいて述べてきました。沖縄の研究で、それに劣らず重要なのは民間の文化です。

沖縄の研究を行う場合の一つの視角は、南のオーストロネシア語族の世界と比較することです。そのなかでもまず必要なのは、台湾の原住民文化と比較してみることです。これによって、いままでみえなかったことがみえてくる場合があります。

その場合、高砂族を文化的に一つとみないで、いくつかの文化に分ける必要があるのではないかと思います。このことは、民族学では昔からいわれていることです。私の知っている限りでは、たとえば、ウィーンの民族学者ハイネ＝ゲルデルンなども、かなり前からそういうことを考えたのですが、詳しくは述べていなかったと記憶しています。

彼は、家屋ばかりではなく、一般に、二つないし三つの波に分ける必要があるだろうといっています。そういう問題についての研究を最近行っていたのは、台湾の陳奇禄氏です。また、多くの学者は、南から島伝いに上がってくるばかりではなく、大陸の方から入ってくる流れも考える必要があるということを大なり小なり考えているのではないでしょうか。

その一つは、たとえば鹿野忠雄氏の研究でも、物質文化において、アッサムなどに似ているものがあるといっています。台湾でも中央山地の方のものです。また、ハイネ＝ゲルデルンの書いているところでは、昔、ヴィルヘルム＝シュミットがインドネシア諸語のうちでは、フィリピン、台湾語がいちばんオーストロアジア語に近いといっていたそうです。やはりそういうことも多少は関係があるのではないでしょうか。

いずれにしても、台湾はアワ類を主な栽培植物とする地域ですが、沖縄でも宮古諸島は稲作地域ではなくて、アワ作の島です。その意味において相通ずるところがあります。

ここでおもしろいのは、どちらの地域にも、アワ起源神話があり、それがよく似ていることです。世界的にみて穀物の起源神話には、盗んできたというモチーフが多いのですが、盗人はふつう男です。ところが、台湾と宮古では盗んできたのが女性であって、性器のなかに隠してきたとか、下着に隠してきたといっている一致があるのです。

沖縄と台湾との関係についての具体的な問題の一つとして、死の観念があります。国分直一氏は、南島の早い時代には、台湾東南の蘭嶼《らんしょ》（紅頭嶼《こうとうしょ》）のヤミ族の思想に似た断絶の思想のようなものがあったであろうと想定しています。蘭嶼では、完全な断絶があるだけです。このように国分氏はいっています。

蘭嶼の場合は、複葬がありません。つまり、沖縄の洗骨《せんこつ》のように、二回以上にわたって死体の処理をするのが複葬ですが、複葬をしているところでは、最終葬の終わる前の段階までは、死者はたいてい中途半端で不気味であり有害な存在ですが、しかし、一度最終葬を済ませてしまうと、死者はあの世に入って安住してしまうわけです。そうすると、今度は生きている者との関係というのはかえって密接となり、そして先祖が生者を助けてくれたりするのです。

沖縄の複葬、つまり洗骨の歴史は、やはり華南で行われている洗骨からの影響を考えてみる必要があると思います。

それから沖縄では、崖葬《がいそう》の習俗と海の彼方の異界ニライカナイの思想が並存しますが、元来両者はそれほど結びつかないようです。東南アジアでは、たとえばスラウェシのトラジャ族のような山奥でも崖葬があります。また、先史時代の例では、ラオスの中部、かなり南の方のカンモン州の新石器時代の墓はだいたい岩の割れ目にあります。それも内陸で、海岸ではありません。

私は前に『葬制の起源』（角川書店、一九七七年）を書いたときに、日本の場合の山上他界は、焼畑《やきはた》耕作文化層と結びつくだろうということを考えたのですが、山上他界はいちおう別にして、海上他界というか、ニライカナイといちばん似ていると思うし、またおそらく系統的にも関係があると思うのは、インドネシア東部、だいたいマルク（モルッカ）諸島にあります。

それからまた、ポリネシアの神話的な原郷であるハワイキのような思想もそうです。これが、私はニライカナイと比較できるのではないかと思うのです。東部インドネシアの場合の大きな特徴は、オランダの民族学者フロクラーへが論じたように、先祖が海を渡ってきて、そして村落の家の配置だとか、あるいは集会場のつくり方、それ自身が船を模倣してつくることです。

そういう形の集会場がマルク諸島、たとえばタンニバルにありますし、同じ船に乗ってやってきた連中をソーアという名前で呼ぶし、また村長を船長というように呼ぶし、儀礼などもそういう形で行うわけです。

ですから船が社会集団である、そういう関係で社会集団とひじょうに密接に結びついているということ。もう一つは先祖が海の向こうからやってきたということ。それと同時に個人の生命もやはり海の向こうからきて、死んだらまた海の向こうへ帰っていくという考えです。

いままで民族学で誕生の儀礼を軽視してきたのは残念ですが、やはり誕生の儀礼と葬制を関連させて考える必要があるのではないでしょうか。

というのは、東部インドネシアの場合をみると、海岸でお産をするという例がかなりあるのです。これもこの複合体の一部としてとらえることが可能だと思います。

以前、奄美本島の東部で調査したのですが、そのとき私がひじょうにおもしろいと思ったのは、中山太郎氏がすでに論じていることですが、赤ん坊が生まれて、命名のときにカニを捕まえてきて、頭の上をはわせるのです。河村只雄氏の『南方文化の探求』(創文社、一九三九年)をみると、南西諸島にはほかにも相当あることがわかります。

誕生の命名のときに、カニを捕まえてきて頭の上をはわせるというのは、子どもの生命というか、もっと端的にいえば、子どものインモータリティ(不死性)です。それを海の方からもってくるという観念がここにあるのではないか、そして死ねばまた海の向こうへ行くのです。

ニライカナイの表象がどこでできたかはむつかしい問題ですが、華南か、インドネシアのあるところでできて、それが特定の文化と結びついて広がっているのではないでしょうか。インドネシアにおける海上他界観の文化史的位置づけを考えたのは、フロクラーへです。彼は問題の文化をインドネシアにおける後期巨石文化という名前で呼び、それがドンソン文化(東南アジアの初期金属文化)と密接な関係があるだろうと考えました。

私は、基本的な見通しとしてはだいたい彼は正しいところをついているのではないかと、いまでも思っています。ですからニライカナイの場合も、何らかの形でそういう文化の流れと結びつけることができるのではないかという気がします。

結局、ニライカナイの問題にしても、やはり私は中国の海岸地帯の民俗の研究がひじょうに遅れているということが致命的だと思うのです。というのは、かつて中国で出ていた『民俗』という雑誌がありましたが、それをみても、調査報告は、ほとんど農村のものなのです。漁村はほとんどありません。そしてまた、その南につらなるベトナムに関しても漁村の調査というのはひじょうに少ないのです。

沖縄と華南との関係は、一四世紀に尚王朝ができるころからのちばかりでなく、もっと古い段階からのものと考える必要があると思います。

民族学のうえからは、私は最近、鳥居龍蔵という先生をもう一度再評価する必要があるのではないかと考えています。武蔵野については、第四章(『北の神々　南の英雄』)で申しましたが、南の方でもいろいろ貴重な考えを出しておられます。その一つとして、鳥居氏は、台湾の高砂族と華南のミャオ族と関係があるのではないかと考えていました。

私たちが行った東南アジア、オセアニアにおける文化クラスターの共同研究では、統計的に資料を整理してみると、中国のミャオ＝ヤオ系の諸民族の文化と高砂族の文化が、わりあい近いという結果が出ています（大林太良・杉田繁治・秋道智彌編『東南アジア・オセアニアにおける諸民族文化のデータベースの作成と分析』、国立民族学博物館研究報告別冊一一号、一九九〇年）。これをみても、鳥居氏の直感は偉いものだと思います。それにしても、沖縄、華南、台湾、さらにその南のオーストロネシア語族の世界との関係が大きな問題です。

そこで、まず問題になるのは、中国、たとえば江南でオーストロネシア語が話されていたのか、という点です。江南にオーストロネシア語があったという直接の証拠は、なかなかむつかしいのではないかと思います。中国の学者のこのごろの研究は、越《えつ》歌がチワン語で解釈できるので、タイ語系だということを示唆しているようです。

中国の古文献に出てくる呉《ご》や越の語彙《ごい》もオーストロネシア語と結びつきません。ですから、呉越の呉とか越という国をつくった中心的な部分、あるいは支配者的な部分には、オーストロネシア的な要素は、もしあったとしても、けっして強くなかったという印象をもっているのです。

しかし、他方からいえば、越が住んでいた中国東南部は、山が多く、また多島海でもあるので、おそらく言語的にずいぶんいろいろな者が住んでいたとしてもおかしくはないのではないかと思います。

ですから、たとえいまのところポジティブに証明されていなくても、オーストロネシア語を話していたグループが呉越の方ぼうにいた可能性まで排除しなくてもよいのではないでしょうか。

とくに私が考えたいのは倭人です。村山七郎氏の日本語形成論から考えて、倭人——少なくとも原倭人——は南島語系だったのではないかという気がします。この倭人を考えると、どうしても呉越の漁民のなかには、オーストロネシア語を話す者もいたことを、いちおう理論的な仮説として考えてよいのではないかと思います。

沖縄とオーストロネシア世界との関係については、ほかにもおもしろい問題がいろいろあります。私は宮古島を調査したとき、南部の村々で旧暦三月の最初の酉《とり》の日に、ナーバイという津波除けの神事があることを聞きました。磯辺に、ダディフという竹に似た植物を植える行事で、それは竜宮からきた美女から教わったのだという伝説があります。

ここで思い出すのは、東部インドネシアのフローレス島のガダ族の創世神話で、原初の二人の人物が海と陸の境界線として、一連のパンダヌスを植えたといっています。遠い昔に、海岸に植物を植えることによって、海陸を分離したという観念が、宮古とフローレスに共通しています。

沖縄の文化については、オーストロネシア世界のなかでも、メラネシアとの関連が何人かの学者によって論ぜられました。

先島《さきしま》の文化については金関丈夫氏が考えましたし、また八重山の赤マタ、黒マタについては、岡正雄氏がメラネシアのドゥクドゥクというような秘密結社と比較しました（大林太良編『岡正雄論集　異人その他　他十二篇』岩波文庫、一九九四年）。

私は、赤マタ、黒マタの習俗は、岡氏がいうほどメラネシア的とは思わないのですが、ただ赤マタ、黒マタという色のコンビネーションはひじょうにメラネシア的です。メラネシアの彫刻に出てくるコンビネーションなのです。

以上、沖縄の文化と歴史を考えるうえでは、琉球列島の北半と南半が異なる基層をもっていたこと、グスク時代から尚王朝の国家形成にかけての時期には、鉄器導入にともなう変動、東南アジア交易のなかでの制度確立、さらに広くオーストロネシア世界と沖縄の文化とのかかわりに注目する必要があることを述べました。

しかし、いままで述べたことは、沖縄をめぐる問題のごく一部です。今後の問題の展開をおおいに期待しています。

（『北の神々　南の英雄——列島のフォークロア12章』小学館、一九九五年）

まわりの海から日本文化をみる

日本の民族文化研究の先駆者たちはいずれも海を重視していた。宮田登はこう記している。

　日本列島は海に囲まれ、長い海岸線をもっている。折口《おりくち》信夫《しのぶ》が「ほうとする話」を書いたのも、「ほうとする程長い白浜の先は、また、目も届かぬ海が揺れてゐる」という海のはるかな彼方に想いを寄せた心の現れにもとづいている。南方熊楠《みなかたくまぐす》は、若い頃から海外生活を送り、いささか日本人離れのする民間学を樹立した。熊楠は帰国後、紀伊半島の先端の地田辺《たなべ》に居を定め、いつも海の見えるこの土地から離れることはなかった。

　柳田国男《やなぎだくにお》が、最晩年七十歳代にそれまで構想していた「海上の道」を提示したことは周知の事実である。フィリピンのミンダナオ島の東方海上から、日本列島を目指す巨大な海流黒潮《くろしお》が、さまざまな形で日本文化に影響を与えることを明らかにしようとした。この視点は、さらに谷川健一《たにがわけんいち》の『海神の贈物』にも引き継がれており、海はつねに幸福をもたらしてくれるのである（宮田　一九九六、一九―二〇）。

宮田が挙げた以外にも、渋沢敬三《しぶさわけいぞう》は、『延喜式《えんぎしき》』の海産物の研究、伊豆内浦文書の研究などを通して日本の海民研究に大きな道を切り開いたし（渋沢　一九九二―一九九三）、また岡正雄は日本民族文化を構成するいくつかの種族文化複合を設定したとき、その一つとして水稲《すいとう》栽培と発達した漁撈《ぎょろう》活動を特徴とする江南系の文化複合の存在を想定し、同族組織と並んで日本社会の重要な構成原理となっている年齢階梯制《かいていせい》がこの文化複合の大きな特徴であることを、機会をとらえては力説していた（岡　一九九四）。

　私も日本民族文化の形成・発展において海が果たした役割に注目し、これら先輩の驥尾《きび》に付していくつかの考察を発表してきた。この本はそれらをまとめたものである。

　改めていうまでもなく、日本は島国である。日本列島に展開した歴史も、発展した文化も、海が四周をとりまいていることが前提になっている。これから、海という視角から日本の民族文化について考えていくことにしたい。本論に入る前に、日本をとりまく諸海域が、それぞれ違う性格をもっていること、そしてそれに応じてそこに生まれた文化、交流も、またさまざまであったことを概観しておきたい。

アジア大陸の東の沖に東北から南西に連なる日本列島をとりまく地域には、さまざまな生活様式が展開し、いろいろな文化が開花した。このような周囲諸地域と日本の間を海が媒介している。

ことに重要な海域は、日本列島から北米北西海岸にかけての北太平洋海域、オホーツク海、日本海、シナ海である。また潮流としては、南から東北に向かう黒潮、その分かれの対《つし》馬《ま》海流ないし青《あお》潮、逆に北から南下する親《おや》潮が主なものである。近代以前のこれらの海域の特徴を要約すると次のようなことがいえるであろう。

北太平洋海域の大きな特徴は、サケ、マスなどが産卵のために川を遡《さかのぼ》り、その漁獲が重要な生業活動になっていることと、また地域によってはクジラやアザラシなどの海獣狩猟《しゅりょう》が行われ、そのために安定性の高い採集狩猟漁撈文化が発達したことである。他方、この海域では、日本列島を除くと、その内部や後背地に強力な文化の中心がなかったことと、農耕に適さない自然環境のために、採集狩猟漁撈経済の枠内で安定した精緻《せいち》な文化体系を発達させる傾向が著しい。本格的な農耕文化や集権的な政治組織の発達する以前の日本列島北部に栄えた縄文文化も、その一例である。

オホーツク海は、広くみれば北太平洋海域の一部であるが、同時に沿海州やアムール地域からの影響のもとにオホーツク文化のような特殊な発達がみられた地域である。

日本海の周囲においては、文化の発達は地域による大きな相違がある。沿海州や日本の本州北部までは、サケ、マスの漁獲がさかんで、北太平洋海域の延長の様相をもつが、朝鮮半島ではサケ、マスの漁獲はほとんどなくなる。また日本海の周囲には北には渤海《ぼっかい》、西には朝鮮、南は日本というそれぞれ独自の国家形成と文化発展があったが、このうち北においては、強力な政治、文化の中心は永続きせず、短命に終わってしまった。日本海を越えて朝鮮半島との交流は古代においては、ツヌガアラシトや天日槍《あめのひぼこ》の渡来伝説にも現れており、また沿海州との関係は渤海の使者の船が、北陸を中心に到着していることからもうかがえる。注目すべきことは、日本列島の日本海側には対馬海流を媒介して、シナ海地域、あるいはさらにそれより遠方の地域からの影響や刺激が古くから及んでいたことである。縄文前期の福井県鳥浜《とりはま》貝塚（三方《みかた》郡三方町）もその一例であるが、歴史時代においても応永一五年（一四〇八）と一九年（一四一二）に南蛮船《なんばんせん》が小浜《おばま》（福井県小浜市）に来ている。神話の分野では因幡《いなば》の白兎の神話（因幡は現在の鳥取県東部にあたる。『古事記』神代にみえる出雲神話の一つ）がインドネシアに類話がきわめて多いことは、多くの研究者の注目を引いた。

シナ海のもつ大きな意義は、西の対岸に中国という巨大な政治・文化の中心をもっていることである。しかしシナ海を

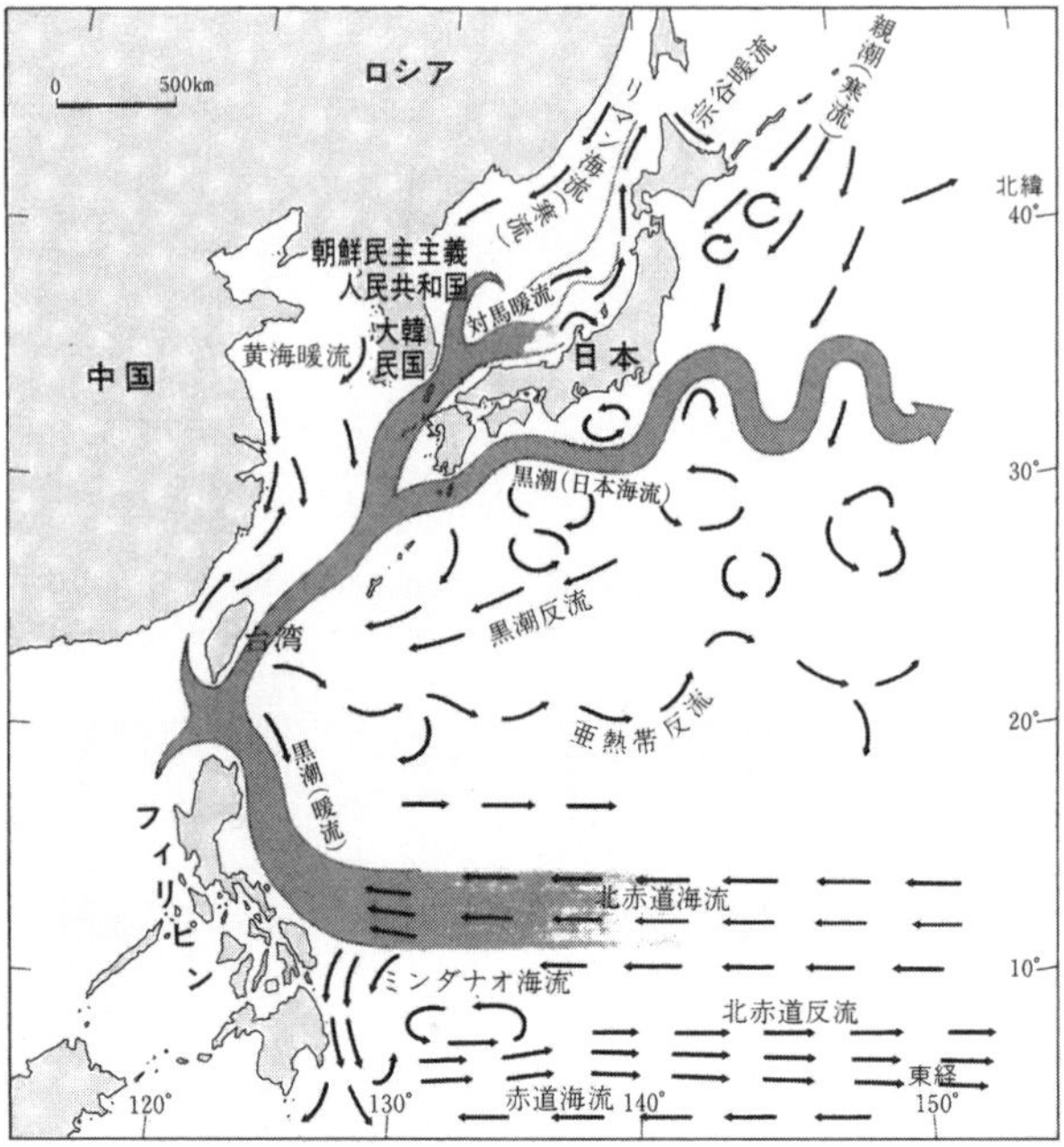

海流図　列島を取りまく暖流・寒流が人と物を運ぶ。

越えての中国の地とのかかわりは、中国文明成立以前から、また長江《ちょうこう》以南の地が漢族化する以前から存在していた。また九州西部の直接シナ海に面したところばかりでなく、瀬戸内海や本州、四国の太平洋岸もシナ海地域の分かれという側面がある。さらに対馬海流によって本州の日本海側にも影響が及んでいたことは上述のとおりである。

シナ海をめぐる文化交流は、日本と中国ばかりでなく、朝鮮半島も巻き込んでいる。たとえば江南で発達した稲作文化は、日本列島と朝鮮半島の双方に波及した。この場合注目すべきことは生態学的条件、たとえば照葉樹林帯、を共通にもつ長江以南の中国と日本の間に、農耕起源伝承や年中行事において、ことに顕著な類似がみられることである。中国文明のうちでも華北の中原《ちゅうげん》で発達した要素よりも江南で発達した要素や、華北で成立した要素でも、いちど江南で濾過《ろか》されてから日本に入った要素のほうが、日本文化により容易に統合された。

シナ海をめぐって海民の社会と文化の発達があった。この地域の海民の社会の大きな特徴は、海賊がさかんだったことである。新羅《しらぎ》海賊、倭寇《わこう》、瀬戸内《せとうち》海賊、そして南シナ海の海賊というように、古代から近代にいたるまで活躍があった。倭寇といわれているものも、その構成はしばしば日本人が少数だったことからも察せられるように、シナ海地域では、海民の人的交流もあった。

これと並んでもちろん、文化における交流もあった。たとえば、日本の海幸山幸《うみさちやまさち》神話にみられる、トヨタマビメがワニになった姿を夫のヒコホホデミにみられたため、夫婦別れした神話は、いわゆるメリュジーヌ型の話であるが、中国では長江の中下流を中心に古くから知られており、朝鮮では高麗《こうらい》王朝の始祖、作帝建《さくていけん》について語られている。トヨタマビメと作帝建の場合はともに海民が伝承にかかわっていたと思われ、海民を媒介としてのシナ海をめぐる伝承の交流が想定される。

近代日本の民俗には海岸地域、ことに西日本の海岸地域に顕著に分布する要素がある。(1)あま（海士、海女）、(2)寝宿《ねやど》、月小屋《つきごや》、産小屋《うぶごや》、(3)年齢集団、(4)泣女《なきめ》、(5)頭上運搬、(6)一時的妻訪《つまどい》（妻問）婚《こん》である。シナ海の沿海文化の日本における特殊な発達が考えられる。このうち(1)の潜水漁撈は、日本の周囲では、済州《さいしゅう》島、中国の江南から広東省にかけてというように、まさにシナ海的な分布を示すが、その他の要素については、中国や朝鮮ではかならずしも沿海的な分布をもつわけではない。

黒潮が日本文化形成に果たした役割は、高倉《たかくら》のように少数の要素を除くと、不明な点が多い。南の世界から椰子《やし》の実は漂着しても、人間が漂着した例は多くない。中国東南海岸から九州西部に漂着する難民船が多いことは、このルートの重要性を示している。

このような大きな動きを背景として、これから、もう少し詳しく具体的に考えていくことにしたい。第一部（『海の道　海の民』）では列島全域にかかわる問題をとり上げ、第二部（同）では、いくつかの地域を選び、それぞれの地域のいくつかの問題に光をあてることになる。

（『海の道　海の民』小学館、一九九六年）

第二部

日本と世界の神話

世界像の諸類型

狩猟民と動物

人間が現実にたいしてもっている基本的なものの見かたあるいは態度が、具体的な神話や儀礼などにおいて表現されているものを世界像（Weltbild）とよぶ。こういう世界像は、民族が異なり、文化が異なるにつれて、種々さまざまな様相を呈している。しかもそれは、その民族あるいは文化の生活様式全体の表現であり、世界像における中心的なテーマは、生活様式あるいは文化の発達とともに、異なったものに変化してゆく。

　人類の歴史のすくなくとも九八パーセント以上は、まだ農耕も家畜の飼育も知らない、採集狩猟民文化の段階にあった。現在も地球上には採集狩猟段階の民族が、あちこちに残っている。こういう民族の世界像において、ことに重要な役割を果たしているのは動物である。いうまでもなく野獣の狩猟という経済形態の反映だ。動物が人間とおなじようにものをいい、行動し、かつ人間が動物になることもあれば、動物が人間に変身することもある。動物は人間よりも劣った存在ではなく、同格者であり、ときには特定の種類の動物は神ですらある。アイヌが、熊を同時に神（カムイ）と考えているのもその一例だ。

　こういうものの考えかたは、かつてレオ・フロベニウスが、アニマリズムと呼んだものであった（霊魂の信仰であるアニミズムと混同しないでほしい）。

　北部オーストラリアのアーネムランドのジャウアン族の神話によれば、創造のときの最初の存在はエインガナ、つまりわれわれの母だった。エインガナが万物を作ったのであり、水も岩も林も土人も、鳥も大コウモリもカンガルーも、エミュー鳥をも作った。最初には、エインガナは万物を彼女の体内にもっていた。このエインガナは蛇だった。彼女は土人や万物を体内にいれたまま大きい音を立てていた。

　——バライヤという名の老人が長い旅行をしていた。彼は石槍でエインガナ蛇の下側、肛門の近くを突き刺した。すると、槍創《やりきず》からすべての血が流れだし、血のあとから土人たちがみんな出てきた。カンダグンというディンゴ犬がこれらの土人を追いかけた。そしてカンダグンは彼らを追いかけて、彼らをさまざまの部族や言語に分離した。またカンダグンが土人を追いかけたとき、あるものは鳥として飛び去り、あるものはカンガルーとしてのがれ去り、あるものはエミュー鳥として走り去り、あるものは大コウモリやヤマアラシや蛇になった。

だれもエインガナを見ることはできない。彼女は水のなかにとどまっている。彼女はそこに穴をもっている。雨季に、洪水が生ずると、エインガナは洪水のなかから立ちあがる。エインガナは国土を見る。彼女はわれわれに属するあらゆる鳥、蛇、動物、子供たちを彼女のなかから出現させる。もしもエインガナが死ねば、万物は死ぬであろう。カンガルーも、鳥も、土人も、なにもなくなってしまうだろう。水もなくなるし、万物が死ぬであろう。

こういうアニマリズムは、儀礼においても、はっきり現われている。アイヌの熊祭もその一例だ。熊祭はアイヌが行なっているばかりでなく、西は北ヨーロッパからシベリアをこえて、東は北米の北部にいたるまで広く分布している。熊祭には二種類あってアイヌの本格的な熊祭のように、山で生け捕りにした仔熊を育ててから儀礼的に殺す形式は、アイヌやギリヤークと、その付近の二、三の種族にかぎられていて、他はみな、山で熊狩りをするときに熊を殺す形式であって、この後の形式のほうが、古い形と考えられる。

このような形式の相違はあっても、この広大な地域における熊祭の儀礼の細部や、背後にあるものの考えかたは驚くほど一致している。アイヌは、熊は別の世界においては人間の形をして生活しており、そして、熊の形をしてこの世に遊びにくると考える。だから人間は、熊を殺すという神聖な行為によって、熊の肉体から霊魂を解放し、熊の国でまたあらたな熊に生まれかわるように送り帰してやる。熊の肉や毛皮は、熊が人間に与える贈物であり、かつ殺してもらうことにたいするお礼でもある。殺された熊の骨、ことに頭蓋骨は、棒に高くかかげられる。これも熊の霊魂を送り帰し、かつ再生せしめるために必要な行為なのである。

このように、殺した熊の霊魂を熊の国に送り帰すという観念は、アイヌばかりでなく、ラップ族、フィン族、ツングース族、ギリヤーク族などに分布しており、熊の頭蓋骨を高くかかげたり、あるいは熊の骨を保存することになると、熊祭を催すほとんどすべての民族に分布しているといってよい。それればかりでなく、骨からの再生という観念と、それにもとづく猟獣の骨の保存の習俗は、世界中の狩猟民に広がっているものだ。

このような狩猟民のアニマリズム的な世界像が、一定の個人あるいは人間の集団と、一定の種類の動物あるいはその他のものとのあいだの、神秘的関係の社会的表現であるトーテミズムの基礎にあることは、今日ではもはや疑うことはできない。だから、このアニマリズムのことをバウマンは、プロト・トーテミズムと名づけたのである。そして本格的なトーテミズムが栄えたのは、いわゆる高級狩猟民文化や、まだ多分に狩猟民文化的な残映をもつ未開農耕民文化においてであった。

また、かならずしもトーテミズムの形式をとらなくても、アニマリズム的世界像が未開農耕民のあいだに色濃く残っている場合もすくなくない。たとえば、ブラジルの熱帯森林の農耕民であるワウラ族のところで宮崎信江氏が記録した神話はこう語っている。

——一匹のコウモリが夜散歩していた。そしてジャトバという木を妻としてクァムチという子が生まれた。クァムチは大きくなり、白蟻を妻としてヤプニセルという女の子を生んだ。クァムチは森のなかでエツマリという虎に出あい、殺されそうになった。クァムチは娘を妻として与えるから殺さないでくれと虎に頼んだ。虎はクァムチの娘と結婚したいと答えた。ところがクァムチの娘は虎と結婚することを承知しなかった。クァムチは森にいって木と交わったところ、木はフシミスという女になった。このフシミスは虎のエツマリと結婚したが、虎の母はフシミスを殺した。殺された女の胎内からケシュとカムという双生児が生まれた。ケシュは月、カムは太陽だった。ケシュとカムが矢を射ると、その矢がそれぞれチュカラマイ族、メヒナク族、白人、トルマイ族、カラパロ族、バカイリ族、ワウラ族になった。しかしスヤ族だけはそうでなかった。スヤ族は蛇から生まれたからである。

農耕民と死すべき人間

農耕の発明は、人類の文化史上決定的な大事件であった。たんに技術や経済形態のうえでの変化ばかりでなく、それに伴って社会も世界像も変貌し、発展していった。いままで人間の大きな関心をあつめていた動物に代わって、植物や人間自身が農耕民の世界像において立役者となったのである。花咲き、実を結び、やがては枯れてゆく植物が象徴する、生と死のシンボリズムが発達した。

生と死はからみあっているばかりでなく、死が生の前提ですらあったのだ。だから未開農耕民の世界像において、大きな役割を演ずるようになった人間自身も、じつは多くの場合において、死者や祖先、あるいはこの世のはじめの神的な人間であった。この意味で、フロベニウスが、未開農耕民の世界像をマニズム（死者・祖先崇拝）と名づけたのも、もっともなことであった。

中国の雲南省からビルマにかけての山地に、ワ族という陸稲の焼畑耕作によって生活している民族がいる。首狩りで有名な民族だ。ワ族の神話によると、彼らの最古の先祖、ヤ・

トームとヤ・タイという夫婦は最初オタマジャクシであったが、のちに蛙になり、さらに怪物となって洞窟に居をかまえた。この洞窟からほうぼうに食物を求めて出てゆき、鹿、猪、山羊のような動物を捕っていたが、ある日、二人は遠出して人の住む里にやってきて、一人を捕えて食べ、その頭蓋骨を洞窟にもち帰った。

ところが、それまで二人には子供がなかったのに、人間を殺してから子供がたくさんでき、しかもそれは人間の形をした子供たちであった。ヤートームとヤ・タイはその頭蓋骨を柱の上において あつく崇敬した。二人は死期が迫ったのを悟ったとき、子孫を呼びあつめて、彼らの起源を説き、首を二人に供えるように遺言した。そのためワ族は、この原祖の遺言に忠実に、ごく最近までさかんに首狩りを行なってきたのである。

首狩りの季節は三月から四月の、農耕の始まる時期だ。もたらされた首が作物の豊穣を約束するのである。首はまず部落の聖所たる太鼓小屋に持ちこまれる。そこでは、多くの場合材木で作られた太鼓が大小一対横たわっている。これはおそらく原祖夫婦の体現であろう。

このワ族の首狩りは、死、ことに殺害が生の前提であり、作物の豊穣のために不可欠なことと、また死者、ことに原祖がいかに彼らの世界像において重要な役割を果たし、かつ彼らの行動を規定しているかを雄弁に証言している。

ところで、首狩りは、西は西アフリカから東南アジア、メラネシアにかけて、さらに新大陸の諸地方におよぶ広い地域における未開農耕民のあいだで、大なり小なり類似したものの見かたを背景として行なわれていたものであった。頭蓋骨の保存の習俗や首狩りが、まさに狩猟の一種にほかならないことは、首狩りのなかにも古い狩猟民文化的要素が生きのびていることを示しているが、首狩りという習俗全体の意味は、もはや狩猟民的世界像ではなく、農耕民的な世界像、生と死の壮大なシンボリズムに属しているのである。

ハイヌヴェレとプロメテウス

このような農耕民の世界像をあらわすものとして、ことに有名なのは、東部インドネシアのセラム島西部に住む、ヴェマレ族のハイヌヴェレ神話である。第二次大戦直前におけるドイツのフロベニウス研究所の調査において、イェンゼンがこの神話を採集し、のちに世界の他の地域の神話や儀礼との比較研究を行なって、その人類文化史上の重要性を強調するにおよんで、ハイヌヴェレ神話は学界に広く知られるようになったのである。

——神話的な原古に、アメタという名の男が狩りに出かけた。そして一匹の猪に出くわした。逃げようとして猪は池のなかに入って溺れてしまった。その牙にアメタはココ椰《や》

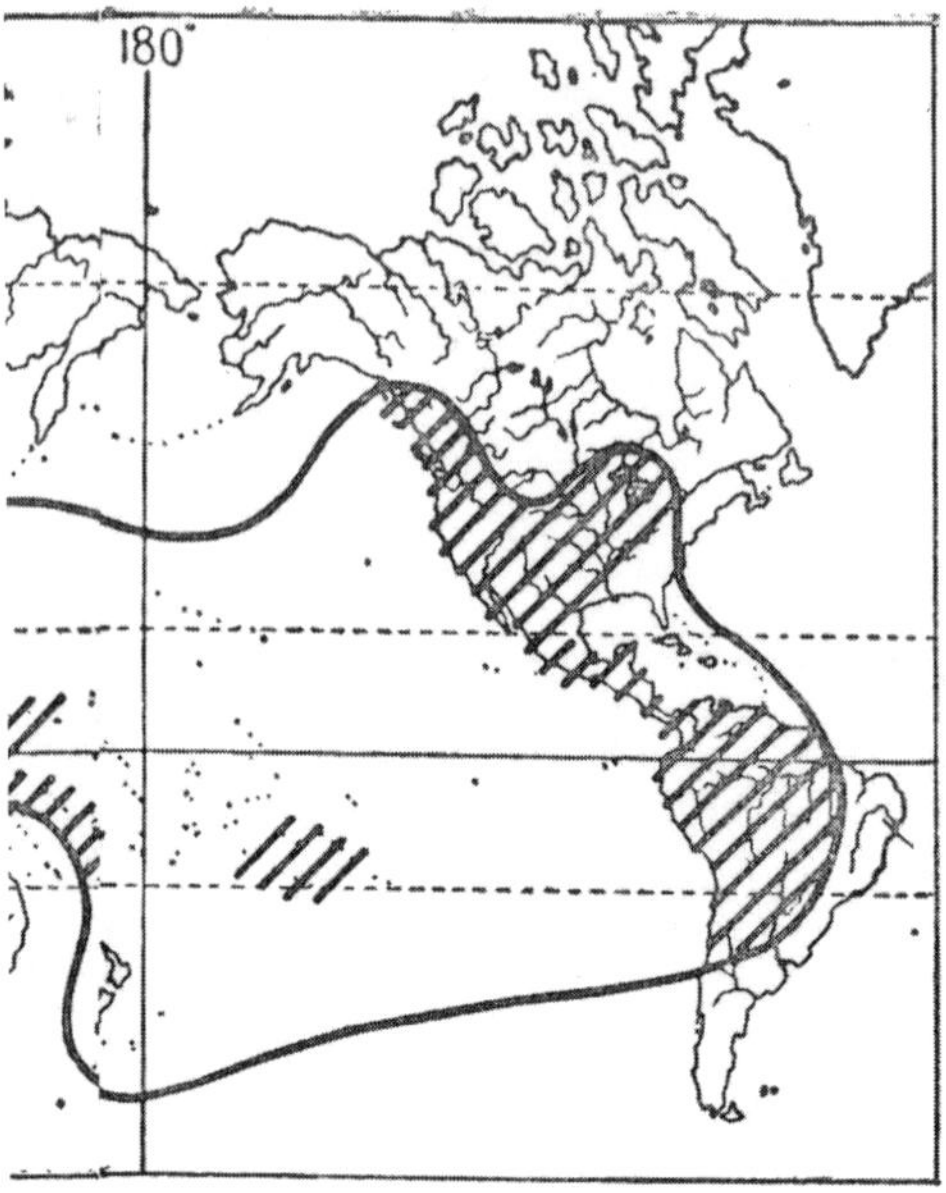

子《し》を見つけた。その夜彼は夢のなかでココ椰子を見、それを植えるように一人の男に命令された。彼は翌日そのとおりにした。三日たってココ椰子が生え、三日後には花が咲いた。アメタは花を切りとって飲物を作るためにこの木に登った。しかし彼は指を切り、血が花の上にしたたった。九日ののち、彼は花の上に一人の女の子を発見した。アメタは彼女をつれ帰って、ココ椰子の葉にくるんだ。三日にして少女は年ごろの娘になり、彼はハイヌヴェレ（ココ椰子の枝）という名を彼女につけた。

このハイヌヴェレという、なかば神的な少女が祭りの夜、踊りの最中に、地面に掘られた穴のなかに落されて死んだ。彼女の父がその死体を掘りだして、それを切断し、あらためて身体の各部分を別々に埋めたところ、まもなくその各部分は、それまで地上に存在しなかったもの、ことにさまざまなイモ類に変化した。

——彼女の胃は大きな鉢になり、肺はウビイモ、紫色の特種なイモになり、乳房は女の乳房の形をしたイモになり、目は目の形をしたイモの芽になり、恥部は紫色をしてよく匂うイモになり、尻は外皮のよく乾燥したイモとなった。そしてこれらのイモがそれ以来人間のおもな食物となったのである。

アメクは、ハイヌヴェレの腕を、もう一人のデマ女神、サテネのところに持っていった。サテネは踊り場に九重の螺《ら》旋《せん》を描き、そのなかに彼女自身をおいた。ハイヌヴェレの腕から彼女は戸をつくり、踊り手たちを呼んでいった。

「お前たちが人殺しをしたので、私はもうここでは生活しない。今日私は立ちさってゆく。お前たちはこの戸を通って私のところに来なくてはならない」

そしてこの戸を通ることのできたものたちは人間のままであったが、そうでないものは、豚や鳥や魚や精霊となった。サテネは、彼女が立ち去ったのちには、人びとは死んでから初めて彼女にあうであろうことと、彼女は地上から姿を消すこととを宣言した。

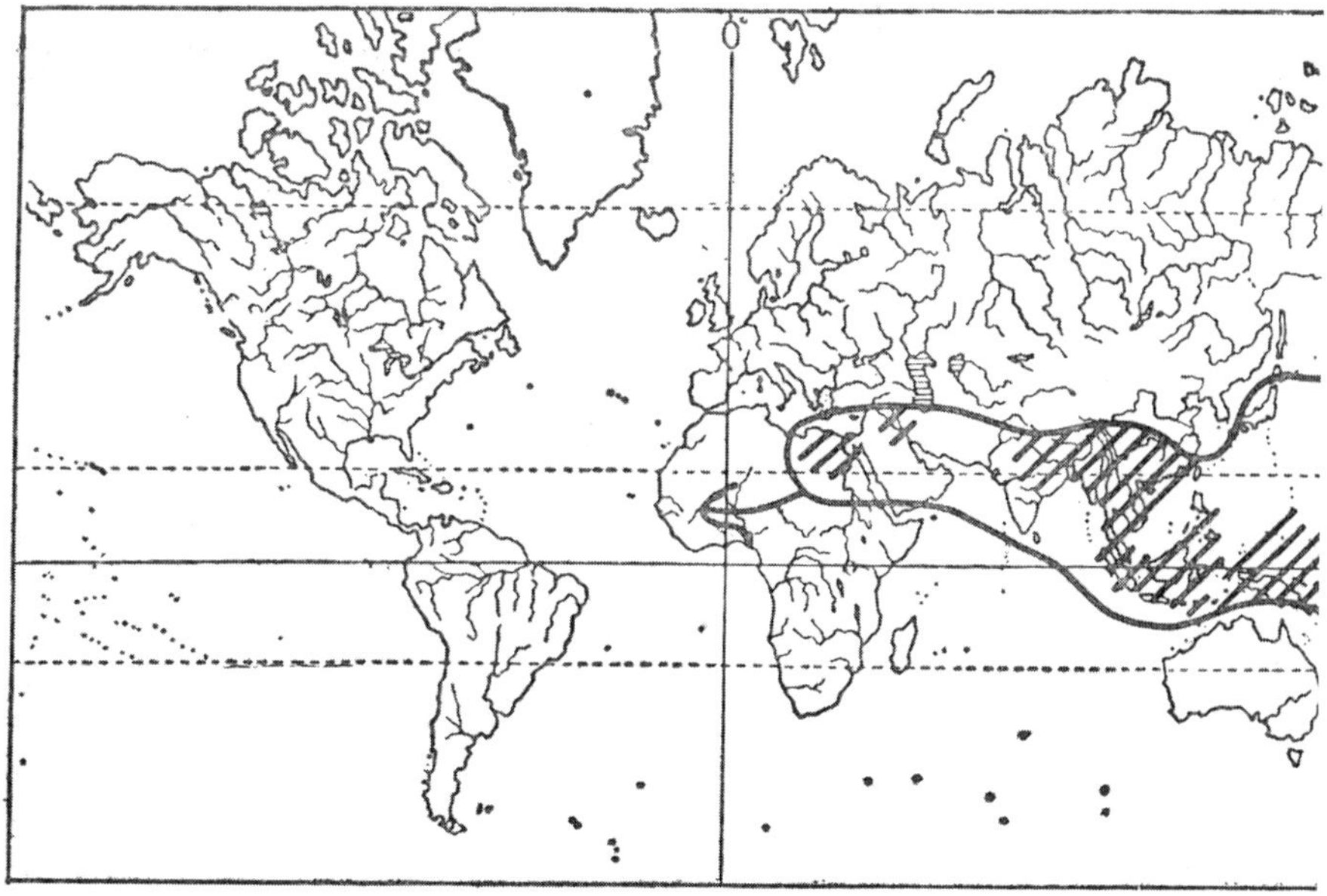

からだから生えた有用植物　原古のデマ神の各部分から、いろいろ種類の最初の有用植物が発生したという筋で、日本のオオゲツヒメ神話もその一例である。この形式の神話は、古い農耕民文化の流れとともに広がったといわれている。（フロベニウス原図）

しかし、栽培植物が死体から生えたのでなく、生きているとき、排泄や嘔吐のような生理的作用によって発生した神話もある。

メラネシアの、ブーゲンヴィル島のパプア系住民ブイン族のタロ芋とヤム芋の起源神話を、トゥルンヴァルトはこう報じている。

――むかしモトゥナの近くのグイトゥバラウには食物がなかった。人びとは水を飲んで寝るだけだった。男たちや女たちは、水を入れるために竹筒をもって出かけた。子供たちだけが居残っていた。するとそこにタンタヌがやってきて子供たちに、「お前たちのお父さんやお母さんはどこにいる？」と尋ねた。

子供たちは「水汲みにいった」と答えた。タンタヌは、「なんのために水を？」ときいた。子供たちは、「私たちが飲むために」と答えた。「それじゃお前たちはなにも食べるものがないのか」とタンタヌはきいた。

「食物だって？　私たちの食物は水です。私たちは水を飲んで寝るのです。私たちは火で水を沸かし、それを飲みます。それで全部です」と子供たちは答えた。するとタンタヌは、「壺をもってこい」といった。子供たちは最初はもってきたくなかった。壺を割られて罰せられることを恐れたからだ。

するとタンタヌはまたいった。「壺をもってこい。私はお前たちに食物をやるから」。そこで一人の男の子が壺を一つもってきて、二人の男の子がそのなかに水を一杯入れた。タンタヌはそこにいって、腰かけて壺の中に排泄した。するとそれからタロ芋とヤム芋ができた。それは仕事小屋でおこった出来事である。それからタンタヌは少年たちを寝小屋にいかせていった。

「さあ、あらゆる籠をつくり、糞の芋をなかに入れろ」。それから彼はいった。

「森を開墾して、糞を地中に挿《さ》しこめ」

彼らが糞を地中にさしこんだところ、じきにタロ芋とヤム芋が生えてきた。それからタンタヌはいった。

「芋をとりだして煮て火で焼け。しかし、いくつかの芋はそのままにしておいて、籠にもどし、また地中に挿せるようにとっておけ」

そこで彼らが芋をとりだして焼いたところ、それはおいしかった。それ以来、彼らは食事として水を飲むだけではなく、タロ芋とヤム芋を食べるようになり、「また芋をつくるためには」芋をただ地中に挿しさえすればよいのである。

このような、人間の死体や生きているときの体内から栽培植物が生まれるという神話は、イェンゼンが明らかにしたように、インドネシア、メラネシア、アメリカ、それに痕跡状態ではアフリカというぐあいに、主として世界の熱帯地方に広く分布しており、彼はこれをイモ類や果樹の栽培民文化に特徴的であると考えた。イモの起源神話ではなく、穀物、ことに粟類の起源神話の形をとっている日本のスサノオのオオゲツヒメ殺しやツクヨミのウケモチノカミ殺しの神話も、この形式であることはいうまでもない。そこでは神が生きている時は、嘔吐によって食物を生み出し、殺されてからその死体に作物が発生したと伝えている。

ところで、この文化層における大きい特徴は、イェンゼンによれば、独特の神観念である。原古の時代、正確には原古の時代の終りに生き、その死によって原古は終りを告げ、現在の人間生活の秩序が設定される。これを彼はマリンド・アニム族のことばを借りて、〈デマ神〉と呼んだ。デマ神の体内から、栽培植物ばかりでなく、人間にとって有用なその他のもの、たとえば火も生まれた。デマ神が死んだのが、死の起源であった。

デマ神の死は、しばしば殺害という形で行なわれた。この最初の殺害の儀礼的なくりかえしが、栽培民のあいだに広く分布している家畜の〈供犠〉であり、また首狩りや食人の習俗を生んだ。デマ神の活躍の舞台はほとんど地上にかぎられている。そしてこの大地や宇宙はすでに与えられたものとしてうけとられ、宇宙起源神話や、創造神の観念は特徴的に欠けている。

ところで、作物の起源神話としては、ハイヌヴェレ型の神話とは異なった筋をもち、しかも異なった文化的、精神的な環境に属しているものがある。プロメテウス型神話がそれだ。

アフリカの西スーダンのドゴン族が、特異な神話と複雑な世界像をもつことは、フランスの民族学者グリョール（M. Griaule　一八九八—一九五六年）の調査によって広く知られている。そのなかに、こういう神話がある。

——ドゴン族の個々の家族のもとになっているさまざまな先祖のなかに、もっとも重要なものの一人として鍛冶屋《かじや》がいる。人間に火をもたらし、農耕や鍛冶やその他の手工業を教えたのが、この鍛冶屋である。太陽の一かけらである火は、天神の意志にさからって、天の鍛冶屋のところから盗まれてきた。彼は火を鞴《ふいご》のなかにかくして地上に逃げてきて、人間のところにもたらした。

〈神の息子たち〉が二人、怒りたけって大きな雷鳴とともに稲妻を彼の背後に投じたが、彼のところまではとどかなかった。

この多幸な火盗みは、ドゴン族によって毎年、収穫のあとで儀式を催して祝われ、そして祭儀的な表現としてくりかえされる。つまり、鍛冶屋をあらわす松明を持った者が、松明をふりまわしながら、崖をかけおり、そして仮面をかぶった二人が、二人の稲妻の役を演じて、抜き放った小刀をもって彼を追いかけるのである。

イェンゼンがいったように、だれがこれからギリシャのプロメテウスの神話を想いださないものがあろうか？　プロメテウスも、ゼウスの意志に反して彼から火を盗み、人間のところにもたらしたが、そのために雷神の怒りを一身に負うことになったのである。それどころか、異伝の一つによれば、プロメテウスは火をオリンポスのゼウスのところから盗み、第二の異伝によると、太陽で松明に火をつけたといい、また第三の異伝では火をヘファイストスの鍛冶の仕事場から盗んだという。しかも、ギリシャ人はプロメテウスをお祭りのとき松明をもって走って崇拝したのである。イェンゼンが論じたように、ドゴン族と古代ギリシャの神話と儀礼とのあいだにおける大幅な類似は、両者が共通の源泉から発していることを示すものであろう。

ところで、ドゴン族のこの神話上の鍛冶屋は、人ばかりでなく、同時に穀物も槌のなかにかくして人類にもたらしたのである。このような穀物盗みの神話は、アフリカにも、東南アジアにも、また南米にも穀物の起源神話として広く分布しており、日本でも稲荷《いなり》が天竺《てんじく》から稲を盗んできた話や、弘法大師が唐から麦を盗んできた話が伝えられている。典型的な穀物起源神話である。

この形式の神話では、イェンゼンが論じたように、天神の意志にさからい、あるいは天神をペテンにかけて天から穀物を盗みだし、髪や、ペニスや歯のなかにかくして人間にもたらしたのが普通であって、その舞台や、神観念は、前のハイヌヴェレ型神話の場合と相違している。そればかりでなく、こ

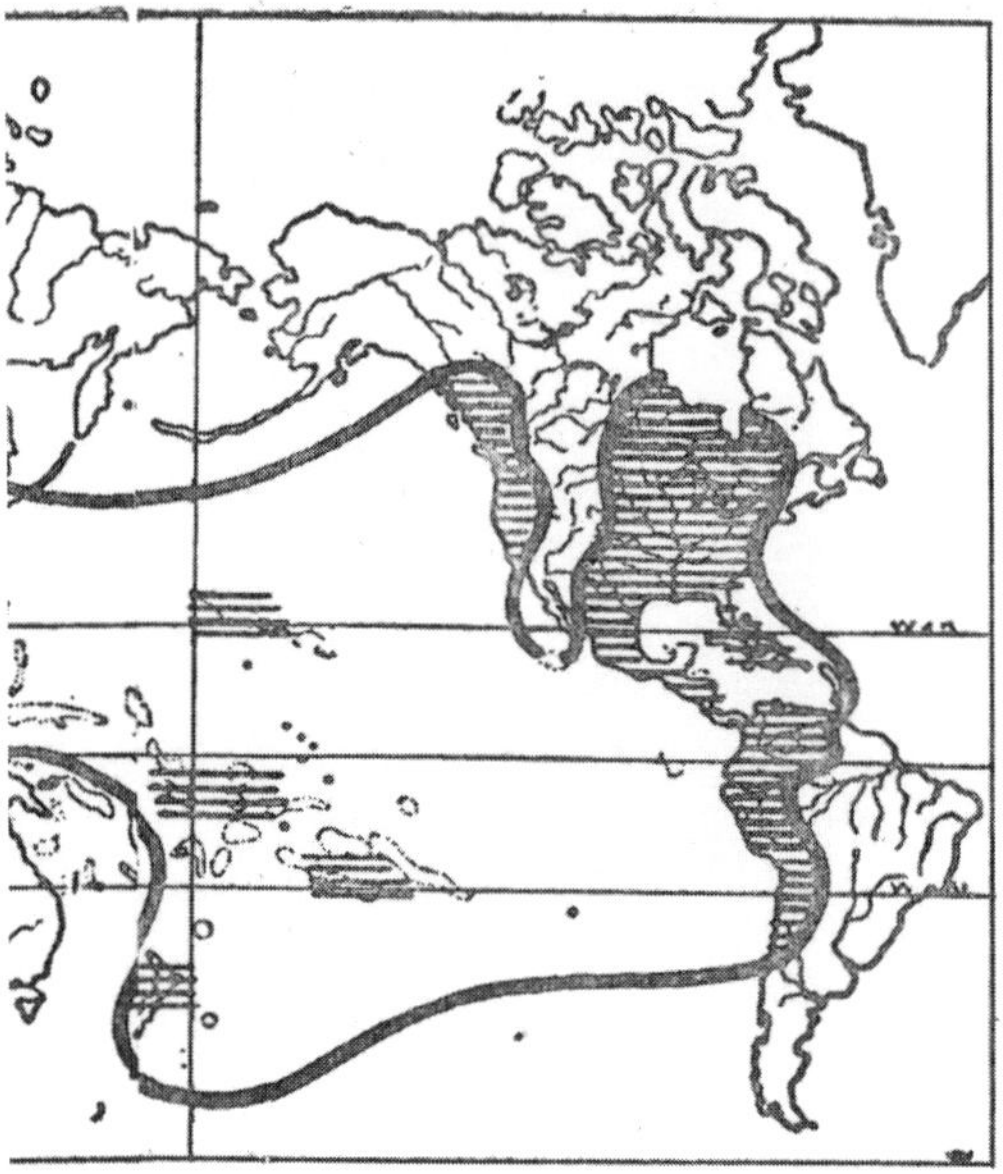

の二つの作物起源神話が世界像あるいは文化全体のなかでもつ重要性がちがっている。つまりハイヌヴェレ型神話の場合は、その文化内部において中心的な重要性をもっており、死者儀礼、家畜供犠、成年式、人身供犠、首狩り、食人俗《しょくじんぞく》（人肉を食う習俗）など、古層栽培民文化に特徴的な一連の習俗が、この神話によって意味をうけとっているのである。

イェンゼンがいったように、全文化がこの神話的観念によって刻印を押されているのだ。これに反して、穀物盗みの神話には、このような包括的な重要性はない。全体として一つの世界像をなしている神話の体系にかつてそれが属していたとしても、そのような重要性は今はもう消えうせている。イェンゼンによれば、ここではおそらく〈神話的思考〉ばかりでなく、すでに他の精神的な諸能力が、現実の認識と解釈に参与しているからなのである。

ところで、この穀物起源神話において、天神の意志にさからい、あるいは天神を欺いて穀物を盗んだという点は、すこぶる重要である。ここには神に反逆する人間の姿が見られる。同様な点は、神話の種類の章（『神話学入門』）でも触れた天地分離神話にも見られる。そこでは天父地母に子供が反逆して二人をひき離してしまう。しかもこの天地分離神話も、その世界的な広い分布状態から見て、プロメテウス型神話と同様に、穀物栽培民文化に基礎をもつと考えられるのである。

ところで、天父地母の観念は、すでに高文化的な世界像、あるいはその前段階に属する。ここでわれわれは、穀物栽培民文化から生まれでた高文化に進んでゆくことにしよう。

高文化と宇宙論的世界像

農耕や家畜の飼育が始まってのちに、人類の文化の歴史はまた別の新しい段階に到達した。高文化の段階である。紀元前三千年ころに始まるメソポタミアの古代文明を皮切りに、世界各地に高文化の波は広がり、いくつもの中心が形成されて

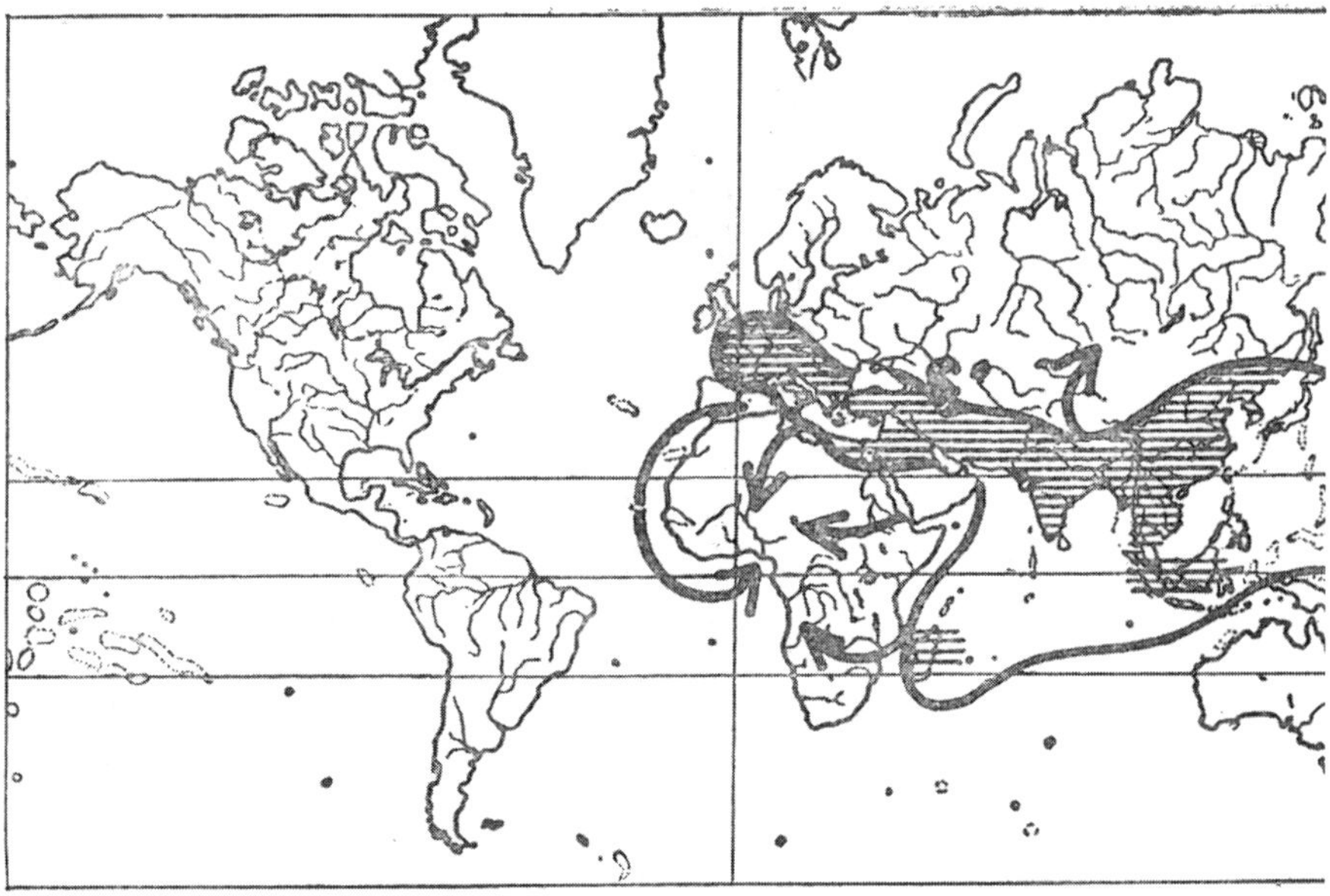

世界の四分観　空間が四分され、王国は四つの地方から成るという観念は高文化地帯に広がっている。（フロベニウス原図）

いった。すべての文化と同様に、あらゆる古代文明も個性をもっている。しかし、他方では、高文的の世界像として、さまざまな高文化に共通な特性もある。それはいちじるしく宇《コス》宙論的《モロキッシュ》なことである。別のことばでいえば、マクロコスモス（大宇宙）とミクロコスモス（小宇宙）の対応が特色なのだ。宇宙、ことに天体の運行が人間の行動とものの見かたを大きく規制するようになった。

　アフリカのローデシアのジンバブェ文化の王制もその一例である。伝承によれば、昔は、王はいつでも城に住んでいたわけではなかった。月が欠けてくると王は城に赴き、消えた月がまた新月として天に輝きはじめるとともに谷に出てきたのであった。王は月という天体の運行にしたがって行動せねばならず、これを犯せば国土に禍《わざわ》いを及ぼしたのであった。だから天体を観測する司祭ムクアブパッシには異常に大きな権力と責任が付与されていた。四年ごとにムクアブパッシは星を見て、王は死なねばならぬと判断を下す。司祭は四人のマコジ（四つの大きな地方の長官）を呼び、王の死すべきときは到来したと告げる。彼らはそこで任務の遂行を指令する――。

　このように奇怪な神聖な弑逆《しいぎゃく》は、アフリカに広く分布しているばかりでなく、南インド、東南アジアからハワイにいたる広い地域に、かつて存在し、あるいは痕跡をのこしていた高文化的習俗であった。しかもその背景となっている、王が大宇宙の地上における体現たる小宇宙であるという考えは、王の不徳によって旱魃《かんばつ》その他の自然的災害が国土を苦しめるという、世界の高文化地帯に広く見られる観念にも表現されている。

王と天体との密接な結びつきは、すでに天体神話論者たちが古代オリエントの例について論じたところであるが、太陽の女神アマテラスの子孫としての日本の支配者の伝承において、われわれにも身近なものである。隋書『倭《わ》国伝《こくでん》』は、倭の使者が高祖にこういったと報じている。

「倭王は天をもって兄となし、日をもって弟となす。天いまだ明けざるとき、いでて政を聴きあぐらして坐し、日いずればすなわち理務《りむ》を停め、言うわが弟に委ねんと」

世界は四方から成り、王国・王都・王宮は宇宙の縮図である。王は宇宙の運行原理の地上における体現者である。インカその他の世界の高文化地帯に広く見られる、王国の四つの地方を治める四大臣の制度や、アンコール・トムなどの王宮の構図などもこのような宇宙論的な世界像の表現としてはじめて理解できるものなのである。

（『神話学入門』中公新書、一九六六年）

人類文化史における口承文芸

1　口承文芸の起源

日本口承文芸学会の創立二十周年記念という大変おめでたい機会に、講演するよう依頼をうけましたことは、まことに光栄に存じております。野村会長から話があったとき、大きなテーマについて話すようにとのことでしたので、「人類文化史における口承文芸」という非常に大きな題目を選びました。これからお話しすることは、先ほどの徳江さんのご講演のように緻密な具体的な話ではありません。状況証拠からこういうことが言えるのではないか、という大ざっぱな話です。これからお話しすることは、文献上のきちんとした証拠があるというわけでなく、厳密に証明することが難しい、あるいは不可能な問題ですが、理論的にはこう考えることができるというお話しをするのであることを、あらかじめお断りしておきます。

まず取り上げる問題は、そもそも口承文芸というものが人類の歴史のうえでどこまで遡ることができるか、上限はいつかという問題です。上限はいつか、ということになると、何と言っても、言語がいつから存在したかということが、決定的な条件になります。これに反対するひとはいないと思います。そこで言語の起源はいつかということになると、面白いのは、最近ゴリラやチンパンジーなどの高等猿類に言語を覚えさせる実験がいろいろ行われたことです。記号を使って、何百という単語を覚えさせ、また操らせ、さらには複数の単語を組み合わせて表現することすら可能なことが明らかになりました。

それとともに明らかになったことは、猿は記号を使って多くの語彙を操ることはできても、声に出して、つまり音声言語として言葉を操ることはできないことです。それはなぜかというと、解剖学的に人間と猿とでは、喉の構造が違うからです。もっと厳密にいえば、現世人類と猿の喉が違うからです。猿、現世人類以前の化石人類、現世人類でも生まれたばかりの赤ん坊は喉頭が喉の高いところについています。これが現世人類では大人はもちろん、子供でもある程度大きくなると喉頭が下に降りて来ます。こうなると喉頭のうえに空洞ができて、いろいろいな音を出すことができるようになります。

現世人類つまりホモ・サピエンス・サピエンスの前の段階の人類、ホモ・サピエンス・ネアンデルターレンシス、つまりいわゆるネアンデルタール人においても、最近の研究ではまだ喉頭が十分降りてきておらず、そのためにア、イ、ウという三つの母音をちゃんと発音できなかったと言われています（Laitman 1984; Lieberman 1984）。

もちろんこういった研究がいろいろ問題をかかえており、また批判があることは私も十分承知しています。保存状態が必ずしもよくない古人骨、ことに喉の部分のような微妙な所の復原がどこまで成功しているのか、というような問題があります。それでも私は、大勢からみて、人類が本格的な言語を操ることができるようになったのは、やはり現世人類の段階になってからではないか、と思っています。

それにはいろいろな理由があります。ことに重要なのは、現世人類になってから文化が急速に発展するようになったことです。つまり言語を使いこなせるようになったからこそ、文化の急速な発展が可能になったのではないでしょうか。また最近では、現世人類の入れ替え説が盛んになってきています。つまりアジア、ヨーロッパ、アフリカに広がっていた、それまでの段階の人類が、各地で進化して現世人類になったのではなく、いまから数万年前にアフリカから出てきた集団が、各地でそれまでの人類に入れ替わって広がったものだという説です。ことに遺伝子の研究からこれが強く唱えられています。この立場にたてば、なぜ現世人類がそれまでの段階の人類を滅ぼして、世界に覇を唱えることができるようになったのか、それは文化を形成し、伝達し、また人間と人間のあいだのコミュニケーションを営むうえでの、重要な媒体であり手段である本格的な言語をもっていたからではないのか、ということが考えられます。

こうして本格的な言語の上限が現世人類の段階になってからである、ということになると、これは口承文芸についても大変大きな意味がでてきます。つまりどんなにがんばっても口承文芸はそれよりも前には遡らないということです。人類が誕生してから五〇〇万年たっていると言われます。しかし口承文芸の歴史はそのうちのごく一部にしかすぎません。一パーセントくらいのものです。口承文芸の歴史というと、これまでは漠然と幽遠の昔に遡るのだと考えられがちでしたが、じつは案外短いものなのではないか、そういうことを申し上げておきたいと思います。

現世人類が登場し、広がったのは、考古学的にいうと上部旧石器、つまり後期旧石器時代であります。それは技術の面において、大きな発展のあった時代です。それまでは人類は一つの、単一の構成部分からなる道具しか使っていませんでした。たとえば石を打ちかいて作った打製石器を直接手で握って使っていました。それが石器に柄を付けて使うことが始まります。石器と柄という二つの構成部分を組み合わせて、一つの道具として使うことが始まったのです。ことに投槍器のように、槍と投槍器とを一緒に使って、はじめて機能する道具が現れました。弓矢もそうです。弓体と弦と矢の三つがそろって初めて、弓矢は武器として機能します。こういうように、複数の構成部分を組み合わせて、一つの道具として使うことが始まったことは、人類の精神活動が新しい段階に入ったことを物語っています。

つまり言語を考えてみても、これと対応するように複数の構成部分をまとめて一つの文章ができあがります。主語と述語というようなぐあいです。また口承文芸を考えても、たとえば一つの話はたいてい複数の部分を組み合わせて作られています。このように複数の構成部分を組み合わせて一つのものとして機能させることは、技術とのアナロジーから考えれば、やはり後期旧石器時代になって始まったか、あるいは大きく展開したことなのではないか、と思われます。こういう面から考えても、口承文芸の起源は、後期旧石器時代、つまり現世人類の段階になってからである、と言えると思います。

2　社会的階層の成立と口承文芸のさまざまなジャンルの形成

それではその後、口承文芸はどんな発展をたどったでしょうか。これについては、上限ほどはっきりしたことは、なかなか言えないのですが、私の考えでは、大きな画期というべきものは、社会的階層が成立した段階にあると思われます。それは口承文芸のさまざまな、ジャンルが発生したという画期です。つまり、今日、文化により民族によりいろいろなイーミックなジャンルがあります。本当の話だとか、本当でない話とか、そういう、ジャンルです。また他方においては、エティックな範疇として、学問的分析のためのジャンルとしての神話、伝説、昔話などもあります。このようなイーミックなあるいはエティックなジャンルの多くは、社会的階層が成立した段階において初めてだんだんと形を取るようになって来たのではないか、と思われます。

たとえば伝説について考えてみましょう。世界のいわゆる未開民族の神話をみますと、原古というべき時代のすぐ後は、現代になってしまうのが多いのです（たとえばイェンゼン　一九七七参照）。つまりこの世の初めから今日までの長い時代が、原古と現代という二つの大きな時代に分けられるという時間観念がそこにあるのです。ところがわれわれが学問的な範疇として伝説という場合、それは原古でもなければ現代でもない、その中間のいわば歴史的な時代に起きたと信ぜられている出来事が語られています。

たとえば弘法大師がこの村にきたとき、あの芋をほしいといったところ、あの芋は食えないといって断ったため、ここの芋は食えない芋になってしまったという食わず芋伝説もそうです。あるいはアレキサンダー大王がこの道を通って行ったとか、歴史的な時代に問題の出来事が起きている。伝説では歴史的な時代という時間観念が存在し、確立しており、それが前提になっているのです。

それではこういう歴史的な時間観念はどのようにして発生したのか、という問題になります。口承文芸の研究では、神話、伝説、昔話という分類が、学問上の分析の道具として用いられています。ところで、この三種にほぼ対応するものが実際存在しているのは、世界的にみて、ヨーロッパとか日本のように高い文化をもっているところだという傾向があります。よく未開社会にもこの三分法があるじゃないか、といって引かれるのは、メラネシアのトロブリアンド諸島の例です。

ところが私の考えでは、トロブリアンド諸島の例は、未開社会の例としてはあまり適当ではありません。第一に、トロブリアンド諸島はオセアニアのなかではソロモン群島から西のニア・オセアニアに入ります。次ぎの島が見え、これを頼りに島伝いに航海できる地域です。ところがポリネシアなどのリモート・オセアニアになるとそうは行きません。そこでニア・オセアニアまではアジアから新しい影響がいろいろ及んでいるのです。トロブリアンド諸島はこのニア・オセアニアにあるのです。他方からいいますと、トロブリアンド諸島は社会の発展のレベルでは、平等な社会ではなくて、階層差が現れる、いわゆるチーフダムの段階に達しています。特定の親族集団だけからチーフが出るのです。ですからトロブリアンド諸島の例をもって、いわゆる未開社会のどこにでも、神話、伝説、昔話という三分法があると思ったら大間違いです。むしろ例外なのです。

いまチーフダムということを申しましたが、この段階になりますと世界的にみても系譜、ことにチーフ、つまり首長の系譜というものが重要になってきます。ポリネシアのように何代も、何十代も先祖を遡って、首長が優れた血筋のものである、時には神の子孫であることを証明する、あるいは主張することが盛んに行われるようになります。この場合、原古と現代の間に長い歴史時代があり、存在したと信ぜられる具体的な人名が、この歴史時代を表しているのです（なおAssmann 1992：70-71も参照）。そう見てくると、このような系譜と伝説とは、同じ時間観念に基礎をおいていることが分かると思います。

このような社会的階層あるいは支配者の存在は、そのほかの面においても口承文芸にさまざまな記しを与えています。たとえば、スイスの古典学者カール・モイリがすでに指摘していますように、(Meuli 1954)、寓話というジャンルはまさに階層制の社会において発達するものである。そこでは支配者にたいして直接面と向かって批判することはむつかしい。そこで寓話の形をとって批判が行われるのである、というわけです。

　これと似たようなものとして頓知話があります。日本でいうと曾呂利新左衛門、吉四六《きっちょむ》を主人公とした話が有名ですし、イスラムの世界にも多く、中国ですと新疆ウイグル族のエベンディの話、またモンゴルではシャグダルの話などがあります。こういう頓知話は多くの場合、支配者をからかっているし、あるいは頓知話の形で支配者を批判しています。モンゴルのシャグダル話の場合、ラマ僧の横暴、清朝の支配といったさまざま圧迫があったという状況のなかで生まれたことは、モンゴル文学の大家ヴァルター・ハイシッヒ先生も指摘しております(Heissig 1986 : 21, 304-305)。こういう支配と圧迫という状況下で頓知話が発達することは、他の文化においても言えることではないか、と私は考えています。

　社会的階層の発生と関連した口承文芸のジャンルの一つとして、そのほかさらに頌歌があります。偉い人や神様を褒めたたえる歌です。一般人民とは違う身分の支配者が現れ、それを称える歌がつくられ、さらに頌歌を作ることが、神々にも適用されるようになったということは、すでにドイツの民族学者プロイスもかつて論じたところでした(Preuss 1937 : 131-132)。

　また階層制のある社会の出現とともに歩調を合わせるように現れてきた傾向は、宇宙への関心の高まりです。それはどういうことかと申しますと、世界の諸民族の神話を調べてみますと、世界の起源宇宙の起源を語っていない民族が、けっこうたくさんあります。いわゆる未開民族といわれる人たちの多くがそうなのです。もちろんもっと高い文化から宇宙の起源の神話が入ってくるという場合もありますが、大勢としてはあまりありません。つまり、宇宙が存在する、世界が存在することは、いわば大前提なのでありまして、この前提自体を問おうとはしない。すでに存在している宇宙なり、世界なりで、それから先どんな出来事が起きるかに関心があるのです。そういう展開の仕方なのです。

　これにたいして、宇宙の構造が、たとえば空間的に四分構造をとっているとか、宇宙や世界がどのようにして出来たのかに大きな関心を示し、宇宙卵や原初巨人の死体からの宇宙や万物の起源をかたるなど、宇宙起源神話が発達しているのは、やはり新旧両大陸の古代文明地域とかその影響圏であります。あるいはポリネシアのようにもう一息で古代文明の段階に達するようなところです(たとえばFrobenius 1929を参照)。つまりかなり高度に発達した文化のところなのです。人類起源神話については、もっと未開な文化にも広く見られ、恐らくかなり早くから始まっていたのでしょうが、宇宙の起源ということになると、あまり興味をもっていないのが、いわゆる未開文化の多くです。

もうひとつ昔話についても、似たような背景が考えられます。前世紀の末から今世紀の始めにかけて、昔話はいつから始まったのか、どんな文化、どんな民族が最初の担い手だったのか、についての昔話起源論がはやったことがありました。ヨーロッパの学者の代表的な学説をいくつか挙げてみますと、たとえばドイツの民俗学者ポイケルトは新石器時代の東部地中海に昔話は発生したのだといい、スエーデンの民俗学者フォン・シードゥは始めは印欧語族説でしたが、のちに巨石文化説を唱えました。ドイツのオットー・フートも巨石文化説でした。これにたいしてオランダの古代ゲルマン研究家として有名なヤン・ド・フリースは、ホメーロスの世界のような神々から離脱の時期が昔話発生の時期だと論じ、スエーデンのリウンクマンはオリエント起源を考え、アールネはもっと一般的に、ごく未開な時代ではなくて歴史時代になって昔話が発生したのだと考えました。

これらの説は一見さまざまではありますが、全体を眺め渡してみると、一つの共通したことがあります。それはだれ一人として昔話がごく原始的な文化の段階に発生したとは言っていないことです。どれをとっても、かなり発達した文化、かなり発達した社会に発生の母体を求めていることです。それは、私の考えでは、やはり正しいのではないかと思います。ただここで注意しておかなくてはならないことは、すでにフォン・デア・ラフイエンも言っていることですが、個々の昔話のモチーフの起源と、ジャンルとしての昔話の起源とを混同してはならないということです。つまり昔話でつかわれる個々のモチーフについては、なかには大変古いものもあるかも知れません。しかし昔話という口承文芸のジャンルが成立したのは比較的新しい時代であり、かなり発達した社会や文化を母体にしているということなのです。また今日語られている昔話の多くも、おそらくその成立は比較的新しいものでしょう（大林　1987：6-9）。

3　地域の伝統

いままで私は人類社会の段階、人類文化のレベルという視点から口承文芸の発達を考えてきました。たしかにこれは一つの有効な方法です。けれども、このやり方は万能ではありません。段階だけではうまく説明がつかない地域差というものがある。それはどういうものかと言うと、ことに新旧両大陸間の相違です。つまりアジア、ヨーロッパ、アフリカ、オセアニアの旧大陸と、アメリカ大陸つまり新大陸の間には、口承文芸において重要な相違があるということです。

アメリカ大陸には、ティエラ・デル・フエゴの住民など採集狩猟民もいましたし、アマゾン川の流域の住民の多くのような未開な農耕民もいれば、マヤ、アステカとかインカのような中南米の古代国家を作った民族もいました。つまり、ごく未開な民族もいれば、社会的階層をもち、国家をもっていた民族も、またその中間の段階の民族もいました。ということは、アメリカ大陸は、旧大陸におとらず、社会や文化発展のさまざまな段階がそろっていたということです。それにもかかわらず、新大陸と旧大陸の間には、口承文芸のジャンルという点にかんして、大きな相違があることは、アメリカの人類学の基礎をつくったフランツ・ボアズがすでにいろいろな機会に指摘したところです。

たとえば諺というジャンルがそうです。「光陰矢のごとし」とか「時は金なり」といった諺は、旧大陸には広く分布していますが、新大陸にはないのです。謎もそうです。ボアズによると、アジアからの影響がいろいろな形でおよんでいるアラスカのユーコン川と、またラブラドルのイヌイト（エスキモー）のような例外と、ヨーロッパ人が持ち込んだと思われる例を除くと、アメリカ大陸の原住民のところからは謎は報告されていないのです。諺とか謎というと世界中どこにでもある、人類普遍的な口承文芸のジャンルだと思いがちですが、そうではなくて、旧大陸の口承文芸の特徴なのです。旧大陸では謎や諺は、高い文明のところばかりでなくて、未開民族といわれるひとたちのところにも、けっこう広がっているのにたいし、新大陸ではインカとかアステカといった高い文明をもったところにも、諺や謎はなかったのです。

ボアズがあげた旧大陸にあって新大陸にないジャンルは、そのほか叙事詩と教訓的な動物寓話があります。つまりアメリカ大陸にも歌はあるし、いろいろな話はあります。しかし叙事詩はないのです（以上Boas 1938：598-599）。また動物昔話で、動物の形や習性、自然現象のさまざまな形態の説明としての動物昔話は世界的に分布していますが、教訓を伴った寓話の形をとっているのは旧大陸にしかなく、新大陸にはないのです（Boas 1940：495-496）。

ボアズがこういうことを書いたりしたのは、もう六〇年近い昔のことです。その後の研究を私はきちんとフォローしている訳ではありませんが、その後の研究でボアズの考えがひっくりかえってしまった、というようなことは聞いていません。ですから、たとえすこしは例外があったとしても、こういう分布の大勢は動かないところだと思います。またこの分布の違いの解釈にしましても、ボアズがすでに言っておりますように、こういうジャンルは旧大陸における発明なのであって、それは旧大陸の内部には相当広がったが、新大陸にまでは及ばなかったのだと思われます。そういう解釈が私にも一番穏当だと思われます。

ですから人類の口承文芸の歴史を考える場合、確かに社会の発展段階、ことに社会的階層があるかないかは、重要な要因だと思います。高文化地帯における宇宙論の発達もまた重要な要因です。しかし、それと並んで、たんなる段階論だけでは説明がつかない、地域差があり、口承文芸の歴史の研究には、この地域差も考慮にいれなくてはならないのです。

このように新大陸と比べると旧大陸は大きな共通の特徴をもっています。それならば旧大陸のなかは一色かというと、決してそうではありません。たとえばスティス・トンプソンの『民間説話』という昔話の古典的な概説書がありますが、その第二部は「アイルランドからインドまでの民間説話」という題がついていまして、この範囲が、一つの地域をつくっていること、そしてそこがまさに世界でも昔話がもっとも華麗な花を咲かせた地域であることが論ぜられています（トンプソン1977、上）。たしかにアイルランドからインドまでは一つの世界をつくっていて、魔法昔話が発達しているなどの共通性が高く、東アジアに来ると、ある程度は共通した話やモチーフはあるものの、ぐっと共通性はおちてきます。

ただここで重要なことは、インドから西の世界と比べて、東の世界は西にあるものがないという、ネガティブな性格だけで特徴づけられているのではないということです。インドから西の世界にたいして太平洋をめぐる地域には、西にはない共通の話型やモチーフで独自の伝統があったことが考えられるのです。こういう東西の伝統の並立については、すでにドイツの民族学者レオ・フロベニウスが一九三八年、つまり彼が亡くなる直前に論文を書いています（Frobenius 1938；紹介は大林　1975：70-84）。

つまり、東の太平洋地域の伝統を表す話としましては、日本の海幸山幸神話における《失われた釣り針》型の話があります。失われた釣り針をもとめて海の世界に行き、とりもどす話です。またやはり東の伝統に属する話のなかには、日本で言うと頭白《ずはく》上人型の話があります。墓に葬られた妊婦が墓のなかで子供を出産し、育て、のちこの子供が偉くなる話です。日本の墓のなかから死んだ母が飴を買って来て、こどもにしゃぶらせますが、中国では母はウドンを買って来てたべさせる、というように育て方は地域によってさまざまですが、基本的には筋は同じです。

このような東の話にたいして、西の話としましては、たとえば魔法の食卓があります。御馳走よ出ろ、と言うと、たちまちテーブルのうえにさっと御馳走が並ぶというモチーフは西のものです。また「開け胡麻」というように呪文を唱えると扉が開くというモチーフもまた西の伝統です。

このように旧大陸の内部でも東と西の対立があります。ただその場合、東の伝統はさきほど太平洋をめぐる地域と申しましたように、アメリカ大陸にも分布が及んでいることをつけ加えておく必要があります。それから、東と西という点からみて面白いのは、天父地母の神話です。父なる天と母なる大地が引き離される話は古代ギリシアにもありますが、大きく見るとインドネシアからポリネシアにかけての太平洋地域において発達している。すでに沼沢喜市氏も論じたように、日本のイザナキ、イザナミの神話もその一例であります。ですから天父地母の神話は、東西にわたっているが、どうも東のほうに重点があるらしい。それはなぜなのか、というような問題もあります。

これはやはり、世界的にみて、創世神話において男女二柱の神が協力しあって万物を生み出し、作り出したという観念が太平洋地域において発達しているのと関係があると思います。これに反して、西の地域では『旧約聖書』の創世記のように、男の神が一人で創造する形式が盛んなのです。ですから天父地母の神話が東で盛んなのは、東という西との間における基本的なイデオロギーの違いを反映しているのかも知れません（大林　1996）。

旧大陸のなかの奇妙な分布の例として、今世紀の始めにドイツのハインリッヒ・シュルツが指摘し（Schurtz 1900 : 525-526）、そのあとデンマークのビルケット＝スミスも気づいたものがあります（Birket-Smith 1962 : 436-437）。それは詩における韻の分布です。つまりスカンジナビアからモンゴルにかけては頭韻が発達し、これにたいして東南アジアからポリネシアにかけては脚韻が盛んです。しかも、それはそれぞれいろいろな語族にまたがって、見いだされる傾向なのです。これは東西の相違とも言えるし、あるいはむしろ南北の相違と行ったほうがより適当かも知れません。なぜそうなのはよく分かりませんし、また誰も本格的に研究したということは聞いていません。いろいろな言葉ができないと本格的に研究できないでしょうから大変ですが、誰かがやってもらいたいテーマです。

言語学は私は素人ですが、近年はロシアの学者がノストラティクというような、印欧語族もアルタイ語族も、イヌイト（エスキモー）語も含むような巨大語族の仮説を出しています（Kaiser and Shevoroshkin 1988）。その当否は別にして、いくつもの語族にまたがるような大きい地域を、口承文芸の分野でも、今後はもっと取り上げていくのがよいのではないでしょうか。

4　口承文芸の落日

口承文芸の世界は楽しい、魅力あふれる世界です。ですから私もこれまでいろいろな形でその研究にかかわって来ました。けれども客観的に考えてみると、口承文芸はその歴史的使命を終え、口承文芸の時代はすでに終わったか、あるいは終わりつつある、というのが事実ではないかと思います。

これには二つの大きな要因があります。一つは口承文芸の個々のジャンルを担って来た社会的集団、あるいは社会の層というものがなくなってしまったこと、あるいはひどく変質してしまったことです。例えば、今まで昔話を伝承していた農民がいなくなる、あるいはすっかり変質してしまったことです。神話にしましても、王家や支配者層で伝えられて来たものは、王家や支配者層が没落すれば、もう伝承されなくなってしまう。また英雄叙事詩というものを考えてみましても、これは旧大陸の騎馬民族のところで顕著に発達しました。しかしもう昔ながらの遊牧騎馬民の生活様式はそのままの形では、だんだん維持できなくなって来ています。ことに英雄叙事詩は騎馬民社会でも、階層制が発達し、王者や支配者のいわば宮廷が営まれていたところが、発達の母胎でした。ところがその母胎がもうなくなって来ています。今日でも内陸アジアの牧畜民のところでは一篇が何万行という大叙事詩が残っています。テュルク系民族のところのマナスだとか、モンゴルのゲセルやジャンガルです。それならば、今後もそういう大叙事詩が生み出されるかというと、それはもうほとんど期待できません。もう叙事詩の時代は終わったのです。英雄叙事詩が末路を迎えているのは、なにもアイヌのユーカラだけではありません。世界的な現象なのです。

　第二の要因は、何と言っても、みんなが文字を使うようになったことです。文字が登場してからも長い間、文字を使う人たちと、文字を使わない集団や層が併存していました。そういう状況のなかでたとえば農民のお婆さんが、昔話を語っていたのでした。ところが今日では、子供は昔話を本で読むか、あるいは大人に読んでもらうのです。私の子供のときがもうそうでした。そしてこれは日本だけのことではなくて、世界的な動向なのです。

　もちろん、このような状況のもとで、世間話のようなジャンルはなくなったりすることはなく、生産性を保って行くでしょう。しかし伝統的に重要だったジャンル、例えば、昔話、伝説、神話、英雄叙事詩といったジャンルにおいて、今後傑作や名編が生み出される見込みは余りないというのが、正直なところであります。

　日本口承文芸学会の二〇周年というおめでたい機会に、こういう結論を出すのは、どうも心苦しい次第ですが、人類文化史における口承文芸という題を掲げた以上、初めから終わりまでお話ししませんと、体裁をなしませんから、あえて私見をもうしあげたわけです。いやそんなことはない、口承文芸はこれからどんどん栄えるのだ、という反対のご意見を伺うことができれば、私としましても、大変うれしく思います。どうもご清聴ありがとうございました。

引用文献

Assmann, Jan 1992 Das kulturelle Gedächtnis, Schrift, Erinnerung und politische Identität in frühieren Hochkulturen. München: C. H. Beck.

Birket-Smith, Kaj 1962 Geschichte der Kultur. München: Südwest-Verlag.

Boas, Franz 1938 Literature, Music, and Dance, in: F. Boas (ed.), General Anthropology: 589-608. New York: D. C. Heath and Company.
…1940 Race, Language and Culture. New York : Macmillan.
Frobenius, Leo 1929 Monumenta Terrarum (Erlebte Erdteile 7). Frankfurt am Main: Frankfurter Societäts Druckerei.
…1938 Das Archiv für Folkloristik, in: Paideuma, 1 : 1-19.
Heissig, Walther 1986 Mongolische Erzählungen. Zürich: Manesse Verlag.
イェンゼン、A・E・著、大林太良ほか訳　一九七七『殺された女神』、弘文堂
Kaiser, M., and V. Schovoroshkin 1988 Nostratic, in : Annual Review of Anthropology. 17 : 309-329.
Laitman, Jeffery T. 1984 The anatomy of human speech, in : Natural History, 93 (8) : 20-27.
Lieberman, Philip 1984 The Biology and Evolution of Language. Cambridge: Harvard University Press.
Meuli, Karl 1954 Herkunft und Wesen der Fabel. Basel : Schweizerische Gesellschaft für Volkskunde.
大林太良　一九七五『神話と神話学』、大和書房
一九八七「民間説話総説Ⅰ（世界を視座に）」大林太良編『民間説話の研究』一―一六、京都、同朋舎
一九九六「天父地母の神話―太平洋地域を中心に―」『日本女子大学教養特別講義　第三〇集（平成七年）日本をみつめるために』五二―六二、日本女子大学
Preuss, Konrad Theodor 1937 Die Kunst der Naturvölker. a Die Dichtung, in : K. Th. Preuss (Hrsg.) Lehrbuch der Völkerkunde : 124-134. Stuttgart : Ferdinand Enke Verlag.
Schurtz, Heinrich 1900 Urgeschichte der Kultur. Leipzig : Bibliographisches Institut.
トンプソン、S・著、荒木博之、石原綏代訳　一九七七『民間説話』上下（教養文庫）、社会思想社

（『口承文芸研究』20、日本口承文芸学会
創立二十周年記念講演、一九九七年）

日本神話の起源——フィナーレ

日本神話を大づかみに分けてみると、大体、四群にまとめることができる。第一は天地初発の時からイザナキ、イザナミの国生み、アマテラスとスサノオの争いの神話、第二は出雲を舞台とする神話、第三は天孫降臨神話、第四は日向神話である。

第一の群は、中国の江南の辺から、紀元前一千年紀後半に入って来たと思われる。クニノトコタチ神話、ウマシアシカビヒコジ神話、イザナキ、イザナミ神話、アマテラス神話が、数多くの水稲耕作民あるいは漁撈民文化的要素を含むこともこの考えにうまく合う。岡正雄氏の説によると、日本の民族文化形成に参与したいくつかの種族文化のうち、男性的・年齢階梯制的・水稲栽培・漁撈民文化のあったことが想定される。岡氏によると、これは弥生式文化を構成する重要な要素文化であって、弥生式文化における南方的といわれる重要な要素をもたらした。進んだ水稲栽培を行うとともに、沿岸漁撈に従事し、板張り舟、進んだ漁撈技術をもたらした。この種族文化の日本列島に入って来た時期に関する岡氏の次の説は、私も大体、賛成なので引用しておこう。

「この種族文化は、おそらく中国の江南地方から、紀元前四・五世紀のころ日本列島に渡来したのではないかと想像される。というのは、揚子江の河口地方から南のシナ海岸地方は昔の呉越の地であったが、呉越の滅亡は、前五世紀から前四世紀後半で、この頃はシナ族の南方への浸透に伴い、非シナ族地域の動揺混乱のはげしかった時期に当る。この時期に接続して西日本に弥生式文化がはじまるのである。ここになんらかの両者の関係があるのではないかと思われる。……呉越人はすぐれた漁撈・船舶文化をもっていたらしく、また倭人《わじん》の文化と類似する点が多く、当時の中国人が江南の民族と倭人とを同視していたことも、ここにあわせて考うべきであろう」

第二の出雲神話もまた、農耕民文化を背景としているが、金属器文化的色彩が濃い。やはり中国の江南地方と関係が深いが、ことによると南鮮を経由して来たものかも知れない。第一の群とは文化的母体は、同一でないにしても極めて近似していたものと思われ、松本信広氏の考えるように、この二つの神話は、相補う関係にあった二つの別々の祭祀団体の伝承であったかも知れない。

第一、第二の群にも、少数ではあるが、アルタイ系遊牧民族文化につらなる神話要素が混っていた。それが、非常に強く表面に出ているのは、第三の天孫降臨神話である。このようなアルタイ系遊牧民文化神話要素は、恐らく皇室の祖先がもたらしたものであろうが、日本に入るとき、果して征服騎馬民族によってもたらされたかどうかは、まだはっきりしない。岡氏の論ずるように、タカミムスビを主神とする皇室の祖先と、先住のアマテラスを主神とする水稲耕作民の間の通婚、混合の過程を通じて、中国中・南部から東南アジア、ポリネシアの農耕民・漁撈民文化的色彩の強かった日本神話が、アルタイ系遊牧民文化的神話要素をとり入れ、おり込んで行ったのであろう。また、語部《かたりべ》としての海人の一部が皇室と近い関係にあったために、こういう混合が促進されたことも考えられる。

第四の日向神話は、九州南部の隼人の伝承が基本をなしているものであろう。インドネシア的色彩が著しい。岡氏は、日向神話のうちの海幸・山幸神話も年齢階梯制的・水稲耕作・漁撈民文化に入れている。隼人の文化をこのなかに入れてよいかも知れないが、私は、まだ当分、一応別にしておきたい。しかし、両者は東南アジアと関係が深い点で、近い関係にあることは考えられる。

	天地開闢 アマテラス	出雲神話	天孫降臨	日向神話
主要構成要素の分布	中国中・南部 東南アジア ポリネシア	中国中・南部 東南アジア	朝鮮 蒙古	東南アジア、ことにインドネシア
日本における担い手	水稲耕作民 漁撈民	農耕民 鍛冶 司祭	皇室の祖先	隼人
日本への侵入の時期	弥生式時代	古墳時代	古墳時代	弥生式時代？
副次的な構成要素の分布	内陸アジア		東南アジア	
日本における担い手	皇室の祖先		水稲栽培民	
日本への侵入の時期	古墳時代		弥生式時代	

以上、日本神話の主な構成部分の起源や系統について私の考のあらましを述べて来た。日本神話の構成要素の大部分は、海外に類似した異伝をもち、それを追って行くことによって、日本神話の起源、更に日本民族文化の系統についても、大きな示唆が得られる。ここではとり上げなかったエピソードやモチーフもまだ、いろいろある。また、ここで提出した仮説も、まだ臆測の域を脱しない

ものが多い。日本神話の起源について、一応私なりの見とおしは立ったが、これを、もっと確実にして行くのは今後の仕事である。また日本民族文化の起源の問題は神話の研究だけで解決するものではない。ここでは、この問題の一側面を明らかにしようと努めたに過ぎない。

また、この本では、日本神話の起源系統を探求するのを中心の課題としたため、こういう雑多な要素が、日本において今日のような形にまとめ上げられ、また、手が加えられて行く過程、そしてその社会・政治史的な背景の問題には触れられなかった。それもまた、さらに追求されて行くべき問題であろう。

（『日本神話の起源』角川選書、一九七三年）

未開民族における死後の幸福の観念

はじめに

われわれ日本人の基本的な倫理あるいは道徳的感情は、相当な程度において、われわれが子どもの時、「嘘をつくと、お閻魔様に舌を抜かれる」とか「悪い人は死んでから地獄に行く」というような親からの教訓によってつちかわれていると見てよい。ここで死後の世界が引き合いに出されていることが面白い。死後の幸不幸は、生前の行動の善悪によって決定されるという考え方は、世界の諸民族の間にかなり広く分布している考え方である。しかし、その一方では、死後の幸不幸は生前の行動の善悪以外の要因によって決定されると見る民族も少なくない。これを手がかりとして、道徳観念の起源と発展を追求しようとしたのはドイツの民族学者レオ・フロベニウスであった。彼の論文「未開民族の善と悪」[1]は、発表されたのは古いが（一八九九）、先駆者的な重要な業績であって、今日のわれわれにも大きな示唆を与えている。これからこのフロベニウスの研究を参考にしながら、その後の資料や、私自身の考えを織りこんで、この問題を考えてみたい。

まず第一に気づくことは、死者自身の責任ではない外部的な事情によって死後の世界における幸不幸が決定される場合も、数種類の系列があることである。それを順々に見て行くことにしよう。

一　死に方が死後の幸不幸を決める

日本の怪談に産女《うぶめ》というのがしばしば出てくる。有名なのは、今昔物語第二十七巻の平季武美濃国にて産女にあうという話である。源頼光の郎等、平季武が美濃国の渡というところで河を渡ると、河の中央で女の声がして、これを抱けという。赤坊がいかいかと泣いている。その間生臭い香がただよってくる。季武は、では抱こうといって、袖の上に受けると女が追って来て返せという。季武は返さぬと答えて陸に上ってしまったが、右の袖をひらくと木の葉がはらはらと落ちた。皆は産女というのは実は狐であろうといいあった。しかし血染の裳をまとった産女は、産褥で死んだ女の亡霊が化した妖怪として、永く日本では恐れられていた。

産女の観念は実は日本ばかりでなく、東南アジアには極めて一般的に分布しており、ことにインドネシアでは著しい。産褥で死んだ女性の精霊は、そこではボンティアナクと呼ばれ、一般に恐れられている。ハルマヘラ島ではこういう死体の両足を縛り、アンボン島では髪の毛を棺の内部に釘付けにし、また腋の下に卵をはさみ、あるいは指の関節に刺を突き通したりする。卵をはさむのはこれを取り落とすまいとするため身動きができず、刺をさすのは、痛さのために動かないようにするためだ。セレベス島ミナハサでは棺の中に芭蕉の幹を同時に入れる。これは死体に子供であるように思わすためである。スマトラのアチエでは目のこわれた針とからまった糸と一緒に一片の布を棺に入れてやる。死者は夜ともなればこれで子でものために産衣を造り始める。だが先ずからまった糸を解かなくてはならない。同時に目のこわれた針に糸を通さねばならない。こうしているうちに日が登り、死者はこの陰鬱な仕事を次の夜がくるまでのばさなくてはならないのである(2)。

しかし〈悪い死に方〉は産褥死だけではない。未成年で死ぬのも、悪い病気、ことに伝染病で死ぬのも、溺死や雷に打たれて死んだものもインドネシアの多くの島々ではこの部類に入る(3)。

このように死に方によって死後の運命が決定されるという観念は、そのほか東南アジア大陸、メラネシア、ミクロネシア、ポリネシアに拡がっており、西アフリカや南北アメリカにも所どころに見出される。興味深いことにオーストラリアにはあまりないらしい(4)。

この分布からみて、この観念は原始的な狩猟民文化のものではなく、定着的な農耕民文化に属するものであって、ことに東南アジアから太平洋にかけてのアウストロネシア語族のところで発達していることがわかる。日本の産女の伝承の系譜も、恐らくそちらに求めてよいであろう。

ところで、死に方が死後の幸不幸を決定するという基本的な観念においては同じであっても、その具体的な内容は民族によってさまざまである。同じ系統の文化をもち、近接して住んでいながら、相違がみられることもある。ことにこの相違は戦死者の場合に顕著にでてくる。スマトラのバタク族では、暴力によって横死したものの霊魂だけが不死となる。病気で死んだものはみな、病気の悪魔の手中におち入ったものであって、完全に死んでしまったものと考えられている。ところがボルネオの陸ダヤク族では、自然死した人の霊魂は埋葬あるいは火葬の場所にとどまっている。もしも戦死した場合には、彼の霊魂は好戦的な気分で彷徨する。もしも偶然死んだときは、その人の霊魂は、その運命を泣き悲しんで時を過す。ポリネシアでも島によってちがう。ニュージーランドのマオリ族は、敵に殺されて喰われてしまった人間は、永遠の火となる呪われた運命をもっている。ところがマンガイア島では、自然死をとげたものの精霊は無力であって、永久に絶滅されてしまう。しかし戦死したものの精霊は強力であって、不死である。[5]

フロベニウスは、これらを三つの考え方にまとめている。

一　霊魂は、人間に死をもたらした暴力のために衰弱する。これには、自然死をとげたものの霊魂は不幸であるとか、戦死者の霊魂は不幸であるという観念が属する。「未開民族は自然死というものを信じない。なぜならば死の当然なことを少しも知らないからだ。だから、特にこわいと認められる原因なしに死んだものは、その霊魂は呪咀者の手中に握られている。それ故、その状態は決してうらやましいものではない。また特定の変死の例も呪力のせいと考えられる。だから暴力死したものも同じような運命にあずかるのである。」呪力の観念は、戦死者の霊魂が不幸だという表象の中にも混入している。「敵によって殺されて食べられてしまったマオリ族は永久の火と成る悲運にある。なぜならば、彼の遺体は敵の手中におち入り、その頭蓋骨は敵の家に懸けられるからだ。かくて彼の霊魂は太陽の灼熱の中において衰弱し、太陽にのって大地をまわって放浪する。」

二　勇者の霊魂は幸福である。この部類に入るのは、戦死者の霊魂は幸福だという考えである。「ここにおいては、ゲルマン族のような戦闘的な民族の男性としての徳が現れている。ゲルマン族の瀕死の戦士たちは、ヴァルキューレ［北欧神話における戦乙女《いくさおとめ》のこと］によって天堂ヴァルハラに運ばれた。同様に昔のカライブ族の霊魂は、勇敢に戦ったか、あるいはまた戦死した場合にのみ幸福となったし、またトーレス諸島民の霊魂は、勇敢とか血に餓えているなどの野蛮な徳性によってぬきんでている場合にのみ、優という点をもらうのだ」。

三　自然死した者の霊魂は幸福である。この観念は、フロベニウスの考えによると、一の、暴力によって死んだ者の霊魂は不幸になるという表象の対立物として形成されたにすぎないという。「（マリアナ諸島のような）より高い文化段階においては、死の自明性は意識されており、身体にも霊魂にも傷みと不幸をもたらすような暴力死に対立するものとして賞賛される[6]」。

このように見てくると、一応、死に方という死者自体の責任ではない要因が死後の幸不幸を決定するとはいっても、実は、第二の戦死者が幸福になるという場合では、あとで述べる死者の生前の行いによって死後の幸不幸が決まるという場合に、かなり接近していることがわかる。そしてそれは、勇敢が美徳であるということがすでに前提となっている文化においてである。

二　生きのこった者たちの死者への態度で死後の幸不幸が決まる

死者自身の生前の行為によるのではなく、死者の周囲の人たちや子孫が死者をどう取り扱うかによって、死者の幸不幸が決定する。この考え方は、

ａ　葬儀の有無

ｂ　死者祟祀あるいは祖先崇拝を行なうか否か

という二つの群に分けて考えることができる。

ａ　葬儀の有無によって死者の幸不幸は決定する

この観念も定着的な農耕民に多い考えである。しかるべき葬儀をしてもらえなければ、死者の魂も浮かばれないというわけだ。東南アジアには、一旦埋葬した死体が完全に腐ってしまうと、掘り出してその骨をあつめて葬式をし直す二重葬の制度が広く分布している。東南ボルネオのダヤク族の二番目の葬儀ティワーは数日間つづく華々しいものであるが、最初の三日間は、人々は死者の遺骨を拾い集めて箱に容れ、納骨小屋に納めるために葬式を営む。骨箱は美しく装飾されかつ死者に供養も行なわれる。司祭は死者の霊を他界に送りこむ役であるから、テムプン・テロン、つまり霊魂の船の船頭と呼ばれる。埋葬が済むと、巫女たちは墓の周囲で円舞し、またすでに死者の国に入っていた諸霊魂が、新米の霊を迎えに出てくるようにと招魂する。この大葬儀の最終の儀式は、長老達が死者の国からやって来た諸霊とともに椰子酒を飲むという饗宴をもって終るのであるが、今日この大葬儀を営むことのできるのは、ただ首脳人物だけであって、費用が払えない貧しい人たちには出来ない。それ故、普通人の霊魂は永久に地上を低廻していて、霊の国に入れないのである。[7]

然るべき葬儀が行なわれなかった死者の霊魂が、あるいは消滅し、あるいは幽霊となって彷徨するという考えは、メラネシアにも、ポリネシアにも、またアフリカのアンゴラや黄金海岸やマダガスカルにもある。そればかりでなく、古代バビロニア、古代イスラエル、古代ギリシャ、ローマから、今日のスェーデンにもこの観念がひろがっている。ベール・ゼーデルベックが今世紀のスェーデンの、スモールランドについて述べているところによると、「清められた大地に埋葬されなかったものは、安寧が得られないままでいる。それは彼の骨が発見され、神聖な大地に埋められるまでつづく」[8]。

フロベニウスは、こう説明している。「死者が埋葬されるというのが習俗である。これによると、他界への移動は墓から出発する。しかし、もしも死者が墓、つまり死体の属するところに埋葬されないでいると、この普通の道筋は中断される。従って霊魂は幸福になれない。……

これによれば、決定を下しているのは習俗である。さてこ

れが一度習俗となり、それが守られないことになると、その結果は不幸である」[9]。たしかに、フロベニウスが主張したように、この観念の基本にあるのは、習俗の力である。しかし、死者の幸不幸を決定するのは、本人が習俗を守るか守らないかによるのではなく、他人が死者のために守ってくれるか否かによるという点が、この観念の大きい特徴をなしている。

ところが、規定通りの葬式を行なうか否かによって死後の幸不幸が決まるという観念は、しばしば、死に方によって死後の禍福が決定するという観念と密接に結びつけている。ボルネオのダヤク族もそうであるし、アフリカのトーゴーにおいては、不自然な死をとげたもの、たとえば、殴り殺された者、殺害された者、死刑に処せられたものは、野原の台架の上に置かれる。これは西アフリカでは、葬られないということと同じことを意味している。ワムブグウェ族では、槍傷で死んだもの、つまり戦死したものだけはテムベ小屋の外に、その他のものはテムベ小屋の内部に埋葬される。

このように、二つの観念が結合している場合においては、こういう死に方をしたものは幸福にはならない。何故埋葬する必要があろうか？　という考え方もあれば、また、こういう死に方をしたものは安寧なき、かつ邪悪な精霊になる。だから、死体を埋葬しないことによって、悪霊となり、生きつづけるのを中断しようという考え方もあり、二つの立場が現れてくる[10]。この問題については、またあとで立ちもどることにしよう。

b　死者の祭り乃至祖先崇拝の有無によって死者の幸不幸が決定する

これもこの場合と同様、死者自体ではなく、遺族の死者に対するとりあつかいが死者の安否を左右している。しかし、この場合では、死の直後ではなく、はるかに後になって、しかもくり返し行なわれる供養が問題である。

ヴィエトナム人の観念を、フランスの学者ポール・ミュスは次のように生き生きと描き出している。「生者と同様、彼等（死者）の生活も亦季節の推移に添い、春は彼等にとって甦生の時である。仮令地下の魄と天上の魂との区別は民衆に達しているとしても、それは表面から消えているようであり、民衆が墓地に訪れるのは死者の人格全体を訪うのである。『魂にとっての幸福は、肉体とそれに一緒に残っている所の生命の原動力とが、如何なる不吉な力にも煩わされることの無いような墓場を保有するということである。又定まった日に行なわれる祭祀や供えられる膳部を受けるということでもある。魂の不幸は、以上のものを与えられないということである』。安南人の原始的信仰は、その最も優れた観察者、カディエール師に依れば、以上の如くである。……そこには生前行われた善行悪行に比例した死後の制裁とか、賞罰などの思想はない。生前の生活がどうであったとしても、子孫が供養を確実にすれば、その魂は幸福で慈悲深くあるが、若しこれを放って置いて、『暗黒の支配する河や山の彼方に』さ迷わせるならば、その魂は不幸で、有害である。

しかし乍らこの原始的な素地の上に仏教思想が加わっていること、少くとも東京《トンキン》において然りであることを認めなければならない。魂が審判を受けて地獄に落ち、諸処にさ迷い、その功罪に従ってあるいは神に、あるいは人に、あるいは禽獣に形を変える。という信仰も大いに奉じている。勿論この観念と前の観念との間に幾分の齟齬がある訳であるが、民衆というものは、この種の思索において、論理的求欲を満足させようとはしないものである[11]」。

日本に関しても、恐らくヴィエトナム人とほぼ似たような事情を考えてよいのではなかろうか？

死者崇祀が、死者の他界における幸不幸を決定するという観念は、アフリカ、インドネシア、メラネシア、ポリネシアから北米北西海岸に分布している[12]。

この分布状態は偶然ではない。アンケルマンが指摘しているように、「アフリカ、インドネシア、メラネシアはおそらく死者祭祀の典型的地域であって、それはこれら諸民族の宗教に特色をあたえている。これに反して死者祭祀は著しく僅少な役割しか演じていない地域もある。例えばアメリカ、オーストラリア、ポリネシア等である。これらの諸地方では、前記の諸地方と同様に、亡霊の存続の表象が存し、故人は甚だしく怖れられる。しかし親族達は根本的には、死者をあの世に追っ払って、その後では殆んど彼らのことを念頭に置かぬことを目的とするところの、埋葬風習を几帳面に遵守する以上に出てないのである[13]」。祖先崇拝にしても、シュミットによれば、イラン人、インド人、中国人、日本人、インドゲルマン語族、ポリネシア族、古代ペルー人、フィノ・ウゴル語族が主な分布地域である[14]。つまり、この他界の幸不幸の基準の分布は、死者崇拝および祖先崇拝の主な分布地域とほぼ一致しているのである。死者崇拝や祖先崇拝を維持していた有力な観念的支柱の一つは、まさにこの他界観であったといってよい。

この他界観にはフロベニウスが論じたように二つのモチーフが競合している。第一に、死後の世界は現世の継続であり、霊魂はこの世におけるのと同様に、食物やありとあらゆる道具を必要とする。他方では、すっかり発展してしまって、元来のモチーフがもはや理解されなくなった習俗自体が、必要不可欠なものになってくる。こうして、ここでも習俗の力が問題なのである[15]。

今までわれわれは、死者自身ではなく、主にその遺族の行動が、死者の幸福を決定する場合を見て来た。次に、死者自体の行動が決定因となるような場合に眼を向けることにしよう。

注

（1）Leo FROEENIUS. Das Gut und Böse der Naturvölker bemessen nach dem Seligkeitsglauben. in : Zeitschrift für Missionskunde und Religionswissenschaft. XIV. 1899 この論文は後に彼の論文集 Erlebte Erdteile. III : 43-89. Frankfurt am Main 1925 に再録された。以下の引用頁数は、この論文集からのものである。

（2）B. ALKEMA en T. J. BEZEMER. Beknopt Handboek der Volkenkunde van Nederlandsch-Indië : 168-169. Haarlem 1927

（3）H. J. SELL. Der schlimme Tod bei den Völkern Indoncsiens. Haag. 1955

（4）以上の分布は主としてFROBENIUS ibid : 59-61, 82-84. J. A. MACULLOCH and others. Blest, Abode of the. in : Encyclopaedia of Religion and Ethics III : 680-710. J. A. MACULLOCH and others. State of the Dead. in : Encyclopaedia of Religion and Ethics XI : 817-854. E. BENDANN. Death Customs. New York 1930. B. MÖRNER Tinara. Jena 1924. W. D. WALLIS. Religion in Primitive Society. New York 1939 による。

（5）FROBENIUS : 59-61

（6）FROBENIUS : 61-64

（7）ALKEMA en BEZEMER. ibid : 176

（8）FROBENIUS. ibid : 64-65. MÖRNER ibid : 123-129

（9）FROBENIUS. ibid : 67-68

（10）FROBENIUS. ibid : 83-84

（11）ポール・ミュス「印度支那の宗教」（シルヴァン・レギ編、村松嘉津訳『印度文化概説』一九七―一九九頁、東京、一九四三年）

（12）FROBENIUS. ibid : 68-70

（13）B・アンケルマン「自然民族の宗教」ド・ラ・ソーセー、レーマン共編、篠田一人訳『宗教史大系』第一巻、二一一頁、東京、一九四五年

（14）W. SCHMIDT. Handbuch der vergleichenden Religionsgeschichte : 68-69. Münster 1930

（15）FROBENIUS. ibid : 70-72

（『道徳教育45　死後の幸福』「習俗と道徳　第一回」
明治図書出版、一九六五年）

異郷訪問譚の構造[1]

一　はじめに

説話の研究において、構造の研究は今日世界的に流行している。神話においては、レヴィ＝ストロースの研究などがよく知られているが、昔話についても、何人かの学者が構造分析を試みている。

そのなかでことに興味深い試みは、ルーマニアのフォークロリスト、ミハイ・ポップのものであって、彼は一九六一年に兵士としての少女というルーマニアの昔話の構造分析を行なっている。それによれば、この昔話はいわばその前半と後半とが裏返しの関係になっている。つまり、前半で問題となったいくつかのテーマが、後半においては前半とは逆の順序で次々に展開し、かつ同じテーマが問題になっていても、後半ではいわば前半の否定ないし対立というような形をとっている。たとえば、欠如というテーマが前半に出てくると、後半では欠如の除去という形になっている。[2]早く言えば、ポップの方法は、構造分析におけるsyntagmaticな見方と、paradigmaticな見方の双方を統合する試みと言えよう。つまり、第一図に見られるように、話の筋の展開に従った分析である点ではsyntagmaticだといえるし、他方、縦のコラムで、それぞれ別のテーマを問題にしている点ではparadigmaticだと言えよう。[3]

私はこのポップの研究に触発されて、かつて奄美大島の天人女房の昔話も、前半と後半とが裏返しの関係になっていることを論じたことがある。[4]その後、いろいろ考えてみると、このように前半と後半が裏返しの関係になる構造は、なにもすべての昔話ないし説話に見られるものではないであろうが、異郷訪問譚にはかなり多く見られるのではないかと思うようになった。つまり、兵士としての少女も、奄美の天人女房も、ともに主人公は異郷を訪れる話である。しかし、その場合ともに主人公は別に故郷には帰ってこない。ところが、本格的な異郷訪問譚においては、主人公は故郷から異郷を訪れ、また故郷に帰ってくるという形式をとっている。この場合、話自体が、往きの前半と帰りの後半からなっており、しかも運動の方向は往復逆であるから、前半と後半が裏返しになる可能性があると予想される。不完全な、別にもとの故郷にもどらない異郷訪問譚にもまして、本格的な異郷訪問譚はこのような構造をとり易いのではないだろうか？

　このように考えて、私はいくつかの日本の例について検証してみることにした。その際、二つの点をあらかじめ指摘しておきたい。その一つは、ポップの研究した兵士としての少女、私の分析してみた天人女房の話はともに昔話であった。しかし、裏返しの構造は、本格的な異郷訪問譚である限りにおいては、昔話ばかりでなく、神話や伝説にも共通してみられる構造である点である。第二は、ポップが分析した例では、前半と同じテーマが後半にも出て来る場合、後半では前半の除去ないし否定という形をとっていた。しかし、同様のことが、この構造の説話のすべてについて言えるか否かは疑問である。

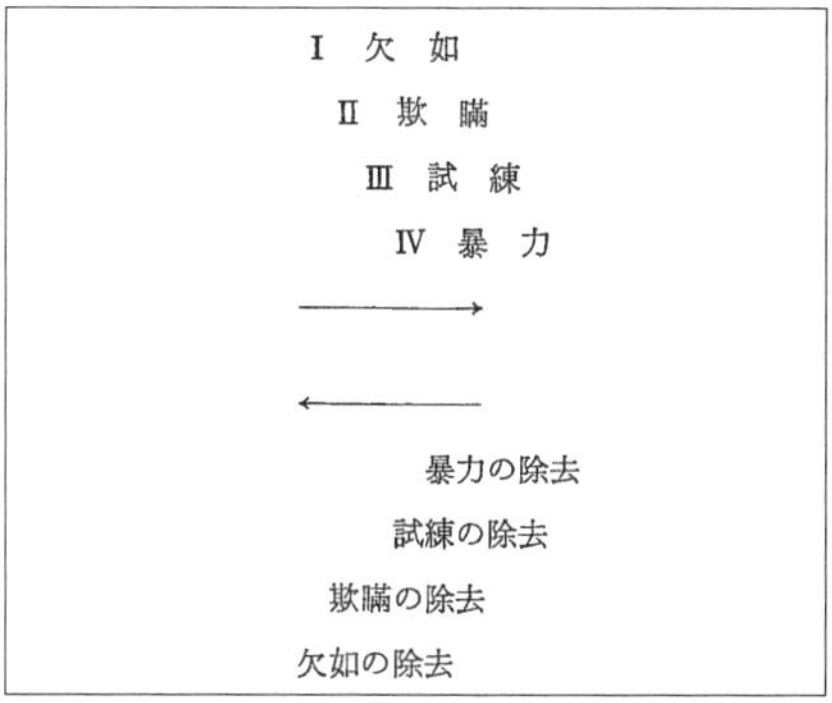

第1図　兵士としての少女の構造（ポップによる）

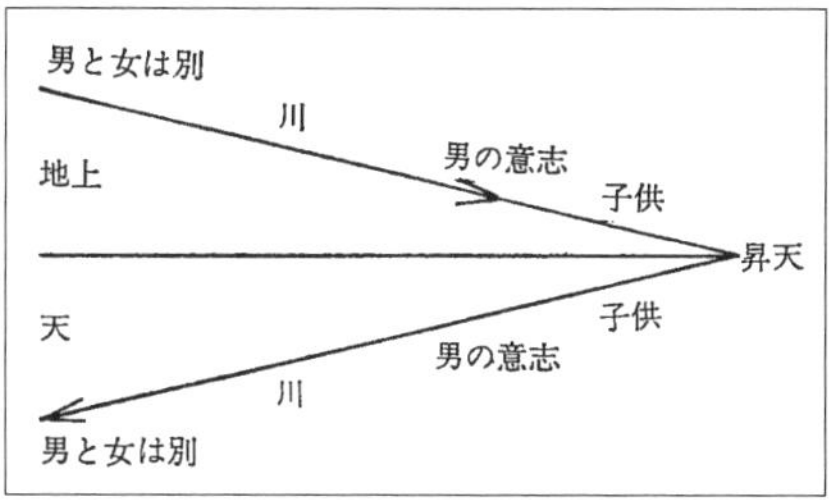

第2図　奄美大島の天人女房昔話の構造

後半に同じテーマが再びとり扱われる場合、必ずしも前半の否定や除去ないし対立とは限らない。しかし、何等かの形で同じテーマが前半と後半では意味や形を異にして現れることだけは言える。

二　イザナキの黄泉国訪問

　具体的な事例の第一として、『古事記』に記されたイザナキの黄泉国訪問神話をとり上げることにしよう。イザナキが亡妻イザナミのあとを追って、黄泉国を訪問したが、つれもどすことができずに帰って来た話である。

　この話の発端（以下番号は第3図中の番号に対応）では出産が問題になっている。つまり女神イザナミは火の神を生んだために病床に臥し、嘔吐や排泄物によってカナヤマビコ・カナヤマビメ、ハニヤスビコ・ハニヤスビメ、ミツハノメ、ワクムスビを生んだ。ここで特徴的なことは、これらの神々が、嘔吐や排泄物、つまりいわば汚れをつくることによって生まれたことと、これらの神々が鉱山、陶土、農耕など、いわば文化の神であることの二点である。

　次に（2）夫神イザナキが火の神を剣で斬り殺したところ、その剣についた血や、死体の各部分から、それぞれ八柱の神が発生した。ここで重要なことは、これらの神々が肉体から発生したこと、また殺害を契機として発生したことである。

5　腐敗した女神を見る

4　食物を食べる――煮たもの、女神は現世に還れない	6　食物を食べる――生のもの、男神は現世に還れる
3　応待――友好的・内	7　応待――敵対的・外
2　神発生――肉体から殺害により発生	8　神発生――外被から殺害によらず発生
1　出産――汚れにより文化の神生る	9　出産――汚れの除去により自然の神生る

第3図　イザナキの黄泉国訪問の構造

つづいてイザナキは黄泉国に赴き、黄泉国の御殿の戸口でイザナミと応待する（3）。この応待では男神は女神にまた現世に帰るように促し、女神も還る許可を黄泉神から得たいと言っており、応待は友好的に行われる。またその応待の場が黄泉の殿の戸口であるから、黄泉国の内である点も注目される。

第4は、女神がこの応答中において、自分はすでに黄泉の国の竈で煮たものを食べたため、もう還れなくなったと言っていることである。ここでは、食物を食べることが問題となっているが、その食物が煮た食物であること、食べた人物が女神であること、食べた結果として女神が現世にもどれなくなることの三点が重要である。

そしてこの次に転回点（5）がやってくる。それは黄泉神と相談に行った女神がなかなか帰ってこないのを待ち切れない男神が、櫛の歯に火をつけて見たところ、女神の身は腐敗して蛆がたかり、身体の各部に八柱の雷神が化生しているのを発見して驚愕したことである。このショックを転回点として話は前半から後半にうつり、逆の方向に進行を始める。なおここで、4において煮た食物、6において生の食物が問題となっていることの関連において、この五においては食物ではないが女神が腐敗していたことが語られているのを注意しておきたい。

さて、話は後半部にうつると、まず前半の4におけるのと同様に、後半の6においても食物を食べることがテーマになっている。黄泉国から逃走するイザナキを黄泉醜女が追いかけ、イザナキが鬘を投げると葡萄の実となり、櫛を投げると筍となり、さらに桃の実も投げる。黄泉醜女がこれらのものを食べている間に、イザナキは逃げのびて行くという〈呪的逃走〉モチーフである。ここで注目すべきことは、食物がいずれも生のものであること、食べた人物が、イザナミの代理人たる黄泉醜女であること、そして食べた結果として、男神が現世に帰れるようになったことである。4において、煮た食物を女神が食べたため、女神は現世に帰れなくなったとされているのと、興味深い変化ないし対照を示している。

次にイザナキとイザナミは黄泉比良坂で応待する（7）。応待という点では前半の3に対応するものの、ここではさきほどのような友好的な応待ではなく、二人が決定的に別れる絶妻の誓をするのであるから、敵対的な応待である。そしてその場所も、3においては黄泉国の内であったのに対し、今度は黄泉国と現世との境界たる黄泉比良坂であるから、いわば黄泉国にとって外なのである。

それからイザナキは、筑紫の日向の橘小門の阿波岐原で禊をするが、その際、まずこの神が脱ぎ棄てた衣服から十二柱の神が発生した（8）。これは前半の2と対応する神々の発生というテーマだが、2においては神の肉体から神々が発生したのに対し、ここでは神の肉体ではなく外被（衣服）から発生した点、また2とは異なり殺害によらない仕方で発生した点において、2とは相違している。

最後に、イザナキが水中で左の目を洗うと太陽神アマテラス、右の目を洗うと月神ツクヨミ、鼻を洗うと嵐神スサノヲが生れた（9）。これは前半の1に対応する神々の発生のテーマであるが、1におけるように汚れを作り出す仕方ではなく、まさに禊によって汚れを除去するという仕方において神々が発生したこと、また生れた神々が自然をあらわす神々であること、さらに神々の出現の場が、1のように陸上ではなくして、水中であることの三点において、9は1と相違しているのである。

このように、イザナキの黄泉国訪問譚は、前半と後半がいわば裏返しの構造をとっている。そして、ここでは紙数の関係で省略するが、『古事記』上巻におけるその他の異郷訪問譚、つまり、宇気比・天岩屋神話、オホクニヌシの根の国訪問、出雲国譲り、海幸山幸神話は、いずれもこのような構造をもっているのである。しかし、このような構造をとる異郷訪問譚は『古事記』中巻にもみられることを次に論じよう。

三　神功征韓譚

話の発端（1）のテーマは家族であるが、そこにおいて、仲哀の死が語られている。筑紫の訶志比宮で天皇が琴を弾き神の託宣を乞うたが、始め天皇は神話を信ぜず、琴を押しのけ、次に不承不承弾いているうちに琴の音が絶え、火をともしてみると天皇は死んでいた。ここで大事なことは、仲哀の死は神功にとっては夫の死であり、したがって家族の分解である。しかも、その死は突如として急速に訪れている。また死の契機として、天皇が琴、つまり植物でつくった楽器（文化）を身体から遠ざけたことが語られているという三点である。

次に（2）アマテラスと墨江三神が神功皇后に征韓を命ずる。

つづいて、皇后の軍が新羅に向うとき、魚が軍船を背負っ

4　新羅征服

3　動物——野生・海、動物自身
　　渡海——一回的

2　神——指令する

1　家族——夫の死＝家族の分解、急速な死、琴（植物・文化）を夫は身体から離す

5　動物——家畜・陸・動物を飼う人間
　　渡海——反復的

6　神——祀られる

7　家族——息子の誕生＝家族の形成・緩慢な生、石（鉱物・自然）を母は身体につける

第4図　神功征韓譚の構造

て海を渡った（3）。これは動物をテーマとしているが、魚は宇宙領域としては海を表わすこと、また野生の動物であること、またこの魚による渡海は一回的な出来事であるという三点が重要である。

　このあと新羅征服（4）があり、これを転回点として、話は逆転を始める。

　つまり、新羅王は、これからは天皇の御馬甘《かひ》となり、毎年貢納船を送ることを誓う（5）。ここでも3と同様に動物が問題となっているが、3の魚の場合と比べると、5の馬は宇宙領域としては陸に属し、かつ野生ではなく家畜であること、そればかりなく、ここでは馬そのものではなく、その馬を飼う人間、馬甘が問題になっている点において、3の魚の場合とは異っている。またここでも渡海がとり上げられているが、この場合と異り、動物がこれを実行するのでない点、また一回的な渡海でなく、反復的な渡海である点が3の場合と異なっている。

　つづいて、神功は墨江の大神の荒御魂を国を守る神として鎮め祭って、海を渡って帰国した（6）。ここでは2と同様に神、ことに墨江三神がテーマになっている。しかし、その取り上げ方が違う。つまり、2においては、神は神功に征韓を命令しているが、ここでは神功は神を祀るのであり、命令する神と祀られる神という様相の変化がある。

　最後に、再び家族が問題となっている（7）。新羅平定の事業の終らないうちに、皇后には子供が生れそうになった。そのため出産を延期するために、石を取って御裳の腰につけ、新羅から筑紫国に渡ってから、応神天皇を出産した。1でも家族が問題となっているが、そこでは仲哀の死という形をとっていたのに反し、7では皇子の出産という形であり、生と死の対照がある。さらに、1の夫の死は家族の分解を意味していたのに対し、7の応神の誕生は母子関係の発生、つまり家族の形成を物語る。また仲哀の死は急速な死であったのに対し、応神の誕生は延期された、したがって緩慢な出生である。その上、仲哀の死に当っては、琴つまり植物を男の身体から

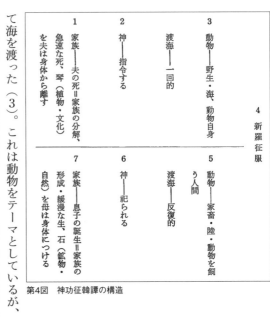

離すことが一つの契機になっているのに対し、応神の出生の場合は、石を女の身体に着けることが行なわれている。しかも、琴は楽器であるから文化であるのに対し、石は自然である。

このように神功征韓譚においても、前半と後半が裏返しの関係にあり、かつ前半と後半のそれぞれ対応する項目においては、同じテーマがとり上げられていても、さまざまな変化や対照が見られるのである。

ところで、このような構造の異郷訪問譚は『古事記』以外の古典にもみられる。次にその一例として、『丹後国風土記』逸文の浦島子の話を見ることにしよう。

四　浦島子

発端1に浦島子《うらのしまこ》が海上で魚を得ようとしたが魚を得られずに、亀を得たことが記されている。

ところが、この亀は舟の上で若い美女に変身した（2）。この動物から人間への変身は、物語の次の部分で明らかになるように、浦島子にとっては、結婚の可能性が生じたことを意味している。

つづいて二人は海中の博大《ひろ》き島たる蓬山《とこよ》に赴き、そこで結婚する（3）。

そして4として転回点がおとずれる。つまり、浦島子は仙《とこ》都《よ》に滞在すること三年、毎日の楽しい生活にも拘らず、「忽ちに土《くに》を懐《おも》ふ心を起し、独り親を恋ふ」。この望郷の念をおこしたことが転回点である。

妻の嘆きにも拘らず、浦島子は帰途につくことになる（5）。これは3の結婚に対する別離である。

妻は別離に当り玉匣《たまくしげ》を取り、「君、終に賤妾《あれ》を遺《わす》れずして眷《かえり》み尋ねむとならば、堅く匣を握《と》り、慎しみてな開き見給ひそ」と浦島子に言った（6）。この6は私の考えによると、2の亀が女に変身した項目と対応するものである。この二つが対応するというのは、些か奇異な印象を与えるかも知れないが、次の理由によっている。つまり、2においては、女への変身は結婚の可能性を意味していた。6においては、玉匣は、妻の言葉にもあるように、開かなければ、再会できる、つまり再会の可能性を意味しているのである。ともに問題の男女が一緒になれる可能性がテーマとなっているが、2においては結婚、6においては再会という相違がある。さらに2においては人間、6においては物体という点も異っている。そればかりでなく、2においては動物から人間への変身、つまり変化がこの結婚の可能性の条件となっていたのに反し、6においては、匣を開けないこと、つまり変化しないことが再会の可能性の条件となっているという点も相違点となっている。

浦島子は故郷の筒川の村に帰って来た。しかし、彼が独り蒼海に遊んでまた還り来らなくなってから、すでに三百余歳

1 目的の不達成——海、動物
代替物——亀女を得る

2 結婚の可能性——人間・変化

3 結婚

4 望郷の念

5 別離

6 再会の可能性——物体・変化しないこと

7 目的の不達成——陸・人間
代替物——亀女を失う

第5図　浦島子伝説の構造

を経ていた。したがって彼は会いたいと思っていた人達に会うことはできなかった。そればかりでなく、彼が玉匣を開けたところ、「芳しき蘭のごとき体《かたち》、風と雲とに率いて蒼天《あをぞら》に翻《ひるがへ》り飛びき」。浦島子は亀女との再会の可能性も失ってしまい、物語は悲劇的な結末を迎える（7）。

ここでは、1において海で魚を得ようと思ったのに得られなかったのに対し、陸上で会いたいと思った人間に会えなかったことが対応している。期待したものが得られなかったというテーマにおいては共通しているが、海と陸上、動物と人間という相違がある。さらに1においては、魚のかわりに浦島子は亀を得ている。ところが7においては、彼は会いたい故郷の人に会えなかったばかりか、その代替物を得ることもなく、逆に亀女との再会の可能性も失ってしまうという相違がある。

この『丹後国風土記』逸文は華麗な漢文で書かれており、甚だ文飾が多い。しかし、それにも拘らず、異郷訪問譚として、裏返しの構造がこのように明瞭に認められるのである。

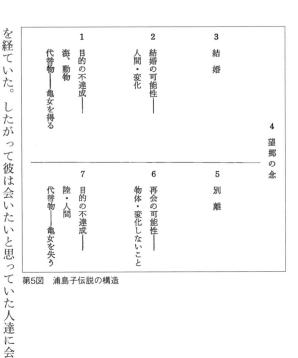

五　甲賀三郎

今まで私が取り上げて来た事例は、すべて古代文学のものであった。しかし、もっと後の時代の文学においても、異郷訪問譚にはこのような構造が見られる。その一例として、ここでは中世の『神道集』巻十の五十に記された甲賀三郎の話をとり上げることにしよう。周知のようにこの甲賀三郎の話は極めて複雑な内容をもっている。もっと詳しく分析すれば、これから私が示すもの以外にも、いろいろ興味深い点が浮び上って来ると予想されるが、ここでは、現時点において私が気づいた構造を描き出すのに止めたい。

まず、近江甲賀郡の地頭・甲賀権頭諏胤《よりたね》が年七十余のとき、その三人の息子に三界分治を命じたことが出ている（1）。つまり、太郎諏致《よりむね》には東山道八ヶ国、次郎諏任《よりただ》に北陸道七ヶ国、三郎諏方《よりかた》に東海道十五ヶ国のそれぞれ惣追捕使を命じて、父は老衰して死んだ。ここで重要なことは、三分が問題となっていること、次に兄弟、したがって同性間の分割が問題となっており、また三兄弟に与えられた惣追捕使という職掌は警察的な職務であり、ひろく言えば、統治機能といってよいことである。

　三郎は大和の国守となり、春日神社に参拝の折、春日権頭の娘・春日娘と契って、甲賀館にともなって帰った（2）。つまり、三郎と春日姫との結婚である。

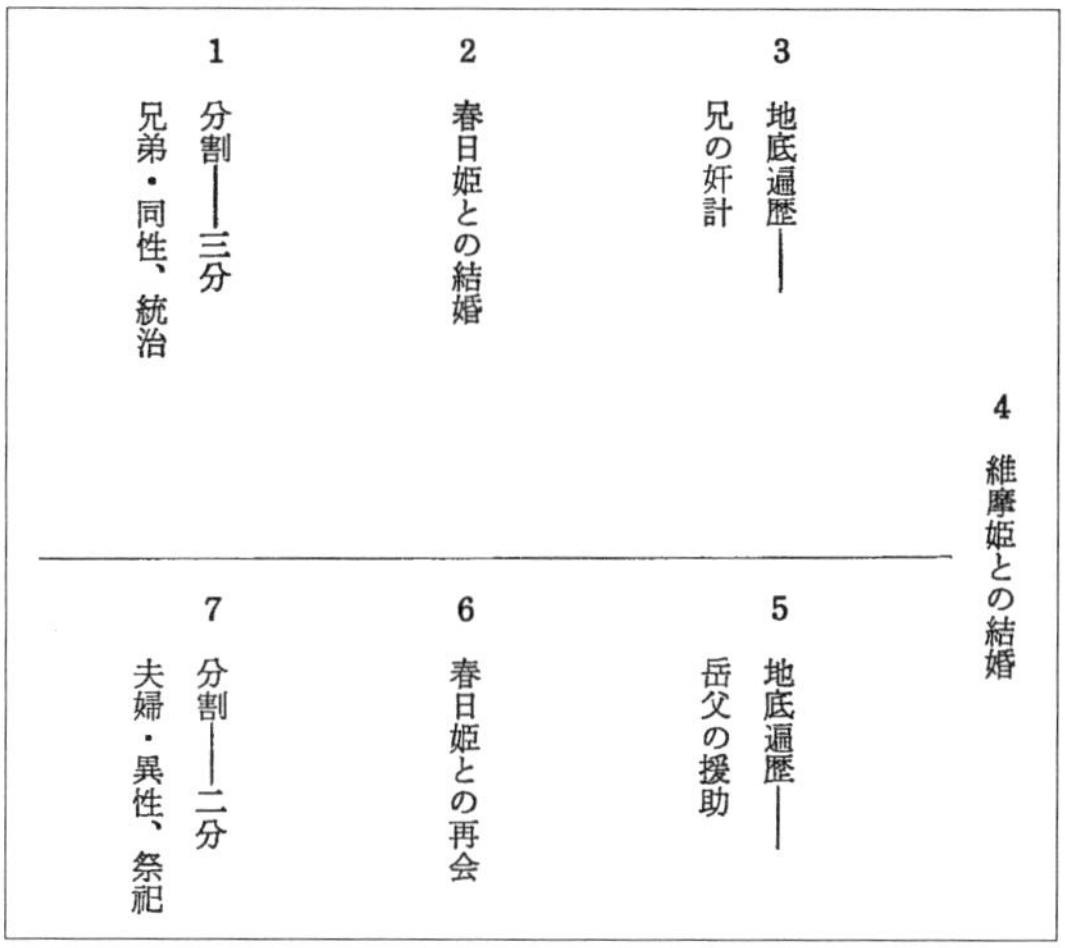

第6図　甲賀三郎譚の構造

次に三郎の地底遍歴が始まる（3）。つまり兄弟三人が伊吹山で狩をしたとき、春日姫がさらわれてしまい、三郎は全国に姫をさがし求め、ついに信州蓼科嶽の人穴の中で姫を発見して救い出すが、春日姫に横恋慕している兄次郎の奸計により、綱が切られてしまい、三郎は穴の外に出れなくなり、穴を東に進み、好賓国、草微国、草底国など七二の国をすぎて維縵国に至った。この地底遍歴で重要なことは、兄の奸計がからまっていることである。

　次に三郎に維縵国で国王の末娘維摩姫と結婚したが（4）、これが話の転回点となり、逆行が始まる。つまり、三郎は維縵国で十三年間過したが、春日姫恋しさに日本国に向って地底遍歴がまた始まる。

　この第二の地底遍歴（5）に出かけるとき、岳父・好美翁は鹿の生肝で作った餅一千枚を三郎に渡し、日本までの一千日、毎日一枚ずつ食べるように教えたほか、途中のさまざまの難所を克服する方法を教え、その手段を提供してくれた。つまり同じ地底遍歴というテーマではあるが、3においては兄の奸計がからんでいるのに反し、この5では岳父の援助がからんでいるのが大きな相違である。

　そして三郎は信濃国浅間嶽に出たが、自身は蛇身に化していた。ある老僧の言に従いまた人間にもどり、兵主神に導かれて三笠山に行って春日姫と再会した（6）。つまり、2においては春日姫との結婚であるのに対し、この6においては再会である。

最後は二神分祀である（7）。つまり三郎はその後平城国に行って早那起梨の天子から神道の法を授けられて帰国し、三郎は諏方大明神という名で上の宮として出現し、春日姫は下の宮として現れた。上の宮の本地は普賢菩薩であり、下の宮の本地は千手観音である。そのほか、維摩姫や三郎の父母と二人の兄もそれぞれ神となったが、この話では、諏訪の上の宮、下の宮の二神出現が中心テーマとして取り扱われている。これは1の三界分治と対応しており、ともに分割をテーマとしているが、1においては三分が問題になっているのに対し、ここでは二分である。また1では兄弟、したがって同性間の関係がとり上げられているが、7では夫婦、したがって異性間の関係が問題になっている。また1では三界分治つまり統治が問題になっているのに反し、7では二神分祀、つまり祭祀がとり上げられているという相違がある。

六　おわりに

このように、異郷訪問譚は、『古事記』の昔から後世まで、少くとも『神道集』のころまで、一貫して前半と後半の裏返しという同じ構造をもっていることが明らかになった。恐らく、さらにそれ以後の時代の異郷訪問譚の多くにも、このような構造がみられることが予想されるが、その点、今後の研究に俟たねばならない。

もちろん私は以上のような異郷訪問譚に共通の構造をとり出すことをもって、異郷訪問譚研究のすべてであるとは毛頭思っていない。このような分析によって、我われは例えば諏訪縁起の孕む厖大な問題の一つを明らかにできるのに過ぎない。

しかし、このような分析によって、物語のなかの個々のモチーフないし挿話が物語全体のなかでどのような位置を占めているかを知ることができる。たとえば、諏訪縁起発端の三界分治も、このような分析によって始めてその深い意味や全体中に占める位置が理解されるのである。

私は小論において、日本文学から口承文学にもとづくと思われる異郷訪問譚の例をとり上げ、そこには共通の約束があることを論じた。もちろん、これは日本の異郷訪問譚のごく一部にしか過ぎない。日本文学史上の他の作品、また現在の昔話や伝説における異郷訪問譚にも、同様な構造がみられるかどうか、また異郷訪問譚以外にも、どのような説話にこの構造がみられるか、さらにこのような構造をもたない異郷訪問譚は、どのような構造をもっているのか、の検討は今後の課題である。小論が多くの研究者にこの問題への関心をよび起し、新たな研究への刺激として役立ったならば、小論の目的は達せられたと言ってよい。

注

（1） 本稿は一九七八年六月四日に日本口承文藝學會第二回大会（筑波大学）でおこなった特別講演にもとづいている。

（2） Mihai Popp. Metode noi cercetarea structurii basmelor, in : Folclor Literar, I : 5-11, 1967（独訳 Neue Methoden zur Erforschung der Struktur der Märchen, in : Felix Karlinger 〈hrsg.〉, Wege der Märchenforschung 〈Wege der Forschung, CCLV〉: 428-439, Wissenschaftliche Buchgesellschaft, Darmstadt, 1973)

（3） ポップを含めて、最近の説話研究におけるsyntamaticな研究とparadigmaticな研究のさまざまな試みの展望としては、Evguéni Mélétinski, L'étude structurale et typologique du conte, in : Vladimir Propp, Morpholigie du conte : 201-254, Éditions du Seuil, Paris 1970を参照。

（4） 大林太良『日本の神話』一四八—一五一頁 大月書店 一九七六年

（『口承文芸研究』2、日本口承文芸学会、一九七九年）

地震の神話と民間信仰

はじめに

地震に関する神話や信仰を研究する場合に、いろいろな立場がある。

一つは、ある特定の民族の信仰を深く分析するやり方である。たとえば、日本にはナマズが地震をおこすという信仰が広く存在しているが、この信仰を日本文化の構造とのからみ合いで分析するといういき方で、事実、そういうことを研究した人がいる。残念ながら、日本人ではなくて、オランダ生まれのアウエハントという学者で、現在スイスのチューリッヒ大学で日本学の教授をしている人である。この人が一九六四年に『ナマズエ（鯰絵）』という本を出して日本のナマズの信仰を手がかりに日本文化の構造を詳しく研究している。(1)

もう一つのいき方は、世界全体を対象にして、地震に関する神話や信仰のいろいろな類型を明らかにし、それらの分布状態を調べ、その分布から考察を進めるといういき方である。ここでは私は、あとのほうの立場において話を進めていくことにしたい。

こういう地震に関する神話や信仰の研究をした人は、いままでにも何人かいるということをまず最初に指摘しておきたい。ことに重要な研究をしたのはリヒアルト・ラッシュというオーストリアの民族学者であって、一九〇二年に「民間信仰および民間習俗における地震の原因と意義」という論文を、世界全域からのその当時までの材料をかなりよく集めて発表している。(2) その後も、たとえば、日本でも有名なフレイザーというイギリスの民族学者がその大著『金枝篇』の一部において、(3) また『死者の恐怖』においても多少材料を集めている。(4) けれども、やはりいちばんまとまっているのはラッシュの研究である。しかし、いくらまとまっているといっても一九〇二年といえば、いまから七〇年以上も前の研究であり、とうぜん追加する材料がたくさんある。私もフレイザーの補足資料以外にもかなりたくさんの新しい材料を集めて、これからご紹介する分布図をつくってみた。

このようにして材料を集めてみると、地震に関する神話や信仰習俗が非常に濃密に分布している地域と、そうでない地域があることがよくわかる。太平洋のまわりのような地震の非常に多いところに地震に関する神話や信仰がたくさん報告されている。ところがオーストラリア、あるいはアフリカの内部のような地震の少ないところでは、地震に関する信仰や説話はほとんど報告されていない。またアメリカ大陸を見ても、太平洋に近いほうにロッキー山脈や、アンデス山脈が南北に走っており、そしてこれら山脈とその西のほうにはいろいろ報告があるが、山脈を越えて東のほうになるとほとんど材料がない。つまり、材料の密度は、実際に地震が猛威をふるう地域には多く、そうでないところは少ないという傾向が一般的に見られるのである。

このように、地震に関する神話や信仰の分布の密度は、ある程度自然環境によって規定されている。しかし、それら神話や信仰の内容になると、これは自然環境によって規定されることもないわけではないが（たとえばアメリカ大陸などで、地震を起こす神や精霊はしばしば火山に住むという）、それよりもむしろ文化的歴史的な条件によって大幅に規定されているのである。

そのことから生じる問題は、地震についてのさまざまな形式の神話や信仰が、それぞれ人類文化史上、いかなる位置を占めているか、という問題である。この問題を研究するためには、全世界の地震神話、地震信仰を、まず、いくつかの形式に分類する必要がある。分類したら、それぞれの形式の分布を調べてみる。たとえば、牛が地震をおこすという考えの分布状態を見ればまさにイスラム圏に典型的に出てくるが、そのことからこの観念がイスラムと密接に結びついていることが明らかになる。このように、現在における個々の観念の空間的な分布は、過去におけるそういう観念の発達や伝播の歴史をもある程度示唆しているといえるのである。

地震の原因についての信仰あるいは神話としては、ここでは次の七種をとりあげることにしたい。

一　大地を支えている動物が身動きすると地震がおきる。

　a　世界牛が動くと地震がおきる。

　b　世界をとりまく、あるいは支える蛇《へび》が動くと地震がおきる。

　c　世界魚が動くと地震がおきる。

二　大地を支える神あるいは巨人が身動きすると地震がおきる。この特殊な形式としては、縛られた巨人が身動きして地震をおこすという神話や信仰がある。

三　世界を支える柱あるいは紐《ひも》を動かすと地震がおきる。

四　男女の神あるいは精霊が性交すると地震がおきる。

五　地震がおきると人々は「われわれはまだ生きている」と叫んで、地震をおこす祖先や神の注意を喚起して、地震を止めさす。

この七種は、地震神話・信仰の体系的な分類ではなく、顕著な諸形式をとり上げたのに過ぎず、またけっして網羅的にすべての形式をとりあげたわけでもない。したがって、いま列挙した形式以外にもたくさんある。たとえば地下に住んでいる神とか精霊とか祖先が地震をおこすという考えがある。これは非常に簡単でもあり、また分布も広いので分布図をつくってみても、その分布からはとくにたいしたことは読みとれそうにもないので、そういう簡単なものは省略した。ここでは、考え自体に非常に特徴がある、あるいは具体性がある、あるいは分布がかなり限られているものについて、形式をいくつか取り上げることにした。

地震と牛

まず第一に《大地を支えている動物が身動きすると地震がおきる》という部類の神話や信仰がある。そして大地を支えている動物には数種類、つまり、牛、蛇《へび》、魚などがある。そのほか分布図はつくらなかったが、象とか、猪《いのしし》という例もある。けれども、数が多く、分布がかなり広いのは、先にあげた三つである。

そこで一aの《世界を支えている牛が動くと地震がおきる》という形式について、少し具体的な事例をあげたいと思う（第1図）。

これは、アフリカからインドネシアにかけて広く分布しているが、たとえば、パキスタンの北西国境地方では次のようにいっている。世界は一頭の牛が角の上にのせているが、地上に住んでいる人類がいろいろの罪を犯すと、その罪を罰するために一匹のサソリが世界をになっている牛を刺す。牛は痛いので身動きする、それで地震がおきる、ということである。

また、マレイ半島でも、やはり大地は巨大な水牛の角の先にのっている。こちらは東南アジアなので、牛の種類が水牛になっている。ところが、水牛の角といっても、両方の角の上に大地がのっているのではなくて、片方の角にのっている。それで片方の角が疲れると、もう一方の角にヒョイと大地をのせかえる。そのとき地震がおきる。また、この水牛は地下界（地面の下の世界）の中央の島に立っている、といっている。パキスタンもマレイもともにイスラム地域であることに注意しておこう。

それから牛の例でいささか特殊なのは南シベリアのアルタイ山脈に住むテレウト族の考えである。ここでは大地を四匹の雄牛がになっている、この牛が足を動かすと地震がおきる、といっている。ところがこのテレウト族の例に関しては、ハルヴァというフィンランドの学者が論じて、これはもともとは世界をになっている四匹の象とか八匹の象というインドの考え方が南シベリアに及んだとき、シベリアにはマンモスは昔いたが現在象はいない、したがってその象が牛に変化したのではないかといっている。これも十分考えられるが、他方

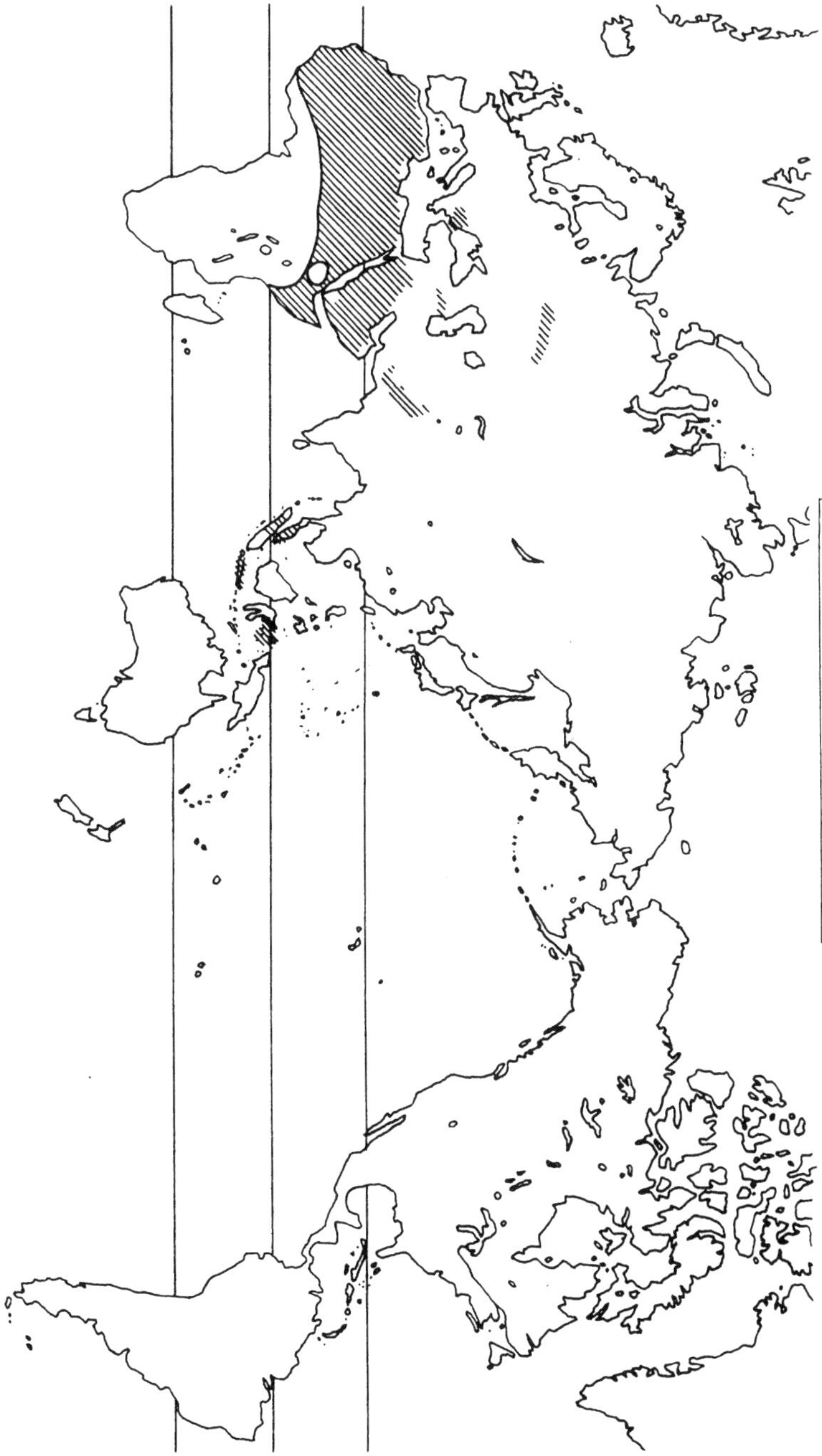

第1図　世界牛が地震をおこす

では牛が世界をになっているという考え方はイスラム圏に特徴的で、シベリアの南の中央アジアの草原地帯にはイスラムが広がっているので、あるいはそちらからの影響も多少あって象から牛に変化したのかもしれない。そういうように、普通とは違う例もある。

象の話が出たので一つ例をあげよう。インドはバングラデシュで東と西に分かれているが、その東のほうがアッサムである。このアッサムの北部のヒマラヤ山脈の東の端に近いところに、ダフラ族が住んでいる。これは山地の未開な民族であるが、しかしここにもインドの高い文明の影響がある程度及んでいる。大地は四角い形をしていて、その四すみを四匹の象がになっている、一匹がくたびれて背中をかくと――象がどうやって背中をかくのかわからないが――地震がおきる、といっている。またインドでは象は四匹という例もあるが、八匹といっている場合も多い。これはいずれにしても東西南北、あるいはその中間の四つの方向を合わせた八つの方向をそれぞれ象がになっているという考え方だ。これはインド文化圏内部に限られているか、あるいはその影響圏に限られている比較的狭い分布のものである。

ここでまた先ほどの牛の例に戻《もど》ることにしよう。この分布図（第1図）を見るとアフリカの東部と北部も、つまり、アフリカにおけるイスラム圏も牛が地震をおこすという考えの分布地域である。それは、先ほど述べたマレイ半島の場合と同様に、牛が片方の角に大地をのせている、一方の角がくたびれたら他方の角に移し変える、そこで地震がおきるという考えである。そしてそういう考え方はまさにイスラム教とともに広がっていったと考えられる。

それではそういう世界牛が地震をおこすという考えはいったいいつ始まったのか、どういう文化的背景から始まったのかという問題がでてくる。周知のように、イスラム教はアラビアの砂漠で始まった宗教である。アラビア砂漠の遊牧民は普通ベドウィン族といわれ、彼らはラクダや馬、あるいは山《や》羊《ぎ》を飼っているが、牛の飼育はほとんどやっていない。そういうイスラム教が世界牛の考え方を持っているのは非常にふしぎな話だ。これはおそらくイスラム教にとって元来異質な考え方であって、それがイスラム教の中にいったん受容され、それから世界の方々に広がったのではないかと考えられる。

それではそのもとはどこかというと、ラッシュもすでに論じたようにそれはおそらくイランではなかったかと考えられる。というのはイランにおいては、世界起源神話あるいは宇宙開闢《かいびゃく》の神話では、原牛、つまり、この世の最初の牛が大きな役割を果たしているからだ。イランの宇宙起源神話によると、この世の最初に、最初の人間である原人・ガヨマルトと、それから最初の牛・原牛がいたが、その両方とも死んでしまう。死ぬと原牛のからだからいろいろな作物、ことに穀物や薬草が発生した。また、死ぬときにこれは雄の牛なので精液を出し、その精液が月の中に運ばれてそこで清められた。その清められた牛の精液から最初の牛の夫婦が生まれた、という。またそれと並行して原人・ガヨマルトも死んだが、ガヨマルトが死ぬとガヨマルトのからだは金属でできていて、からだの各部分が七種類の金属になった。またガヨマルトも死ぬとき精液を出し、その精液は太陽の中に運ばれ、そこで清められて、その精液から一本の灌木《かんぼく》がはえてくる。その灌木に二つのつぼみがついてきて、片方が男、片方が女で、これが最初の人間の夫婦になった、というような非常にふしぎな話がある。

ことほどさように、イランにおいて牛は人間と並ぶ重要な存在である。古代イランには原初海洋に一匹の雄牛がいて、その角の上に大地を支えていた、そしてその牛が大地に生命を吹き込んでいた、というような神話も伝えられている。そういうイランの神話がアラビアで始まったイスラム教の中に入り、そしてイスラム教とともに広がっていったのではないかとラッシュは論じており、私もこの考えに賛成したい。

世界蛇と地震

次に一bの《世界蛇》の例を述べたい（第2図）。世界蛇が地震をおこすという考えは西はだいたいイラン、インドからアッサムからビルマの境にかけての地域、そしてインドネシアの島々に分布している。つまり、インドを中心とした地域、それからインド文化の影響の強く及んだ東南アジアに分布が見られる。例をあげると、ビルマの北部に住むカチン族の神話によると、大地の下に海があって、そこにはシルトルという鰐《わに》が住んでいる、この鰐が地表の割れ目を掘ろうとすると地震がおきる、といっている。この鰐は蛇ではないが、世界蛇としての竜蛇の一種の変形ではないかと考えられる。またスマトラ北部のバタク族という民族の神話によると、世界を創造したバタラグルという神がいて、その息子に竜蛇がいて、これが地下界に住んでいた。ところがこの息子が悪い息子で、世界を七回もこわしてしまった。それで困ってしまってバタラグルは一本の柱を立て、その柱の上に四本の横木をのせて、その上に世界をのせてもうこわせないようにした、それ以来地下の竜蛇は世界を揺することはできても、世界を滅すことはできなくなってしまったという。

このような世界蛇という考え方はやはりインドに顕著である。つまり、インドにおいては竜蛇が世界をグルリととりまいているという考え方が非常に発達している。その一つの結果として、世界蛇が動くと地震がおきるという考えになる。ところがインド自体においては、竜蛇が世界をとりまいているというところまでは言っても、地震がおきると必ずしも言っていない場合がしばしばある。したがって、この分布図をつくるときにも、インド自体には地震をおこしているという例

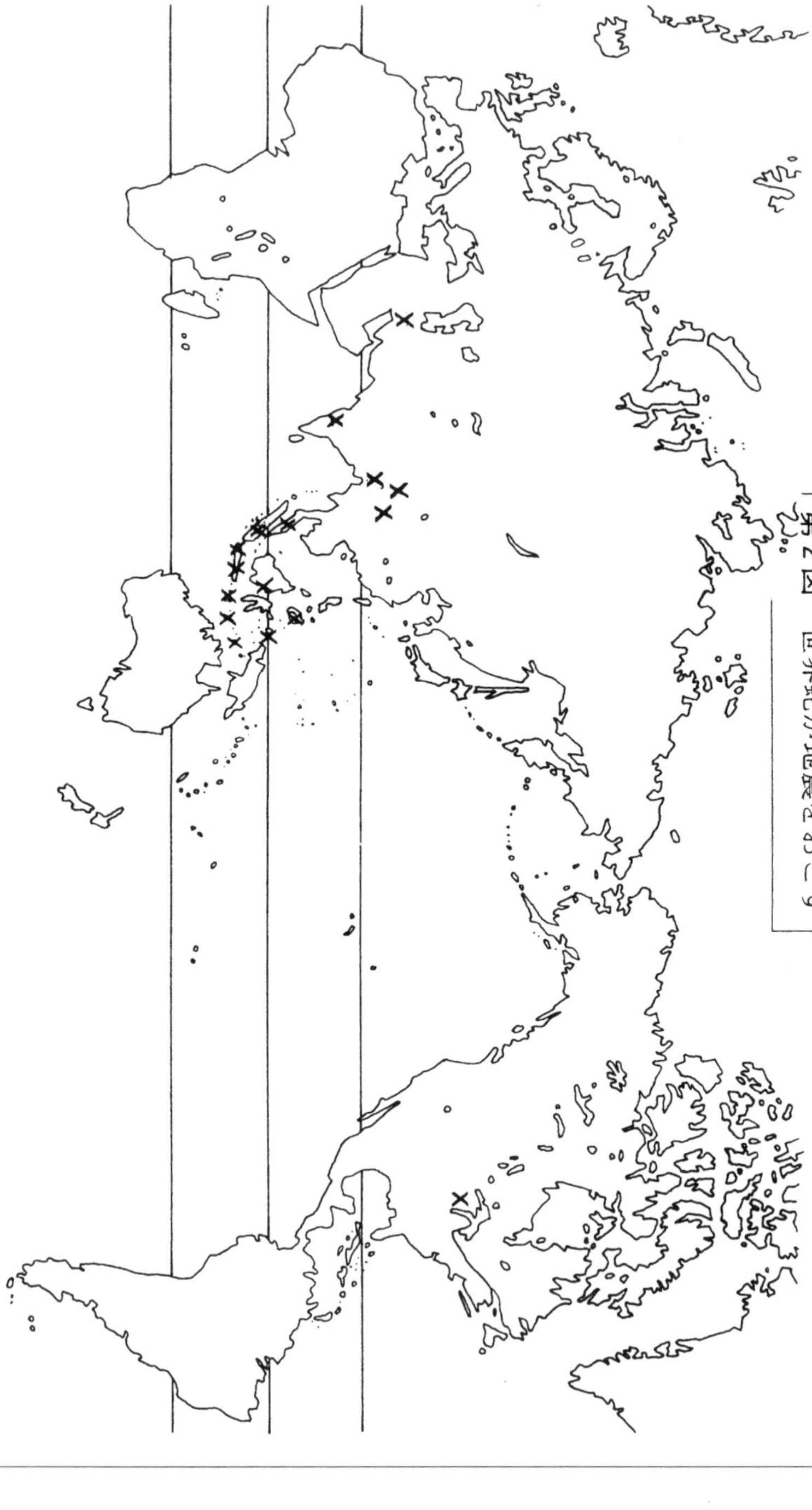

第2図　世界蛇が地震をおこす

はあまりみつけることはできなかったが、東南アジアにおいては非常に発達している。

　ここでは地図に入れなかったが、あるいは東南アジアの世界蛇＝地震観念と結びつけることができるかもしれないと思う例はオセアニアのフィージー島にもある。ここにはまたデンゲイという高神がいて、この神さまは海岸の洞窟の中でとぐろを巻いている一匹の蛇に宿っている。これがからだを動かすと地震になる、といっている。しかし、この場合は蛇の規模が小さくなっている。海岸の洞窟の中でとぐろを巻いているわけで、世界をとりまいているわけではない。東南アジアにおける非常に大きい宇宙創造神話的な雄大な竜蛇との関係があるかもしれないが、もしあったとしても非常に変化してしまって矮小化されたものであるといえよう。

地震鯰

　次に一cの《世界魚が動くと地震をおこす》という部類がある（第3図）。インドシナから中国をへて日本に及ぶという分布状態を示しているが、いちばんおなじみなのは日本の鹿島神宮の要石《かなめいし》ではないかと思う。鹿島神宮の本社のそばに四方垣根をめぐらして、中に石が少し頭を出している。これは伝承によると、大昔、地下に大きな魚（ふつう鯰《なまず》という）がいて日本をとり巻いていた、そして頭としっぽがこの地で出会っていたのを鹿島明神がその頭としっぽを釘づけにして貫いて動けないようにした、この石がその釘づけにした釘で、地中にある長さはとうていはかることはできない、非常に奥深くまで石がいっていると伝えられている。

　ところで要石は常陸《ひたち》の鹿島だけにあるのではない。事実、要石と称するものはそのほか静岡県沼津市原町一本松とか、あるいは和歌山県日高郡南部《みなべ》町鹿島、石川県輪島市小池、島根県平田市国富町などにもあると報告されている。だから、世界をとり巻いている、あるいは日本をとり巻いている魚の頭としっぽが重なったところは鹿島に限らないわけだ。問題は、この魚がいったい何であるかということである。これに関しては昔、藤沢衛彦氏などが研究したことがあるが、どうももともとは魚でなくて蛇であったらしい。というのは、建久九（一一九八）年（鎌倉時代）の暦の表紙には竜が日本をとり巻く図があったことが、嘉永七（一八五四）年に出た『地震の弁《べん》』という本に書いてある。また元禄時代（一六八八―一七〇四）に出た『塵摘問答《ちりつみもんどう》』という本に鹿島明神が鯰《なまず》を鎮《しず》める図というのがある。そして、その絵の説明には鯰と書いているけれども、絵自体は蛇が尾っぽをくわえて環をなしており、その尾をくわえている要《かなめ》がところに鹿島明神が押さえ石を打ち込むありさまを描いている。事実、鹿島明神が地震を鎮めている江戸時代のそのほかの絵を見ても、鯰を描いているのと竜蛇を描いているのと両方ある。そして日本をグルリととり巻い

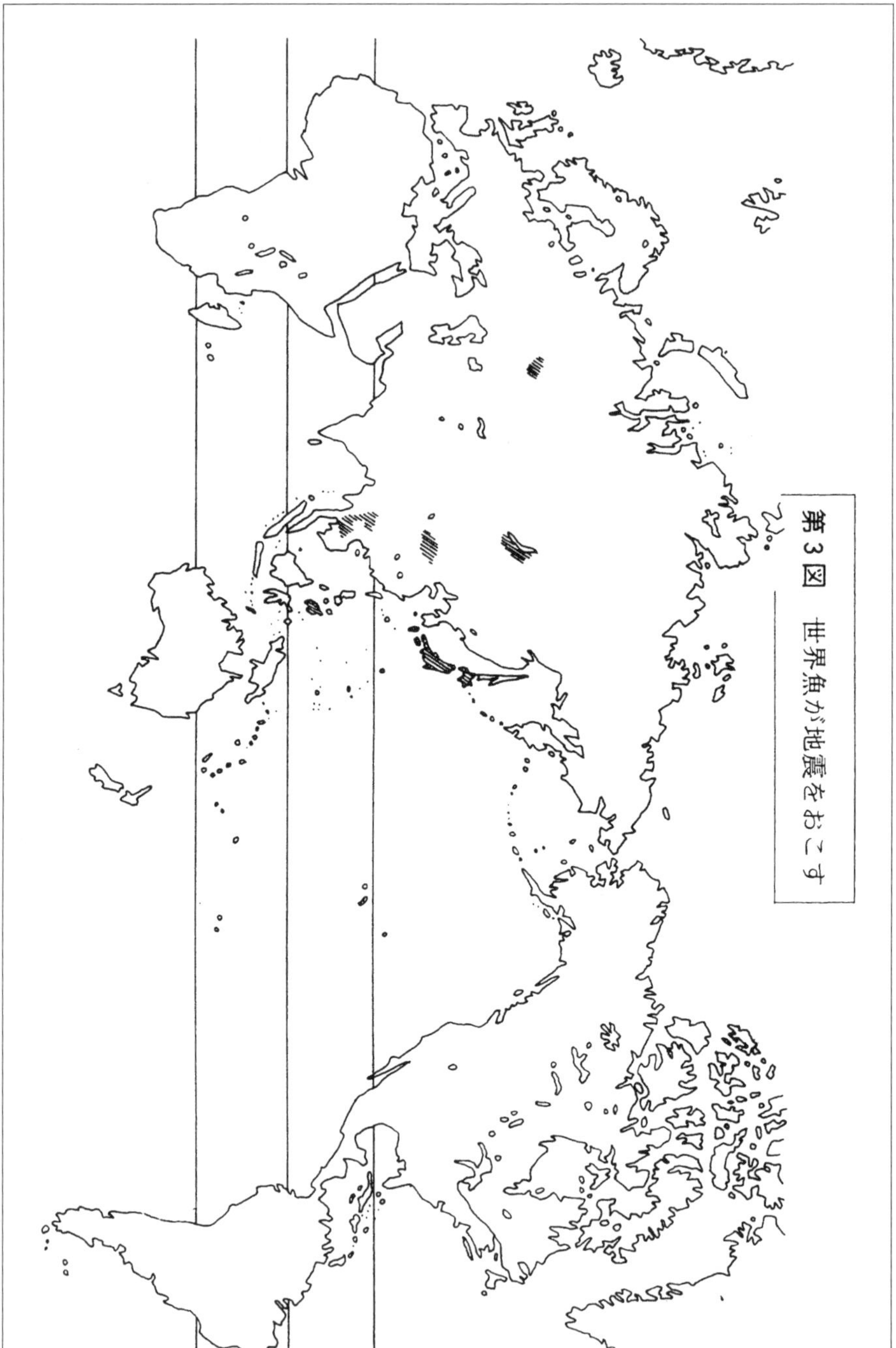

第3図　世界魚が地震をおこす

ている場合には、だいたい竜蛇の形が書かれている。世界をとり巻く竜蛇という考え方がいつインドから日本に入ってきて、どういう形で入ってきたか、これはまだはっきりわからないが、藤沢氏によると平安時代に入ってきたもので、それがナマズに変わったのはおそらく江戸時代の初期ではないか、そして蛇が鯰に変わったのは、たまたま日本には鯰がたくさんいて、しかも非常に敏感で地震を予知する能力を持っているために蛇が鯰に変わったのではないか、という。

ともかく、第2図と第3図を比べて見るとわかるように、世界蛇が地震をおこす考えと世界魚が地震をおこす考えは、東南アジアから東アジアにかけてある程度重なり、ある程度連続するような分布状態をなしている。中国においてもそういう考え方がある。私が気がついた例は中国の甘粛省蘭州付近、またずっと南の雲南省の例であるが、ほかにもたくさん例があると思う。甘粛省の例によると、大きな魚が大地を前鰭《まえびれ》の間でおさえている、そして人間が邪悪であるとしっぽを振って地震をおこし人間に教訓を与えるのだという。また、中国の北のほうにシベリアのバイカル湖がある。バイカル湖の辺にブリヤート族というモンゴル系統の遊牧民がいて、ここはインドのラマ教の影響が入っている。バラガンスクのブリヤート族によると、大地の下は海になっていて、巨大な魚がその中を泳いでおり、この魚が大地を支えている。この魚が何かの理由でからだの位置を変えるとそのたびに地震がおきる、といっている。

もう一つ実例をあげると、フィリピン南部のミンダナオ島のマンダヤ族という民族では、魚が鰻《うなぎ》になっている。大地は巨大な鰻の背中にのっている、これが動くと地震がおきる。ときどき、蟹《かに》とか、そのほか小さい動物がこの鰻をじらしたりすると鰻はおこって蟹などを追いかけようとする、そのときにはほんとうに大地震がおきて山が海の中にほうり込まれてしまう、といっている。

そういうように東アジアから東南アジアにかけてかなり濃厚に、世界魚が地震をおこすという信仰が分布している。そして、インド自身においても世界魚が世界をとり巻いている竜蛇と密接な関係があると考えられている。この二つの考え方は密接な関係があるらしく、日本の場合のように世界蛇が地震をおこすという考えから世界魚が地震をおこすという考えに変化したのではないか、と考えさせるものがある。

しかし日本の場合、蛇が元来は竜蛇であったのが、江戸時代の初めころからナマズになったのだという説をさきほど紹介したが、中国においてもそういう世界魚という考え方があるので、世界魚が地震をおこすという考え方はもともとはインド起源であっても、中国を経由して日本に入ってきたのかもしれない。

それはともかくとして、私はいままでいろいろな動物が世界を支えていることを述べてきたが、実はそういう動物は重層的に考えられている場合がしばしばある。ここでは例を二つだけ紹介したい。一つはセイロン島、つまりスリランカでは世界をになっているのは巨人である、その巨人は一匹の蛇《へび》の上にいる、そしてこの蛇は一匹の亀《かめ》の上にいる、亀は一匹の蛙《かえる》の上にいる、蛙の下は空気である、といっている。またテュルク系統の民族で南ロシアのクリミア半島にいるタリム・タタール族では、こういうことをいっている。まず海がある、海の中で一匹の巨大な魚が一頭の雄牛を支えている、その雄牛はさらに角の上に大地を支えている、あるいは水牛が大地を支えていて、その水牛の下には魚がいる、魚の下には水がある、水の下には風がある、風の下には暗やみがある、そしてこの水牛が疲れて片方の角から別の角に大地をのせかえると地震がおきる、といっている。それからまた、水牛の呼吸がある回数に達するとこの世は終わりになってしまうという奇妙な話もある。先ほどの世界牛の形式であるいって、こういう重層的な大地のにない手という考え方はインド文化の影響圏に特徴的に見られる考え方である。

大地を支える巨人

次に二の《大地を支える神、ことに巨人が地震をおこす》という考えに移りたい（第4図）。これは非常に分布が広く、おおよそ地震があるところ、盛んに地震のおきるところにほとんど一般に分布するといってもさしつかえない。しかし、個々の内容は地域によってかなり違っている。

まず朝鮮半島南部の慶尚北道の例ではこういうことをいっている。大昔、天の一方が傾いたことがあったので、天の神さまは大きな銅の柱でその傾いたほうを支えようとした。ところが大地は空中にあったためにその柱の重さでどんどん下に下がってしまった。大地がどんどん下がるので、柱を大地の中に打ち込むことができない。そこで天の神は天下でいちばん大きくていちばん強い将軍に大地の下から肩で大地を支えるように命令した。この将軍が大地を支えて大地が一応固まってから、その上に天を支える柱を立てた。そしてその将軍はいまでも肩で大地を支えているが、支えている肩が痛くなるとときどき肩を変える、そのたびごとに地震がおきる、ということである。おもしろいことに、昔はいまよりも地震が多かったが、いまは非常に少なくなってきたという。なぜかというと、その将軍はかつぐのになれて肩なれしたために、昔ほど肩を変えない、だからいまは昔ほど地震が多くないというわけだ。

それからビルマの北のシャン族の話では、世界は巨人に支えられている、この巨人は普段は寝ていて寝返りを打つと地震がおきる、立ち上がって身振りすると大地震になる、といっている。またアメリカ大陸に行くと、南米の北部の、コロンビアに、チブチャ族が住んでいる。その伝承によると、コ

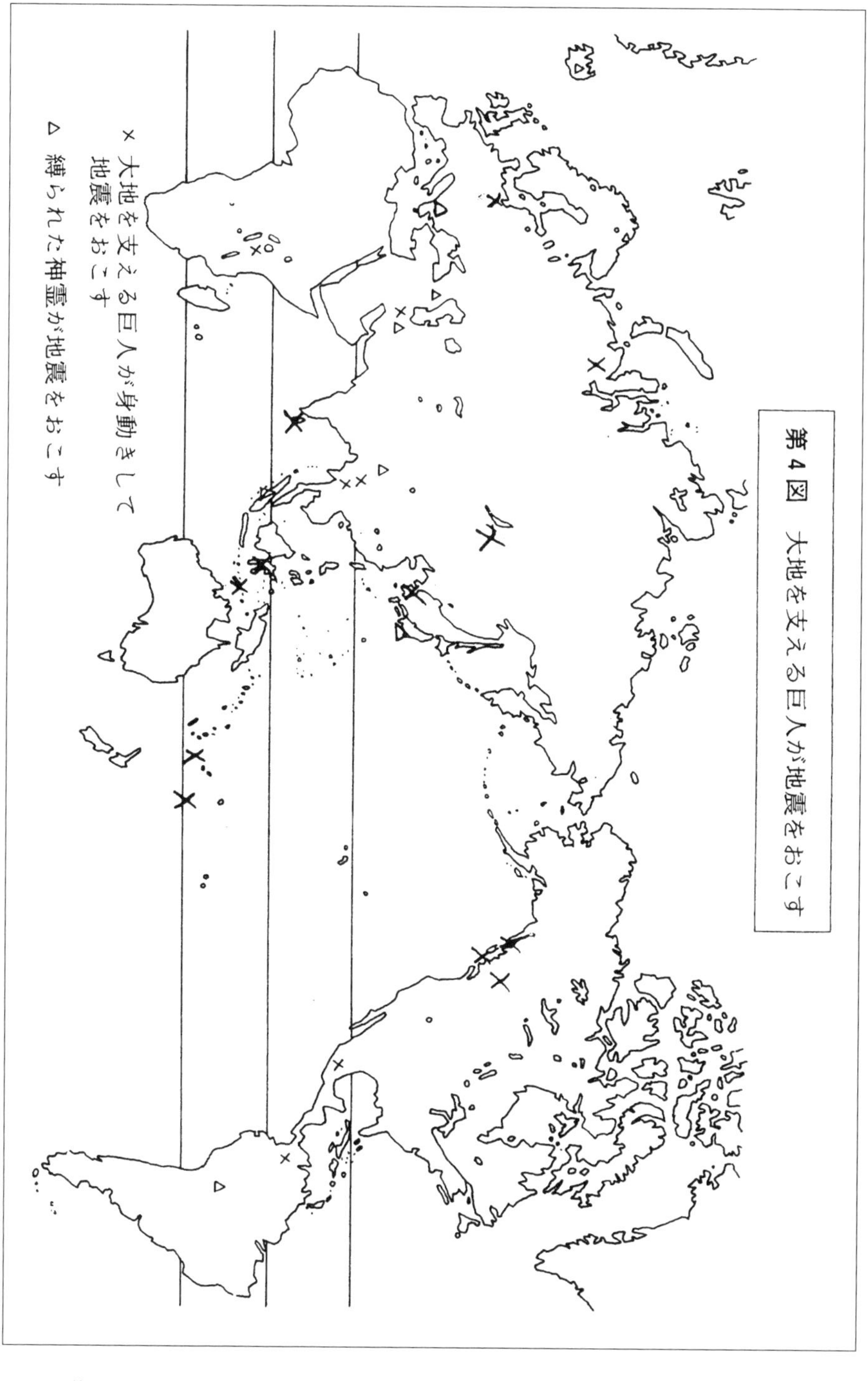

第4図　大地を支える巨人が地震をおこす

ロンビアの首府のボゴタの住民の守護神はチブチャチュムというう神であるが、そこの住民が神を敬《うやま》わないというので、それを罰するために洪水《こうずい》をおこした。すると住民はボチカという別の神に祈った、ボチカは虹《にじ》にのってあらわれ、杖でボゴタ盆地をとりかこんでいる山を打って切れ目をつけ、そこから水を排水した。そしてボチカはチブチャチュムを罰して地下に押し込め、それまで大地を支えていた木のかわりに大地をチブチャチュムにになわせた、このチブチャチュムが肩をかえるたびに地震がおきる、ということである。つまり、チブチャチュムという地下の巨人は罰として地下に閉じ込められて、大地を支えているわけだ。

それと非常に近い関係にあると思われるのは、いわゆる、《縛られた巨人が地震をおこす》という考え方である。次の「縛られた巨人」の章でも論ずるように、コーカサスの北部に住むカバルド族の神話によると、エルブルズ山の山頂に一人の強大な英雄が鎖づけにされている。この英雄はこの世の終りになってやっと解放されるが、それまでは、毎年春のはじめに目をさまし、まだ解放されないことを知って泣き、その震動で地震をおこすのである。

ところで、この鎖にしばられたコーカサスの英雄の話は、いろいろあるが、鎖につながれた理由として、彼がキリストに反抗したからだという伝承もある。読者のなかには、ここでギリシア神話のプロメテウスの話を思い出される方がいるかもしれない。確かに、プロメテウスも天神ゼウスの意志にさからって人間に火を持っていったため、彼はコーカサスにつれていかれて鎖でつながれた、そして彼のからだを鷲《わし》がきてついばんだといわれる。このようにある英雄が神にさからって、その罰として鎖づけにされ、そしてその英雄が身動きすると地震が起きる、という考え方はイラン、コーカサスから北欧にかけて非常に顕著に分布している。また、たとえばイランでは、英雄トラエータナがアジ・ダハクという竜を退治し、これをダマヴァンド（あるいはデマヴェンド）の岩にしばりつけたことになっている。ここでも竜は終末の日までこの状態でいるが、その間に彼が暴れると地震が起きる。しかし、最後にはアジ・ダハクは縛《いましめ》から自らをとき放って、神々と闘う悪の大軍に加わるのである。このアジ・ダハクは歴史叙事詩『王書《シャーナーメ》』に出てくるアラブ系の暴君ザッハークのことであるが、『アヴェスタ』では頭が三つある蛇だと記されているから、ラッシュがすでに考えたように、世界蛇が地震をおこすという考えと、イランに土着のダマヴァンド火山の内部に悪魔がいるという信仰とが結合していると見てよかろう。ダマヴァンドにおいては、後世になってもアジ・ダハクの記憶が数多く残っており、毎年八月三十一日には、この竜を退治した記念に盛大な祝典が催されていたという。北欧神話では、ロキという非常にいたずらな神がいて、やはり縛られている。そしてその頭の上に毒蛇《どくじゃ》の毒のしずくが落ちる、その毒を避けようとしてからだを動かすと地震がおきる、といわれている。

このイラン、コーカサス、それから北欧にかけて顕著に分布している《縛られた巨人》という考え方の影響は、ことによると日本の鯰とかバタク族の竜蛇が、石や柱で身動きできないように押さえつけられているという考えにも認められるかもしれない。また《縛られた巨人》の本格的な形式にかなり近いものは、いま述べた分布の中心地からちょっと離れて、インドの東北部のアッサムにも一つあり、アオ・ナガ族の例である。かつて地上にバングラ・ラジャという大王がいた、この大王は死んでから天にいって、至高神の娘と結婚した。ところが彼は自分の妻の父である至高神から天の王権を奪おうとした。ところが妻は夫よりも父のほうに味方して、自分の髪の毛で夫の足を縛ってしまい、そのために夫は負けてしまった。そして地下に投げおろされてしまい、この髪の毛をほどこうとして身動きすると地震がおきるという。そういうはっきりした《縛られた巨人》が、そのおもな分布圏からはずれてアッサムにもポツンと孤立してある。いったい、いつ、どのようにして、この表象がアッサムに及んだのか、あるいはまた発生したのか、これは非常に興味ある問題であるが、まだ解釈がつかない。こういうようにまだ解釈のつかない問題がこのような分布研究にはつきもので、地震に関しても同じことがいえるわけである。

世界柱と地震

次に三の《世界柱、紐《ひも》を動かすと地震がおきる》という考え方に移りたい（第5図）。これは東南アジアから、ニューギニアやアメリカ大陸の西海岸にかけて、つまり太平洋をめぐる分布状態をなしている。それには二つの形があって、一つは柱を動かすと地震、一つは紐を動かすと地震が生ずるという。

例をあげると、フィリピンのミンダナオ島のマノボ族の神話によると、彼らの先祖はマカリドンといい、彼は一本の天柱を中心に立て、そのそばに数本の柱を立てた。自分は中心柱のところに住み、一匹の大蛇《だいじゃ》を伴っている。住民が行なうことに対して彼がなにか不快感を感じると、その柱を揺《ゆ》する、そうすると大地震がおき、世界は崩壊してしまうという。また、インドの東北部のアッサムに住んでいるラケール族では、天と地は多数の紐で結ばれており、酋長《しゅうちょう》が死ぬとその霊魂は紐の間を飛んであの世にいく。ところが飛びながら小刀で紐を一本切ってしまうと、地震がおきるといっている。また、アッサムの西部に住んでいるガロ族ではこうなっている。大地は方形の平たい物体である。その四すみは紐で天からつるされており、どの紐にもリスが一匹とまっている、このリスが紐をかみ切ろうとするが、どの紐にも竹を持った四人の番人

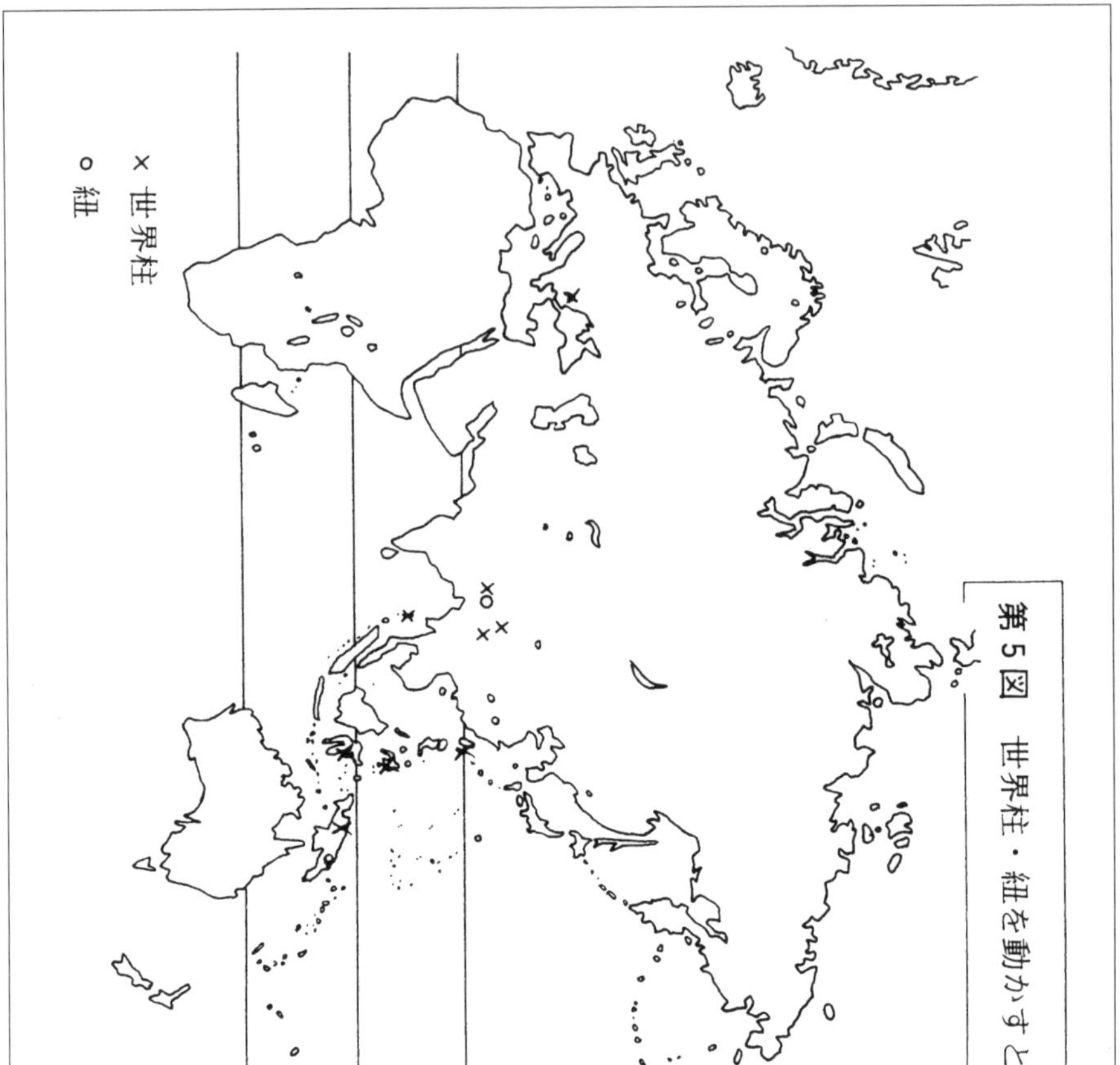

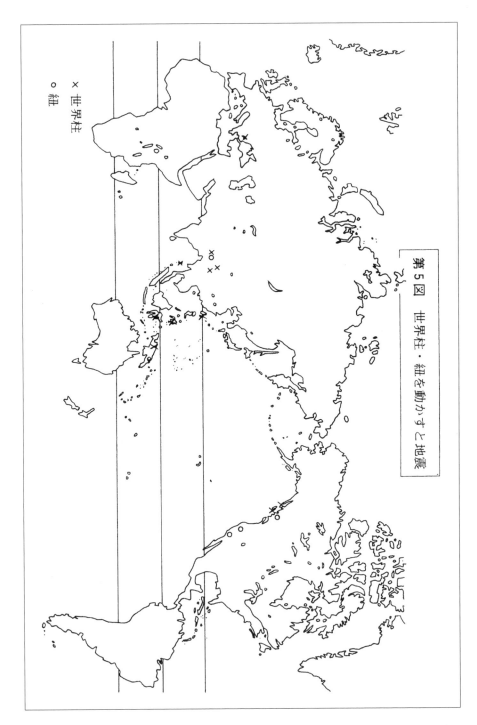

第5図　世界柱・紐を動かすと地震

がいて紐を切られないようにしている、ところがこの番人は盲である。リスを撃とうとしてもめくらめっぽう撃つので、リスにあたらないで紐にあたってしまう、そこで地震がおきるというわけだ。またガロ族には別の考え方もある。それによると、紐ではなくて柱が出てくる。つまり大地は机のように四本の足で支えられている、鼠《ねずみ》がいてこの足の一本を登ると地震がおきる、という。

今度はアメリカ大陸にいって、北米の北西海岸のベラクーラ族の例を見ることにしよう。彼らの考えによると、巨人が地下ではなくてはるか遠くにすわっている。そして大地は島であって、石の紐で巨人が持っている石の横棒につながっており、巨人がその横棒を持ちかえると地震が生じる。したがって、この場合は紐ではあるが、いわば遠隔操作になっている。このように北アメリカの北西海岸には東南アジアと非常に似た考え方が分布している。実は北西海岸というと、アメリカ・インディアンの文化の中でも非常に特徴のあるところで、彼らの神話や美術のモチーフなど、いろいろな点から、東南アジアや東アジア、あるいはポリネシアなどと類似していることはしばしば学者が指摘しているところだ。そういう非常に特色のある地域なので、紐を引くと地震がおきるという観念が、ここにもあるのもけっしてふしぎではない。

性交と地震

次は四の《神あるいは精霊が性交を行なうと地震がおきる》という考え方である（第6図）。これはわりと分布が狭く、旧大陸では熱帯地方、新大陸ではアメリカの北西海岸、つまり文化的に東南アジアと類似の多いところに分布が限られている。ただ、これも話の具体的な形態としては多少ヴァリエーションがあって、たとえばアフリカのワンヤムヴェシ族の考えでは、大地は円盤状をなしていて、ルグルという山の上にある。そしてニャムティティンワという名前の巨人がこの大地を押さえている。この巨人には妻がいてこの妻は天と太陽を押さえている。そして夫が妻のほうに行こうとすると地震が生じる、というように報告されている。またアッサムのタンクール・ナガ族、あるいはマオ・ナガ族の考えでは、天は男性原理であり、地は女性原理である。この天と地が性交を行なうと地震が生じるが、地上のすべての植生は天と地の性交の結果生じたものである。つまり、地震がおきるばかりではなくて植物も発生する、といっている。それからインドネシア東部のセラム島の中央部では、これはこの世の初めのできごととして語られている。かつて天は上になり、そして地は下になって横たわって性交していた、すると大地が割れて人間が大地の中から出現した。ところが天と地は抱き合って

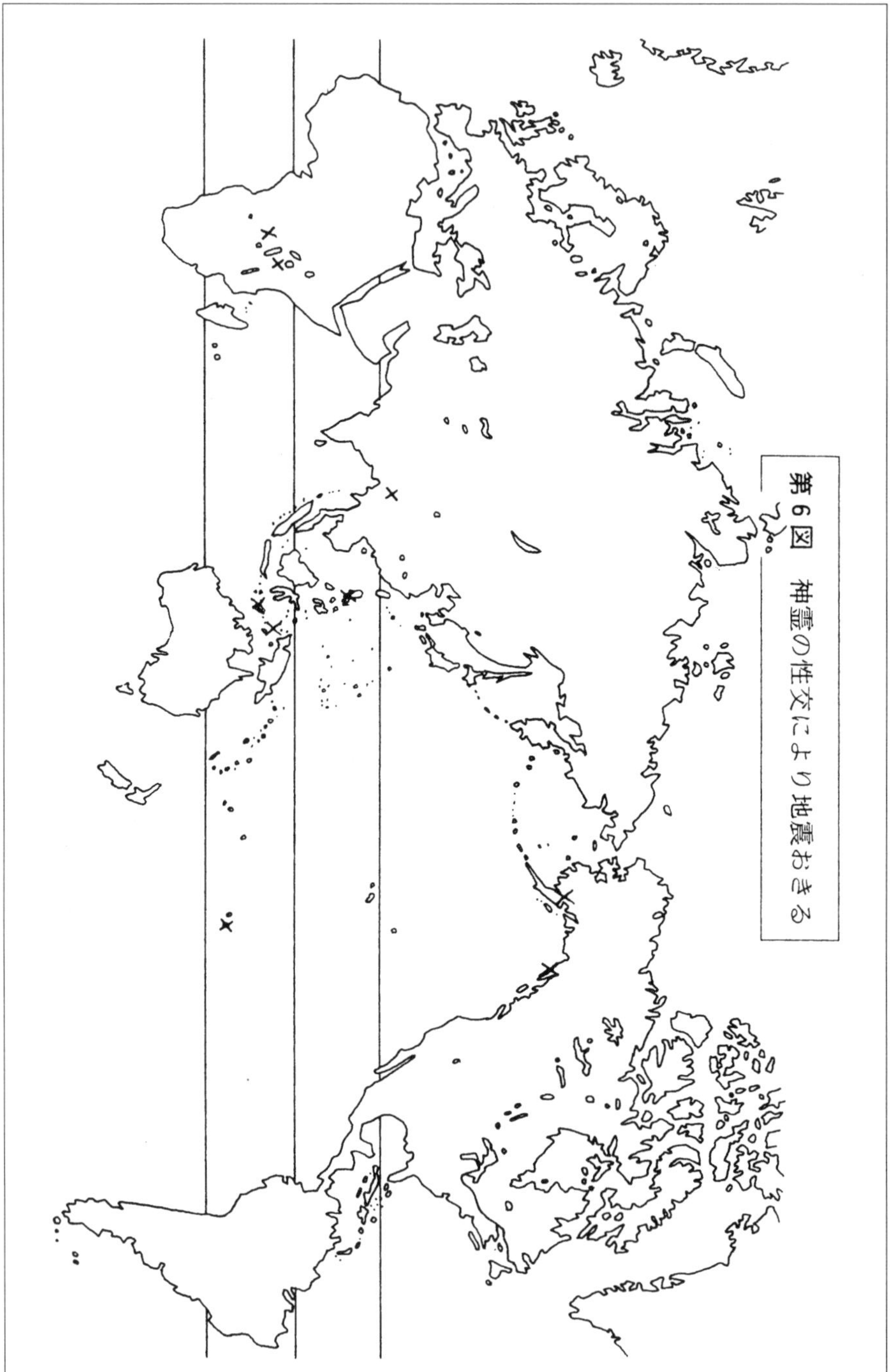

第6図　神霊の性交により地震おきる

いるために人間が住む場所がないので、生まれた子供である人間は、天を上に突き上げ、天地を分離させた。そのとき大地震が生じ、そのショックでいままで小さかった天も地も拡大して現在のようにに大きくなった。こういうようにいわば世界の起源と結びついた話になっている。

さらに、アラスカのエスキモーの例では、岩と岩が——もちろんたんなる岩ではなくてなにか神秘的な岩らしいが、これが性交を営むと地震がおきる、そして火山のときにいろいろ出てくる噴出物はその子供であるといわれている。

われわれはまだ生きている

このように旧大陸では熱帯地方に特徴的な分布を示す観念として、神霊の性交によって地震がおきるという考えがあるが、同様に熱帯地方に顕著に見られる考え方は、第五の地震がおきると「われわれはまだ生きている」とどなる習俗である。そして祖先や神の注意を喚起して地震をやめさせるわけだ（第7図）。これは旧大陸ばかりではなく新大陸の熱帯地方にも分布している。ただ、新大陸では非常に例が少なく、私の知っているのはまだ一例だけであり、大部分は旧大陸の熱帯地方に分布している。

具体的な例をあげると、アッサムのルシャイ族の例では、世界は地下界と地上の世界の二つからなっている。地下界の住民は地上の世界にまだ人間が生きているかどうかを知るために地震をおこす、地震がおきると人々は「生きてるぞ、生きてるぞ」とどなって地下界の住民に生きていることを知らせて地震をやめさせる。また、ルシャイ族と非常に近い関係にあるアッサムのプルム族（オールド・クキ族ともいう）でもやはり地下界と地上界と二つの世界がある。地下の住民はときどきカブトムシを地上に送って動物の糞《ふん》を持ってこさせる、カブトムシは地下に帰ると地上にはもう動物も人間もいないという報告をいつもする。ところがこれはでたらめな報告で、その報告が正しいかどうかを確めるために地下の住民は地震をおこして反応をためすのである。

アフリカではニアサ湖のそばのアトンガ族の例がある。ここでは地震は神が人間たちがまだ生きているかどうかを調べるために呼ぶ声であるという。つまり地鳴りが聞こえると、みんな「はい、はい」と大きな声で答えて、それから穀物をつく臼《うす》のところに走っていって、杵《きね》で臼をつく。これが神の呼びかけに対する答えであって、これをしないものは死んでしまうといわれている。

またアメリカ大陸ではペルーのアンデス山脈の奥のほうにコニボ族が住んでいる。ここでは創造神は普通天に住んでいるけれども、彼が創造した人間たちがまだ生きているかどうかを見るためにときどきおりてくる、そのときも地震がおきる。そうするとインディオは戸外に出て「ちょっと待ってく

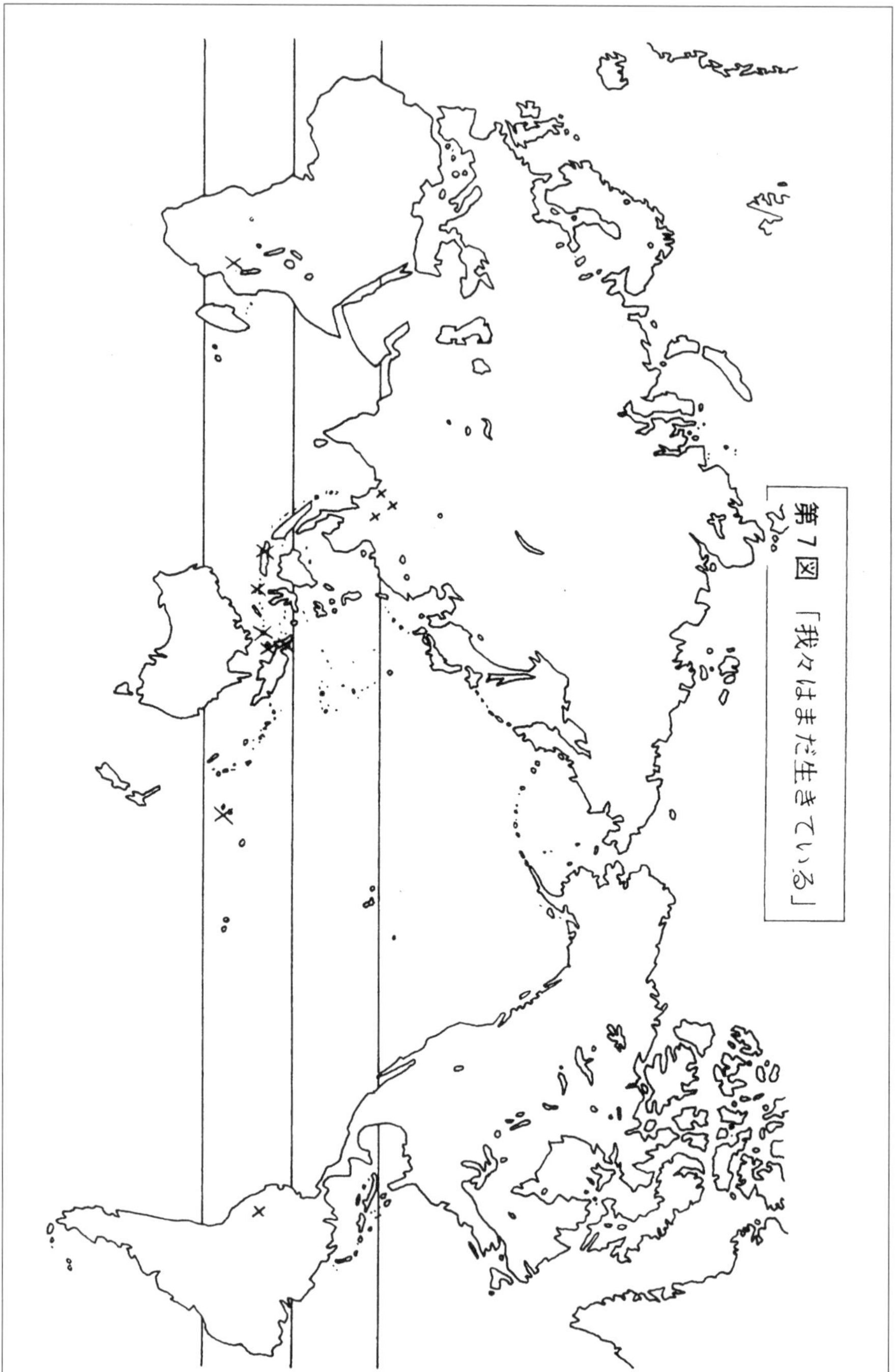

第7図「我々はまだ生きている」

ださい。おとうさん私はここにいます」と叫ぶ。

この分布圏の内部に、あるいはこの分布圏と接して見られる現象として、「われわれはまだ生きている」とはいわないが、それに対応するような行為も点々として見られる。たとえばインドネシアではセレベスの中央部のトパントゥヌサ・トラジャ族では、地震になるとみんな外に走り出て草をつかんで引っぱる。なぜそういうことをするかというと、地下に住んでいる精霊が地震をおこすのであるが、草をつかむことは要するに地下に住んでいる精霊の髪の毛を引っぱることになる、それで地震をおこしたりするなといって注意をするために草をつかんで引っぱるのだ。また、ポリネシアのほうにいくと、トンガでは地震がおきると棒で地面をたたく。これは地下にいるマウイ神が地震をおこすのであるが、マウイに、「おれたちはまだいるんだからそういうことはやめろ」、といって注意を喚起するわけである。

そのほかにもいろいろめずらしい話があるが、例が少ないのでここでは分布図をつくらなかったが二つだけ紹介しておこう。台湾の高砂《たかさご》族の一つのアミ族の考えでは、昔地面の中にも世界があって、その人たちがときどき地上にやってきて買物をした。あるとき地上の人間がいたずらをしてたくさんの蜂《はち》を袋に入れて渡した。地下の人たちはそれを知らずに喜んで家に帰って友だちや親戚《しんせき》を集めて、地上でいいものを買ってきた、さあ見せてやろうといって袋の紐《ひも》をあけたところ、蜂が出てきて、群がった人たちの手といわず、顔といわず盛んに刺した。そこで地下の人たちは大いに怒り、柱に手をかけて揺り動かした。地上の家屋はことごとく倒れ、人畜の被害が多かった、これが地震の始まりであるという。

そのほか、ニューギニアの東北部にカイ族という民族が住んでいるが、そこでは死んだ人は地下の他界にいくといわれている。地下のあの世の入口は洞窟《どうくつ》で、その洞窟の入口に一本の木があって、死んだ人の魂はあの世にいくとこの木にとまって、飛び込むのにいいチャンスを待っている、そしてこの木から霊魂がポンと飛び込む、そのときの振動で地震がおきるという。

人類文化史上の地震観念

ここで話をもどして、さきほど分布図を示した諸形式の文化史的位置づけについて、少し考えてみることにしよう。第四の男女の神あるいは精霊が性交すると地震がおきるという考えや、第五の地震がおきると「われわれはまだ生きている」という習俗、つまり最後の二つの形式は、分布状態から見てだいたい熱帯の未開の農耕民のところにおもに見られる信仰であり、神話である。

ただし、神霊の性交により地震が起きる神話の例のうち、さきほど挙げたセラム島の場合は、天父地母の分離の神話と結びついている。天父地母分離の神話は、世界的にみて、古代文明とその影響圏下に特徴的に分布しており、高文化的な世界像の一部をなしている。したがって、このセラム島の例などは、未開農耕民文化的というより、むしろ高文化的色彩を帯びているというべきであろう。

ところで、私がここで取りあつかったその他の諸形式は、いずれも古代文明ないし高文化的な観念である。世界をになっている動物がいるという考え方は、イスラム的な牛にしても、インド的な魚とか蛇にしても、けっして未開な観念ではない。むしろ、高文化的な段階における宇宙観の表現である。しかしその宇宙観は非常に具体性をもったものであって、けっして抽象的な思弁ではない。ところが古代文明のなかにはもっと抽象的な思弁もあった。たとえばバビロニアや古代中国においては占星術的な考え方によって、ある特定の星が特定の星宿に入ると、地震がおきるというようなことをいっている。あるいはまた、古代ギリシアでは地下の空気が攪乱《かくらん》されると地震がおきる、と考えられていた。これと似た考え方が仏教にもある。『阿含経《あごんきょう》』には、大地は水の上にある、水は風の上にある、風は空の上にある、こういう風の動きによって、その上の水が動き、水が動くとその上の大地が動く、そういうようなことをいっている。これなどは《世界を支えている動物が重層をなしている》という考えと似た重層的な考えであるが、しかし動物ではなくて水とか、風とかいうような世界を構成する元素が重層していると考えられている。そこが違う点である。

また中国の古代では陰陽の体系が非常に発達していた。つまり、すべては陰と陽からなっている、そして「陽伏して出づる能《あた》はず、陰迫りて升《のぼ》る能はず」というような場合に地震がおきる、と『国語』周語に出ている。こういうような抽象的・思弁的な自然観、それからもっと具象的な地震に関する考え方、これはやはり人類の長い歴史の中で、ある段階でできたものである。そしてあるものは、インド文化の影響とともに東南アジアや東アジアに広がり、あるものはイスラム教とともにイスラム圏に広がるというように、地震に関する信仰の研究も人類文化史を考える上で一つの手がかりを提供してくれるのである。今日の科学的な地震研究がおこる前には、こういうわれわれの目から見れば異様ともいえる考え方があり、そういうものの後に今日の自然科学的な地震研究が発達したのであった。また、現在日本でいわれている鯰が地震をおこすという考え方は、けっして日本に孤立しているのではなく、世界魚が地震をおこすという考え方の一環をなしている、つまり日本文化は地震の信仰を例にとってもけっして孤立しているのではないのである。

注

（1） Cornelius Ouwehand. Namazu-E and Their Themes, E. J.

Brill, Leiden, 1964

（2） Richard Lasch. Die Ursache und Bedeutung der Erdbeben in Volksglaube und Volksbrauch, in : Archiv für Religionswissenschaft, 5 : 236-257. 369-383, 1902

（3） James George Frazer. Adonis, Attis, Osiris (The Golden Bough), I : 194-203, London, 1914

（4） James George Frazer. The Fear of the Dead in Primitive Religion : 133-136, London, 1933

（5） 藤沢衛彦「地震の伝説」、『大百科事典』巻一一、三九九―四〇〇頁、平凡社、一九三二年。

（『神話の話』講談社学術文庫、一九七九年）

うぶめ鳥とポンティアナク

ボルネオ（カリマンタン）の西端近くにポンティアナクという町がある。ポンティアナクとは、お産で死んだ女の化物のことである。かつてはこの辺はこの怪物が跳梁《ちょうりょう》するところだったので、こんな変わった名前が町につけられているのだ。事実、一七七二年にアブドゥル・ラーマンが同市を建設したときには、まず二時間ものあいだこの地に舟から実弾を打ち込んでこの化物を追い払ってから、自ら山刀をもって岸に跳びおり、ジャングルを伐採したので、部下もそれに倣《なら》って建設に加わったと伝えられている。(1)

　このような産死者の幽霊は、だいたいポンティアナクあるいはそれと同系の言葉で呼ばれ、西はマレー半島、スマトラから、東はフィリピンやモルッカ諸島に至るまで、つまりインドネシア文化領域のほとんど全域に出没している。この妖怪は妊婦や幼児を襲ったり、あるいは男から性器を奪ったりすると怖れられている。

　面白いのは、ポンティアナクが若い女の形で出ることも多いが、また鳥の形をとって現れると信ぜられているところが多いことだ。マレー半島のマレー人のところではフクロウの姿で、ボルネオ東南部では鶏の形をとって現れるが、ほかにスマトラのアチュー族、ニアス島民、セレベストのトラジャ族のようにただ鳥の形とだけ言っているところもある。マレー人のところではニャー・ニャーと啼き、トラジャ族のところではポー・ポーと啼くという。アンボン島では女の頭をした白い鳥で、背中には穴があって、そこに奪った子供とか男性性器をかくし、ハルマヘラ島のガレラ族では、この鳥は火のような目と恐ろしい爪をもち、この爪を犠牲者の頸《くび》につき立てて絞殺《こうさつ》するのである。(2)

　ここで私が思い出すのは中国の姑獲鳥《こかくちょう》あるいは鬼車鳥《きしゃちょう》のことである。これまた産褥《さんじょく》に死んだ女の化物であるが、『太平広記《たいへいこうき》』巻四六二に引かれた『玄中記《げんちゅうき》』によると、夜飛び昼かくれ、毛を衣て飛鳥となり、毛を脱いで婦人となる。子がないので、好んで人の子を取るとあって、すこぶるポンティアナクに似ている。そして東洋文庫本の『荊楚歳時記《けいそさいじき》』の本文や注をみると、この鳥の中国における分布地域は華中と華南であって、(3)この点からみても、インドネシアのポンティアナクに連なるように思われる。

そればかりでない。日本の七草のときの《唐土の鳥》とはこの姑獲鳥のことらしい。また『和漢三才図会《わかんさんさいずえ》』四四巻によれば、九州では雨降り闇《くら》き夜に、燐火《りんか》のあるところに鷗《かもめ》のようなうぶめ鳥が出、よく変じて婦となるとあるから、姑獲鳥は日本にも侵略してきていたものらしい。ただし、この九州のうぶめ鳥は子を連れていて、人に負わせるというから、平季武に赤子を抱かせた産女（『今昔物語』巻二七）に似た面もっていたのである。

こうして見てくると、インドネシアのポンティアナクも、案外日本の民俗と無縁な存在ではないのではなかろうか？

注

（1）Veth, 1854-1856, I : 13-14（Kruyt 1906 : 247 に引く）

（2）インドネシアのポンティアナクの事例は Kruyt, 1906 : 245-251 ; Alkema en Bezemer, 1927 : 168-169, 459 ; Sell, 1955 索引の Wöcherinnen の項を見よ。

（3）守屋　一九七八、四九―五一

（『神話の系譜』講談社学術文庫、一九九一年）

百合若伝説と内陸アジア

『フォクロア』第二号（一九七七）では、山口麻太郎の論文「百合若伝説の系譜」[1]と関敬吾・小沢俊夫・荒木博之・谷川健一の諸氏による座談会「語りものの起源と渡来」[2]において、百《ゆ》合《り》若《わか》伝説の問題がとり上げられた。この問題についての新たな関心の高まりがうかがわれる。

百合若伝説の由来については、座談会では主に坪内逍遥《つぼうちしょうよう》のオデッセウスとの比較説がとり上げられているが、そのほかにも重要な研究がいくつかある。たとえば、岩本裕は『賢愚経』巻九（四二）の善事《ぜんじ》太子《たいし》入海品《じゅかいほん》と比較しており[3]、金関丈夫《かなせきたけお》は、『木馬と石牛』において善事太子のほかにも、中国の京劇《きょうげき》の薛仁貴などの例を比較し、また、日本の神武伝説や甲賀三郎伝説とも関連づけている[4]。金関は同書に注目すべき注記を書いている。

> 甲賀三郎の話は、その近くに海部の安曇《あずみ》の地名があり、百合岩の海上流譚を、地下の遍歴にすりかえたものか、と疑っていたが、その後孫普泰《そんしんたい》氏の『朝鮮民譚集』を見るに及んで、この類話が、朝鮮のみならず、ブリヤート族にも存在することを知った。これらの地下遍歴型と思われる類話については、改めて考えて見たいと思っている。

金関のこの注記は、われわれの視線をたんに南方海上ばかりでなく、北方の内陸部にも向けさせてくれた点において、重要な意義をもっている。事実、この地域は、百合若の系譜を辿る上においても、もっと注目されて然るべき地域なのである。私は今後の論議の材料として、二つの類話の存在を指摘しておきたい。

従来の研究者の注意を逸していた類話の一つは、トルキスタンのウズベク族の英雄叙事詩アルパミシュ Alpamysh である。

> アルパミシュとバルチンは、ウズベキスタンのクングラト族を支配していたバジブリとバジサリという兄弟の子供だった。この兄弟は永らく子宝に恵まれなかったので、子供が生まれますようにと祈った。そしてアルパミシュと

バルチンが生まれると、二人はまだ揺籃《ゆりかご》に入っているうちに、婚約した。ところがバジサリは兄のバジブリと喧嘩して、自分のテントをカルムク族の地に移してしまった。この新しい居所において、娘のバルチンにカルムク族のシャー・タジチャ・ハンの巨人の英雄たちが惚れてしまった。彼らの求婚から逃れるために、彼女は四つの試合に勝ったものと結婚すると宣言した。競馬、弓試合、射的、決闘の四つである。バルチンはアルパミュシュが勝利者となることを望んで、この試合を彼に通知した。

アルパミュシュは旅行のために、バジブリの家内奴隷《どれい》のクルタジに馬を一頭要求した。この馬は見栄えのしない仔《こ》馬《うま》だが、実は翼をもった軍馬だった。アルパミュシュのこの冒険旅行の道連れはカルムク族の英雄カラジャンであったが、彼はアルパミュシュと決闘して負けたとき、命は容《よう》赦《しゃ》してもらったのでアルパミュシュの友人となっていた。カルムク族は彼らの敵を縛《しば》り、敵の馬の蹄《ひづめ》に釘《くぎ》を打ちこんでビッコにさせようと悪だくみをめぐらしたが、カラジャンは友人の名馬バジチバルに乗って、彼の敵をすべて打ち破った。カラジャンはカルムク族を一手に引き受け、そしてアルパミュシュは、カルムク族の英雄のうち一番強いコカルダシュ、つまりカラジャンの兄を打ち破って勝利を完成した。

アルパミュシュはすべての試合に勝ってバルチンの夫になった。カラジャンと一緒に夫婦は故郷に帰ったが、バジサリとその一家はまだ兄と仲直りしてないので、カルムク族の地にとどまった。

これからこの叙事詩の第二部になるが、百合若との類似はこの第二部に見られる。

アルパミュシュは、カルムク王タジチャ・ハンの圧制を耳にして、四十人の騎士を引きつれて再びカルムク族の地に赴いた。殺されたカルムク族の騎士たちの母はスルハジルといい、ずるい老婆だった。彼女は四十人の美少女を連れてウズベク族の戦士たちを出迎えて、宴会を催したが、この宴会で英雄たちは酔って睡りこんでしまった。不死身《ふじみ》のアルパミュシュ一人を除いて、他の戦士たちはすべてカルムク王の戦士たちによって殺されてしまった。アルパミュシュはまだ睡ったまま彼の馬の尻尾に縛りつけられ、地下の牢屋《ろうや》に引きずり込まれた。

アルパミュシュは七年間、シャーの捕虜《ほりょ》として過した。羊飼いのカジクバドが通りがかって彼に食物を与えた。アルパミュシュは彼の苦境をクングラト族に手紙で知らせた。その手紙とは、彼の牢屋の中で傷ついた一羽のガチョウの血で書き、このガチョウに持たせてやったのである。カラジャンが彼を救出に来たが、アルパミュシュは助力を得たいと思わなかった。しかし、彼はシャーの娘の援助は受け入れ、彼の名馬をつれてきてもらった。一たび解放されるや、アルパミシュはタジチャ・ハンを殺し、カジクバドを王位に即けて、シャーの娘と結婚させた。

アルパミシュの留守中、弟のウルタンタズは権力を掌《しょう》握《あく》し、英雄アルパミシュの友達や身内を圧迫した。年老いたバジブリは彼に仕えるように強いられ、アルパミシュの妹のカルディュガチはラクダを放牧するため草原にやられた。そしてこの暴君はバルチンが繰り返し拒否したにもかかわらず、彼女との結婚の準備を進めた。

帰途アルパミシュは隊商に出会い、クングラト族の状況を知り、それから妹に、そして最後に例の老家畜商クルタジに出会った。クルタジは結婚式が迫っていることを語った。アルパミシュは家畜商に身をやつして家路を急ぎ、何が進行中なのかを見、祝いに参加した。そこには弓試合があったが、アルパミシュの青銅の剛弓を彎《ま》げることのできるものは彼一人しかいなかった。

アルパミシュはオラン、つまり儀礼的な結婚式の歌をうたうのに加わった。最初はウタンの老母バダムと一緒に歌ったが、この場合、彼の文句は痛烈で皮肉だった。次にバルチンと歌ったが、今度は歌は叙情的で打ちとけたものになった。この文句で、彼はバルチンに、どうやって彼が帰還したか、またもうすぐ彼が仕返しをすることを知らせた。

クルタジは人々にアルパミシュが帰ってきたことを知らせ、英雄はその仲間とともに、ウルタンの軍勢を全滅させ、暴君に酷刑《こっけい》を課した。このときバジサリは身内をつれてカルムク族の地からもどってきた。アルパミシュ叙事詩は、たのしいお祝いと、アルパミシュの治下にクングラト諸族が統一されたことを語って大団円となる。(5)

御覧のとおり、弟の裏切りと求婚、鳥の文使い、英雄の生還、弓試合と剛弓などの諸点においてこのアルパミシュ叙事詩は百合若伝説と著しく類似している。しかしこれは海上流浪型ではなく、また地下遍歴型でもないが、英雄が地下の牢屋に閉じこめられた点は地下遍歴型の痕跡《こんせき》かもしれない。

もう一つとり上げたい類話は、川喜田二郎が報告した中部ネパールのマガール族の始祖神話、カール・ファキエー神話である。そこでは、息子たちが父を崖下に置きざりにし、父の後妻、つまり息子たちの継母と結婚しようとしたが父は無事生還し、息子たちの弓試合に勝って、妻と再び結ばれる筋になっている。川喜田はこの神話が文明段階の文化ではなく、部族的ないしは半文明的文化の雰囲気を示唆《しさ》していることを論じている。(6)

カール・ファキエー神話で注目されることは、これがインド文明に地理的に近いネパールから採集されたにもかかわらず、インドの善事太子の話などとは、いくつか注目すべき相違点を示していることである。その一つは善事太子のような海洋型ではなく地底型をとっている点であり、もう一つは、弓試合に勝って英雄が再び妻と結ばれるという一条をもつ点であり（この点は百合若に近い）、また金関が指摘したインド・中国・日本の共通点、つまり兄弟の裏切りが、ここでは息子たちの裏切りに変容している点である。この第三の点は、この形式の説話がマガール族の社会組織に適応して変化したものか、それともすでに息子の裏切り型として確立した後に伝播《でんぱ》してきたものか、興味深い問題である。

まだ探せば、内陸アジアからの類話はいろいろ出てくるかもしれない。いずれにしても百合若伝説の系統論は、内陸アジアも考慮に入れて、従来以上の広範な比較を必要としているのである。

注

（1）山口　一九七七
（2）関、小沢、荒木、谷川　一九七七
（3）岩本　一九六四、一三九―一五五
（4）金関　一九七六、四七―六七
（5）Shoolbraid, 1975 : 80-81
（6）Kawakita, 1974 : 118-130

（『神話の系譜』講談社学術文庫、一九九一年）

日本神話と東南アジアの神話——天地分離と海幸山幸

『古事記』や『日本書紀』にまとめられた日本神話は、さまざまな系統の構成要素から成り立っている。しかし、そのなかでもいわゆる南方系要素が相当の比重を占めていることは、昔から指摘されてきたところであった(1)。

ここでは、いわゆる南方系神話のなかから、二つ例を挙げて論ずることにしよう。天地分離神話と、海幸山幸神話である。

天地分離

『古事記』によると、イザナキ、イザナミの両神は、原初海洋中の最初の島オノゴロジマに天降り、二人は結婚して、大《おお》八洲《やしま》を生み、また神々を生んだ。しかし女神イザナミは火の神カグツチを生むとき、火傷して死んでしまう。男神イザナキは死んだ妻を追って黄泉《よみ》の国に行くが、女神をつれもどすことはできなかった。イザナキは黄泉の国からこの国土にもどって水中でみそぎをし、左目を洗うときアマテラス(太陽)、右の目を洗うときツクヨミ(月)、鼻を洗うときスサノオ(おそらく嵐)を生んだ。

すでに沼沢喜市が詳しく論じているようにイザナキには天父、イザナミには地母の性格がある。イザナキが朝霧を吹きはらったときの息は風であり、妻を失って泣いた涙は雨であり、彼の剣は雷であったし、またみそぎのときには太陽、月、嵐を生んでおり、父なる天の性格を示している。これに反して、イザナミが病床にあるとき、その排泄物《はいせつぶつ》から土の神、水の神、食物と穀物の女神が生まれたことからも窺《うかが》われるように、イザナミは母なる大地の性格をもっている。ところが、この両神は火の神の誕生を契機として別離することになる。つまり、天地の分離である。

天地分離神話は世界的に広く分布しているが、日本の近くでは、中国南部から東南アジア、ポリネシアにかけてことに濃密に分布している。イザナキ・イザナミの天地分離神話も、それと関係があると考えられることは、沼沢の論じたとおりである(2)。

ところで、天地分離神話と一口にいっても、いろいろな形式があり、天父と地母が子供のために分離し、その結果として日、月が生まれるというイザナキ・イザナミ神話にことに類似した神話も、東南アジアでは東部インドネシアのセラム島ヌサヴェレにある。

むかし、父なる天は母なる大地の上に横になり、性交していた。天と地は、当時はまだ今日よりも小さかった。この天地の結婚から、子供としてウプラハタラが生まれ、ついで弟のラリヴァと妹のシミリネが生まれた。彼らは両親の天と地との間に住む場所がなく、ついにウプラハタラが天を上に押し上げた。すると大地震が起こり天と地は拡大して今日のように大きくなった。天と地の分離の際には、地上にはまだ暗黒が支配していた。ところが、地震のとき、火が地中から生まれ出し、地上には木や植物が萌《も》え出て、山々がそびえ立った。ウプラハタラは、ダンマルの樹脂で大きな球をつくって火をつけ、天にほうり上げて、日と月を作った。[3]

しかし、東南アジアの天地分離神話の多くは、このセラム島の例のような形をとっておらず、一見、イザナキ・イザナミ神話とはたいへん違っているようにみえる。

しかし、一見非常に違ってみえる神話も、その構造を分析してみると、実はイザナキ・イザナミの神話と共通するところがあるのに気がつく。イザナキ・イザナミの神話では、両神の結婚の結果、国土と神々が生まれたが、これは圧倒的に自然界の神々であった。つまり両神の結婚によって自然が生まれたと言えよう。ところが、火の神の誕生の直前直後に文化の神が集中して生まれている。直前には舟、作物の神、直後には金属、陶土、農耕の神が生まれている。と言うことは、イザナキ・イザナミ神話では、天地分離が文化を媒介として行われたことを示唆している。そして、ことに作物の神や農耕の神が現れていることは、あとで述べる東南アジアの例との関連で注目してよい。

ここで東南アジアの例をいくつか紹介しよう。スラウェシのバランテ半島の創世神話は発端の部分では、イザナキ・イザナミ神話と同様に、原初海洋中の島に兄と妹が天降って結婚したことになっている。しかしその神話の続きが面白い。兄妹は何か必要なものがあると、男が天に上って天神からもらってきた。しかし、月日のたつうちに二人は自分でも農耕を始め、必要をみたすようになったところ、天との結びつきは切れてしまった。ここでは、天地分離は天父地母の夫婦別れの形はとっていないものの、農耕、つまり文化を媒介として天地が分離したのである。[4]

ボルネオのガジュ・ダヤク族の神話も同様である。原初には天は地のすぐ上にあった。天は一種の油のような物質からなっており、人間の食料となった。しかしマハラタ神の息子は人間に稲作を教えた。父のマハラタ神はこれを怒って、天を地から遠く引きはなしてしまった。[5]

ニアス島の神話では、かつては天は大地にたいへん近く、屋根棟にまで下がっていた。その当時は天で稲を刈るのが習わしだった。アランアランの草の葉で切ったものだった。ところが、あるとき一人の女が小刀をもって、天に上り、天をたいへん荒らしたため、シラオ神は天を引き上げて、稲を刈るのを不可能にした。アランアランというのは稲畑の雑草である。雑草（自然）を用いていた間は幸せだったが、小刀（文化）を用いるようになると、天地が分離してしまったのである。[6]

いままで私はインドネシアの例ばかり挙げていたので、ここで大陸部の例を一つ引くことにしよう。ベトナム北部のムオン族のところで私が聞いた神話である。

むかし、天と地の間の距離が近かった。当時、トゥン氏という一人の巨人がいた。毎日、水牛に乗り、肩に犂《すき》をかついで田に行った。ところが、水牛の背が高いうえに、彼の背も高く、また犂の高さも高かったので、いつも天に犂がぶつかった。そこでトゥン氏は犂が天にぶつかるのを怒って、犂から水牛につなぐ棒を外して、天をつき上げた。

この場合、犂という農具、つまり文化が天地分離の媒介となっている。そのほか、米をつく女（男の場合もある）が天があまり低くて邪魔なので、杵《きね》で天をつき上げたとか、天に上がれと命令した神話は、東南アジアでは大陸にも島の世界にも広く分布している。

天地が密着していた原古の状態では、まだ今日の自然界の秩序はなかった。天地が分離してはじめて自然界の秩序が設定され、農耕とか米つきのような人間の文化的営みも可能になる。つまり、天地分離は無秩序から秩序への転回である。この転回を媒介するものは一般的に言って文化であり、具体的にはことに農耕である。文化がなければ秩序は存在しない。日本と東南アジアの天地分離神話は、この基本的な考え方において共通しているのである。

海幸山幸

海幸山幸の神話は、いまさら筋を紹介するまでもなくよく知られている。『古事記』によると、天孫ニニギとコノハナノサクヤビメとの間に三人の子が生まれたが、そのうちホデリは海幸彦で、ホオリは山幸彦であった。ホオリは兄のホデリに頼んで幸《さち》を交換してもらったが、不幸にも兄から借りた釣《つり》針《ばり》を失ってしまった。この失われた釣針を求めて彼は海宮に赴き、鯛の口の中に釣針を見つけた。彼は海神の女トヨタマビメを妻とし、また塩みつ玉と塩ひる玉を手に入れ、故郷に帰って、この玉を使って高潮を起こしたりしてホデリを苦しめ、服従させた。

一方、ホオリの子を孕《はら》んだトヨタマビメは、出産のため海宮から陸地に行き、海岸に産屋《うぶや》をつくる。彼女は、夫に出産の有様を見るなと禁じたけれども、夫は好奇心にかられて見ると、妻はワニの姿になっていた。妻は夫が禁止を破ったのを怒り、生んだ子をおいて海宮に戻ってしまい、海陸の交通は杜絶した。この生まれた子の息子が初代の天皇神武である。

この海幸山幸神話はかなり複雑な話であって、いくつかの構成要素から成り立っている。少なくとも次の三つを挙げることができよう。

㈠　失われた釣針
㈡　洪水ないし水の支配
㈢　メリュジーヌ・モチーフ

これから、これらの構成要素について海外の事例を紹介することにしよう。

第一の失われた釣針を求めて海中に行き、釣針をとりもどし、また場合によって海の少女と結婚する形式の神話伝説が、インドネシアに広く分布し、そのほかミクロネシアの一部や北アメリカの北西海岸にも及んでいることは昔からよく知られており、さらにビルマにも例があり、中国にも痕跡がある。ここでは、その一例としてチモール島中部の例をクライエル・ファン・アールストの報告から引いてみよう。

むかしニフにマフェファリロの祖先のネノ・サナムが住んでいた。ある日のこと、ネノは兄のテファから釣針と釣糸を借りてニヌノニ河に鰻《うなぎ》を釣りに行った。豚肉を一切れ餌として釣針に結びつけ、朝から夕方まで待ったが、鰻はかからなかった。そこでネノは釣糸をケベサの木にしばりつけ、夜の間に鰻がかかったら、翌朝取りに行くことにして帰宅した。

家にはもう兄のテファがいて、「釣針と釣糸はどこにある」と尋ねた。ネノは兄に事情を話し、翌朝をたのしみにしていてくれと言ったが、兄は「もしも糸と針が失くなったら、俺は本当に怒るぜ」と言った。

その夜、北西から嵐がやってき、大雨が降って川は氾濫《はんらん》した。しかしネノは鰻の夢を見て眠りこけていた。その間に鰐《わに》の王が出てきて、釣針につけた餌を見つけ、釣糸もろとも嚥《の》み込んでしまった。しかし餌も針も糸も鰐の腹には入らず、喉《のど》にひっかかり、針は肉に喰い込んだ。鰐が苦しみもがくうちに、木に縛っておいた釣糸は鰐の歯で咬《か》み切られ、鰐はおもむろに水底のわが家に帰った。そして傷に苦しむ身を床に横たえた。

翌朝ネノは、まだ水位が高いので、膝まで水につかりながら例の木のところに行って釣糸をたぐり寄せた。しかし釣針も餌もなかった。家に帰ると兄のテファは弟が釣針を失い、糸が短くなってしまったことを知って、ネノにひどく怒った。そしてネノに失われた釣針を探しに行かせたが、見つからなかった。

三日たってネノは兄のところにもどったが、兄は弟にもう一度釣針を探しに行かせた。例の木のところに行ってみると、雌の鰐が捕えた豚を洗っていた。ネノは鰐に何をしているのかと尋ねたところ、彼女の夫の鰐の王が病気なので、それに食べさせるためだと答えた。鰐王の病状を尋ねると、喉《のど》が痛んでいるという。「なぜ薬をあげないのか?」とネノが尋ねると、雌鰐は、あらゆる薬をやってみたがよくならなかったと答えた。

ネノは鰐王の病を治すため雌鰐の背に乗って水中の鰐の王宮に行った。ネノは鰐王の口を開けさせ、手を入れてみて、釣針をとって行ったのが鰻ではなくて鰐王であることを知った。しかし、彼は鰐の女王に、「この病気を私は治せるが、薬を取りに一度家に帰らなくてはならない」と言った。雌鰐はネノを再び河岸の木のところに連れて行ったが、ネノは兄のいる家には帰らず、畑で灌木《かんぼく》の葉と根を少し取り、尖った木片を切りとってきた。

ネノは再び雌鰐の背にのって鰐王のところに行った。彼は鰐王の喉の中に手を入れて釣針を取り出して、自分の褌《ふんどし》の中にまき込んでから、喉のなかに木片があったので、王は病気になったのだと言い、薬を王の首のまわりに巻き、シリー汁を頬にふきつけて、三日たったら、また患者を見に来てあげると言い、地上にもどった。ネノは直ちに家にもどり、テファにはどうして釣針をとりもどしたかは言わなかった。テファは釣針がもどったので喜んだが、失くなった釣糸の代わりに釣糸用の繊維をさがせと言った。ネノはまた鰐王のところに行ったところ、病気が回復したので、お礼に水牛をやると言われた。そこでネノは三日間、繊維をさがすふりをして水牛のための囲いをつくった。三日たち、ネノは繊維用の木をとりに行こうとテファを連れ出し、囲みのところに来た。ネノは兄に水牛を二頭、他の村人には一頭ずつ与えた。これがこの地方の水牛のはじまりである。だから、いまでもこの地方は水牛の発情期になると水牛の持ち主は鰐の王に供物をささげるのである。(7)

このチモール島の例では、意地悪された弟は別に復讐《ふくしゅう》することもなく、円満に終わっているが、スラウェシのミナハッサやケイ諸島などの類話には復讐モチーフが出ている。話の展開から言っても、日本の海幸山幸をはじめとする、これら復讐モチーフの伴った形式が古い形式なのであろう。また、チモール島の例をはじめとして、物語の発端は兄弟の一方が地方から釣針を借りる形をとっており、日本のように兄弟が狩《しゅ》猟《りょう》・漁撈《ぎょろう》の用具を交換する形はとっていない。しかし、スラウェシ北部のブオール王国の起源神話では、兄の猟犬と妹のミサゴ(魚を捕る鳥)の交換と、兄がミサゴを返さなかったため二人が仲違いすることが語られており、(8)交換型もあるのである。

次に第二、第三の構成要素にうつろう。第二は洪水ないし水の支配を通じて王権を確立するという筋であり、第三のメリュジーヌ・モチーフとは、中世フランスの伝説の女主人公の名から採った名称であって、竜蛇の女を妻とした男が、妻の禁止にもかかわらず、妻の本当の姿を見てしまったので、夫婦が別れることになったというモチーフだ。

この二つの構成要素も東アジアのシナ海をめぐる地域や東南アジアに多い。第二の洪水ないし水の支配のモチーフは、兄弟ないし宇宙の二大原理(たとえば海と山)の争いによって洪水が生ずる面に重点をおくもの(日本、中国東南部、ベトナム、カチン族)、水界の支配者と結びつくことによって、水を支配する力を得る面を強調しているもの(日本、朝鮮、中国、インドシナ)の二つの傾向が大ざっぱに言って認められる。第三のメリュジーヌ・モチーフのほうは、日本、朝鮮、中国、インドシナにおいてことに著しい。

ここでは、第二の水の支配モチーフと第三のメリュジーヌ・モチーフとが、ある程度組み合わさった例として、カンボジアの例を挙げることにしよう。それはアンコール・トムの起源伝説である。

ロミーヴィセイに悪い王子がいた。父王は彼の髪の毛を剃《そ》り、口の中に横木を入れて筏《いかだ》に乗せて海に流した。筏はクク・トロクという島について動かなくなった。王子は島に生えた大木に登り、下に降りようとして、木の洞《ほら》の中に入ってしまった。どんどん中に入って行くと、地下の竜王の国に出、池のほとりで水浴していた竜王の娘と恋におちいり、結婚した。

しかし王子はまた地上にもどりたくなった。そこで竜王は若夫婦のためにクク・トロクの島の上に王都アンコール・トムを作ってやった。竜王は土地を干拓《かんたく》してやり、国土ができた。年老いた竜王は毎日のように夫婦を訪れ、二人の幸福とすばらしい都を見るのを楽しみにしていた。

ところが、都の人びとは竜王をあまり怖れるので、王子は四面のプローム神像を都の門の上に建てさせた。翌日、竜王がアンコール・トムに来たところ、都の門に恐ろしい敵の像があるのを見て、急いで地下界に逃げ込み、「お前たちの子孫のうち、徳のある者だけがアンコール・トムで君臨することができる」と呪《のろ》った。そこで、数多くの不幸がクメールの王族を見舞うようになったのである。(9)

このクメールの例では、水の支配という要素は、竜王が国土を干拓《かんたく》したという形で出ている。日本神話の場合も水の支配の呪玉の一つは、潮ひる玉であり、水を引かせる玉だった。ただ、日本神話では、干満両珠を用いての水の支配は、復讐の手段として用いられている点が相違している。しかし海幸山幸神話でも『日本書紀』の一書によると、ヒコホホデミはこれらの玉を用いて水田を有利に経営したことが出ているから、クメールの例との相違はそれほど大きくない。

次にメリュジーヌ・モチーフに関しては、クメールの場合には、竜の姿を国民が見ていやがったという形式であって、純粋な形ではない。しかし、妻の本来の姿を夫が見たために夫婦別れするという古典的な形式は、中国や朝鮮に多いのである。

結局、海幸山幸神話を構成している諸要素の分布は、東アジアから東南アジアにかけて広く及んでいる。かつては、失われた釣針の要素がインドネシアに多いことから、この神話はインドネシア系で、日本では隼人《はやと》がその担《にな》い手だという説が有力だった。[10] しかし、類話の分布がより広いこと、また失われた釣針《つりばり》以外にも、洪水《こうずい》ないし水の支配、メリュジーヌ・モチーフなどの分布も併せ考えると、事態はそれほど単純ではない。むしろ、中国東南部の水稲《すいとう》栽培・漁撈《ぎょろう》民文化に一つの中心があり、そこから日本に入ったもので、日本での担《にな》い手も、隼人《はやと》よりもむしろ北九州の海人だった可能性も考慮に入れなくてはならないと思われる。[11]

日本神話中における南方的要素は何も天地分離神話と海幸山幸神話だけなのではない。オオゲツヒメ型の作物起源神話はおそらく華南の焼畑耕作民文化に、[12] イザナキ・イザナミの国生み神話はおそらく中国東南部の漁撈民文化に基盤があったと思われる。[13] これら南方系神話要素も、結局は北方系の支配者文化の体系のなかに組み込まれ、『古事記』や『日本書紀』に記された形にまとめられていったのであった。

注

(1) 大林　一九七三b、吉田　一九七六
(2) 沼沢　一九五二
(3) Röder, 1948 : 76
(4) Kruyt, 1932 : 331, 333-334
(5) Hardeland, 1859 : 295, erste Spalte.
(6) Schröder, 1917, I : 503, 506
(7) Kraijer van Aalst, 1921 : 119-130
(8) 大林　一九七六、五五―五八
(9) 大林　一九七五c、五四―五五
(10) たとえば、西村　一九二五、二五八、五一五―五一八、松村　一九五五―五八、三ノ六七九
(11) 海人説は、たとえば、次田　一九七三、三二一―三六八
(12) 大林　一九七三a、二三―一〇三
(13) 大林　一九七九a、一六七―一六八

（『神話の系譜』講談社学術文庫、一九九一年）

浦島伝説の源流

ただいまご紹介いただきました大林でございます。「浦島伝説の源流」という題でこれからお話を致します。私の専門といいますのは民族学、ことに、この頃興味を持っているのは、世界全体を見る、その中で日本の位置づけを考えてみることで、その一環として「浦島伝説の源流」についてお話しします。

今まで「浦島伝説」と申しますと、当然、『丹後国風土記逸文』、それからまた、『万葉集』巻九、これが奈良時代の記録で、一番古いわけです。そして『丹後国風土記』の場合、当然ですが舞台は丹後で、「水の江の浦の嶼子」、これは丹後の筒川の人になっています。ところが『万葉集』の場合、摂津の墨吉《すみのえ》の人になっています。これもどういう風に解釈していいか大変面白い問題ですが、いずれにしても、要するに常世の国へ行って、そして、亀姫、あるいは、後の『お伽草子』以来の言葉を使いますと、いわゆる乙姫様と結婚して帰ってくる。その間に、向こうでは僅かな時間が現世では非常に長い時間が経っていて、帰ると誰も知っている人もいない。最後に玉手箱を開けて亡くなってしまう。そういうような話になるわけです。

いま申しました「浦島伝説」と非常に近い関係にあるのが、同じ八世紀にできました、『日本書紀』または『古事記』の「海幸山幸の神話」であります。この場合も、失われた釣り針を求めて山幸彦が海神の宮、海の神様の宮へ行って、そして、その娘のトヨタマビメと結婚する。これは、失った釣り針を取り返して帰ってくるが、同時に潮満つ珠、潮干る珠というようなお土産をもらってくるということになっています。従来、何人かの研究者が、この「海幸山幸の神話」は「浦島伝説」に非常に近い関係にあると言ってきました。

「海幸山幸の神話」というのは分布図1をご覧ください（分布図1）。ドイツのフロベニウスという学者が作った、「失われた釣り針説話」のおおざっぱな分布図ですが、だいたいの傾向がわかります。太平洋をめぐって、その中で日本の「海幸山幸の神話」はインドネシアのものと非常に似ていることが繰り返し繰り返し論じられています。

ここで一つだけ例をあげると、インドネシアの東の方にスンバ島という島があります。そこで伝えられている話による

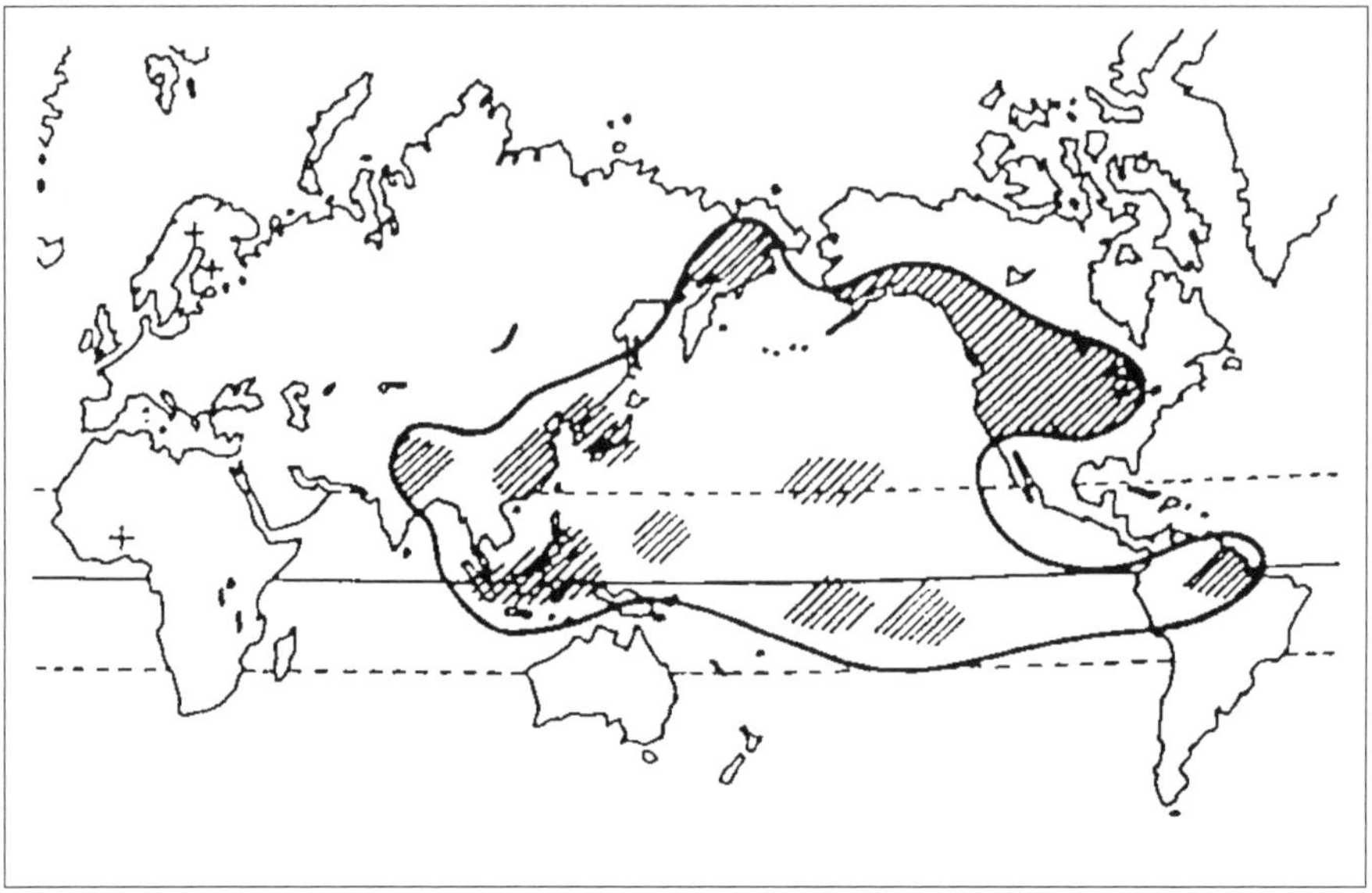

分布図1　失われた釣り針説話（フロベニウス原図）　///失われた釣り針説話、＋放射地点

と、つぎのような内容になっています。

昔、ウンブ・ラブとウンブ・ルトゥングという二人の人がいた。ウンブ・ラブは一本の釣り針を持っていた。ウンブ・ルトゥングはその釣り針を借りたくなって、断りもしないで持っていった。ラブは怒って、「私の釣り針を取るな。魚に取られてしまうから」と言い、ルトゥングは、「もし、魚に取られたならば、別の釣り針をやるよ」と言った。するとラブは、「他の釣り針などほしくない。自分の釣り針でなければいけない」と言う。ところが、ルトゥングがこの釣り針でもって釣りをしたところ、たちまち魚に切られてしまった。ラブは自分の釣り針を返せと要求する。

ルトゥングは失われた釣り針を求めて水中に入る。どんどん入っていくと、海の底は水がなくなって乾いた土地になり、一軒の家がある。中から不吉なドラの音がするので、訳を聞くと、王様が口の中が具合悪くなって病気になっているということが判った。ルトゥングは王様の所へ行き、口の中に入っていた釣り針をとってやる。そうすると王様の具合が良くなり、「お礼に何がほしいか」と言う。ルトゥングは、「金の米の塊がほしい」そういう風に答える。しかし、王様は、「他のものはともかく、これだけはやれない」と言うので、ルトゥングは怒って帰ってしまう。

ルトゥングは、ラブに釣り針を返してから、葉っぱで桶を作って、それに水を汲んで一直線にぶら下げる。そして、彼は自分の水牛を集めて高いところに連れて行き、ラブに、「俺の酒に用心してくれ、水牛がこぼしてしまうから」と言う。ところが水牛は桶の水を飲んで、角で突付いて桶を壊してしまう。するとルトゥングはラブに、「俺の酒を弁償してくれ、俺の酒でなければいけない」と言う。それでラブは、「そんな無理なことは言うな」と言うのですが、ルトゥングは、「しかしおまえだって釣り針の時、俺の釣り針でなければいけないと言ったではないか」と責める。それでラブは水牛が水をこぼした所に行って土を引掻いた後、そこからカリタスと言う所へ逃亡し、そして自分の村を建てる。ルトゥングは金の米の塊を探し求めて、そして、とうとう海の中からそれを釣り上げた。

この例は行った先で結婚するという話ではないのですが、この場合はくれと言ってくれなかったのですが、贈り物という問題がモチーフの一つとして入っています。また、異境の女と結婚するという形の「失われた釣り針の話」という例は、スラウェシのトラジャ族、それから、もう少し東の方のハルマヘラ、またはミクロネシアのパラオとか、それ以外にも点々としてあります。それからまた、北米の北西海岸の方にも以上申しましたように、結婚するという要素が加わっている話が報告されています。

こういう具合に、「失われた釣り針の話」というのは、全体的に見ますと、太平洋の周りに分布していて、南方系の話であろう、そして、北米の北西海岸の方には恐らく黒潮を通してアジアから行ったのではないかと考えられます。そして、確かにこういう異境に行って結婚して贈り物をもらってくるというモチーフがあります。

ところがこの場合、大変面白いのは、今申し上げましたのはいわゆる海洋型の例でありまして、海の中に入っていく、あるいはまた、水の中に入っていくという形式であります。ところが、インドネシアには沢山例があるのですが、分布を見ますと海洋型と陸上型が入り乱れています。ですから、スラウェシでも北の方のミナハッサでは海洋型、ところが、中部スラウェシになると陸上型になってきます。陸上型の場合には、猪か何かを獲って槍を投げる。槍が刺さったまま猪が逃げてしまう。それを追いかけて行くと猪の国に至るという話になっています。

そういうような訳で、「海幸山幸」の話にしましても海とのつながりだけを強調するのは、やはり、全体を見失ってしまう危険があります。ですから、陸上型、海洋型両方をまとめて考えてみる必要があるのではないかと思われます。私の考えによりますと、「浦島伝説」の源流を考える場合に、この「海幸山幸」とのかかわりは、いわば、「浦島伝説」の主な流れではなく支流ではないかと思います。そして、私が最も重

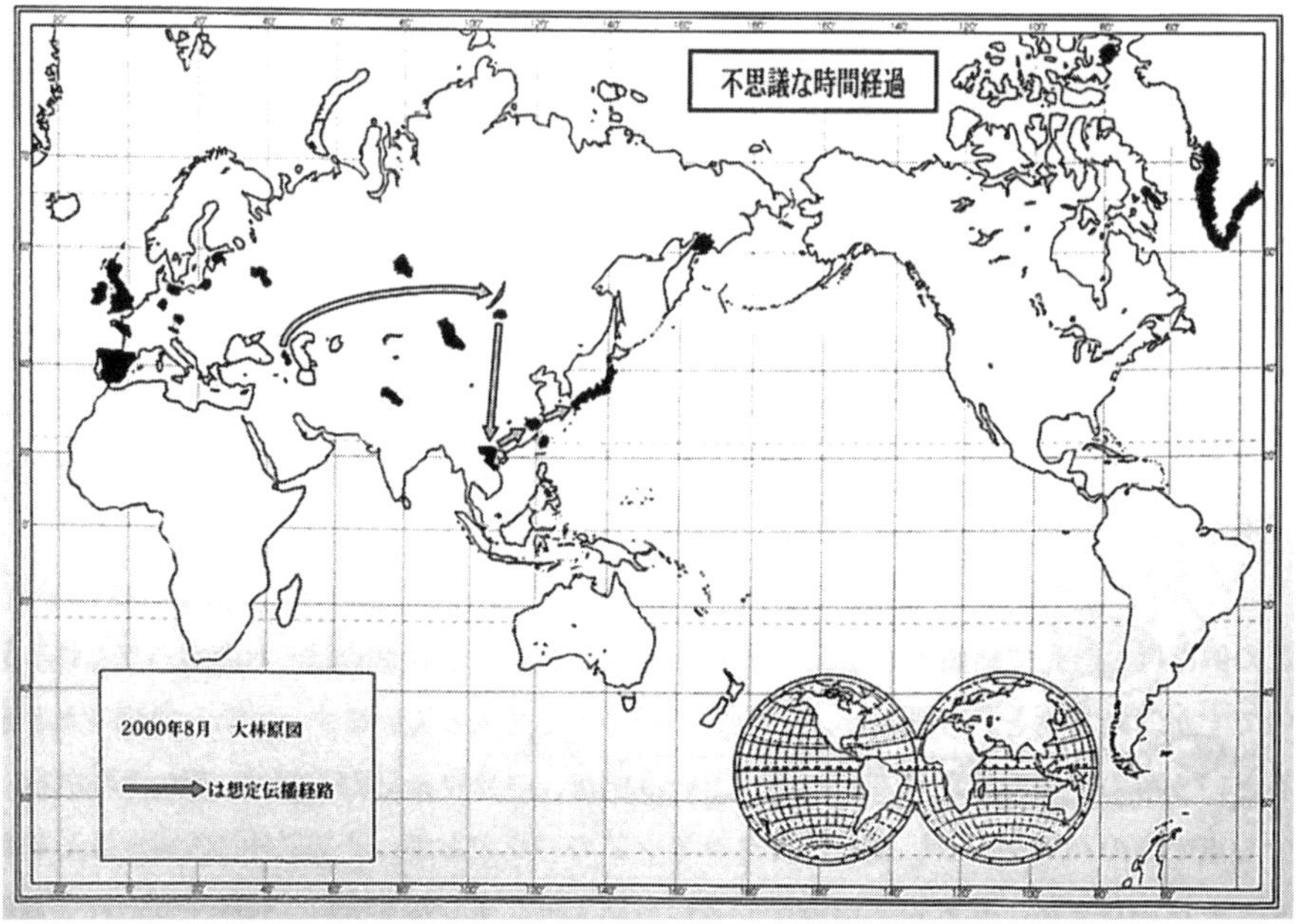

分布図2　不思議な時間経過説話（大林原図）

要であると考えているのは、浦島が常世の国、あるいは、竜宮城で過ごした僅かな時間が現世において何百年と、そういう非常に大きな時間のずれがあることで、こういうことが「浦島伝説」のもっと重要な点ではないかと、そういう風に私は考えています。

それで、分布図2をご覧ください（分布図2）。

この分布図を見て先ず気が付くことは、世界的にみて、分布のない地域がすごく多い。アフリカにないということ、それからオセアニアにない。それからまた、東南アジアも、ベトナムと台湾の東海岸、これはアミ族とパイワン族ですが、そういう東南アジアではごく一部の地域を除いては、どうも見たところこういう不思議な時間の経過というモチーフを持った話はないようです。それからまた、アメリカ大陸もグリーンランドなどに少しあるが、あとはどうもないようです。

そういうことを言うと、皆さんの中にはアーヴィングという作家の『リップ・ヴァン・ウィンクル』という有名な小説を思い出される方がいると思います。これは、北米・ペンシルベニアの山の中でウィンクルが過ごし、そして、自分の村に帰って来るとすっかり長い時間が経っていて村は変わっていたという有名な話です。ですが、この小説の主人公ももちろんヨーロッパ系のアメリカ人ですし、また他の点から考えましても、これはヨーロッパ人が持ち込んだ話であって、決してアメリカインディアンの話ではないわけです。

そこで、ヨーロッパの話が出ましたからヨーロッパの方を見ますと、これは非常に多いのです。まだここに書いてない地域が出てくると思うのですが、今までのところ、気が付くところは、イギリス、フランスからドイツにかけて、この地域において非常に連続的に顕著な分布をしています。それから、スペインの方にもありますが、北欧のリトアニアとか、エストニアにもあります。ヨーロッパ・ロシアにもあります。しかし、一番濃密に分布しているところはどこかというと、それはイギリス、アイルランド、または、ドイツからフランスにかけての地域で、だいたいケルト系統の住民がかつて住んでいた、また、現在も住んでいる、そういう所において大変顕著に分布しています。

そしてあと、ユーラシア内陸に分布がありまして、黒海とカスピ海の間、コーカサスにもあります。それからまた、バイカル湖の南の方にも一つあります。それからあと、ベトナムから中国浙江省、その辺の地域、また、日本と、そういうようないわばユーラシア大陸の東から西にかけて広く分布していているということが言えるわけです。

それで、これはやはり世界中どこにでもあるというのではなく、主としてユーラシア内部に分布が限られています。これは、ユーラシア大陸内部を西から東へ、東から西へと、そういう文化の交流が先史時代から盛んにあったわけですが、そういうものの一環として広がっていったのではないかと、そういう風に考えるのがいいのではないかと思っています。

これから後、具体的な例をいろいろご紹介申し上げます。ヨーロッパの場合はこういう不思議な時間の経過というモチーフはありましても、どうもそういう異境あるいは異界に行きましてそこの女と結婚するという要素はあまりないようです。あるいはもっと探せばあるのかもしれませんが、少なくともあまり顕著ではありません。

ここで一つだけ例をご紹介しますと、つぎのようになります。

ボヘミア、つまりチェコの一部ですね、ここにブラニクという山があります。その下に堂々たる邸宅があってその壁は全部水晶でできている。そして、この邸宅にはボヘミアの英雄、神聖なるヴェンツェルという王様が、彼の騎士の中の選り抜きの一団とともにそこに眠っているのである。そして、この国の非常に大きな危険、あるいは困難というものがやってきた場合に彼らの助力を求めると目を覚まして活躍するのだと考えられている。

この山の近くに住んでいた一人の鍛冶屋がおりまして、彼はある時、彼の牧草地で草を刈っていたところ、一人の見知らぬ男がやって来て、「俺について来い」と命じる。その見知らぬ男は彼を山の中に連れて行った。そこで彼らは眠っている騎士たちを見る。それぞれ自分の馬に乗って、頭を垂れて、馬の首の上に頭をのせている。案内人は、鍛治屋に、「馬に蹄鉄を履かせるための道具を持ってきたか。仕事をしながら騎士の体にぶつかってはいけない」と言う。それで、鍛治屋は大変器用に仕事をやったのですが、最後の馬に蹄鉄をつけるときに、たまたま、乗り手の騎士に触ってしまった。そうすると、騎士は、はっとして目がさめて、「もう時はきたのか」と叫ぶ。そして、鍛治屋を連れてきた男は、「まだだよ」と答える。そして、鍛治屋には、静かにしていろと身振りで合図をする。仕事が終わると、鍛治屋には、報酬として古い蹄鉄を与える。そして、家に帰ってみると、彼が立ち去った時の牧草地には、元は牧草を刈る人は一人しかいなかったのに、今は二人働いている。それで、聞いてみると、あなたは丸一年留守だったのだと言う。そういうわけですから、自分は、ヴェンツェル王の所に一日か二日いただけだと思ったのに、実は一年経っていたということです。そして、袋を開いてみると、古い蹄鉄はみな本物の黄金でできていた（Hartland 1891：170-171）。

こういうお話ですが、これも超自然的な、あるいは、不思議な時間の経過というモチーフと、贈り物をもらうというモチーフがあります。しかし、肝心な結婚するという、向こうの女性と一緒になるというのがありません。

ところが、コーカサスから東になりますと、そういう結婚のモチーフが出てくるわけです。それで、黒海とカスピ海の間のコーカサス、これにいろいろな民族がいるのですが、その中に、オセット族、これは実は古代スキタイ人の子孫なのですが、このオセット族の叙事詩、ナルト叙事詩というのがあり、また、いろいろな神話・伝説があるのですが、こういうものの中に、古いスキタイの神話がたくさん残っています。これをフランスのデュメジルと言う学者が明らかにしています。そして、デュメジルの弟子である、学習院大学の教授、吉田敦彦さんという私の友人ですが、彼は、オセット族の神話と日本神話にいろいろな類似点があるのだと、さまざまな機会に論じています。ここではその問題に立ち入れませんが、このオセット族に大変面白い伝説があります。

遠い昔、山のふもとのある村に、一人の男が暮らし、男は生涯を大変満足に暮らしていた。何もそれ以上欲するものがないような、満ち足りた生活をしていた。ところが、歳をとってくると、男は死にたくない、そういう思いにとらわれ、そして、不死の国、つまり死なない国をぜひ訪れたいと、そういうことを決心した。そして、男は黒海を渡って、対岸を進んで行くと、大きな城があり、そこから光が射している。前まで行くと娘が一人出てきて、「城に寄って一休みしていきなさい」と勧める。城に入ると、男にいろいろ歓待してくれ、そして、男を若い人に直してしまう。つまり、年寄りなのだけれど、年寄りから若い者に変えてくれた。

そして、二人は夫婦になって、歳をとることもなく、男は百年を生き続ける。さらに百年が過ぎた時、男は故郷や国の人々が恋しくなってくる。そうすると、娘は男に、「もうどこへも行かないで、恋しがる人々は、もういないのよ。生きていないのよ」と言う。それで男は娘ともう百年暮らしたけれども、また、望郷の念にとらわれた。そうすると、今度も、娘は男を引きとめた。更に百年が経った。男はいつまでも若いままで歳をとることができない。そういう形で、時間は経過しても歳はとらないという不思議な経過をとっている。そして、「今度はどうしても故郷の村に帰る」と娘に対してきっぱりと言う。娘は、もう男は自分の所に留まらないということを知ると、二つのリンゴを渡す。そして、「あなたは人生が辛いものであるということがわかるでしょう。そうしたらリンゴを一つ食べなさい。もっと辛くなったら、もう一つのリンゴを食べるのです」と言う。

そして、男は娘を捨てて故郷の村に帰って行く。行ってみると村はないし、人々もいない。男はすっかり辛くなって、胸の痛みにとらわれてリンゴを食べる。その瞬間に白い髭が膝までのびて、一遍に歳をとってしまう。そして、男の故郷の村にはたった一人の老婆が生き残っていたので、男は老婆に村人のことを尋ねる。老婆は、「ここにはもうとうから人は住んでいないのです。そういう私だけが生き残ってここに居るのです」と言う。そして、男は再び胸の痛みにとらわれて、二つめのリンゴを食べた。そうすると、男は死んでしまった（ガツァーク 1978 I : 284-287）。


この場合では、先ほど少し言いましたように、不思議な時間の経過と言うのが百年経った、二百年経った、三百年経ったというけれども、全然、本人は歳をとらないで若さを保っています。日本でいう若狭の「八百比丘尼」みたいな内容ですね。あれと同じような型の超自然的な時間の経過というのがあり、そして、この場合も、玉手箱ではないけれど、リンゴを二つもらって帰ってくる。そして、リンゴを食べたらお爺さんになり死んでしまったというわけです。

もう一つ、バイカル湖の南の方に黄色いウィグルという民族がいます。イェロー・ウグルというのですが、これは言葉の方からいいますとテュルク系統の民族です。中国でいえば新疆ウィグル族自治区のウィグル族と同じ系統の民族なのですが、ただ大きい違いは、新疆ウィグル族はイスラム教徒ですが、バイカル湖南のイェロー・ウグルは仏教徒なのです。これはロシアのマロフという学者が今世紀初めに調査して報告した話でありますけれども、そこにこういう話があります。


昔、一人の老女に息子が居た。息子は毎日お寺に通って読み書きを習っていた。若者はお寺へ往復する時、いつも一つの大きい石のあるところに座って休んでいた。ある時、そこで休んでいると一人の美しい女が山のほうからやって来て、傍らを通り過ぎて行った。それを見た若者は、恋患いになってしまって、もうほとんど食事も取らなくなってしまった。母親から、「食が進まないがどうしたのか」と問われても、本当のことは言わない。ところがある日、息子は、「先生方に会いに行くからお菓子を用意して下さい」とお母さんに頼む。お母さんからお菓子をもらって、いろんな先生の所へ行くと言って旅に出る。そして、例の石の所まで来ると、前の女の足跡を見つけ、その足跡を辿って山の頂に着く。そうして山の端に行くと、一軒の立派な家があり、家から灰色の髪の毛をしたお婆さんが出てきた。若者が、「道に迷って来ました」と言うと、お婆さんは、「入りなさい」と言う。「たった今、麓から若い女の人もやって来て、具合が悪くなって休んでいるところです」と言う。入ると、入り口近くに一人の女が寝ていた。これは例の石のそばで見た女だった。そして若者がこの女に、「どうしたのですか」と尋ねると、彼女は、「私は今、麓から帰ってきたところです。私はあなたのことを恋していました」と言い、若者も、「実は、私もあなたを見てから少しも心が落ち着きません。それで今日ここに訪ねてきたのです」と言う。その女はじきに具合が良くなり、若者が取り出したお菓子を二人で仲良く食べ、元気になる。そして、若者は彼女と数日をここで過ごした。

さて、家に帰ろうとすると、彼女は、「いったい幾日をここで過ごしたと思いますか」と尋ねる。その若者は、「さあ三晩か四晩ぐらい過ごしたでしょう」と言うと、彼女は、「あなたは丸一ヵ月ここに居たのです。あなたのお母さんは、あなたが居なくなって帰ってこないのを悲しんで毎日泣きに泣いていました。それで泣きに泣いて目がつぶれてしまいました。だけれども、わたしは貴方に石を一つあげます。この石でお母さんの目を擦ってあげればつぶれた目は直ぐに開きます」と言った。それで若者は、「もし、あなたにまた会いたくなったらどうしたらよいか」と尋ねると、彼女は一本の扇子を渡してくれまして、「この扇子で三度招いてくれれば、私はあなたのところへ行きます」と言った。

家に帰ってみると母親は、「もうおまえは死んだと思った。おまえは本当に私の息子なのか、幽霊ではないのか」と言う。「いや僕は幽霊ではないよ、本当の僕だよ」と言い、それでやっと家の中に入れてもらった。そして、翌朝、若者はもらってきた石でもって母親の目を擦ってやると、目は開いた。母親も元気になり、若者はまた例によってお寺に勉強に行く。しかし、帰ってみると母親は死んでいた。

この息子は、自分では家事は何もできない息子で、食事も食べられない。世話をしてくれる人が居なくなったので、女に来てもらおうと思って扇子を三度扇いだ。しかし、女は来なかった。結局、三度を三回、つまり合計九回招くと、やっとやって来た。そして、お寺に行きまして、お寺の師匠である歳をとった坊さんの一人に、山から妻を連れてきたと話しますと、坊さんは、「おまえの妻は人間ではない、魔女だ。後で家に帰ったらこっそり窓から家の中をのぞいて、彼女が何をしているか見ろ」と言う。そこで、若者は家に帰って窓からのぞいてみると、妻は長さ四〇尺もあるローソクを二本立て、そして、自分の頭を胴体からはずして手に取って、手に取った頭の髪の毛を櫛けずっていた。

（これは実に奇妙な話ですが、こういう胴体から頭をはずして髪の毛を櫛けずると言うモチーフの話は、実は、中国の浙江省にもあるのですが、そのことは蛇足になるのでここでは申しません。）若者はびっくりして、老僧の所へ逃げ帰って行く。そうすると坊さんは、「いや、あの女はおまえを愛しているから心配するな」と言って帰してやる。

翌日、お寺でもって歌を歌う行事があるので、若者は先にお寺に行って、遅れて妻がやって来る。そうすると、坊さんはその間に弓矢の用意をしていて、入り口で彼女を待ち受けている。彼女が入り口に近づく時、一本の矢を放つと、彼女はその矢を手で受け止める。で、もう一本の矢を放つと、これは彼女の足を傷つけた。第三の矢が当たった時、砂埃が舞い上がって、女と三本の矢は隠れてしまった。そういうわけで、彼女はまた姿を消してしまった。

しかし、若者は、世話をしてくれる人が居ないので、しょうがないのでまた山へ行って、彼女のところを訪ねる。そうすると、彼女は何をやっていたかというと、彼女はそこで例の矢を放った坊さんの手足を縛り、体を曲げて海老吊りみたいにして、その背中にローソクを立てて、坊さんをせむしにしていた。それで、若者は、「この坊さんは七年間も私に勉強を教えてくれた坊さんなのだから許してやってくれ」と頼むと、それならと言って彼女は坊さんを解放してくれる。

若者は女と一緒に帰ろうとしたけれども、女は、「あなた一人で帰りなさい」と言う。そして、「もし、あなたが私を恋しかったら、私はあなたに旋風《つむじかぜ》をおくりましょう。もしも、あなたが家にいて恋しかったら、旋風を籠でもって覆いなさい。そしたらあなたは私を捕まえることが出来ます」と言った。若者は帰宅して、彼女が恋しくなり、そして、現れた旋風を籠で覆い、彼女を籠でもって捕まえた。ところが、籠が覆っているから籠の中に居る彼女が見えない。それで見ようと思って籠を開けると、突然烈しい旋風が籠の中から生じて立ち去っていった。それで、箒でもってその旋風を叩こうとした隣の人は生命を失い、その後若者も死んでしまった（Coxwell 1925 : 330-334）。

こういうのは大変奇異奇怪な話なのですが、まず、現世での男女の出会いがある。異境での結婚がある。不思議な時間の経過がある。つまりこの女の居る山では三〜四日だったが、現世では一ヵ月だったという。親族は死んでしまう。再会するための手段を女が提供してくれる。扇とか、旋風を与えてくれる。そして、この入れ物を開けたために、再会することが失敗してしまう。いわば、玉手箱を開けたために、それでおじゃんになってしまう。浦島伝説と大変よく似ています。

実は古代における西から東への文化の流れというものを見ますと、こういう具合に、コーカサスの方からバイカル湖の南の方を通って、そして、中国本土とチベットの間を通って雲南からベトナムへ出る、こういう大きなルートがありました。これは雲南の石寨山という有名な遺跡がありますが、そこに動物が闘っている図柄の遺物があります。この遺跡は、漢の時代ですが、スキタイ系の模様なのです。これがずっとある。それからまた、その南のベトナム、雲南にもあります。ドンソン文化という金属文化、青銅製品の模様の中にいろいろな二重螺旋ですとか、円と接線だとか、そういう模様が盛んに出てきます。それは実はコーカサスの方からずっと分布があるわけですね。こういう分布ルート、これは紀元前八〇〇年という古い時代以来のもので、同じルートを通って何回も何回も繰り返し繰り返し文化の流れがあったと思われます。

次に、ベトナムの例をお話しします。ベトナムのタインホアという省があります。これは古い言い方で言いますとベトナムの一番北がトンキンで、その次がアンナンで、一番南がコーチシナなんですね。そのアンナンの一番北の方にあるタインホア、ドンソン遺跡もそこにあるわけですが、そこにチュチュックという人が居りまして、彼の父はその地方の知事をし、そして彼は父の跡を継いで知事になった。そしてそれは一三世紀のことであるとなっております。

彼の役所のあった村に大きな祠があって、庭には立派な紅カズラが生え。毎春、花の咲くころには近郷近在の人が大勢やって来て、花を見る祭りを行う。そして二月、今の暦では三月ですが、この祭りの真っ最中に、十五才くらいの薄化粧をした美しい少女がやって来て花をスケッチしていた。ところが、誤って花の枝を折ってしまった。祠の番人は怒って少女を寺の中に留置しようとする。そうするとチュチュックはこれを見て、寺には自分が王様からもらった錦の衣を寄付するから娘を許してやってくれと頼む。このことから、チュチュックは大変風流な男であるという名声が内外に轟く。ところが、この人は、趣味人であり、酒を好み、また詩を作る。それに熱心なあまり、どうも仕事は熱心にやらない。それで彼はもう嫌になって職を辞して、景色のいい所へ行って詩を作って、酒を飲んで暮らした。

ある朝、ある川の河口に行ったところ、舟から降りて大きな山に登って行く。そうすると、岸壁に直径一間もある大きな穴があって、中に入ってみると、岩は自分の後ろでパタンと閉まってしまい、真っ暗になってしまう。しょうがないからどんどん前の方に行くと、そこに大広間があって、上の煙突を登っていくとそこに宮殿があった。そして、青色の着物を着た二人の小娘が通りかかって、「あら、お婿さんがお着きになったわ」と言って家の中に入り込んだ。そしてまたその二人の娘が出てきて、「奥様がお入りくださいと申しました」と告げる。そこで宮殿の中に入って二階へ上がると、白い絹の着物を着た天女が七種類の宝石をちりばめた床の上に座って、二脚ある白檀の椅子のうち一つに座りなさいと勧める。そして「ここは飛来山という所の三十六洞中の第六洞で、この山は地面に着いていません。風のまにまに着いたり離れたりして、海の上に漂っています。私は地仙女という女の仙人であって、ゴウと言う名前です」と言う。そして妹を呼んでくれと言う。妹ですからまさに乙姫様ですね。入って来た妹は例のあの紅カズラを折った少女であったわけです。そして、「妹はジャンフォンという名前ですが、あなたに救われたので、この妹をあなたの奥さんにあげます」と言う。それで二人は結婚し、不足のない生活を一年間過ごした。

ところがある日、男はふと自分の家のことを思い出して、もう一度自分の村を見に行きたいと妻に言う。妻は、最初はためらったのですが、どうしても夫を諦めさせることができないとわかり、涙を流しながら、「あなたは死ぬべき人間の世界の人です。そこでは世界は小さく日月は短いのであなたの家や樹木はもう見つかりません」と言う。妻は泣きながら手紙を書いて、これを家に帰って読みなさいと念を押して渡す。夫は村に帰ってみると、もう誰も知っている人は居ない。村の様子はすっかり変わっている。そして村の最長老の老人がしばらく考えた末、ふるえ声で「私の子供の頃、私の曽祖父が子供の時、あなたのいう名前の人が八〇年ばかり前、山に行って洞窟へ入って行って消えてしまったという話を聞いたことがある」と言う。それで、この男はまた天女の所へ帰ろうとするわけですが、その時乗って来た輿はもう無くなってしまっている。そこで、妻の手紙を開いてみると、「雲の中で編んだ結婚の絆はもう切れました。海の上で一度不死の者に会いましたけれども、二度目の遭遇を望むのは無駄です」と書いてある。そこで、男はこの手紙が妻からの決別の手紙であると知って、編み笠を被って山へ入って行って、その後、行方を知る者はいなかった（水谷　1942 : 108-116）。

こういう話を聞くと、これは大変浦島の話と似ているということがお分かりだと思います。

中国の話として、江戸時代から日本の学者、たとえば、確か滝沢馬琴も注目していたと思いますけれども、中国の六朝時代の小説にそういう異境訪問の話があるわけです。たとえば、『捜神後記』巻一に、

会稽郡の剡県《せんけん》という所の袁相《えんしょう》と根碩《こんせき》という二人が山へ狩りに出かける。そして、山の中で二人の娘に出会う。そして夫婦になる。しかし、男たちは望郷の念にかられこっそり帰りかけると、女たちは追いついて来て根碩に袋を渡し、「この袋を開けないように気をつけてください」と言う。

家に帰って根碩が外出している間に、これは根碩が自分で開けるのではなく、家の者が好奇心をもって開けると、中から青い小鳥が出てきた。実はこの小鳥の中に根碩の魂が入っていたわけで、根碩が畑仕事をしていた時、家族が昼食を運んでいくと、根碩は畑の中に立ったままで動かなかった。傍に寄ってみると、彼の体は蟬の抜け殻も同然であった。

そういうような話です。

また、六朝時代の『幽明録』という本に、

劉晨《りゅうしん》と阮肇《げんちょう》と言う二人が、これまた浙江《せっこう》省の剡県《せんけん》の人なのですが、天台山に薬剤にする木の皮を採りに行く。そして、山の中で二人の美女に会って結婚する。しかし、二人は望郷の念にかられて故郷に帰って見ると、村の様子はすっかり変わっていて、顔を知っている者は誰も居なかった。そして元の自分の家に入って行ってみると、当主は七代目の子孫で、「先祖は天台山に入ったまま帰らなかった、そういう人が居ると聞いている」と答える。

実は、中国の中でも六朝時代、日本でいえば古墳時代の頃、この頃までの資料で見ると、男が異境に行って帰ってきたという話は幾つもあるが、異境へ行って女性と結婚してきたという話は非常に少ないのです。これがあるのは浙江省だけなのです。

あとは唐の時代になりますと『酉陽雑俎』という本がありますが、この中で、これは海洋型ですけれども、舟に乗って、舟は難破し、ある国へ男が行った。男が行った国は皆髭が生えているのです。そして結婚するのですが、奥さんにも髭が生えている。そして、結局、山東省へ戻ってくるのですが、これは実は海老の国だったのです。

そういう話がありますけれども、だいたい唐の頃までは、およそ山東から江南にかけての地域に限られています。それからまた、不思議な時間経過の話も、大体江南、浙江省に限られています。ですから決して中国の中でも、どこにでもあるというわけではない。それが後の時代になってくると、もっとあちこちに広がりますけれども、それでもだいたい長江

から南の地域です。

　そういう訳で、私がこの頃考えておりますのは、これはやはり、ユーラシア大陸を西から東へ流れる大きな文化の流れと関係あるのではないかということです。そして、ことに、コーカサスから東の方の話と非常に似ている。その場合、似た話は内陸型が多いのですが、中国の六朝時代の話も内陸型です。しかし、この内陸型と言うのも、「内陸型だから海洋民の話ではない。だから浦島とは関係ない」と、そう考えるのはちょっと考えものではないかと思います。先ほど申しましたように、「海幸山幸」の話にしましても、海洋型と陸上型というのは、分布を取ってみると入り乱れているわけです。そして江南の地というのは、これは、結局、日本に入ってくる道筋だと思うのです。そこで神仙思想の影響を受けて入って来るということになると思うのです。この江南の地の越という所は、実は大変山がちな所でありまして、海岸まで山が迫っています。今はもちろん、銭塘江《せんとうこう》とかいろんな川の沖積平野が発達していますが、昔を考えてみますと、やはり海と山とは近かったのです。ですから、海洋型と陸上型というのは、機械的に分離して考えるのではなくて、やはり一つの話が、場合によっては海上を舞台にして語られることもあり、場合によっては陸上を舞台にして語られることもあるのだと思います。日本の場合においては、それが江南の方から入ってきたと考えますと、これは海を通ってやって来るわけで、海洋型と言う型が顕著になっているということが言えるのではないかと思います。そういう点が一つ。

　それにもう一つ、私が申し上げたいことは、これは従来の研究者、たとえば、早稲田大学の水野祐先生、この先生が「浦島伝説」に関しまして二冊の大変大きな本を出しておられます。この先生の考えは、「海幸山幸」との関係を重要視する、あるいはまたは、東南アジアとの関係を重要視するという立場をとっておられます（水野 1975 上）。もちろんこれは全然間違いだと私は思ってはおりません。けれど、それは言わば、この「浦島伝説の源流」を考える場合に、小さい支流であり、大きい本流の方は、やはり、内陸ユーラシアを通って来た大きな文化の流れと関係しているのではと思います。

　それはどういうことかというと、それはまさに、『丹後国風土記』、そういうものによって語られている「浦島伝説」というのは、日本においては、一方では太平洋をめぐる伝承と関わっており、他方においてはユーラシアを股にかけた大きい伝承の流れと関連している。いわば、そういう二つの大きい伝承の流れの交差点に丹後国というがあり、そしてまた、「浦島伝説」の起源というものが求められるのではないのか、以上のことを申し上げて私の拙い講演を終わりたいと思います。どうもご静聴ありがとうございました。

引用文献

Coxwell, C. Fillgham 1925 Siberian and Other Folk-Tales. London : The C. W. Daniel Company
ガツァーク、ヴィクトル編、渡辺節子訳　一九七八『ロシアの民話』I、恒文社
Hartland, Edwin Sidney 1891 The Science of Fairy Tales. Inquiry into Fairy Mythology. London : Walter Scott.
水野祐　一九七五『古代社会と浦島伝説』上、下、雄山閣出版
水谷乙吉　一九四二『安南の民俗』育生社弘道閣

（「うらしまシンポ２０００」記念講演、うらしまフォーラム実行委員会、二〇〇〇年）

異界の入り口

桃源郷

六朝時代の楚蜀の地は、中国文明の辺境であるか、あるいは辺境の近くであった。川を遡って行き、山を越えて行けば、そこには異質の土地があり、未知の世界があった。しかし異質の土地と言い、未知の世界と言っても、それにはいくつかの種類があった。

その一つは、同じ中国文明の伝統に属してはいるものの、古い昔に分離、孤立して、旧俗を残して来た隠れ里である。中国の平家村のようなものだ。その代表は何と言っても陶淵明《とうえんめい》の記した桃花源《とうかげん》である。

晋の太元年間（三七六〜三九六）に武陵《ぶりょう》（湖南省）に魚を獲って暮らしている男がいた。ある日、谷川を遡って行くと、突然、桃の花の林になり、それを越すと水源で山があった。山には小さな洞穴があり、男は舟をおいて、洞穴のなかに入った。間もなく目の前が明るくなり、土地が平らにひらけ、家々が立ち並んでいた。手入れのゆきとどいた田、みごとな池、桑や竹があり、道は縦横に通い、あちこちから鶏や犬の鳴き声が聞こえた。世間一般と同じような服装をした男女がおり、子供はお下げ髪をしていた。男は村人の家に連れて行かれ、酒と鶏の御馳走になった。彼らの先祖は秦のころ戦乱を避けて、この人里離れた土地にやって来て、外界とは隔離されて暮らして来たので、その後、漢の時代があったことすら知らなかった。漁夫は数日そこに滞在した後、また村から出て、もとの舟で郡の町に帰り着いた。そして太守に一部始終を報告した。太守は漁夫に人をつけて、この隠れ里を探させたが、もう行き着くことはできなかった（『捜神後記』巻一）。

この話で面白いのは、隠れ里伝承であること、平和で素朴な生活と小さな世界の理想があることばかりではない。長江中流地域の、以前の生活様式がこんなものであったろう、という六朝文人のイメージがあることである。田を作り、鶏や犬を飼い、桑もあるからおそらく養蚕もやっており、酒もあり、服装は六朝時代とあまり変わらない、という生活様式である。このイメージがどこまで正しかったは、研究してみなければ分からないが、十分あり得たような生活様式である。ただ一つ気になるのは、家畜のかなで牛や豚が出て来ないことである。しかし桃花源の話は、べつに網羅的な民族誌的報告ではない。もとになる民間伝承はあったであろうが、詩人陶淵明がこのような桃源郷にふさわしいと思った特徴だけを挙げたのに過ぎないからである。

隠れ里の話は『異苑』巻一にもある。元嘉（四二四〜四五三）の初年、武渓《ぶけい》（湖南省）の蛮人が鹿狩りに出掛け、獲物を追って、岩穴に入った。なかに梯子があり、上ってみると、上は広々とひらけた土地で、桑や果樹が生い茂っていた。道を通る人は飛ぶように身軽に歩いていたが、蛮人を見とがめなかった。彼は帰り道の木に、桃源郷に行った漁夫と同様に目印をつけておいたが、次に来たときには、道が分からなくなっていた。この話の場合は、未知の世界に住む人たちが、どんな生活を送っているのか、またどういう系統の人たちなのかも分からない。しかし漁夫と同様に狩人も未知の世界に入る可能性があることが語られている。

異民族の世界

楚蜀の地は西南中国の異民族の地域への入り口であり、彼らについての情報もいろいろ入って来た。『異苑』巻五に出ている竹王神《ちくおうしん》の話もその一つである。舞台は現在の省名で言えば、湖南省のすぐ西となりの貴州省の夜郎《やろう》である。漢の武帝のとき、夜郎に竹王神というものがいた。名は興《こう》という。むかし一人の女が豚水《とんすい》で洗濯していると、一本の太い竹が流れて来て彼女の足の間に入り、いくら押しやっても流れて行かなかった。竹のなかから泣き声が聞こえたので、竹を割るとなかから男の子が出て来た。この子は成長すると武勇の才でついに夷獠《いろう》氏の長となり、みずから夜郎侯と称し、竹《ちく》を姓とした。割られた竹は竹林となり、彼が自分の剣で石を撃つと泉が湧き出るという奇跡があった。のち朝廷から派遣された唐蒙《とうもう》が牂柯郡《しょうかぐん》つまりいまの貴州省を開いたとき、竹王の首を斬った。しかし蛮夷たちは、竹王は人間から生まれたのではなく貴いのだから、竹王の世継ぎを立てて王としてくれと求めた。太守の呉覇《ごは》はこのことを奏上し、帝は竹王の三人の子供にそれぞれ土地を分け与え、侯の称号を授けた。この三人は死後、父の廟に合祀された。今でも夜郎県に竹王三郎の祠がある。

この竹王出生譚は『後漢書』巻八十六西南夷伝、『水経注』巻三十六、『華陽国志』巻四にも出ており、古くから『竹取物語』との関係が論ぜられ、またすでに鳥居龍蔵によって、桃太郎と比較されているし、松本信広も竹中生誕譚の一環として研究していて、我が国でもよく知られている。また『後漢書』巻八十六の夜郎のところには、「牂柯の地は雨潦《うろう》多く、俗は巫鬼禁忌《ふききんき》を好み、畜生はすくなく、蚕桑《さんそう》なく、ゆえにその郡最も貧なり」とあって、生活様式にも示唆を与えている。

竹王が植物の竹から出たのに対して、動物子孫の例はもっと多い。人間が動物に変身するか、動物の雄と人間の女とのあいだに生まれた子供の子孫である。そのなかには虎と関係のある民族もいたそうである。『捜神記』巻十二によれば、長江と漢水の流域に貙《ちゅ》人なるものがいた。もとをただせば蛮族の首長の子孫だが、虎に化けることができる。またこんなことを言う人もいる。貙は虎が人に変わったものであって、えび茶色の着物を着、足には踵《かかと》がない。また虎で五本の指をもっているものはすべて貙である。

『捜神後記』巻四（『太平広記』巻二八四）には魏の時代に、潯《じん》陽《よう》県（湖北省）の北の山中に住む蛮族が人間を虎に化けさせる術をもっていたと記している。毛並みも爪も牙もすべて本物の虎と変わらなかった。この辺の住民の周畛《しゅうしん》という男が雇っていた下男が、以前蛮族のなかで穀物を買い求めていた［告《こく》糴《てき》］とき、この術を知っている首長から、布三尺と米数升、赤毛の雄鶏一羽と酒一升との交換で、術を教えてもらったことがあった。してみるとこの蛮族は穀物は作っているが、米は作っていない民族かもしれない。

『捜神記』巻十二には、貙の話の次に、猳《か》国の話が出てくる。蜀（四川省）の西南部の高い山には、猿に似た妙なものが出没する。身長は七尺ほどで人間のように立って歩くことができ、人間を追いかけることがうまい。猳国とも馬化《ばか》とも玃猨《かくえん》ともいう。猳国は人間の女をさらって妻とし、男の子が生まれると、家に送り返してくれる。この子は成長した後は、ふつうの人間と変わらない。こうして育った人はみな楊《よう》という姓を名乗る。だから現在、蜀の西南部には楊姓のものが多いが、これはみな猳国ないし馬化の子孫である。

動物の子孫として有名なのは『捜神記』巻十四に出てくる盤瓠《ばんこ》の話である。高辛《こうしん》氏の王宮に年老いた婦人がいて、その耳から出た虫が、五色の毛色の犬に変身し、盤瓠と名付けられた。そのころ（北方の）戎呉《じゅうご》族が辺境に侵入したので、王は夷狄《いてき》の将軍の首を取ったものには、金千斤を与え、戸数一万の領主に封じ、さらに姫を妻として与えると約束した。ところが夷狄の将軍の首を取って来たのは犬の盤瓠であった。家来は姫を犬にやることに反対したが、姫は希望し、盤瓠は姫を連れて南山に行き、ある石室のなかで暮らした。三年たつうちに、姫は六人の息子と六人の娘を生んだ。盤瓠の死後は、子供同士が結婚した。彼らは木の皮を紡いで織り、草の実で染めて衣服を作ったが、五色の着物を好み、どの着物にも尾がついていた。王は彼らに大きな山と広い沼を領地として与え、蛮夷《ばんい》と呼ぶことにした。

蛮夷は耕作や商業に従事しても、関所の交通手形や道中手形、租税の義務は必要でない。村の首長があり、すべて朝廷から首長のしるし［印綬《いんじゅ》］が授けられている。冠には獺《かわうそ》の皮を用いるが、それはこの獣が水を泳いで食物を取ることから来ている。いま梁漢《りょうかん》、巴蜀《はしょく》、武陵、長沙、廬江《ろこう》の諸郡にすむ蛮族がそれである。米飯に魚や肉をかき混ぜ、木桶を叩いて呼びながら盤瓠を祭る。その風習はいまでも続いている。だから世間でも「赤髀《せきひ》横裙《おうくん》、盤瓠の子孫」つまり股を丸出しの短い腰巻きの盤瓠の子孫と言うのである。

盤瓠の伝説は、『捜神記』以前にも応劭《おうしょう》の『風俗通』、『捜神記』と同時代には魚豢《ぎょけん》の『魏略』に出ているが、それより後の『後漢書』巻八十六に武陵蛮《ぶりょうばん》の起源伝説として出ているのがことに有名である。『後漢書』の内容は『捜漢記』と大体は同じだが、少し違うところもある。高辛氏のとき侵入したのは犬戎《けんじゅう》であり、盤瓠の子孫の分布は陝西《せんせい》や四川に及ぶほど広い地域でなく、「今の長沙、武陵蛮はこれなり」とあって、湖南省の蛮族の起源だと、もっと限定している。また耳の虫から盤瓠が生じたことや、子孫による盤瓠祭祀の仕方は出ていない。

ここで取り上げた諸民族のうち、夜郎はおそらく後の僚《りょう》（獠）系の諸民族の先祖であろうし、盤瓠の伝説は現代もヤオ（瑶）族やシェー（畲）族の起源伝説になっていることはよく知られている。貙などの虎と関係をもつ諸民族は、四川省東部の巴《は》と関係があるかも知れない。『後漢書』巻八十六によれば、巴郡南郡蛮はもと五姓あり、その一つが巴姓だった。そして「廩《りん》君死し、魂魄《こんぱく》世々白虎となる。巴氏虎の人血を飲むを以て、ついに人を以て祠《まつ》る」とあるのが思い出される。白虎になった先祖に人身供犠をしたのである。

天文学の奥義

いままで紹介してきた例では、当時の漢族は楚や蜀の奥地は、遅れたところ、程度の低い民族の住むところというイメージをもっていたように見える。たしかにそういう面がある。けれどもそれですべてではない。逆に、この奥地には、大変深遠な科学が培われているというイメージもあった。

晋の張華《ちょうか》の『博物誌』巻十には、天河つまり天の川が海に通じることを実証した男の話が載っている。海岸に毎年決まった時期に槎《いかだ》が流れよって来るので、ある男が食料をたくさん載せて、槎に乗って出発した。去ること十余日にして着いたところでは、遥かに宮中を望むと織婦が多く、一人の男が牛を牽いて渚で牛に水を飲ませていた。槎で来た男は牛を牽く男に来意を説明し、ここは何処かと尋ねた。すると「君還りて蜀郡に至り厳君平《げんくんぺい》を訪《と》えば、則ち之《これ》を知る」という返事だった。そして男はいつも槎が漂着する季節に故郷に還って来た。のちに蜀に行き、君平に問うと、「某年月日、客星《きゃくせい》ありて牽牛宿《けんぎゅうしゅく》を犯す」という返事だった。年月を計算してみると、これはちょうどこの人が天河に到った時であった。つまりこの話では、天文の秘密を知っている人は蜀の住民なのである。

そして天文の秘密を知るものが猿であるという話が晋の王《おう》

嘉《か》の『拾遺記《しゅういき》』巻八（『太平広記』巻四四四）に出ている。周群《しゅうぐん》は算術讖説《しんせつ》（未来を予測する教説）に通じていたが、岷山《びんざん》（四川省）で薬草を採っていた。すると一匹の白猿が険しい峰から降りて来て、群に対して立った。群は身につけていた書刀を猿に投げた。猿は化して一人の老翁になり、握っていた長さ八寸の玉版を群に授けた。群が貴方は何歳かと問うと、年をとって忘れてしまったが、軒轅《けんえん》のときに初めて暦数を学んだことを覚えている。黄帝の史の風后《ふうこう》、容成《ようせい》は私から暦数を習った。顓頊《せんぎょく》のときに至って日月星辰の運行を考定したが、大変差異が多かった。春秋になって子韋《しい》、子野《しや》、裨竈《ひそう》などが研究したがまだ駄目だった。大漢のときになって洛下閎《らくかこう》が出て、すこぶるその真を得た、と語った。群はその言にしたがって、更に研究を深め、蜀がまさに滅びようとしていることを知って、呉に走った。みな周群が陰陽の精妙に詳しいのを称揚し、蜀人は彼を後聖と呼んだ。

　ここでも天文学の蘊奥を極めたものは蜀にいたのである。蜀はたんなる辺境の地ではなく、深奥な科学の地でもあった。これは一方では、近代でも四川から雲南にかけてのイ（彝）族のところに独自の天文学が発達していたことを思い出させるし（たとえば陳久金・盧央・劉堯漢『彝族天文学史』雲南人民出版社、一九八四年）、他方では近年の三星堆《さんせいたい》遺跡の発掘で明らかになったように、蜀の地は古い文明の一中心だった。あるいはその伝統もしくは記憶が、蜀に住む天文の権威の話に残っていたのかも知れない。

（『山の民　水辺の神々——六朝小説にもとづく民族誌』大修館書店、二〇〇一年）

日本の神話伝説における北方的要素

一　北方からの道

日本列島における住民と文化は、先史時代から今日にいたるまで、周囲の諸地域からの人と文化の流入や刺激をうけて発展してきた。そのなかには、南方系要素とならんで北方系要素もあった。神話伝説においても同様である。しかし、北方系要素といっても、それは一色ではない。さまざまな系統のものが北方系要素という言葉でまとめられているのである。

そのことは、日本列島がおかれている地理的位置をみても理解されよう。日本列島はアジア大陸の東の端に、東北から西南にかけて細長く連なっている。そして北の世界とは、いくつかの接点がある。北の島、北海道は千島《ちしま》列島を経てカムチャツカ半島に連なる一方、サハリン（樺太《からふと》）を経てアムール地方との関係が深い。日本列島と沿海州とは、日本海をこえて北海道、本州の東北西岸、北陸、山陰といろいろの接触があった。そして朝鮮半島とは九州北部から山陰、北陸にかけて深い関係があった。

このような一般的状況からみて、日本の神話伝説における北方的要素の問題も、さまざまな地域における、さまざまな経路からの要素を考察することが適当であろう。

ユーカラの系譜

日本列島北部の先住民アイヌは、長く、かつ複雑な歴史をもっている。九州から北海道まで広がっていた縄文文化の伝統を基礎として、そのうえに、本州からさまざまな時代にさまざまな影響が及んだ一方、アムール・サハリン地方からの影響も大きかった。

文字をもたない民族であったアイヌは、豊かな口承文芸を生み育ててきたが、ことに叙事詩の発達が著しい。叙事詩のなかには神々を主人公とするものと、人間の英雄を主人公とするものがあるが、ここで取り上げるユーカラは人間の英雄を主人公とするものである。

ユーカラの典型的な粗筋《あらすじ》は、次のように要約できる。主人公は孤児の少年であって、養いの姉か、養いの兄によって育てられる。少年の両親は、海上交易にでかけ、帰途、二人はある首長の招待を受けた。二人は宴会の席でこの招き主の首長とその一味によって殺されてしまった。こうして主人公は孤児となった。主人公には兄が一人いた。彼はただ一人の生き残った身内である弟を探し求めていた。兄は探しに行った村で、「私たちは知らない」という否定的な返事をもらうと、村人たちを殺戮《さつりく》した。それから先は、次の二つのどちらかとなる。（a）兄は弟に会っても、お互いに相手がだれか知らずに闘い合う。（b）兄は女シャマンの捕虜になった。兄があわや殺されようとするとき、弟が現れて兄を救った。後に二人は、父母を殺したものたちを。みな殺しにした。この典型的な形式とは違う異伝もある。ことに注目すべきは、主人公が敵陣から意気揚揚と凱旋《がいせん》するとき、美少女を連れてきたというモチーフをふくむ異伝である。ふつう彼女は、敵の集団に属しているが、父や兄を裏切って、英雄を危機から救ったのであった。

このようなアイヌのユーカラと比較できる英雄叙事詩は、アムール地方に見いだされる。アムール河、松花江《しょうかこう》流域のツングース系のナーナイ（ゴルディともホジェンともいう）の英雄叙事詩の標準的な筋は次のとおりである。

主人公のマルゴ（Margo）はふつう孤児であって、これを育てたのは一人の超人間的な女性か、それとも女性の精霊だった。孤児は急速に大きくなり、成長すると乳母は彼に秘密を明かしてくれた。彼の父が一人の呪術師あるいは巨人によって騙《だま》し討ちにあって死に、母は奴隷にされてしまったというのである。マルゴは父の仇《かたき》を探しにでかけた。彼がこの困難な旅行中に知り合った友だちのなかには、少女が一人入ってるのがふつうである。少女は彼をよく助けてくれ、二人は仇討《あだう》ちの前か、多くの場合には仇討ちの後で結婚することになる。敵はマルゴが生きていることは知ってはいたが、まだ子供だと思い込んでいた。仇の住むところは、高い崖の上か、岩の島のような近づきにくいところで、おまけに一匹の巨大な犬か、猪《いのしし》か、あるいは両方が入口を守っていた。それでもマルゴは侵入し、仇と死闘が始まった。マルゴは敵に重傷を負わせたが、殺すことはできなかった。するとマルゴの助力者の一人が一羽のガチョウに変身して助けにきた。この助力者は女性で、シャマンのこともあれば、途中で出会った少女のこともあるし、彼の妹のこともある。彼女は敵の霊魂が、大洋の底かどこかに隠されているのを見つけだした。マルゴはこの霊魂を捕らえて破壊した。敵は死んだ。

このナーナイ族の英雄叙事詩をアイヌのユーカラと比較してみると、共通の特徴として、孤独な孤児の主人公と、彼が親の仇を討つ点があげられる。さらに超自然的な助力者と、彼が結婚することになる女性も、両方に出てくる。しかし敵の霊魂が体の外のどこかに隠されているというモチーフは、アイヌのユーカラにはない。おそらくテュルク・モンゴル系の叙事詩から入った要素であろう。そのようなことを別にすれば、アイヌのユーカラがナーナイの英雄叙事詩と大幅に類似していることは疑いない。

アイヌ文化形成の過程で、アムール地域からの文化的影響がさかんに及んだ時期が二回あった。ひとつは八世紀から一三世紀にかけてのオホーツク文化の時代であり。もうひとつは一八、一九世紀ごろのアムール地域との交易、つまりいわゆる山丹《さんたん》交易の時代である。しかし、その中間の時期にも交流があった。ユーカラのなかで語られているアイヌの文化内容と、ユーカラの主人公の両親が海外交易にでかけて殺されたことになっていることからみて、このような孤児英雄叙事詩は、本格的な山丹交易よりも前の時代にアムール地域からアイヌのところに入ったと考えられる（大林　一九九一b、三四一—三五七）。

鮭の大助

西は日本列島から東は北アメリカの北西海岸、さらにはカリフォルニア北部にいたる北太平洋地域では、毎年産卵のために河川を溯《さかのぼ》る鮭《さけ》や鱒《ます》の漁獲が生業において重要な地位を占めていた。そしてそこでは鮭の捕獲をめぐって、さまざまな儀礼、信仰、タブーが発達していた。日本列島では、それはことに北海道のアイヌのところと、本州北部の和人のところにみられた。そしてそれは北アメリカ・インディアンのものといろいろな類似を示しているのである。

たとえば北海道の白老《しらおい》では、アイヌの村人たちは鮭の漁期に先立って鮭ののぼる川の掃除をし、若い女性が川に近づくことも禁じていた。これは月経によって川が汚されることを恐れてのタブーであった。出産もタブーで、産婦ばかりでなく、その夫も鮭の溯る河川に近づくのを慎んだのであった。鮭漁のはじまる前に、村の長老たちは河口に集まって川の神の祭りを営んだ。漁期の最初の鮭は料理されて、火の女神や家の神に供えられた。漁夫はこの魚の一部を河口に持って行って、「これは初物です。どうかお納めください」と祈った。初鮭についても女性の生殖機能にかんするタブーは厳しく。産婦は初鮭に触れることも、鍋《なべ》に入れることもできなかった。北海道のアイヌのところでは、初鮭ばかりでなく、最後の鮭も、儀礼的な取り扱いの対象となった。

このようなアイヌの鮭にかんする信仰や儀礼は北アメリカ・インディアンのものと顕著に類似している。類似項目を列挙してみると、生理中の女性のタブー、死体との接触のタブー、漁期の前の祈り、初鮭の儀礼的な処理、鮭は鮭の国に帰るという信仰、鮭の骨のていねいな処理法がある。

他方、本州北部、ことに青森、秋田、山形、新潟の諸県ではアイヌの場合とは違った鮭にかんする信仰や習俗の発達がみられた。それはことに鮭の大助《おおすけ》の伝承にうかがうことができる。たとえば山形県庄内地方では、大助と小助という一対の鮭の親分の存在が信ぜられていた。この地域の鮭河川に沿った村々での漁夫たちは、旧暦一一月一五日に鮭の網漁を終えるきまりにしている。一六日の丑満刻《うしみつのこく》、つまり午前二時から二時半にかけて、鮭の主の大助と小助は、川を上がりながら、「大助小助、今のぼる」と宣言する。その後に大小何万という鮭がついて来ると信ぜられていた。もしも、たまたまこの鮭の主の声を聞いたりすると、その人はその場で死んでしまうのであった。そこで人々は餅《もち》を搗《つ》いて大騒ぎをし、家に籠《こも》って、鮭の声を聞かないようにした。そして搗いた餅を耳に当てて、耳を塞《ふさ》いだ。

鮭の大助と小助が川を溯る日（川を下る日と言っているところもある）は、大きくみて、一〇月二〇日か一一月一五日かのどちらかである傾向が著しい。私の解釈では、これは、元来は初鮭儀礼の日と終わり鮭儀礼の日だった可能性が考えられる。

鮭の大助という鮭の主の観念は、一六世紀にはすでに存在していたことが確かである。

『精進《しょうじん》魚類物語』という中世文学は、魚類と野菜の間の戦争を描いたものだが、魚類軍の最高司令官は、ほかならぬ越後《えちご》（新潟）の国の住人、鮭の大助鰭長《おおすけひれなが》であって、彼は北にながれるすべての川を支配していたのであった。そればかりでなく、鮭についての何らかの宗教観念ないし儀礼は、縄文時代にすでに存在していたものらしい。そのことを示唆するのは、秋田県の由利《ゆり》郡矢島《やしま》町と雄勝《おがち》郡で発見された鮭を線刻した石、つまりいわゆる鮭石である。たとえそれは鮭の大助自身ではないにしても、鮭の漁撈《ぎょろう》儀礼の存在を物語っているといえよう。

鮭の大助と小助が一対をなしていることは、アメリカの北西海岸で、鮭と双子《ふたご》の間に神秘的な関係があることを思い出させる。たとえばヌートカ族によると、双子の父親は鮭の世界の手先であって、漁期の間、彼はすべての時間を歌ったり、秘密の儀礼を行うのに捧げて、鮭を宥《なだ》めるのである。これはアイヌのところにはみられない、アメリカ・インディアンとの類似である。

このようにして、日本列島の北部には、北太平洋地域共通の鮭をめぐる信仰と習俗が分布している。それは基本的には鮭の主の観念に基づいている。女性のタブー、双子信仰ないし一対の鮭の主の観念のような特徴の類似がみられる一方、それぞれの地域では個性のある行事や信仰が発達した。本州北部の鮭の大助はそのひとつであって、稲作によって規定された祭事暦の体系のなかで、独特の精緻化が行われた結果なのである（大林　一九九二）。

鳥海山

秋田県と山形県の境に聳《そび》える鳥海山《ちょうかいさん》は、出羽《でわ》一の宮の大物《おおもの》忌《いみ》神社（山形県飽海《あくみ》郡遊佐《ゆざ》町）の鎮座するところである。この鳥海山は海抜二二三七メートルの高山で、秀麗な姿の成層火山として知られるとともに、『日本三代実録《さんだいじつろく》』貞観《じょうがん》一三年（八七一）の条に、噴火によって流出した熔岩泥流《ようがんでいりゅう》のなかに大蛇二匹と、それに従う無数の小蛇がみられたというのをはじめ、古くから、神怪《しんかい》な伝説にとむ霊山である。そのひとつとして宝暦一二年（一七六二）に完成した進藤重記の『出羽国風土略記』に次の記事がある。

> 吹浦《ふくら》村大物忌神社の古記に吾朝御影現時乗大鳥両翼従雲路飛来左翅有二卵右翅有一卵産両所大菩薩右産丸子元祖其鳥於此国儲人孫再化本鳥飛沈北嶺池云々。吹浦村の氏子往古より鳥を食用せざるは、御影現の時大鳥に乗らせ給ふと古記にあれば此神を尊敬する余に鳥類迄に為し及ぼすの心にや。穢《けがれ》あり迚《とて》禁ずるに非ず。両所とは大物忌、月山《がっさん》の両神をいふ也。（中略）丸子の後裔《こうえい》今は丸藤某と称して荒瀬郷市条《いちじょう》村に在り。古《いにしえ》より持伝たるとて一軸あり。元文四年（一七三九）の春、予が方へ持参して一覧を許す。鳥二羽の翼と嘴《くちばし》を合せ円に書きて紋とす。脇に丸子親王を書し、其下に少し文言《もんごん》有。（中略）今按《あんずる》に吹浦の古記に叶《かない》て、丸子の子孫と云伝たるも據《よりどころ》なきに非ず。又鵜《う》渡川原にも丸頭何其といふ者有て、丸子の子孫といひ伝へり。（中略）北嶺の池とは今の山上島の海といふ神池の事也。此山北にあれば北嶺と云。本鳥に化して、沈といふより後年此池を鳥の海と称し、又山号を鳥海山と称すとぞ。

つまり、吹浦村の大物忌神社の古記によると、大昔、鳥海山の神が日本に初めて出現したときは、巨鳥に乗って来た。この鳥は左の翼に二つの卵、右の翼に一つの卵を抱いてこの山の上に飛んで来た。左の卵からは両所大菩薩、つまり大物忌、月山の両神が生まれ、右の卵からは丸子親王が生まれて、これはこの国の先祖となった。又本の鳥の形をとって北嶺の池、つまり鳥の海に沈んだ。いまも氏子は鳥を食べるのをタブーとし、この鳥を先祖とするこの地の丸子氏は、二鳥の翼と嘴を合わせて円《まる》くした形の家紋をもっている、というのである。

この伝説で何よりも面白いのは、卵生《らんせい》モチーフが含まれているところである。日本の伝説のなかに卵生モチーフがみられるのはたいへん珍しいことである。鎌倉時代の歌人、鴨長《かものちょう》明《めい》の作といわれる『巡歴記』に『竹取物語』の異伝が出ており、採竹翁《たけとりのおきな》が竹林のなかで鶯《うぐいす》の卵を見つけたが、この卵のなかからかぐや姫が出てきたという。このような例を除くと、日本本土では卵生モチーフは事実上知られていないといってもよい。しかも鳥海山の場合は、たんに鳥の卵から神仏や人間が出てきたばかりでなく、その人間は土地の住民の先祖になったのである。

卵から神や人間が出現した神話や伝説は世界的に広く分布している。しかしその卵が鳥の卵かどうかは決まっていない。三品彰英（三品　一九七一）やスウェーデンの研究者アンナ＝ブリック・ヘルボムの研究（Hellbom 1963）をみると、鳥の卵だといっているのは、インドネシア、フィリピン、メラネシアというように、東南アジアからオセアニアにかけての島嶼《とうしょ》世界に顕著であるのが注目される。ひとつの例をあげよう。フイリピンのミンダナオ島のダバオの付近の原住民の神話によれば、一羽の鳥が二つの卵を生み、一つを河口に、もう一つを川の源においた。川上の卵から一人の女の子が生まれ、川下の卵から一人の男の子が生まれた。男の子は長い間一人で暮らしていたが、川で水浴するとき、川上から長い髪の毛が流れて来るのを不思議に思った。長くて水浴している足にからみついて、水から岸に上がれないほどである。こんな長い髪の持ち主はだれだろうと、川上に行ってみると女の子がいた。二人は結婚してこの地方の住民の先祖になった。このように卵生伝承でしかもそれが鳥の卵だといっているのは、このように南の島々に多い。

それでは日本から北のほうではどうであろうか。シベリア、モンゴルから中央アジアにかけては、卵生神話自体がないらしい。ところが中国東北地方、つまり満州から朝鮮半島にかけては卵生神話がいろいろ報告されている。新羅《しらぎ》王家朴氏の祖先の赫居世《かくきょせ》、駕洛《から》（伽耶《かや》）の始祖の首露《しゅろ》はともに卵のなかから生まれ出てきた。しかしどちらもその卵が鳥の卵であったとは記録に出ていない。

ここで注目に値するのは高句麗《こうくり》の始祖神話である。『三国史記』巻一三、高句麗本紀第一によれば、扶余《ふよ》王の金蛙《きんあ》は、河《か》伯《はく》の女《むすめ》、柳花《りゅうか》を室中に幽閉したが、日光がこれを追って照らし、その結果、柳花は妊娠して卵を一つ生んだ。王はこれを捨てて犬や豚に与えたが、これを食べなかった。路中に捨てても牛馬はこれを避けて踏まなかった。その後で野に捨てたところ、「鳥これを覆翼す」。そしてこの卵のなかから出てきたのが高句麗の始祖、朱蒙《しゅもう》であった。ここで注意しておきたいことは、犬、豚、牛、馬はたんにこの卵を避けて、積極的な危害を加えなかっただけであるのに、鳥だけは積極的に保護したと伝えられていることである。これらの試練に使われた動物のうち卵を生むのは鳥だけであることを考えあわせると、卵からうまれた朱蒙がことに鳥と密接な関係をもっていることが考えられる。

そして『三国史記』より以前の『旧三国史』逸文によれば、柳花が卵を生んだとき、金蛙王は「人の鳥卵を生むは不祥となすべし」といったと出ており、この卵が鳥の卵であることが明記されている。こうしてみると、朱蒙が生まれ出た卵は鳥の卵だったというのが本来の形であろう。

私は鳥海山の伝説にみられる鳥の卵から住民の先祖が発祥したという伝承は、何らかの形で高句麗の朱蒙神話に連なるものではないかと想像している。朱蒙神話と直接つながるのではなく、中間にいくつもの媒介項をおいてのつながりである。その媒介項のひとつは、あるいは高句麗と近い関係にあった渤海《ぼっかい》の神話であったかもしれないが、残念ながらわれわれは渤海の神話について何も知らないのである。近代における沿海州の原住民の伝承も調べてみる必要があるであろう。日本海を渡っての沿海州と本州との間の文化交流は、今後の展開が期待される大きい問題である。

蛇の島

おそらく一二世紀に成立したと考えられる説話集に『今昔物語』がある。日本、中国、インドからいろいろの話を集めているが、この巻二六「本朝世俗」は、ことに貴重な日本の伝説の集成である。その第九話は、加賀《かが》の国にて蛇と蜈蚣《むかで》と争う島へ行く人、蛇を助けて島に住む話である。

今は昔、加賀の国の某郡に住んでいた下衆《げす》で、いつも七人一党となって海に漕《こ》ぎ出て、魚釣りを生業にしているものがいた。あるとき、この七人がいつものように、魚釣りに船に乗って沖に出た。万一にそなえて各人が弓矢や刀を携えていた。ところが強い風が吹いて、船はとある島に漂着した。上陸して食べ物を探しに行こうとすると、二〇歳余りの小奇麗《こぎれい》な男が向こうから歩いてきた。男はあの風は私が吹かせたのだと言って、釣り人たちに酒や食べ物を御馳走した。

男は釣り人たちをこの島に招き寄せた理由を説明した。「ここから沖にもう一つ島があり、その島の主が私（この若者）を殺して、この島を奪おうと常に来て戦いを挑んでいます。あしたまたやってきますが、今度は最後の決戦になるでしょう。どうか加勢していただきたい。敵は人間ではなく、私も人間ではありません。明日、敵が上陸し、もし私が苦戦になりましたら、あなたたちに目配せしますから、そうしたら矢種《やだね》のあらんかぎり射てください」。

翌日みると一〇丈以上もある大蜈蚣が泳いできた。山の方をみると、同じくらい大きな蛇が下りてきた。蜈蚣と蛇は戦いはじめたが、やがて蛇は疲れだし、釣り人たちに合図した。彼らは矢種の続くかぎり射て、矢がなくなると太刀《たち》で蜈蚣の手を一本一本切り落とした。さすがの蜈蚣も精魂尽き果てて、倒れ伏し、釣り人たちは蜈蚣を切り殺した。

助けられた蛇の若者は、この島には田や畠を作る場所がたくさんあり、それになりものの木も数知れずあるからと釣り人たちに言って、この島に移住することを勧《すす》めた。釣り人たちが、郷里に残して来た妻子はどうするのか、と尋ねると、「向こうに渡るときは、こちらから風を吹いて送りましょう。向こうからこちらに来るときは、加賀の国の熊田《くまだ》の社はわが分社ですから、その宮を祭れば順風が吹いてたやすくこちらに来れます」と教えてくれた。

七人の釣り人はいったん郷里に帰って、移住したいという希望者を募り、船七艘《そう》をととのえ、穀物や野菜の種を積み込み、まず熊田の宮に参拝してから、島に渡った。その後この七人のものはこの島に定住し、子孫は繁栄して島に住んでいる。島の名は「猫の島」といい、島人たちは年に一回、加賀の国に渡り、熊田の宮を祭る習わしになっている。その島は能登《のと》の国の大宮というところから、晴れた日には西方によくみえるという。しかし能登の国の常光という人がこの島に漂着したときは、島人は近くに寄せつけさせず、ただ食物などをよこすだけだった。島の有様をみせまいとしたらしい。近ごろは遠方からくる唐人は、この島に錨《いかり》を下ろし、食糧を積み込み、アワビなどを取ってから、一路敦賀《つるが》の港に直行するのである。島人たちは唐人にも、こういう島があることはいうなと、口外を禁ずるのだという。これがその粗筋である。蛇と蜈蚣が戦い、人間が蛇に加勢して蜈蚣を退治する話は、日本ではそのほかいくつか類例がある。ことに『太平記』巻一五に出ている瀬《せ》多橋《たのはし》で出会った大蛇に頼まれて、俵藤太《たわらとうた》つまり藤原秀郷《ひでさと》が三上山《みかみさん》の蜈蚣を退治した話、江戸初期の林羅山《はやしらざん》（道春）の『本朝神社考』中の「二荒山《ふたらさん》神伝」に出ている小野の猿麻呂つまり猿丸太夫が二荒の神に頼まれて、湖水を争っている蜈蚣の形をとった赤城の神の左目を射て、これを退散させた話が有名である（柳田　一九六三）。

　しかし、この『今昔物語』の蛇の島の話は、日本以外の東アジアにも類例が多い。中国でも猟師が頼まれて闘う二匹の大蛇の一方に加勢した『捜神後記《そうしんこうき》』に出ている話などがあるが、この場合ことに注目したいのは朝鮮の二つの類例である。一つは『三国遺事』巻二に出ている居陀知《こたち》の伝説と、『高麗史《こうらいし》』巻第一に出ている作帝建《さくていけん》の伝説である。よく似た筋であるから、ここでは前者だけをみることにしよう。

　新羅五一代真聖女王のとき、阿飡《あそん》が唐に使いした。百済《くだら》の海賊が出ると聞いて、弓士《きゅうし》五〇人を選抜して随行させた。一行の船が鵠島《こくとう》に寄ると、風波が大いに起こって、静まる見込みがないので、これを占わせた。卜者《ぼくしゃ》の言に従い、この島の神池を祭ったところ、池水が湧き上がり、高さ丈余におよんだ。夜夢に老人が現れ、善《よ》く射る者一人をこの島に留めれば、便風が得られるだろうと教えてくれた。こうして居陀知は残された。

　すると老人が池から出てきて「私は西の海若《かいじゃく》である。毎日一人の沙弥《しゃみ》が日の出のときに、天から降りて来て、私の子孫の腸や肝《きも》を取って食べてしまい、もう私たち夫婦と娘を残すだけになってしまいました。明日の朝、沙弥がまたやってきます。どうかこれを射てください」と居陀知に頼んだ。翌日、沙弥が呪文《じゅもん》を唱えて、老人つまり老竜の肝を取ろうとしたとき、居陀知はこれを射た。沙弥は老狐《ろうこ》に姿を変え、地に落ちて死んだ。老人はお礼として娘を妻として居陀知に与えた。老人は娘を一枝の花に変え、それを居陀知の懐に納めた。そこで二匹の竜に命じて居陀知を使者の船に送らせ、それから竜は船を護衛して唐境に入った。帰国後、居陀知は、花枝を出してこれを女に変え、これと同居した。作帝建の場合は、海中の巌石の上で西海の竜王を助けて、老狐を退治して、竜王の娘をお礼として妻にもらうことになっている。

　この居陀知の伝説と作帝建の伝説は、『今昔物語』の蛇の島の話と大きな類似を示している。ともに海中の島あるいは巌《いわや》が舞台になっていること、相争う動物が蛇対蜈蚣、あるいは竜対狐というように、異種の動物であること、怪物退治には武器として弓矢が用いられていること、が主な類似点である。ただ朝鮮の事例では助けた少女と英雄が結婚するモチーフがあるが、日本の場合にはみられないのが重要な相違点である（大林　一九七五d、二三一—二三二）。

ここで面白いのは相闘う動物の種類である。蛇対蜈蚣にせよ、竜対狐にせよ、それは本来、陸の原理と海の原理の闘争とみてよい動物である。ところが、『今昔物語』の場合は、蛇は陸、蜈蚣は海でいわば逆転しており、朝鮮の場合は、竜が海であるのに対し、狐は陸ではなくて天を表していて、一種のズレがみられる。このような逆転やズレが何を意味するかは、興味深い問題である。

いずれにしても、この三つの話は、東シナ海から日本海にかけて、かつて広く伝承していた話型であるといってよい。日本における北方系の伝承には、このような系統のものも含まれているのである。

八百比丘尼

八百比丘尼《はっぴゃくびくに》（あるいは、やおびくに）ないし白比丘尼《しらびくに》という長命の女性の伝説は、北海道と九州南部以南を除く日本全国に分布しているといってもよいほど、有名な伝説である。この伝説の本拠は北陸、ことに若狭《わかさ》国つまり福井県であるらしい。中原康富の『康徳記』の文安六年（一四四九）五月二六日の記事に若狭国から白比丘尼が上洛《じょうらく》したことが出ており、「二百余歳の比丘尼」だといい、一五世紀には、京都でも評判だったことがうかがえる。江戸初期の林道春の「本朝神社考」巻六の都良香《みやこのよしか》の章にこんなふうに書いてある。

伝え聞くところでは、若狭国に白比丘尼というものがいる。その父はかつて山に入って、異人に出会い、いっしょにあるところに行ったが、そこは別天地だった。その人はあるものを彼に与え、これは人魚だ、これを食べれば延年不老になると教えた。父はこれを家にもち帰ったが、出迎えた娘が、父を着替えさせ、袂《たもと》のなかの人魚を食べてしまった。彼女は年齢が四百余歳に及んだ。白比丘尼とは彼女のことである。林道春は、この話は幼少のときに聞いたが、忘れることができない、と付け加えている。

現代の例をひとつだけ挙げよう。福井県小浜《おばま》市の伝説では、昔、道満という漁夫に一人の娘がいた。ある日、娘は海岸に流れ寄った人魚の肉を焼いて食べたところ、年を取らなくなった。最初は幸福に思っていたが、あまり長生きして退屈になり、尼になって洞窟《どうくつ》に入り、読経を行《ぎょう》とした。そして洞窟の入り口に植えた椿《つばき》が、毎年花を咲かせれば、自分はまだ生きていると思ってくれといいおいた。その後八百比丘尼の姿をみたものはいないが、鐘をたたく音だけが聞こえていた。八百比丘尼は源平盛衰の状況を見聞し、源義経も見知っていたという。また父が持ち帰った人魚の肉を棚の上か、棚のなかに隠しておいたのに、娘が盗み食いをしたとか、彼女が長生きして、各地を放浪して何人も夫をもったが、みな先立たれてしまい、故郷の若狭に帰り、洞窟に入って入定したが、そのとき八百歳だったといっているところもある（柳田　一九六二　a、b。福田　一九八七、一三七―一五二）。

この八百比丘尼の伝説は、朝鮮にも類話があり、平壌《ピョンヤン》の永明寺の子授け祈願塔にまつわる伝説として知られている。ここでも父親の漁師が竜宮から人魚を土産《みやげ》にもって来、棚の上に隠しておいたものを、娘の浪玕《ろうかん》が盗み食いをした、といっている。彼女は百歳になっても若々しかった。子供を生みたいと思って浪玕は放浪の旅にのぼり、数知れぬ男と交わったが、子供は生まれなかった。最後に彼女は故郷にかえって庵《いおり》を結んで祈願塔を建てて、日夜子授けを祈ったが、その甲斐《かい》がなかった。三百歳になったとき、牡丹峰《ぼたんほう》に上って、二度と姿を現さなかった。

松田博公が指摘したように、たしかにこれは日本の八百比丘尼伝説によく似ている。松田が考えたように、白比丘尼の白も新羅（Silla）と関係があるかもしれないし、八百比丘尼伝説は朝鮮から来たものかもしれない（松田　一九七八）。

また若狭が日本海を挟んで朝鮮半島と向かい合っていることも、このような想定に有利である。いずれにしても、この伝説は古代にまで遡るものとは、内容的にも考えられない。中世、おそらく一五世紀かそのすこし前ごろから広まったものであろう。

天孫降臨

八世紀初頭に編纂された『古事記』と『日本書紀』に記された日本神話の体系は、両書とも基本的な大筋において一致している。日本の国土の支配者たる天皇家は、高天原《たかまがはら》つまり天界の支配者たる太陽の女神の直系の子孫であって、彼女の命令でその孫が天下って、地上の王権の基礎をおいたという大筋である。

この体系の要《かなめ》の地位を占めているのは、いわゆる天孫降臨であって、『古事記』および『日本書紀』本文、一書第一、二、四、五、六、さらに九世紀のはじめにできた斎部広成《いんべのひろなり》の『古《こ》語拾遺《ごしゅうい》』に、それぞれ多少の変化はあるものの基本的には同趣旨で語られている。ここでは『古事記』の例を降臨のところよりも少し前のところから紹介しよう。

太陽の女神アマテラスの弟スサノヲは、高天原で暴れたため、地上に追放された。スサノヲは大蛇を退治し、その子孫のオホクニヌシは、スクナビコナと協力して国作りを行った。しかしこうして地上に秩序が設定されると、高天原側の要求で地上の支配権はアマテラスの子孫に譲られることになった。いわゆる国譲りである。オホナムチつまりオホクニヌシから国を譲られ、天神タカミムスヒの命を受けて、アマテラスはその子のアメノオシホミミを豊葦原中国《とよあしはらのなかつくに》の統治者として下そうとした。ところがオシホミミが天降る準備をしているうちに、彼とタカミムスヒの娘との間に二人子供が生まれた。その一人がヒコホノニニギであった。彼は「豊葦原の水穂《みずほ》の国は汝が行って治めるべき国である」と命ぜられ、アメノコヤネ、フトタマ、アメノウズメ、イシコリドメ、タマノヤの五神を五伴緒《いつとものお》として従え、八尺勾璁《やさかのまがたま》、鏡、クサナギの剣《つるぎ》をもって天降った。「かれここにアマツヒコホノニニギの命、天の石《いわ》くらを離れ、天の八《や》重《え》多那《たな》雲を押し分けて、いつのちわきちわきて、天浮橋《あまのうきはし》に、うきじまり、そりたたして、筑紫《つくし》の日《ひ》向《むか》の高千《たかち》穂《ほ》のクジフルタケに天《あ》降《も》りましき」（そこでアマツヒコホノニニギの命は、天上の御座をはなれ、八重立つ雲を押し分けて、天からの階段によって、下の世界の浮き洲《しま》のうえにお立ちになり、ついに筑紫の日向の高千穂の尊い峰にお降りになった）。

支配者が天から地上に降臨したという神話は、日本以外にも広く分布している。南では中国西南部からインドシナ北部にかけてのタイ系諸民族、インドネシアのスラウェシ島南部のブギス人、北ではモンゴル人などのところにもあるが、地理的にも近く、また内容的にもよく似ているのは朝鮮諸国の起源神話である。つまり『三国遺事』巻一に出ている檀君《だんくん》神話、『三国遺事』巻二に引かれた駕洛国記に出ている首露神話、『三国史記』巻一と『三国遺事』巻一にでている新羅の赫居世神話である。ここでは首露神話を引いておこう。

後漢《ごかん》の光武帝《こうぶてい》の建武《けんぶ》一八年壬寅《じんいん》三月、洛水《らくすい》で禊《みそぎ》が行われた日のことである。部落の北方の亀旨《きし》に尋常でない声がした。九干ら村人が行ってみると、その声は「我は皇天の命令によって、この地に新しい国を作り、その国王となるべく今ここに天降ってきた」と告げた。しばらくして仰ぎみると、紫縄《しじょう》が天から垂れ下がり地についた。その縄の下には、紅幅に包まれた金合子《きんごうす》があった。これを開いてみると、なかに黄金の卵が六個、日輪のように円く輝いていた。人々は驚喜して百拝し、金合子を包んで我刀干《がとうかん》の家にもち帰り、しとねの上に安置した。やがて十余日後の早朝、人々がふたたび集まって合子を開くと、六個の卵はそれぞれ童子に化していた。立派な容貌で、しかもすでに床に座っていた。これらの童子は日に日に大きくなり、一五、六日もたつと、身長は九尺にもなった。そこで満月の日を選んで即位した。初めて現れた童子は、諱《いみな》を首露と呼んだ。国号を大駕洛と称し、またの名を伽耶国とも称した。いうまでもなく六伽耶のうちの一国である。他の五人の童子も、それぞれ五伽耶国の王になった。また檀君神話においては、天神の子の桓雄が天符印三個をもち、風師、雨師、雲師をともない、太白山上の神檀樹のもとに天降ったことになっている。

このような朝鮮の建国神話が日本の天孫降臨神話と関係があることは、すでに岡正雄（岡 一九七九、一九九四）をはじめ多くの研究者が認めていた。たとえば日本のニニギが豊葦原の水穂の国に支配者たれとアマテラスに命ぜられて天降ったように、首露も皇天からこの国の王たれと命ぜられて天降った。ニニギが幼児として天降ったように、首露も赫居世も幼児ないし卵の形で天降った。ニニギが「まとこおうふすま」という布にくるまって天降ったように、首露のはいった金合子は紅幅で包まれていた。ニニギに随伴した五伴緒という五職能神に対応するのは、桓雄に随伴した風師、雨師、雲師である。また高千穂山上の峰は、『日本書紀』の一書第六ではソホリと呼ばれている。これは朝鮮語で都を意味する語たる蘇伐、つまりSeoulと同じだといわれる。このような一連の類似や対応からみて、日本の天孫降臨神話がこれら朝鮮の建国神話と関係があることは疑いない。そればかりでなく、古代日本の王権神話には、そのほか高句麗《こうくり》の海慕漱《かいぼそう》（天王郎）神話と日本の宇気比《うけひ》〜天岩屋《あまのいわや》神話との類似、日本の神武東征神話と百済の建国神話との類似など、朝鮮諸国の王権神話との深い関係が認められる（大林　一九九〇b、一九七―二〇三。一九九一a、一〇九―一二一、一七〇―一八三）。

岡正雄は、天孫降臨神話を、アルタイ系の支配者文化の指標的な要素として古墳時代に朝鮮半島を経由して日本に入ったものと考えた。私もこの考えに基本的に賛成である。ただ問題は、岡や江上波夫（江上　一九六七）のように、それを支配者自体もやって来たと解釈すべきか否かという点にある。

この問題について、私はここで立ち入って論ずるつもりはない。ただ現在の私は、王権神話の類似は、支配者自身がやって来たことを意味するのではなく、弥生時代以来すでに存在していた王権が、ある部分は駕洛の神話から、ある部分は高句麗の神話から、さらにある部分は百済の神話、というように選択的に受容し、体系化していったという解釈をとっている。いずれにしても、王権神話における類似は、古代において日本の支配者層と朝鮮諸国の支配者層との間に密接な関係が存在していたことを物語っている。

二　北方的要素の多様性

東北から西南にかけて長く延びている日本列島と、周囲諸地域との間にはさまざまな時代に、さまざまな経路で、またさまざまな仕方で、人の往来や移住があり、また文化の交流があった。その結果、日本の神話伝説には、海外のさまざまな地域のものと関係があるものが少なくない。日本の神話伝説における北方的要素と呼ぶことのできるものも、いろいろな系統のもの、さまざまな時代のものを含んでいるのである。ここで取り上げた六つの例は、決して日本の神話伝説における北方的要素のすべてではなく、その一部にしかすぎない。それでも、これらの神話伝説は、いわゆる北方的要素がいかに多様であり、いかに多くの問題をもっているかをわれわれにうかがわせてくれる。

まず北海道のアイヌの英雄叙事詩ユーカラは、松花江地域のナーナイ族の英雄叙事詩と基本的な筋が似ており、おそらく一八世紀よりも前の時代に、北海道アイヌとアムール地方、サハリンとの間における交易を中心とする交流を通じて、アイヌのところに入ったものであろう。第二に取り上げたのは、本州北部の青森県から新潟県にかけての鮭の大助の伝承である。これは鮭の主の観念を基礎にしており、北海道アイヌの初鮭儀礼と終わり鮭儀礼、北アメリカの北西海岸インディアンの初鮭儀礼につらなるもので、北太平洋鮭文化の一環をなすものである。鮭の大助の表象はおそくとも一六世紀に遡ることができ、何らかの鮭儀礼は縄文時代から行われていたのであった。第三の例は、鳥海山の神をめぐる卵生神話である。卵生モチーフは、日本ではきわめてまれであり、鳥の卵から生まれた始祖の伝説という点で高句麗の朱蒙伝説と何らかの関係が考えられる。渤海をふくめた沿海州地域と出羽とのあいだの日本海を挟んだ交流の歴史のなかで伝えられたものであろう。

第四の例は、『今昔物語』に出ている加賀の沖の蛇の島の話である。海中の島で人間が蛇に頼まれて、その仇敵《きゆうてき》の蜈蚣を射殺す筋は、竜に頼まれて狐を射殺した新羅の居陀知や高麗の作帝建の伝説と共通で、かつてシナ海にかけて海民の間に広く伝えられていた話型である。第五の例は、人魚の肉を食べて不老長寿となった若狭の八百比丘尼の伝説である。これは平壌の永明寺の子授け祈願塔の伝説と類似している。中世、一五世紀かその少し前ごろ、民間の交流の過程で朝鮮から入ったものであろう。これに対して、第六の例の天孫降臨の神話は、古代における支配者文化の一部として、朝鮮半島から日本に入ったものであろう。駕洛の首露神話、古朝鮮の檀君神話、新羅の赫居世神話と同様に、天孫降臨神話は、支配者が山上に天降る神話であって、細部にもさまざまな類似がみられるのである（日本海域の伝承と朝鮮の例については、依田 一九九六も参照）。

これらの事例からみても、日本の神話伝説中の北方的要素を考察するにあたっては、まずアジアからアメリカにかけての北太平洋や、中国、朝鮮、日本にかけてのシナ海・日本海というような大きな海域のもつ重要性を考慮に入れる必要がある。また大陸から日本列島への経路としては、ユーカラに示された沿海州・サハリンから北海道への道、鳥海山の伝説に示された沿海州から日本海を渡って出羽への道、八百比丘尼の伝説に示された朝鮮から北陸への道、天孫降臨神話に示された朝鮮から九州への道がその主なものとしてあげられるであろう。

（『海の道　海の民』小学館、一九九六年）

第三部

新たな神話研究への構想

——宇宙への旅支度

銀河と虹のシンボリズム

おわりに

この本で私はいくつかの文化史的、民族史的な仮説を提出した。

銀河や虹の表現のなかには人類史上極めて古く遡ると思われるものもある。たとえば銀河が道、ことに霊魂の道であるという観念は、恐らくアメリカ大陸に人類が居住するようになったときの第一波、アメリンド語族の祖先が持ち込み、南北両アメリカに広く分布するに至ったものであろう。虹蛇の表象はオーストラリアへは、恐らく六〇〇〇年ほど前に、ニューギニアから入ったものであろう。また東アジアでは中国では殷代以来連綿として虹は竜蛇だと考えられてきた。他方、アフリカでは虹蛇はニジェル＝コルドファン語族と分布がかなり重なっており、同語族とともに、ことにその一派であるバンツー語を話す人達とともに広く分布するに至ったものらしい。しかし、南米にも多い虹蛇の文化史はまだよく分かっていない。そしてこれらいくつかの虹蛇の地域群の間の関係もまだよく説明がついていない。たとえば、中国の虹蛇は東南アジアの虹蛇を経由してニューギニア、オーストラリアのそれに連なるものであろうか？　これはまだ今後の研究に俟たねばならない問題の一つである。

語族との関連では、インド＝ヨーロッパ語族は、もともと諸語派に分裂する以前から銀河は道だという表象をもっていたものらしく、またオーストロネシア語族は、虹が道や橋・舟のような交通手段だという観念をもって、東南アジアやオセアニアの海域に移動して行ったらしい。これに反して、虹が弓だという表象は、インド＝ヨーロッパ語族のところに広く見られるものの、同語族の分裂以前に遡る古いものではなく、ある時期につけ加わったものらしい。

いずれにしても、銀河や虹についてのさまざまな観念や表象が、しばしば語族の移動によって擴まることがあったらしい。それと並んで、ある中心からその周囲に、語族の相違を越えて擴がった観念や表象もあった。中国を中心とした東アジアの牽牛織女の物語は、その好例であり、また西アジアから北アフリカ、バルカンにかけての、銀河は藁泥棒の道だという伝承もその一つである。また先に触れた虹は弓という表象も、あるいは西アジアのどこかに中心があり、そこから東はインド、虹はヨーロッパに擴まったものかもしれない。

銀河や虹についての観念、イメージ、表象はいずれも自然の事物ないし現象としての銀河や虹の性質や特徴を基礎にもっている。たとえば、銀河が道であるとか、河であるという見方は、ともに天に長く伸びた銀河の姿にもとづいている。どちらの表象も自然的な基礎があることは同じであるが、同じ基礎が一方では河と観じられ、他方では道と見られている。そこには人間の側における文化の相違がある。その文化の基礎とは、銀河は道だという場合、恐らく霊魂が銀河を通って天上の他界へ赴くという信仰が、その根源にあったのであろう。川だという場合は、その一部においては、西アジア、インド、中国、アンデスの古代文明地帯における灌漑農耕に果たした河川の役割というような、より世俗的な体験が基礎にあったのかも知れない。

虹については、多くの文化では不気味なもの、まがまがしいものという感覚が支配的であった。私はこれが人類共通の虹についての元来の感覚であり、観念であったのではないか、と思っている。その不気味なことは、やはり自然的な基礎がある。虹は天と地の中間に立って、どっちつかずの地位を占め、かつ出現も予測できず、しかも一度立った虹は永続きせず、儚い生命しかもたないこと、その色彩、形状も自然界に他に類例ないものであること、などの一連の虹の自然的特性が基礎にあると言ってよい。

しかし、虹が中国西南部の少数民族のところにおけるように、不幸な恋と結び付けられるとか、インド文化圏とその周辺のように、近親相姦と関連づけられるとか、あるいはメラネシアや南米などの東地域の農耕文化のように、殺害や出血の結果、虹が出現したというように、不気味さもその現象形態は、文化によってさまざまである。そして注目すべきことに、これらの諸形態の分布が地域的にかたまり、あるいは偏りを見せていることとである。それはこれらの形態が、特定の文化的伝統と深く結び付いていることを示唆している。

虹の不気味さを語る場合、逸することのできないのは、虹蛇の表象である。レーヴェンシュタインは、錦蛇の分布と虹蛇の分布の相関関係を想定した。この想定は、中国やヨーロッパのように合わないところもあるから、額面どおり受け取ることはできない。しかし錦蛇の分布圏に虹蛇の表象が多いことは事実であるから、虹蛇の表象の発達と伝播においては、少なくとも地域的には錦蛇という自然的な要因も関与していた可能性は十分考えられる。

しかし虹蛇の問題は、錦蛇との関連だけでは充分説明できない。中国において殷代から今日に至るまで牢固として存続したことは、文化的伝統の問題であり、アフリカにおけるニジェル＝コルドファン語族との結び付きも、またオセアニアにおけるニューギニアからオーストラリアへの流入も、それぞれ特定の文化複合との結び付きを示し、それが文化史的あるいは民族史的問題であることを物語っているのである。

銀河や虹についての観念や表象を研究して気が付くことは、天界や大気圏における自然現象と地上の事物ことに人間生活との対応関係である。つまりこれら観念や表象の多くは、大なり小なり、天文・気象の自然現象と、地上の事物や人間生活との間における何らかの対応を示しているのである。

銀河が河だとか道だというのも、虹が弓だというのも、また虹だというのも、すべて地上の河や蛇、人間生活の一部をなす道や弓や天上あるいは大気圏に投射してできた観念であり表象である。このように地上の自然や人間界に存在するものを天上や大気圏に投射するのは、無文字、無階層の段階からの人類にとって基本的な考え方である。アイヌやオーストラリア・アボリジニの例から見て、天上の河を地上の特定の河に結び付けることも、古くから始まっていたであろう。

そして中国、ラオス、インカ＝ケチュアという高度の文化段階になると、この基本的な見方からさらに一歩を進めた見方が出てくる。つまり、天上の河としての銀河がたんに地上の特定の河川と関連づけられるばかりでなく、さらに天上の河は地上の河と連続しているとか、河の水が天と地の間を循環するという精緻な宇宙論が現れてくる。またインドの場合、天上のガンジス河が降下して地上のガンジス河になったことについて、神学的説明が加えられるようになる。

さら西アジアにおいては、銀河は構造物としての宇宙の構成部分だという考えが出てくる。宇宙の継ぎ目であるとか、箍であるとか、梁であるという具合で、それは古代ローマにも見られた発達した宇宙論的思弁なのである。その影響はことによるとシベリアのブリヤート族、北米北西海岸にも及んでいたかもしれない。北米南西部のアコマ族の銀河は大地を支える梁だという表象も、中米の宇宙論的思弁の余波の及んだものかもしれない。

虹については銀河ほど宇宙論的思弁は発達していないものの、虹が環であって、その一半が地上に現れ、目に見えるのだという古代オリエントの観念は、このような少ない思弁の一つである。

思えば人類は罔極《もうきょく》の古へから自然とともに生活してきた。そして自然への親しみとともに自然への畏敬が人類史の圧倒的大部分を支配してきた。銀河や虹に霊魂の道、神霊への橋を認め、虹を指すのを忌むのも、銀河や虹に聖なる性格を認め、それとともに畏るべきものであるという感情があったからである。しかし時代の経過とともに、自然に神聖な性格を認めるよりも、自然を世俗的に見、ひたすら実利的に利用しようという人間の態度が強くなってきた。この態度は銀河は藁泥棒の道、家畜の道、街道だというところも現れ、虹もたんなる美しい現象であるとか、さらにはロマンティックなものだという見方も擴っていった。銀河や虹にたいして畏れを抱くことや、虹や銀河における豊かなシンボリズムも、工業社会を中心として、世界的に失われ、廃れていった。

私は何も虹を見てああ綺麗だなと思うのがいけないと言うのではない。自然現象にたいして否定的な態度で臨むのでなく、肯定的態度で接するのは結構なことである。しかし、私は、人類の大多数が曾ては銀河や虹を畏怖すべきものと見ていたこと、そしてそれには根拠があることも知ってもらいたいと、願っている。そしてその背後にあった自然への畏敬の念は、今日の人類にとっても、やはり忘れてはならない大事なものだと思っているのである。

（『銀河の道　虹の架け橋』小学館、一九九九年）

太陽の神話、月の神話

月神はウケモチノカミを殺した

神話とはどういうものかということからお話ししようと思います。

学問的な分類として神話、伝説、昔話というように、三つに分けるのが、ふつう行われています。まずこの三つはどのように違うのかを例をあげて説明しましょう。昔話からはじめましょう。桃太郎の話を思い浮かべてほしいのですが、桃太郎の場合は「昔々あるところにお爺さんとお婆さんがおりました」というところから始まりますね。ですから、いつの時代のことであるのか、場所がどこであるのか、これは特定されてないのです。主人公も「お爺さんとお婆さんがおりました」でして、固有名詞がなくてもいい。そして、実際に生存していた実在の人物であるということは必要ないわけです。

ところが、伝説といいますと、たとえば、八丈島で源為朝《みなもとのため》
《とも》が弓を射て切り通しをつくったということを聞いたことがありますす。こういうのが伝説なのです。つまり、源為朝は歴史時代の人であり、ある特定の時代の人です。そして、為朝はたしかに実在した人物ですが、伝説ではそのように実在した人物、あるいは、少なくとも実在したと考えられている人物が主人公になっています。そして、伝説の場合は土地と結びついています。ですから、ここから、為朝は弓を射たから切り通しができたというわけです。歴史的な事実と考えられていて、しかも切り通しという物理的証拠がある、これが伝説なのです。

ところが神話というと、語られた出来事の起こった時代は伝説の時代よりももっと昔の、この世のはじめという時代です。その登場人物には、たいてい固有名詞があります。日本の場合であれば、たとえばアマテラスオホミカミとか、スサノヲノミコトというような名前があります。そして、出来事の起こった場所は、高天原《たかまがはら》というような具合に、実在するかどうかわからない場所のこともあるし、出雲《いずも》のように実在の場所であることもあります。いずれにしてもそこには固有名詞がついています。

少なくとも神話を伝えている人は、そういうことは実際起

こったことであると信じています。そして多くの場合、そういうことがあったから、現在の世界のいろいろな秩序、あるいは宇宙ができたのであるとか、昔イザナキとイザナミが結婚したから、そこからあとの人間もみんな結婚するのだという具合に、その後の人間の行動のいわば手本を提供するのが神話なのです。

いま申し上げた神話、伝説、昔話というように、きれいに分かれているのは、だいたいアジア、ヨーロッパの地域、その他の比較的社会の発達したところです。こういうところにおいては、この三つがはっきりと分かれるという傾向が強く見られます。

ところが、アメリカ・インディアンのところですと、本当の話と本当でない話というように二つだけに分かれてしまうというように、必ずしも三つにはならないことがあります。

これから、いま述べたような意味における神話についてお話ししましょう。

太陽や月は、自然現象で、しかも世界中どこでも見ることができます。毎日、太陽は東から昇って西に沈む。また、月はまさに一ヶ月の周期で、満ちたり、欠けたりします。世界中どこでも同じような太陽や月を見ることができ、その運動を見ることができます。

けれども、それを受け止める人間の側はさまざまです。つまり、そういう自然的な事象は同じであっても、どの地域も、あるいはどの民族も、そしてどの集団も、それぞれみな違う文化、伝統、また、ものの考え方をもっています。それに従って語られる神話は、同じ月について語っていても内容はさまざまです。ところが、さまざまであるといいながら、大きく見ると、いろいろ地域的な癖《くせ》があり、あるいは生活様式のタイプ、たとえば農耕民の場合はどうであるかとか、そういう生活様式の類型によっていろいろな違いができます。ですから、世界の神話を比較して、共通性と相違、ことに分布の違いを手がかりにして、いろいろな問題を考えることができるわけです。

それで、最初の手がかりとして、日本神話の例を取り上げましょう。

ご承知のように、八世紀の初めに『古事記』と『日本書紀』という二冊の歴史の本ができました。どちらも、その最初の部分が、いわゆる神代の巻であり、神代のいろいろな出来事が書いてあります。これが日本神話の中心を成しています。そして細かい違いがありますが、『古事記』『日本書紀』のどちらにもだいたい同じようなことが書いてあります。基本的には、天皇家が、日本の国土の正当な支配者であるということを基礎づけ、その根拠を示しています。天皇家の先祖は高天原、つまり天の支配者であった太陽の女神、アマテラスオホミカミの直系の子孫という尊い先祖をもっているんだから、当然、地上においても日本の国土の支配者として正当性をもっているのであるという主張が、全体の基礎を成しているわけです。

そういう基本的なところは共通しておりますが、細かくいうと『古事記』と『日本書紀』とは、少しずつ違いがあります。『日本書紀』には、本文と一書というのがあります。これは、一つの章が終わると、その本文のあとに、「一書に曰く」とことわって、本文にこう書いてあるけれども、ほかにこういう言い伝えもあるんだと少し違う話が出てきます。

『日本書紀』の第一巻には、四　神出生章、つまりアマテラスオホミカミ、ツクヨミノミコト、スサノヲノミコトというような主な神様の生まれたことを書いた章があります。そこの一書の第十一には、たいへん面白い神話が載っています。

男の神様、イザナキノミコトが、三人の尊い子供たちにお前はどこそこを治めろと割り当てました。太陽の女神であるアマテラスオホミカミは高天原、つまり天を、そして月の神様のツクヨミノミコトには、おまえは太陽の神と並んで、この天を治めろと、その下の弟のスサノヲノミコトには、青海原を治めろといいました。

こうして、アマテラスオホミカミは、天の支配者になりました。そして葦原中国《あしはらのなかつくに》、つまり地上にウケモチノカミという神様がいるということを聞きました。ウケモチノカミとは保食神という字を見ればわかるように、食物の神様です。ふつう男だと思われていますけれども、男の神様なのか、女の神様なのか、性別はよくわかりません。

そこで、アマテラスオホミカミがツクヨミノミコトに向かって、おまえはあのウケモチノカミのところに行って会ってこいと命じ、ツクヨミノミコトは行きました。ウケモチノカミは、珍客が、わざわざ遠くからやってきてくれたというわけで、もてなそうとするわけです。まず、顔を国のほうに向けました。国とは人間が文化によって支配している地域、具体的には、農耕を行っているところを指しています。ウケモチノカミが顔を国に向けると、ウケモチノカミの口からご飯が出るんです。海のほうを向くと、「鰭《ひれ》の廣物、鰭の狭物」という大小の魚がウケモチノカミの口から出てきました。それから、ウケモチノカミは山を向きます。そうすると、毛の堅い動物、毛の柔らかい動物が出てきます。おそらくイノシシとシカだと思います。それを一〇〇個の机の上に並べ、これはご馳走であると奉るわけです。するとツクヨミノミコトは、それを見ていてひじょうに怒り、なんだ口から出したものを人に食わせるのか、とウケモチノカミを斬り殺してしまうのです。そして、高天原に帰ってアマテラスオホミカミに、これこれしかじかで殺してしまった、と報告します。そうするとアマテラスオホミカミはたいへん怒って、お前は乱暴だ、そんな乱暴な弟とは、もう一緒に住むのはイヤだといいました。それから、アマテラスオホミカミとツクヨミノミコトは、一日一夜を隔てて住むようになったのだ、と書いてあります。ようするに、太陽は昼出るけれども、月は夜出て、一緒に出ないということです。それでアマテラスオホミカミは、アメノクマヒトを派遣しまして、ウケモチノカミがいったいどうなったかを見てこいといいます。すると、ウケモチノカミはすでに死んでいました。ウケモチノカミの死体のいろいろなところに、作物あるいは家畜が発生していました。頭の上には牛と馬ができている。額の上には粟が育っている。眉の上には蚕が生まれている。目の中には稗《ひえ》が育っている。腹には稲、陰部には麦と小豆と大豆が育っている。そしてアメノクマヒトはこれをことごとく取って、アマテラスオホミカミに献上しました。すると、アマテラスオホミカミはたいへん喜んで、これは人々が食べて暮らすのにちょうどいい食べ物であるといって、粟、稗、麦、豆を畑で蒔く種とし、稲を水田で栽培する種とし、また、アメノムラキミという村長のようなものを決めたとか、アマテラスオホミカミ自身は口の中に繭を含んで糸を引きだして、養蚕がはじまったということが書いてあります。

この神話は、いままで主として作物起源の神話であると解釈されてきました。殺された神様の死体から作物が発生した神話です。これはインドネシアとか、アメリカ大陸にもあるし、メラネシアにもあります。東南アジア大陸部にも少ないけれどもあります。そういう死体から作物が発生した神話の一種です。ですから日本の作物起源の神話は、そういう南のほうに広がっている作物起源の神話の系統を引いているのであるということを、私自身もこれまで論じてきました（大林一九七三、二三—一〇三）。もちろん間違いではないのですが、ただ、この神話にはそれだけではない、いろいろな側面があります。たとえば、太陽と月の神話という側面です。それを今日はお話ししようと思います。

太陽と王権

三つばかりお話ししたい点があります。

第一は、太陽と王権の関係です。つまり、太陽という天体と、王の地位や王の権力とが密接な関係にある、あるいは太陽が王権を象徴している、ということです。

第二は、太陽と月は仲が悪い、ということ。

第三は、月と農耕です。

太陽と王権といいますと、このウケモチ殺しの神話にしても、太陽の女神アマテラスは月神にウケモチ神を訪問するように命じています。アマテラスは高天原の王者です。古代エジプトにおいても、太陽崇拝が盛んであったとか、バビロニアの王権を表すマルドゥクに太陽神的性格があるなど、いろいろな例があります。しかし、世界中を見渡して、気になることが一つあります。それは、太陽と王権の結びつきが顕著に出てくるのは、辺境からやってきて、乗り込んできた支配者が太陽を王権のシンボルとする場合がしばしばあることです。ことに統一する国家の中に、たくさんのいろいろな民族が住み、違う伝統をもった文化が存在している。そういう場合には、太陽は統一する側にとってたいへん便利な象徴として用いられます。つまり、伝統的な社会には、みんなそれぞれ自分の神様があるわけですね。自分の民族の神様、自分の地域の神様、自分の集団の神様があります。

八丈島を例にとりましょう。末吉《すえよし》には末吉の神様がいる。樫《かし》立《たて》には樫立の神様がいる。三根《みつね》には三根の神様がいるし、中《なか》之郷《のごう》には中之郷の神様がいる。そうすると、もしも末吉なら末吉がひじょうに力をもって八丈島全体を征服し、他の集落の人に末吉の神様を拝めといってもなかなかみんな「うん」とはいわないでしょう。自分のところでは自分の神様を拝む。なんで俺が末吉の神様を拝むのかということになるわけですね。ところが太陽は、特定の土地と結びついていません。天にありますから、みんなが仰ぎ見るわけです。そういうわけで、太陽は異質なさまざまな政治的な単位を統合する場合、いわば統合のシンボルとして、あるいは統一王権のシンボルとしてたいへん都合がいいわけです。

太陽崇拝で、ひじょうに有名なのは南米のインカ帝国です。ところが、インカ帝国ができる前から、創造神、世界を創造した神様の長男であるインティという神様がアンデス高地においてはすでに崇拝されていました。ペルーでも海岸に近い砂漠のほうでは、ひじょうに暑くて、太陽は熱をもっているから歓迎されず、どちらかというと不幸をもたらす天体でした。ところが、インカの時代になると太陽崇拝がインカ帝国の中に義務的に強制されます。ですから必ずしも太陽崇拝を喜ばない伝統があったところでも、太陽崇拝が強制されました。また、インカ帝国でも新しく征服した、少数民族のところ、たとえばアンデスの東のほうでは、太陽はむしろ、ただ神話のうえで活躍する神様でして、宗教的な崇拝の対象にはなかなかならなかったそうです。

いずれにしても、インカはやはり征服王朝であり、征服国家でした。これが太陽を王権のシンボルとして使ったのです。

インカの場合には、ご承知のように、王家においては近親結婚が行われていました。つまり、このインカの正妃は妹でした。その場合、夫のインカは太陽を表し、そして妹の正妃は月を表す。いわば宇宙の縮図であったわけです。

もう一つ例をあげますと、ローマ帝国の後期においては、太陽神をいわば国家神として崇めようという動きが二回ありました。

一回目は、シリアのエメサというところの出身のエラガバルスがローマの皇帝になりました（在位二一八―二二二年）。このころのローマ皇帝は、辺境出身の成り上がり者が多かったのですが、エラガバルスもそうでした。シリアの町エメサに太陽を祀る神殿があり、そこの先祖代々の神主でした。それがたいへん運が良くて、ローマ皇帝までのし上がってしまうのです。そうすると彼は、ローマの中の皇帝の所有地に太陽の神殿を二つ造りましたが、やがて彼は失脚し、殺されてしまいます。するとローマに造ったこの二つの太陽の神殿は、人々はこんなものはいらないと、もとのエメサに送り返されてしまいました。

その後、今度はダキア、今のルーマニアの出身のアウレリアヌスという、紀元二七〇年から二七五年在位の皇帝がいました。シリアのパルミラというところにゼノビアという有名な女王がいて、たいへん権勢を誇っていたんです。ところが、この皇帝はこのパルミラを滅ぼし、ゼノビアを生け捕りにして、ローマに連れてきたのは有名な事件です。このアウレリアヌスが、太陽の崇拝をまた復活しようとしたのです。つまり、エメサの太陽神崇拝を、ローマの国家宗教として復活させ、統一を象徴する宗教にしようということをしたのです。

そのころのローマ帝国は、オリエントのほうにまで広がっていまして、いろんな人々が住んでいました。ですから、月の神様を崇拝する者、天を崇拝する者、また太陽の神様を崇拝する者もいます。それから、ミスラないしミトラの崇拝というイランのほうからやってきた一種の秘密宗教みたいなものが、ことにローマの兵隊の間に広がっていました。そういうように、ひじょうにいろんな民族がいて、いろんな宗教が入り交じっていたのです。そうなると、政治的にもかなり不安定なわけです。

アウレリアヌスは一応、ローマの統一、ローマ帝国の統一を達成します。そうすると帝国の統一を達成したのだから、帝国の統一を保証するような宗教をつくろうと考えて太陽の崇拝を選んだのです。ところが、それは長続きせず、彼はペルシア遠征に行って、途中で反乱が起きて殺されてしまいました。ですから、これも結局だめでした。そうするとその後、今度はキリスト教が、ローマの中でだんだん力をつけてきます。これは、まさに普遍的宗教です。一つの民族、一つの文化というものと結びついた宗教ではなくて、より普遍性をもった宗教としてのキリスト教が支配的になりました。そういうような史実がありました（Altheim 1957 : 26-46, 59-102）。

日本の場合を比較して考えても面白いですね。つまり、おそらく古墳時代のうちに天皇が力をもってきます。そして、日本本土の大部分を統一します。その場合に、太陽の信仰が統一の原理として使われました。ところが、それはようするに日本の中、大和国家の中の統一の原理です。地域的な政権の宗教よりは普遍的であっても、限界があります。当時の東アジア世界にはもっとインターナショナルな普遍性をもった宗教、つまり仏教がありました。そこで百済から仏教が入ってきて、国家仏教という形で奈良時代に発達します。奈良の大仏が造られるとか、日本の各国に国分寺が造られる、国分尼寺が造られ、こういう国家的事業が行われました。

このように、ローマにおいても、いわば統一の象徴の一つとして、また統一のための手段として、太陽崇拝が使われました。日本においても古代のある時期に使われました。その後、一つの文化、一つの民族に結びつけられない、もっと普遍的な宗教、世界宗教、つまりローマの場合はキリスト教、日本の場合は仏教が、それぞれ入って、それが、もっと力をもつようになるという、ローマと日本と、たいへん似たプロセスがあったのです。

月と王権の関係については、シュメールでは月は王権と結びつきがあったようです。さらにあとの例としましては、アフリカの南のほうに、ジンバブエという大遺跡があります。そこにはモノモタパという王国がありました。ここの王様はいわば月の権化なんです。それでふだんは王宮の中にいるんですが、月がだんだんと満ちてくるに応じて、少しずつ姿を現すのです。満月のときになると全身を現すわけですね。このように月と王権が結びつく例はあります。けれども月が大きな異質な構成要素を含む国全体を統合するシンボルには、なかなかならない。どうもそういうケースは聞かないですね。だから、太陽と王権の結びつきとはちょっと違いがあります。またインドでは昔、太陽の王朝と、月の王朝という二つの王朝があったといわれています。

太陽の神と王権については、ほかにもいろいろな問題がありますが、次の話題に移りたいと思います。

太陽と月の不和

太陽と月が不和だという考えは世界的です。つまり、日本でもアマテラスオホミカミはツクヨミノミコトと喧嘩して、おまえのような乱暴なやつの顔はもう見たくないといった。だから、太陽と月は、昼と夜に分かれて出るようになったという神話は先ほど紹介しました。実際は昼だって月が出てくることもあるんですが、大きく見れば、昼と夜とに分かれます。太陽と月が不和であるというのは、世界的に見るとひじょうに多い考えなのです。

ここでちょっと申し上げておきたいのは、太陽と月の性別です。日本の神話においては、太陽はアマテラスオホミカミ、つまり女性です。月はツクヨミノミコトで、男なんです。しかも二人は姉弟です。現在の世界の文明国の多くの人のふつうの考えでは、太陽は男で、月は女であるというのが多い。日本神話はそれとちがうじゃないかと不思議に思う人もいると思います。ところがじつは、世界的に見ると、月が男性であるというのがひじょうに多いんですね。

それだけでなく、太陽は女であって月は男であるという考えは、世界の北の地域にずっと広がっているんです。つまり、北米のイヌイトの辺りからはじまって、北海道のアイヌもそうですね。朝鮮の場合でも、古い考え方はやはり、月が男で、太陽は女です。また、西シベリアのサモエードもそうです。ヨーロッパでは、北欧がそうです。さらに、ドイツ語を勉強された方はご存じだと思いますが、ドイツ語の名詞には性があります。男性名詞、女性名詞、中性名詞です。太陽はディ・ゾンネ（die Sonne）といい、女性名詞です。月はデア・モント（der Mond）で男性名詞なんです。ですから、世界のうち北の地域は、太陽が女で、月が男、しかも兄妹（姉弟）であるというのがひじょうに多いのです。

ところが、太陽が男で、月が女であるというのは、ヨーロッパでもラテン系の文化がそうなんですね。だから、フランス語の場合だと、月は女性名詞で、ラ・リューン（la lune）です。太陽は男性名詞で、ル・ソレイユ（le soleil）です。ちょうどドイツ語と逆なんです。

中国の場合もフランスと同じような形式です。中国には、いわゆる陰陽という考えがあり、世界のすべてのものは陰と陽に分かれるという世界観があります。この場合、女は陰で、男は陽です。そして太陰は月のことで、太陽はまさに太陽、お日様のことです。だから中国の場合は、月は女で、太陽は男なのです。

このように、太陽と月が姉弟、あるいは兄妹の地帯よりもむしろもう少し南の地域、ことに世界の古代文明地域に、男の太陽と女の月という考えがあるわけです。日本の神話時代では、太陽が女、月が男であっても、現在では、太陽が女性で、月が男性という現実の感覚です。現在はほぼ逆です。どのへんから変わってきたのか、何か歴史的な変化があったかという問題があります。

日本の場合、考えてみるとやはり中国の、陰陽の考えの影響が大きかったと思います。儒学、あるいは漢学を通じての影響です。江戸時代の日本における大人の教養は、なんといっても、中国の古典を読むことでした。当然、陰陽思想も日本に入ってくるわけです。江戸時代の国学者のなかには、なんとかしてアマテラスオホミカミを男だと論じようとした人もいました。

もう一つは、明治以後のヨーロッパの影響です。つまり、東アジアの漢文と同様にヨーロッパではラテン語が長い間、教養や学問の基礎でした。そして古代ローマでは、太陽は男で、月は女であるという考え方ですね。そして、のちにフランスなどは、それを受け継いでいるわけです。そして、フランスは、ヨーロッパの文化の歴史においてひじょうに大きな役割をはたした。名詞に性別のない英語圏でも、太陽は男、月は女という考えが、一般化しました。そして、明治以後になってくると今度はヨーロッパの文化が日本に入ってくる。だから、今のわれわれの実感というのは、何もないところから生じたものではなく、こういう歴史的な積み重なりがあるわけなんですね。江戸時代の教養、それからまた明治以降のヨーロッパ的な教養とが、いつの間にか振り返ってみたときに重なり積もっていたということです。

それで先ほど述べたインカの場合も、太陽は男で、月は女で、兄と妹です。しかも夫婦なのです。

ここで注意しておきたいことは、太陽や月の性別については、同じ文化のなかでも公式の考えとは違う考えも民間に存在する例がいくつもあることです。

中国の場合でも、古典では、太陽と月は男と女になっているけれども、民間の昔話、あるいは伝説を読むと、必ずしもそうではないことがわかります。月が男で、太陽が女なんていう場合もあるし、太陽と月の両方とも女であったりします。ですから、そういう天体に関する考え方といわば公式に使われる知識のある人の考えと一般大衆の考えは必ずしも同じではないのです。たとえば次のような話があります。

昔、パレスチナでキリスト教のプロテスタントの宣教師が、人類の先祖はアダムとイブであると教えたことがありました。土地のイスラムの女性が宣教師に、いい加減なことを教えてもらっては困ると、文句をいうんです。月がわれわれの最初の父で、太陽が母だといって抗議したという記録があります。

この話はたいへん面白い話です。つまり、パレスチナはだいたいがイスラム地域ですがキリスト教徒もいます。キリスト教でもイスラム教でも、公式の考えからいえば、最初の人間はやっぱりアダムとイブなんです。しかし、民間のふつうの考えではそうではなくて、太陽と月が最初のわれわれの先祖だと思っていたのでした。

このように、発達した文明地帯の大宗教のところでは、その宇宙論は聖典に書いてあるとおりかというと、知識人はそう思っていても、民間の一般庶民は必ずしもそうではない。たいへんな違いが存在することがあります。

それはともかくとして、ここで少し具体的な例をあげますと、太陽と月の不和について、北のほうの例として、いわゆるエスキモーの話を見てみたいと思います。

昔、みんながある家に集まって、歌を歌って、楽しんだことがある。そして遊び仲間が一緒にみんな会話を楽しんだ。ところが、あるときその歌を歌って楽しむ家のランプがみんな消えてしまった。誰かが忍び込んで、そこで歌っていた女の子を犯した男がいる。しかし誰かはわからない。また同じようなことが起こる。そうすると今度は、女は手に煤をつけておいて、男の背中にべたっとつけました。そして明かりがついてから見ると、それは自分の兄であった。妹は怒って、ナイフでもって自分の乳を切り取って、兄さんが私を美味《おい》しいと思っているならば、これでも食べろといって、切り取った乳房を兄貴に投げつけました。そうすると今度は兄が怒って、妹を追いかけるわけです。そしてこの妹は、松明をもって家から飛び出す。二人は、追いかけ、追いかけられているうちに天に昇ってしまって、そして妹は太陽になり、兄は月になった。そういう話があります。これも、ようするに太陽と月

ありますが、そのなかにニアスという島がありますが、次のような話が

もう一つ、太陽と月の仲の悪い例として、次のような話があります。

インドネシアで、一番西のほう、スマトラの西にはいくつかの離島がありますが、そのなかにニアスという島がありま す。ニアスでは、こういう話になっています。

太陽と月は、それぞれ子供をもっていた。子供というのは星のことです。以前は、太陽が二つあった。月は今日のような具合には存在していなかった。それで、太陽が、他方の太陽に、「二人とも、自分の子供を食べてしまおう」と提案するんです。相手はそれに賛成する。そして相手は、本当に子供を食べてしまうんですけれども、提案したほうの太陽は、食べないで、自分の子供を隠しておいたんです。そして、相手が食べ終わったころ、隠しておいた子供を出してきます。すると、だまされたほうの太陽は怒って、人差し指でもって、相手の目玉をつぶしてしまう。子供を食べてしまったほうの太陽は、これを追いかける。目をつぶされた太陽は、その結果、光が弱ってしまった。そのために月になってしまった。ところが、子供を隠しておいたから、夜になると自分が空に出るときには、子供を連れて出てくる。ところが、本当の太陽のほうは子供を食べてしまったから、天に昇るときにはもう子供はいなくなり、一人で出てくる。そういう話があります。

この形式の話は、たいへん奇妙な分布をしています。だいたい東南アジア、ことにボルネオ、スマトラ、といった辺りにひじょうに濃密に分布しています。それから、インドの東北部。オリッサ、つまりカルカッタの南のほうにたくさん出ています。アフリカにいきますと、今度は西アフリカにあります。アメリカ大陸に行きますと、カリフォルニアのパイユートという民族のところに似た話があります。

東南アジアからインドにかけての分布は、おそらく歴史的な関係があると考えられますが、はたしてそういう遠くの西アフリカとかカリフォルニアの例が、東南アジア、あるいはインドのものと関係があるのかどうかは、これは今のところよくわかりませんが、私は関係があるかもしれないと思っています。

面白いことに、たくさん似た話がありますが、少しずつみんな違います。マレー半島のセマン族という、いわゆるネグリートの話を紹介しましょう。ネグリートというのは、大人の男でも、平均身長が一メートル五〇センチくらいしかない、小さい人たちです。

元来は、太陽も月もたくさん子供をもっていました。そして子供は親に似ていた。つまり、太陽の子供は熱く、そして月の子供は涼しかったのです。当時は、耐え難い暑さだったので、月は人間に同情して人間を助けるトリックを考えました。自分の子供たちを脇の下に隠してしまう。すると太陽は、月の子供がいないからあなたの子供はどこにいるんだと聞き

ます。そうすると、月は、ああ、俺は食べちゃったよ、とても美味しかったとか何とか答えるのです。そして、太陽に向かって、あんたも食べたらどうかと勧めます。太陽はそれにのって子供を食べてしまう。そうすると、熱い太陽の子供がいなくなってしまったから、太陽が一つだけになってしまった。それで地上の熱は和らいだ。すると月は自分の子供たちを脇の下から取り出した。つまり、星の大群があたり一面に現れた。今度は太陽は怒りと憎しみで白くなる。そして今日に至るまで、仕返しをしようと月を追いかけているのだということです。

ここでは、太陽が白くなったという点がひじょうに面白い。つまり、日本人は、太陽は赤いと思っている。だから、幼稚園の子供に絵を描かせると、必ずお日様を赤く塗る。だいたい日の丸の旗は赤い。ところが、ご承知のように、ヨーロッパへいくと、太陽は黄色なんです。子供に太陽を描かせると、黄色く描く。ところが、このマレー半島のセマン族の場合には、太陽は白です。文化によって色の感覚というのは、たいへん違う相対的なものなのです。

セマン族の考えでは、一匹の竜がいて、月を飲み込むと月食が起きる。すると、これはたいへん恐ろしい出来事なので、みんなぎゃーぎゃー叫んだり、歌を歌ったり、竹の棒でもって地面を突いたりする。そうして苦しめられた月を救い出してやろうとするのです。

ところが、そういうセマン族のうちの一部にケンタというグループがあるんですが、そこでは月を飲み込む竜とはじつは太陽なんだといいます。つまり、太陽は月にだまされて自分の子供を食べてしまった。だから、月が憎らしくてしようがない。月に復讐してやろうというわけで、こういうことをすると報告されています。

太陽と月が、仲が悪いというのは、日食、月食という型を取ることがあります。これは太陽と月が夫婦であると考える地域においてはしばしば太陽と月の夫婦喧嘩でもって日食が起きるとか、あるいは月食が起きるんだ、といわれています。これは新大陸にもあります。インドネシアにもあります。それから、ヨーロッパにもあるのです。

そういう具合に少しずつ地域により、文化により、いわれていることが違う。それを比較するといろいろ面白い問題が出てくるのです。

月と農耕

最後に月と農耕、あるいは豊饒性、つまり、作物がよく実ったり、子供がたくさん生まれるという豊饒性について少しお話しします。

月は、一方においては、ひじょうに怖いものであると思われています。日本ではあまりそういう考えはないのですけれども、ヨーロッパにおいて伝統的にある考え方は、月の光を浴びるといけないとか月に手を伸ばしてはいけないとか、いろいろあります。あまり月の光を浴びたりすると頭がおかしくなる。英語にルーナティック(lunatic)という言葉がありますね。気がふれたということですね。これは「月の」という意味です。ですから、月は、不気味であるという感覚をもっている人が今でもたくさんいるのです。日本人は、ヨーロッパは昔から学問が進んでいて、合理的な思考をみんなしているのだろうと思っています。たしかに、学問は発展していますが、同時に、伝統的ないわば迷信といっていいようなものもひじょうに根強く残っています。そういう意味においては、たとえば、月がたいへん気味が悪いという考え方なども、強く残っているのですね。

ただ、他方においてはまた、月はひじょうにありがたい神様である、豊饒をもたらす偉い神様であるという考え方も世界にはたくさんあります。たとえば、ニュージーランドのマオリ族は、月について奇妙な観念をもっていました。昔は、昇る月に向かって、世界のすべての女性の夫が現れたといって挨拶した。世界のすべての女性の夫、これはまさに月が男と考えられていたという証拠です。それで現実の男と女の結婚は、あまり重要ではない、本当の夫は、じつは月なんだといわれていた。女性の月経が、月によって起こされるという考えは、世界的に多い考えです。そういう具合に月というのは男であって、そして世界中の女性の夫である。マオリの場合、それを端的にいっているわけですが、ある程度似たような考え方はあちこちにあります。

そして、月はその一方においては、農耕とたいへん密接な関係をもっています。太陽と農耕を結びつけて考えることもあります。けれども、月の場合ほど顕著ではありません。もちろん太陽は光や熱を与えてくれるわけですから、農耕には欠かすことはできません。東部インドネシアでは、農耕作業がはじまる時期に、太陽男神が大地女神と結婚し、大地を豊饒にするのだという考えがあります(『仮面と神話』「天父・地母の神話」を参照)。

月と農耕との関係について、一つの例をあげますと、フランスでは一九世紀くらいまで、種を蒔く、何か植え付けをするのは、いつも新月のときにやった、つまり月がだんだんとこれから大きくなってくるのと同じように、蒔いた種、あるいは植え付けたものがだんだんと成長するというわけです。収穫のほうもやはり月と関係がありまして、小麦を収穫するとか、豆を収穫するのは、満月のときに収穫しました。また、建物の材料を伐採するのは満月のときでした。そういうような具合に、ヨーロッパにおいても月と農耕、あるいは月と豊饒性という考え方はいろいろな形で見られました。

古代ローマにおいては、女の人がお産するときに、自分を守ってくださいと、神様にお願いしました。その神様の名前がディアナ、つまり月の女神なのです。

また、インカにおいても、ママキリアという月の女神に産婦が保護を祈ったといわれています。

さらに、インドネシアのスラウェシの場合、中部にトモリという民族がいます。ここでは月に稲の種のもとがある。そして、稲の神様は月に住んでいるといいます。

また、インドのボンベイでは子供も木も、夜のうちに大きくなる。昼間は大きくならない。夜の間に子供も木も大きくなるのはなぜかといいますと、これは月は照っているから、月の光のおかげだというのです。日本でよく「寝る子は育つ」ということをいいますが、これもやはり赤ん坊は昼間は育たなくて、夜になって育つと思われているのかもしれない。これは誰かがそういう目で比較研究すると面白いでしょう。

南米においても、ブラジルのティクナという民族では、月の神様が作物や果物を授けてくれたといい、そして月の神様はわれわれの父と呼ばれていて、額に髪の垂れた老人として考えられています。

バラグァガイのグァイクルという民族では、農耕を行っているのは、女なんです。そして、耕作者である女性だけが、月の神様への儀礼を行う。たくさん作物が穫れるように、また子供が生まれますようにと月の神様に祈るという報告があります。そういうように、ひじょうに広く月と農耕の結びつきという考え方が分布しているのです。

それで、いま述べたのは、みな農耕民の例ですけれども、アフリカのいわゆるブッシュマン、つまりサン、あるいはアフリカのピグミーの場合も、月が狩猟にとってひじょうに重要な影響をもつ神様です。月の神様は狩りの成功、あるいは失敗を左右する神様であるというのです。

このように、必ずしも農耕に限らず、広く月は豊饒性と深く関わっています。

これは、ある意味からいうと、当然です。月は、最初は見えないときがある。新月で、見えるようになって、だんだんと大きくなって満月になる。それから今度は欠けていく。いわば、成長と衰退を象徴しているわけで、そのため豊饒性と結びつきやすい、そういう自然的な基礎はあると思いますが、具体的な信仰や神話は、民族により、文化により、さまざまな形をとります。しかし、さまざまな形をとるけれども、また同時に、ある程度類似した、考え方、類似したような形が、しばしば見られます。

日本の場合、お祭りは、夜行うのが基本でした。また時間を計算する場合も、前の日の夕方からはじまって、一日を勘定するのは、日本の古代もそうでしたがインドネシアなどもそうです。つまり、満月であるとか、新月であるとか、途中の半月を選ぶのがふつうでした。しかし、それ以外のこともあります。夜の月の満ち欠けがお祭りの日を決めるのに重要でした。たとえば、八丈島の末吉では、盆の二六日はロクヤサマと呼ばれ月を拝みます。二十六夜の月は午前二時になると色がふつうと異なってくるというので、村の東に集まり、飲食しながら夜明けまで拝むそうです。日本の伝統的な生活においては、月はたいへん大きな意味をもっていたのです。

太陽と月の神話については、概観として、Krappe（1938 : 81-138）と中島（一九四二、一四一―一九二）がいろいろ事例を紹介し、さまざまな側面を説明しています。

（『仮面と神話』小学館、一九九八年）

旅の仕度

はじめに

昨年勤めをやめて自由の身になったとき、やりたいことがたくさんあった。世界全体かそれとも日本かというように、関心は二つに分かれる傾向があった。一つは、世界全体の銀河と虹についての神話伝説、信仰についての書き下ろしの本をまとめることである。また、それと平行して、世界全体にわたる他のいくつかのテーマについての比較研究を進めることである。

他方、日本については、何年もかかる大きな仕事として、全国の一宮巡詣をおこなうことにした。何と言っても七〇歳近くなってみると、神社仏閣、ことに古寺古社が恋しくなってくる。しかし、このことを思いついた直接のきっかけは、私の義兄が会社を定年後、夫婦で一宮参りをやっているのを聞いたことである。話を聞いて私も一宮巡詣をしたくなった。西国三十三ヶ所や四国八十八ヶ所の巡礼と違って、一宮なら地域的に限られず、日本全国に散らばっている。まだ行ったことのないところにも行けて、私の煙霞の癖を満足させることができる。そればかりでない。お参りするだけではなく、それぞれの神社について、たんにその祭神や歴史ばかりでなく、その伝説や祭礼についても調べ、考えることによって、私が前から行って来ている（大林 一九九五、一九九六）、地域から日本文化を研究するのにも一つの良い方法になると思ったからだ。

そんなわけで、私の日本文化研究に一宮研究という大きな項目ができることになった。もちろん、それまで私が全国の一宮を全然お参りしていなかったわけではない。全国の一宮の三分の一くらいは、すでにお参りしていたに違いない。しかし、昔お参りしたことはあるが、すっかり記憶が薄れていることもある。また研究というつもりで行ったのでなかったから、せっかく重要な神社にお参りしていながら、なにも知らないということもある。それに、今度はお参りしたならば、集印帳に朱印を押してもらおう。本を集め、切手を集める以外に、一宮の朱印を集めるという楽しみも加わることになる。

そして、巡詣を実行に移したのは、一九九七年の五月だった。奈良県の大神《おおみわ》神社でシンポジウムがあり、それに招かれたのを機会に、大和の一宮　大神神社から私の全国一宮巡詣が始まった。

一宮とは何か

日本の旧国にはみな一宮と呼ばれる神社がある。武蔵の一宮は大宮の氷川神社であり、大和の一宮は大神神社というぐあいである。しかしこの一宮という神社の格付けが何時から始まったのか、正確な年代は分からないし、その契機も明瞭ではない。けれども大体において、一一世紀から一二世紀にかけてのころから始まったものらしい。伯耆国の一宮、倭文神社境内から発見された康和五年（一一〇三）の銘のある経筒に一宮大明神とあったり、『中右記』元永二年（一一一九）七月一四日の条に因幡国一宮宇部神社とあり、また一二世紀始めに成立したと考えられる『今昔物語集』巻一七に周防国の一宮玉祖大明神と記されているから、このころから始まったものであろう（鎌田　一九八五a、一〇六一、尾崎　一九九七、一三七～一三八）。

その成立の経緯と選定の理由については、いろいろな説がある。一宮と国衙との関係を重要視する見方もある（たとえば石井　一九七〇）。一宮とよばれる神社はそれぞれの国においてことに重要な神社だから、そういう面があったことは確かであろう。しかし国衙との関係を一方的に強調することはできない。それは、鎌田純一が記しているように、一宮の称号は、

神祇官や国司が公式に定めたものではなく、民間でつけられたもので、それも全国同時でなく、（中略）古代末期より中世初頭にかけ、逐次国ごとにつけられ、全国に及んだものとみられる

からだ。そして一宮の選定理由は、

諸国において、由緒正しい古社で、国内で一番の崇敬をあつめ、経済的基盤も大きかった社を一宮と称したようである。　（鎌田　一九八五a、一〇六一）

こんなわけだから、一宮は必ずしも全国的に有名な神社、中央政府や天皇家にとってかかわりの深い神社とは限らない。その国で貴ばれている由緒ある古社が一宮になるのである。たとえば尾張国の場合、『平家物語』巻三に「当国第三の宮熱田明神」とあるように、熱田神宮は尾張の三宮である。一宮は真清田神社、二宮は大県神社なのである。

そして一宮になった神社はそれぞれの土地での由緒ある古社であったから、その宮司の家は土地の名家であり、しばし

ばかつては国造であり、大宮司は生き神として崇敬されていた。谷川健一は、かつては日本にはいくつもの地方的な王権が存在していたことを論じて、その関連において、阿蘇一宮の大宮司家、諏訪の大祝、伊予一宮三島社の大祝、出雲国造を例として挙げたが（谷川　一九八三、三八五〜三九〇）、いずれもそれぞれの国における一宮の大宮司だったのである。また『日本後紀』延暦二三年六月丙辰（一三日）の条には、常陸国鹿島神社、越前国気比神社、能登国気多神社、豊前国八幡神社等の宮司の職に、人々が競望して、おのおの譜第を称しているが、これからは神祇官が旧記を検して、つねに氏の中の事に堪えるものをえらんで擬補して官に申すように、制せられたことがでている。ここに名が挙げられた神社はいずれも後世に一宮になった神社である。そしてこれらの社がいずれも名社であり、宮司が高い地位であったことを物語っている。一宮のかつての大宮司の家のなかには、出雲ばかりでなく、ほかにも国造家だったものも少なくなかったであろう。

神社の格付けと制度化

私は一宮という称号が現れたことは、平安時代のうちに進行していた神社の格付けの動きの一環をなすものであったと思っている。

このような格付けや制度化はいろいろな形で進行した。その一つは上の方から、つまり中央政府の側から始まった。延喜式において全国の神社のなかで重要なものを名神大社と呼んだのもその一つの現れであるが、もう一つの現れは二十二社の制定である。平安初期から農作の順調、祈雨、止雨の祈願のために臨時奉幣が特定の有力神社である名神社にたいして頻繁に行われるようになった。そのなかでことに有力な神社を中心として、醍醐天皇のとき、昌泰・延喜年間（八九八〜九二三）にまず一六社が選ばれ、正暦二年（九九一）に一九社となり、同五年（九九四）、長徳元年（九九四）、長暦三年（一〇三四）にも一社ずつ加わり、永保元年（一〇八一）に永例として二十二社奉幣制度が確立した（岡田　一九八七、七三二）。しかし、この二十二社は全国にわたっているのではなく、伊勢と摂津に少数あるのを除くと、圧倒的大多数は山城、大和両国に鎮座している。つまり、

上七社――伊勢、石清水、賀茂上下、松尾、平野、稲荷、春日
中七社――大原野、大神、石上、大和、広瀬、竜田、住吉
下八社――日吉、梅宮、吉田、広田、祇園、北野、丹生、貴船

そして、この中には、古くからの神社ばかりでなく、石清水、北野（天満宮）のような新しい神社も含まれている。

神社の格付け、制度化は、それぞれの国のレベルでも進行していた。たんに地方が中央の真似をしたというだけではなく、後で述べるような、それを促す国衙の側の要因もあったであろう。いずれにしても一宮がそのような格付けの一つであることは、すでに述べたとおりだが、そのほかに各国に総社があり、これは惣社と書くこともある。つまり、一定の地域内に鎮座する多くの神社の祭神を一所に勧請して祀った神社であって、総社としては各国の総社が代表的である。この総社も始まった年代は、一宮と同様に古代末期らしい。つまり『中右記』『明月記』『百錬抄』などに総社という名が見え始めることから、そのころから始まったと見てよいであろう（鎌田　一九八五b、九一〇）。早くても平安中期で、盛んになったのは末期であろう。その成立の理由については、佐野和史によれば、「一国の総社の成立はかならずしも明確ではないが、国司が班幣その他の祭祀にあずかる国内の主要な神社を巡拝するかわりに便宜上、国府の近くに勧請、合祀したもの」といわれている（佐野　一九八七、五五）。

だから総社は国府の近くに位置しているのがふつうである。例えば三河国の国府は現在の愛知県豊川市国府町にあったが、総社は今もあって同じ市内の隣の白鳥町にある。ところが一宮は、伊豆国のように国府があった三島に鎮座することもあるが、三河国の場合は、一宮の砥鹿神社は国府と同じ旧宝飯《ほい》郡《ぐん》の中とはいえ、少し離れた一宮町にある。もっと離れていることもあり、たとえば、武蔵国の国府は府中にあったが、一宮は大宮市の氷川神社で随分距離がある。つまり一宮は国府の近くに所在することもあるが、それは決して普通なのではなく、遠く離れていることも少なくないのである。

いずれにしても、一宮にせよ総社にせよ、平安末ごろから、国衙と深い関係をもって成立してきた。それは、べつに一宮についてではないが、津田勉が論じたこの時代における諸国の有力神社の祭祀と国衙との関係における大きな一般的動向の表れであった。

律令体制の弛緩という中で、中央の権威によって地方を統治できにくくなった国衙が、当該国の国衙の権威を保持する為に、地方の有力神に接近し、その権威を背にすることで国衙の権威を持続させようとした祭祀であった。

（津田　一九九八、四二）

一宮の成立が平安末から鎌倉にかけてであっても、全国の一宮のリストで現在残っている最古のものは、恐らく室町末ごろ吉田神道の系統の人が書いたと思われる『大日本国一宮記』であって、『群書類従』巻第二三にも入っている（新校群書類従　一九三一、五六四～五六六）。これは神社名、祭神、所在の国郡を書いただけの簡単なものである。あとで具体的に触れることになるが、中央の人が編纂したものらしく、各地の事情を必ずしも正確に把握していないような箇所もある。しかしこの程度の情報でも、当時は秘密だった。つまり『大日本国一宮記』の末尾には「右諸国一宮神社此の如し。秘中之深秘也」と書いてあるのだ。

江戸時代になると、全国の一宮を回って参詣する人が出てきた。その先駆は元禄の神道家の橘三喜である。彼の『一宮巡詣記』は抄本の形でしか残っていないが、三喜が全国の一宮を実際参詣した貴重な記録である（橘　一九八三）。これを見ると、当時その国の一宮がどこだか分からなくなっていたところもあったなど、ひどく衰微していた社も少なくなかったことを知ることができる。ことに簡単ではあるが、それぞれの神社の境内の建物の配置図も載っているのが有り難い。

昔のことはともかく、現在は一宮巡拝をする人は結構いるらしい。肥前（佐賀）の与止日女神社で聞いた話では、名古屋の人が多く、東京も人口が多いからその次に多い、ということであった。べつに統計を取った訳でもないだろうから、印象に過ぎないのであろうが、そうかも知れない、と思う節もある。そもそも全国一宮会の事務局は名古屋に近い伊勢北部の椿大神社におかれているし、十数年前に『日本回国記　一宮巡歴』を著した川村二郎氏（一九八七）は愛知県の出身である。また私に一宮巡拝を思い立たせた義兄も名古屋に住んでいるし、私自身も、東京生まれではあるが、両親は愛知県から東京に移ったのであるから、中京圏の系統である。中京圏の人間が盛んに一宮巡りをする傾向が本当にあるとすれば、なぜそうなのかは、それはそれで面白い問題であろうが、それは誰か奇特な研究者に考えてもらうことにして、私は各地の一宮をお参りして、その神社の由来、祭神、伝承、祭祀などについて考えたことを、これから順番に書くことにしたい。

一宮巡詣を始めた、とひとに話すと、一体全国には一宮はいくつあるのか、と聞かれることが多い。なにしろ日本六十六ヶ国とそのほか壱岐・対馬の二島にはみな一宮があり、しかも論社といって、うちが一宮だと複数の神社が主張している国も少なくない。だから、数え方によるであろうが、七〇社は越しているに違いない。なかには信濃の諏訪大社のように、一社ではあるが、上社と下社に分かれ、しかも上社には本宮と前宮、下社には春宮と秋宮があるというように、合計四カ所になっているところもあるから、全部お参りすると八〇社以上になるかもしれない。

ただ私は一宮巡拝を始めるにあたって、論社を整理するため、私なりの基準を設けることにした。古い時代に一宮として認められていた神社を重視する。具体的には（一）『大日本国一宮記』や橘三喜の『一宮巡詣記』で一宮として取り上げられている神社を重視する。（二）また平安末から鎌倉にかけて、それぞれの国でその国の由緒ある神社が一宮として認められたのならば、『延喜式』神名帳に登載されていてしかるべきである。式内社でない神社は本当に昔から一宮と言われていたかどうか疑問である。

この二つの基準の両方ともに合わない神社は、たとえ現在は一宮と称していても、今度の巡詣の対象とはしないことにした。たとえば陸前の塩竃神社がそれである。また吉備については、『大日本国一宮記』には備中賀夜郡の吉備津宮について「備前備中備後三国一宮也」とある。そして備前一宮を称する吉備津彦神社と、備後一宮を称する吉備津神社はともに式内社ではないから、今回は『大日本国一宮記』と同様に備中一宮を吉備三国全体の一宮ということにする。

国家神道以前の姿を求めて

私が一宮巡詣を通じて知りたいと思っていることの一つは、それぞれの神社の国家神道以前の姿である。日本の神社は国家神道成立によって大きく変わった。神仏混淆の時代には、祭礼も明治以後とは違っていた。鹿島神宮の祭頭祭は江戸時代には神宮寺を中心とした行事だった。また国学が盛んになる以前は祭神も、民間では今日公的に認められているものとは違う神が祭神だとされていることがしばしばあった。たとえば出雲大社の祭神は今日では大国主神になっているが、長い間、素戔嗚尊だと考えられていた。寛文六年（一六六六）の銅鳥居に「素戔嗚尊者雲陽大社神也」、つまり素戔嗚尊は出雲大社の祭神である、と彫られているのを見て、びっくりした参詣客も少なくないであろう。何も私は、祭礼も祭神も国家神道以前の形にもどせと言っているのではない。以前行われていた祭礼、以前考えられていた祭神の比定が、いったい、どういう理由があったのか、どういう意味をもっていたのかに興味があるのである。

また祭神にしても、諏訪の祭神には狩猟神、農耕神、武神というようにさまざまな性格がある。これほどではなくても、一宮の祭神にはさまざまな性格をそなえ、いろいろな顔をもっているのが多い。だから、できるだけ、それぞれの一宮の祭神の多様な性格を明らかにしたい、というのが私の立場である。そしてこの祭神のさまざまな性格は、それぞれの神社の長い歴史の結果である。祭神の入れ替わりがあったかもしれないし、祭神の追加によって性格が複雑になったことも考えられる。無視できないのは、後から乗り込んで来た神によって、境内の一隅に残っているだけの地主神である。これは一宮にも決して少なくない。松前健はこう論じている。

日本のフォークロアにおいて、新しい今来の大神が、古くからの土地の神である地主神を、多く妖怪や邪霊の一種だと見なして、これを退治・征服する儀礼を行ない、またそうした縁起譚を生み出していることは、周知の事実である。信州の諏訪神社の末社に斎いこめられた手長足長明神

や、洩矢の神、宇佐八幡の大人弥五郎、阿蘇明神の鬼八坊主など、枚挙に暇がない。（松前　一九七〇、二〇五〜二〇六）

今日ではしばしば悪玉にされている、摂社、末社の土着神も、できるだけ取り上げることにしたい。

ところで、現在の我々が直接見ることのできるのは国家神道崩壊以後の姿である。国家神道以前の姿を知るためには、古い文献、ことに江戸時代の記録が大変役に立った。江戸時代の名所図会などを繙くと、よく神社の絵も載っている。昔はこんな神社だったのか、と眺めるのも私の楽しみの一つであるが、境内のなかの変化もさることながら、周囲の環境が変わったことには驚くことが多い。周囲の田畑、森、町、村がすっかり変わってしまったのである。しかし昔の一宮の姿を追体験するためには、祭神や祭礼の昔の姿を知るだけでは駄目である。周囲の景観も古い姿が知りたい。森も狭くなり、遠望が利かなくなったり、近くに高速道路が走っていたり、時には隣に学校ができていたりして、周囲の景観は今日では江戸時代とは大きく変わっているところがふつうである。ところがこの周囲の景観のほうは、多くの場合、明治になってからも、かなり後まで古い姿をよく残していた。それを窺うのに良い手掛かりとなったのは、日清戦争の前後に発行された野崎左文の『日本名勝地誌』であり（野崎　一八九三〜一九〇一）明治末から大正初年にかけて出た、その改訂版ともいうべき田山花袋の『新撰名勝地誌』であった（田山　一九一〇〜一九一四）。

前置きはこれくらいにして、次回から、お参りした神社について、神社ごとに書いていくことにしよう。その順序は、橘三喜の『一宮巡詣記』のように、自分がお参りした順序によるのでもなく、また『大日本国一宮記』のように、畿内、東海道、東山道というように、かつての道によるのでもない。大ざっぱに言って、日本の東から西へ、道の区別や、現在の県別にはあまり拘泥しないで、関連のある、あるいは共通した性格をもつ神社を一回に二社か三社まとめて記すことにしたい。まず鹿島・香取から始めることにしよう。

引用文献

石井進　一九七〇『日本中世国家史の研究』岩波書店
鎌田純一　一九八五a「一宮」『平凡社大百科事典』一、一〇六一〜一〇六二、平凡社
――　一九八五b「総社」『平凡社大百科事典』八、四一〇、平凡社
川村二郎　一九八七『日本回国記　一宮巡歴』河出書房新社
松前健　一九七〇『日本神話の形成』塙書房
野崎左文　一八九三〜一九〇一『日本名勝地誌』一〜一〇篇、博文館
大林太良　一九九五『北の神々　南の英雄』小学館
――　一九九六『海の道　海の民』小学館

岡田荘司　一九八七「二十二社」『日本大百科全書』一七、七三二、小学館
尾崎富義（編）一九九七『小国の神　遠江国一宮　小国神社誌』（桜井満監修）、小国神社
佐野和史　一九八七「総社」『日本大百科全書』一四、五五、小学館
『新校群書類従』　一九三一、第一巻　神祇巻、内外書籍
橘三喜　一九八三「一宮巡詣記」谷川健一編『日本庶民生活史料集成』第二十六巻　神社縁起　四九一〜五五二、三一書房
谷川健一　一九八三「王権の発生と構造」森浩一編『稲と鉄』（日本民俗文化大系　三）、三八三〜四四二、小学館
田山花袋　一九一〇〜一九一四『新撰名勝地誌』一〜一〇篇、博文館
津田勉　一九九八「大仏鋳造と八幡産銅神説について」『国学院雑誌』九九（五）、三一〜四四

（『私の一宮巡詣記』青土社、二〇〇一年）

❖大林太良 著書一覧

『東南アジア大陸諸民族の親族組織』東京大学東洋文化研究所、一九五五年（のちぺりかん社、一九七八年）
『日本神話の起源』角川新書、一九六一年（のち角川選書、一九七三年 徳間文庫、一九九〇年）
『葬制の起源』角川新書、一九六五年（のち角川選書、一九七七年 中公文庫、一九九七年）
『神話学入門』中公新書、一九六六年（のちちくま文庫、二〇一九年）
『稲作の神話』弘文堂、一九七三年
『日本神話の構造』弘文堂、一九七五年
『神話と神話学』大和書房、一九七五年
『日本の神話』大月書店・国民文庫、一九七六年
『邪馬台国：入墨とポンチョと卑弥呼』中公新書、一九七七年
『神話の話』講談社学術文庫、一九七九年
『神話と民俗』桜楓社、一九七九年
『東アジアの王権神話：日本・朝鮮・琉球』弘文堂、一九八四年
『シンガ・マンガラジャの構造』青土社、一九八五年
『神話の系譜：日本神話の源流をさぐる』青土社、一九八六年（のち講談社学術文庫、一九九一年）
『東と西 海と山：日本の文化領域』小学館、一九九〇年（のち小学館ライブラリー、一九九六年）
『北方の民族と文化』山川出版社、一九九一年
『正月の来た道：日本と中国の新春行事』小学館、一九九二年
『海の神話』講談社学術文庫、一九九三年
『北の神々 南の英雄：列島のフォークロア12章』小学館、一九九五年
『海の道 海の民』小学館、一九九六年
『北の人 文化と宗教』第一書房、一九九七年
『仮面と神話』小学館、一九九八年
『銀河の道 虹の架け橋』小学館、一九九九年
『私の一宮巡詣記』青土社、二〇〇一年
『山の民 水辺の神々：六朝伝説にもとづく民族誌』（大修館書店、二〇〇一年）

翻訳

A・E・イエンゼン他『民族学入門：諸民族と諸文化』鈴木満男共訳、社会思想社・現代教養文庫、一九六三年
ユウリス・リップス『生活文化の発生』長島信弘共訳、角川新書、一九六四年
アンドレアス・ロンメル『美のあけぼの：オーストラリヤの未開美術』社会思想社・現代教養文庫、一九六四年
フーゴー・ベルナツィーク『黄色い葉の精霊：インドシナ山岳民族誌』平凡社・東洋文庫、一九六八年
M・フリード、M・ハリス、R・マーフィー編『戦争の研究：武

力紛争と攻撃性の人類学的分析』蒲生正男、渡辺直経共訳、ぺりかん社、一九七〇年
C・ジークリスト『支配の発生：民族学と社会学の境界』思索社、一九七五年
A・E・イェンゼン『殺された女神』牛島巌、樋口大介共訳 弘文堂、一九七七年
アレグザンダー・エリオット『神話：人類の夢と真実』吉田敦彦共訳、講談社、一九八一年
M・パノフ『無文字民族の神話』宇野公一郎訳、白水社、一九八五年
ユリウス・E・リップス『鍋と帽子と成人式：生活文化の発生』長島信弘共訳、八坂書房、一九八八年

共編著

『文化人類学』蒲生正男、村武精一共編、角川書店、一九六七年
『神話・社会・世界観』角川書店、一九七二年
『日本語の起源』村山七郎共編、弘文堂、一九七三年
『火（日本古代文化の探究）』社会思想社、一九七四年
『日本神話の比較研究』法政大学出版局、一九七四年
『船（日本古代文化の探究）』社会思想社、一九七五年
『隼人（日本古代文化の探究）』社会思想社、一九七五年
『家（日本古代文化の探究）』社会思想社、一九七五年
『世界の神話：万物の起源を読む』日本放送出版協会・NHKブックス、一九七六年
『神話』（『解釈と鑑賞』別冊・上下）稲岡耕二共編、至文堂、一九七七年
『日本神話研究 1―3』伊藤清司共編、学生社、一九七七年
『対談 古代文化の謎をめぐって』上田正昭、森浩一共著、社会思想社、一九七七年
『日本古代文化の原像：環シナ海文化の視点』谷川健一共編、三一書房、一九七七年
『蝦夷（日本古代文化の探究）』社会思想社、一九七九年
『剣の神・剣の英雄：タケミカヅチ神話の比較研究』吉田敦彦共著、法政大学出版局、一九八一年
『文化摩擦の一般理論』巌南堂書店、一九八二年
『沖縄の古代文化：シンポジウム』小学館、一九八三年
『日本民俗文化大系』網野善彦、森浩一、谷川健一、宮田登、高取正男共編、小学館、一九八三年―一九八六年
『戦（日本古代文化の探究）』社会思想社、一九八四年
『海と列島文化』共編著、小学館、一九九〇年―一九九二年
『日本文化の源流：北からの道・南からの道』佐々木高明共編、小学館、一九九一年
『東アジア民族の興亡：漢民族と異民族の四千年』生田滋共著、日本経済新聞社、一九九七年
『世界の神話をどう読むか』吉田敦彦共著、青土社、一九九八年
『日本民俗写真体系』網野善彦、色川大吉、宮田登共監修、日本図書センター、一九九九年―二〇〇〇年
『スサノオ信仰事典』戎光祥出版、二〇〇四年
『世界神話事典』伊藤清司、吉田敦彦、松村一男共編、角川選書、二〇〇五年

（編集部作成）

大林太良（おおばやし・たりょう）略歴

一九二九年（昭和四）五月一〇日生─二〇〇一年（平成一三）四月一二日没。日本の民族学者、神話学者。東京都生まれ、愛知県育ち。東京大学経済学部卒業後、東京大学東洋文化研究所助手、東京大学教養学部講師、同助教授をへて、一九七五年から一九九〇年まで同教授、のち名誉教授。その後一九九七年まで東京女子大学現代文化学部教授。助手時代にはフランクフルト大学、ウィーン大学、ハーバード大学などに留学。一九八二年から一九八四年まで日本民族学会会長、一九九〇年から一九九六年まで北海道立北方民族博物館館長。従四位勲三等旭日中綬章。

［おもな受賞歴］

・一九九六年（平成八）、共編著『日本民俗文化大系』（小学館）に対して朝日賞。
・一九九九年（平成一一）、著書『銀河の道　虹の架け橋』（小学館）に対して第一〇回福岡アジア賞。同年、「日本民族文化の形成に関する卓越した研究に」対して第五三回毎日出版文化賞。

［編集付記］

・本書収録の論考は、単行本をテキストとし、本文表記はそのままとしました。ただし、あきらかな誤植は直しました。
・単行本未収録の研究誌掲載論考も同様としました。
・各論考の出典は、各論考末尾に記載しました。

後藤 明（ごとう・あきら）
1954年、宮城県仙台市生まれ。東京大学で考古学を専攻し文学修士。ハワイ大学で人類学を学びPh. D.（人類学）。宮城学院女子大学、同志社女子大学を経て、南山大学人文学部教授。著作に『海の文化史』（1996、未來社）、『ハワイ・南太平洋の神話』（1997）、『南島の神話』（2002、以上中央公論社）、『「物言う」魚たち』（1999、小学館）、『民族考古学』（2001）、『カメハメハ大王』（2008、以上勉誠出版）、『海を渡ったモンゴロイド』（2003）、『海から見た日本人』（2010）、『世界神話学入門』（2017、以上講談社）、『天文の考古学』（2017、同成社）、*Cultural Astronomy of the Japanese Archipelago: Exploring Japanese Skyscape*（2021, Routledge）など。

やまかわうみ叢書

大林太良《おおばやしたりょう》　人類史《じんるいし》の再構成《さいこうせい》をめざして

2022年9月30日　第1版第1刷発行

編　者◆後藤《ごとう》　明《あきら》
発行人◆小島　雄
発行所◆有限会社アーツアンドクラフツ
東京都千代田区神田神保町2-7-17
〒101-0051
TEL. 03-6272-5207　FAX. 03-6272-5208
http://www.webarts.co.jp/
印刷　シナノ書籍印刷株式会社

落丁・乱丁本はお取り替えいたします。
ISBN978-4-908028-77-9　C0039